Духовная Подготовка
для Нового Мира

Шаги к Знанию

Книга Внутреннего Познания

Духовная Подготовка
для Нового Мира

Шаги к Знанию

Книга Внутреннего Познания

Маршалл Виан Саммерс

ШАГИ К ЗНАНИЮ: *Книга Внутреннего Познания*

Авторское право © 1999 Общество Нового Послания.

Все права защищены. Любое копирование и воспроизведение текста, в том числе частичное и в любых формах, без письменного разрешения издателя запрещено.

Под редакцией Дарлин Митчелл.
Дизайн книги: Аргент Ассошиэйтс, Боулдер, Колорадо.

ISBN: 978-1-884238-77-2 Steps to Knowledge: *The Book of Inner Knowing*

NKL POD Version 4.65

Номер каталожной карточки Библиотеки Конгресса США: 00551019 Это третье издание книги «Шаги к Знанию».

КНИГА ПЕРВОНАЧАЛЬНО ОПУБЛИКОВАНА НА АНГЛИЙСКОМ ЯЗЫКЕ

Publisher's Cataloging-in-Publication
(Provided by Quality Books, Inc.)

Summers, Marshall Vian.
  Steps to knowledge : the book of inner knowing : spiritual preparation for an emerging world / Marshall Vian Summers—third edition.
    pages cm
    LCCN 00551019
    978-1-884238-18-5 (English print legacy)
    978-1-884238-77-2 (English print pod)
    978-1-942293-67-5 (Russian print)
    978-1-884238-67-3 (English ebook)
    978-1-942293-68-2 (Russian ebook)

  1. Society for The Greater Community Way of Knowledge. 2. Spiritual exercises. I. Title

BP605.S58S84 2014   299'.93
                                 QBI14-334

«Шаги к Знанию» - это Книга Практик Нового Послания, которая учит вас шагать по Пути Знания Великого Сообщества. «Шаги к Знанию» - это книга Нового Послания от Бога, опубликованная Библиотекой Нового Знания, издательством Общества Нового Послания. Общество - это религиозная некоммерческая организация, занимающаяся представлением и преподаванием Нового Послания для человечества. Книги Библиотеки Нового Знания можно заказать на сайте www.newknowledgelibrary.org, в вашем местном книжном магазине и во многих других интернет-магазинах.

Новое Послание изучается на более чем 30 языках в более чем 90 странах. Книга «Шаги к Знанию» переводится на многие языки нашего мира преданной своему делу группой учеников-добровольцев со всего мира. Все эти переводы будут доступны в Интернете на сайте www.newmessage.org

The Society for the New Message
P.O. Box 1724 • Boulder, CO 80306-1724
(303) 938-8401 • (800) 938-3891 011
303 938 84 01 (International). (303) 938-1214 (fax)
www.newknowledgelibrary.org society@newmessage.org
www.newmessage.org www.novoeposlanie.org

Введение

«Шаги к Знанию» – это Книга Внутреннего Познания. Ее курс обучения рассчитан на один год и разделен на 365 "шагов" или практик, разработанных так, чтобы позволить ученикам испытать и применить свое Самопознание или Духовную Силу в мире. «Шаги к Знанию» нацелены на то, чтобы выполнить эту задачу постепенно, по мере того, как ученики знакомятся с основными идеями и практиками, позволяющими достичь этой цели. Каждодневная практика создает прочный опыт и развивает мышление, восприятие и самомотивацию, необходимые как для успеха в мирских делах, так и для продвижения в духовной сфере.

Что такое Знание?

«Шаги к Знанию» объясняют Знание следующим образом:

> «Знание представляет твое Истинное «Я», твой Истинный разум и твои Истинные взаимоотношения во Вселенной. Оно также содержит в себе твое высшее предназначение и идеальное использование твоей сущности, твоих врожденных способностей и навыков, даже твоих ограничений – все это дано тебе на благо миру». (Шаг 2)

Знание представляет собой глубокий духовный ум, который Создатель дал каждому человеку. Оно является источником всех значимых действий значимого участия и взаимоотношений. Оно является нашим естественным Внутренним Компасом. Его суть таинственна, но его Присутствие может быть непосредственно испытано. Знание приведет каждого человека - удивительно мудрым и эффективным способом - к его нужным взаимоотношениям, к нужной работе и к необходимому участию. Оно также сможет научить человека выявлять многочисленные ловушки и заблуждения, которые существуют на его пути. Оно создает основу для того, чтобы видеть, познавать и действовать с уверенностью и силой. Оно является фундаментом жизни.

Кому предназначены «Шаги к Знанию»?

«Шаги к Знанию» открывают Путь людям, которые чувствуют духовный призыв и предназначение в своей жизни, но кому нужен новый подход, чтобы полностью постичь значение этого. Часто эти люди чувствуют этот призыв на протяжении долгого времени. «Шаги к Знанию» предоставляют основу, с помощью которой они могут откликнуться на этот призыв. Единственное требование - желание знать предназначение, смысл и направление своей жизни.

Для чего они предназначены?

«Шаги к Знанию» представляют собой как путь к Богу, так и путь к участию в мире. Они вовлекают ученика в решение двух самых фундаментальных вопросов в жизни: кто я и почему я здесь? «Шаги» обращаются к этим вопросам в контексте предназначения, отношений и общности. Они подчеркивают, что все в мире ищут этого и что все полноценные желания и усилия основываются на этом поиске. Восприятие предназначения, отношений и общности дает каждому человеку ощущение смысла и самосознания в каждый конкретной момент. «Шаги» показывают, что эти потребности свойственны каждому и что каждый принес ответ на эти потребности с собой из своего Древнего Дома. Каждый человек несет неосознанно свой ответ, свою собственную реализацию в себе, в своем Самопознании.

Путем практики и откровения «Шаги к Знанию» дают ученикам необходимую структуру, чтобы найти Знание, взаимодействовать со Знанием и следовать Знанию в каждой ситуации. Тем самым они начинают находить свое истинное направление в жизни. Ежедневные занятия создают навыки и уверенность, которые только последовательная самоотдача может обеспечить.

Восстановление и применение Самопознания является целью этой книги духовной практики и ее учения. Каждый шаг нацелен на развитие как внутренней жизни, так и внешней жизни ученика, ибо Знание (Самореализация) и Мудрость (Самоотдача) должны возникнуть одновременно. Таким образом, путем изучения и применения пути к Знанию ученик естественным образом развивает терпение, объективность, понимание, силу, терпимость и твердую самооценку.

Как они были даны

«Шаги к Знанию» были раскрыты Маршаллу Виану Саммерсу весной 1989 года. Они были получены в течение двадцатидневного периода в состоянии откровения. «Шаги к Знанию» были переданы группой невидимых духовных наставников, которые называют себя Наставниками Великого Сообщества. Их послание универсально, и все же их методы уникальны для нашего времени и мира.

Почему они были написаны

Наш мир находится на пороге вступления в Великое Сообщество разумной жизни во Вселенной вокруг нас. Поэтому в это время необходимо более универсальное понимание и взгляд на отношения, духовность и человеческое развитие. «Шаги к Знанию» предназначены для тех, кто подает надежды стать основными участниками следующего великого периода в истории человечества, когда человечество начинает сталкиваться с другими разумными расами Великого Сообщества. Это самый значимый порог, с которым мы когда-либо сталкивались. Но, с точки зрения Великого Сообщества, очевидно, что человечество не готово к этому событию. Это образовало почву для передачи нового духовного понимания и учения миру, ибо Создатель не оставил бы нас без поддержки и подготовки к нашему вступлению в Великое Сообщество. Так уникальная духовная подготовка была дана. Она позволяет мужчинам и женщинам приобрести силу, сострадание и навыки, необходимые для того, чтобы служить миру в переходном периоде. «Шаги к Знанию» и сопутствующие книги были предоставлены как путеводитель и ресурс, чтобы подготовить этих людей к тому, чтобы найти свое высшее предназначение в жизни.

Как работать с «Шагами»

Пожалуйста, рассмотрите следующие рекомендации, чтобы получить максимальную пользу от изучения Шагов к Знанию:

∞ «Шаги к Знанию» являются полной программой обучения. Каждый шаг ведет вас выше и ближе к открытию самого себя. Поэтому настройтесь пойти до конца. Если вы не остановитесь, то вы продвинетесь.

∞ Хотя «Шаги к Знанию» являются программой самообучения, рекомендуется найти других, с которыми вы можете поделиться своей практикой и опытом. Это расширит ваши возможности в обучении и создаст твердую основу для новых отношений.

∞ Следуйте шагам в «Шагах к Знанию» в том порядке, в котором они даны. Никаким образом не меняйте практики. Это очень важно. Вы можете остановиться на одном из практик более одного дня, если это необходимо, но не останавливайтесь слишком долго, иначе вы не справитесь с учебным планом.

∞ Не пропускайте занятия и не меняйте их последовательность с целью практиковать те наставления, которые вы находите предпочтительными. Каждое занятие продвинет вас на один шаг вперед. Это обеспечивает безопасный и успешный переход в вашем приближении к Знанию. Следуйте данному вам шагу каждый день и применяйте его на практике. Он прекрасно подходит к данному дню.

∞ Прочитайте текст наставлений как утром после пробуждения, так и позже в этот же день. Вы также можете прочитать текст от первого лица, при желании сделать послание более личным для себя.

∞ «Шаги к Знанию» научат вас, как заниматься и как развивать эффективные навыки обучения. Порой следовать курсу обучения может показаться трудным. Но помните, что с помощью этих практик «Шаги» будут развивать вашу силу и самосознание. Вы в состоянии выполнить эти практики, и они приведут вашу жизнь в гармонию и преобразят ее.

∞ Выделите определенное время для практик каждый день. Пусть наличие времени для ваших практических занятий не будет зависеть от обстоятельств. Практика необходима для того, чтобы создать условия для появления Знания. Продолжительность практики указана в конце каждого шага, чтобы помочь вам включить эту практику в распорядок вашего дня.

∞ Ведение журнала очень помогает следить за вашим прогрессом и наблюдать за тем, как каждый шаг служит вам каждый день. Журнал - хороший инструмент для самопознания и поможет вам применить шаги. Ведение журнала также поможет вам во время Обзоров, которые практикуются в течение учебного плана.

∞ Будьте терпеливыми и позвольте шагам работать на вас. Если вы будете следовать шагам в том порядке, в котором они даны, то вы будете поражены их силой. Это займет время. Каждый великий путь состоит из множества маленьких шагов. И каждый из них необходим.

∞ Если вы пропустите один день, продолжайте свою практику. Не осуждайте себя (или учебный план), просто продолжайте заниматься «Шагами», чтобы получить их полную пользу.

∞ «Шаги к Знанию» могут бросить вызов заветным верованиям и предположениям. Если это произойдет, примите этот вызов и проанализируйте его суть. Вы должны смотреть за рамки ограниченной точки зрения, чтобы получить более широкий взгляд. Таким образом, вы достигнете удовлетворения.

∞ «Шаги к Знанию» – это дар вам от Бога через невидимых наставников, которые служат человечеству. Примите этот дар и передайте его другим.

В ЗАКЛЮЧЕНИЕ

Сила и масштаб «Шагов к Знанию» так же велика, как их предназначение. Их источник находится за пределами этого мира. Они дают знать, что мир вступает в Великое Сообщество миров. Они предлагают новое духовное понимание и подготовку, которые необходимы, чтобы задействовать духовную силу и ежедневные навыки каждого человека. Это искупит их прошлое и подготовит их к будущему. «Шаги к Знанию» проповедуют более широкое видение, а не предлагают чисто человеческую точку зрения в познании событий в пределах этого мира и за его пределами. Уместно тогда сказать, что учебный план «Шагов к Знанию» представляет Универсальную Мудрость в самом истинном смысле этих слов.

Как «Шаги» так часто показывают, Истина, независимо от того, как она осмыслена, должна быть полностью испытана, чтобы быть реализованной и должным образом примененной. Это - постепенный процесс, шаг за шагом. «Шаги к Знанию» были даны, чтобы служить тем, кто призван понять свое духовное наследие и предназначение в мире в это время.

Содержание

Часть Первая

～

- ШАГ 1: На данный момент я без Знания.
- ШАГ 2: Знание со мной, но где же я?
- ШАГ 3: Что я знаю на самом деле?
- ШАГ 4: Я хочу то, что, как мне кажется, я знаю.
- ШАГ 5: Я верю в то, во что хочу верить.
- ШАГ 6: У меня есть истинный фундамент в мире.
- ШАГ 7: Обзор

～

- ШАГ 8: Сегодня я буду спокойна.
- ШАГ 9: В состоянии покоя все становится явным.
- ШАГ 10: Что такое Знание?
- ШАГ 11: Я не отделен от жизни.
- ШАГ 12: Моя индивидуальность - выражение самой жизни.
- ШАГ 13: Я хочу отделиться, чтобы быть уникальным.
- ШАГ 14: Обзор

～

- ШАГ 15: Я прислушаюсь к своему восприятию сегодня.
- ШАГ 16: За пределами моего ума находится Знание.
- ШАГ 17: Сегодня я хочу услышать истину.

Шаг 18:   Сегодня я ощущаю истину, рождающуюся внутри меня.

Шаг 19:   Сегодня я желаю видеть.

Шаг 20:   Я не позволю сомнению и замешательству замедлить мое развитие.

Шаг 21:   Обзор

∞

Шаг 22:   Я окружена Божьими Наставниками.

Шаг 23:   Божьи Наставники любят меня, окружают меня и поддерживают меня.

Шаг 24:   Я достойна Божьей любви.

Шаг 25:   Я един с величайшей истиной жизни.

Шаг 26:   Мои ошибки дают начало моему Знанию.

Шаг 27:   У меня есть Мудрость, которую я хочу в себе раскрыть.

Шаг 28:   Обзор

∞

Шаг 29:   Я буду наблюдать за собой сегодня, чтобы изведать Знание.

Шаг 30:   Сегодня я буду наблюдать за своим миром.

Шаг 31:   Я желаю увидеть мир, который я раньше не видел.

Шаг 32:   Истина со мной. Я могу ее ощутить.

Шаг 33:   У меня есть предназначение в жизни, которое я должен выполнить.

Шаг 34:   Я - начинающая ученица Знания.

Шаг 35:   Обзор

∞

Шаг 36:	Моя жизнь – это таинственность для раскрытия.	
Шаг 37:	Существует путь к Знанию.	
Шаг 38:	Бог знает путь к Знанию.	
Шаг 39:	Сила Бога со мной.	
Шаг 40:	Сегодня я почувствую силу Бога.	
Шаг 41:	Я не боюсь силы Бога.	
Шаг 42:	Обзор	

∽

Шаг 43:	Моя воля - познать Бога.	
Шаг 44:	Я хочу осознать собственную силу.	
Шаг 45:	Я ничего не могу сделать в одиночку.	
Шаг 46:	Я должна быть маленькой, чтобы быть великой.	
Шаг 47:	Зачем мне нужны Наставники?	
Шаг 48:	Мне доступно истинное наставление.	
Шаг 49:	Обзор	

∽

Шаг 50:	Сегодня я пребуду со Знанием.	
Шаг 51:	Сегодня я распознаю свои страхи, чтобы увидеть истину за ними.	
Шаг 52:	Я свободна найти источник своего Знания.	
Шаг 53:	Мои дары предназначены для других.	
Шаг 54:	Я не буду жить в идеализме.	
Шаг 55:	Я приму мир таким, каким он есть.	
Шаг 56:	Обзор	

∽

ШАГ 57:	СВОБОДА СО МНОЙ.
ШАГ 58:	ЗНАНИЕ СО МНОЙ.
ШАГ 59:	СЕГОДНЯ Я НАУЧУСЬ ТЕРПЕНИЮ.
ШАГ 60:	СЕГОДНЯ Я НЕ БУДУ ОСУЖДАТЬ МИР.
ШАГ 61:	ЛЮБОВЬ ВЫРАЖАЕТСЯ ЧЕРЕЗ МЕНЯ.
ШАГ 62:	СЕГОДНЯ Я НАУЧУСЬ СЛУШАТЬ ЖИЗНЬ.
ШАГ 63:	ОБЗОР

ШАГ 64:	СЕГОДНЯ Я БУДУ СЛУШАТЬ ДРУГОГО.
ШАГ 65:	Я ПРИШЕЛ В ЭТОТ МИР, ЧТОБЫ РАБОТАТЬ.
ШАГ 66:	Я БОЛЬШЕ НЕ СТАНУ ЖАЛОВАТЬСЯ НА МИР.
ШАГ 67:	Я НЕ ЗНАЮ, ЧТО Я ХОЧУ ДЛЯ МИРА.
ШАГ 68:	Я НЕ ПОТЕРЯЮ ВЕРУ В СЕБЯ СЕГОДНЯ.
ШАГ 69:	СЕГОДНЯ Я БУДУ ПРАКТИКОВАТЬ ВНУТРЕННИЙ ПОКОЙ.
ШАГ 70:	ОБЗОР

ШАГ 71:	Я ЗДЕСЬ, ЧТОБЫ СЛУЖИТЬ ВЫСШЕМУ ПРЕДНАЗНАЧЕНИЮ.
ШАГ 72:	Я БУДУ ДОВЕРЯТЬ СВОИМ САМЫМ ГЛУБОКИМ ПОБУЖДЕНИЯМ СЕГОДНЯ.
ШАГ 73:	Я ПОЗВОЛЮ СВОИМ ОШИБКАМ НАУЧИТЬ МЕНЯ.
ШАГ 74:	СО МНОЙ СЕГОДНЯ ПРЕБЫВАЕТ ПОКОЙ.
ШАГ 75:	СЕГОДНЯ Я БУДУ ПРИСЛУШИВАТЬСЯ К СЕБЕ.
ШАГ 76:	СЕГОДНЯ Я НЕ БУДУ ОСУЖДАТЬ ДРУГИХ.
ШАГ 77:	ОБЗОР

ШАГ 78:	Я НИЧЕГО НЕ МОГУ СДЕЛАТЬ В ОДИНОЧКУ.
ШАГ 79:	СЕГОДНЯ Я ПОЗВОЛЮ НЕОПРЕДЕЛЕННОСТИ СУЩЕСТВОВАТЬ.
ШАГ 80:	Я МОГУ ТОЛЬКО ПРАКТИКОВАТЬ.
ШАГ 81:	Я НЕ БУДУ ОБМАНЫВАТЬ СЕБЯ СЕГОДНЯ.
ШАГ 82:	СЕГОДНЯ Я НЕ БУДУ ОСУЖДАТЬ ДРУГОГО.
ШАГ 83:	Я ЦЕНЮ ЗНАНИЕ ПРЕВЫШЕ ВСЕГО.
ШАГ 84:	ОБЗОР

ШАГ 85:	СЕГОДНЯ Я НАХОЖУ СЧАСТЬЕ В ПРОСТЫХ ВЕЩАХ.
ШАГ 86:	Я ПОЧИТАЮ ТЕХ, КТО МНЕ СЛУЖИЛ.
ШАГ 87:	Я НЕ БУДУ БОЯТЬСЯ ТОГО, ЧТО Я ЗНАЮ.
ШАГ 88:	МОЕ ВЫСШЕЕ «Я» НЕ ЯВЛЯЕТСЯ ЛИЧНОСТЬЮ.
ШАГ 89:	МОИ ЭМОЦИИ НЕ МОГУТ ПОМЕШАТЬ МОЕМУ ЗНАНИЮ.
ШАГ 90:	СЕГОДНЯ Я НЕ БУДУ ДЕЛАТЬ НИКАКИХ ПРЕДПОЛОЖЕНИЙ.
ШАГ 91:	ОБЗОР

ШАГ 92:	МНЕ ДАНА ОПРЕДЕЛЕННАЯ РОЛЬ В ЭТОМ МИРЕ.
ШАГ 93:	Я ПОСЛАН СЮДА С ОПРЕДЕЛЕННОЙ ЦЕЛЬЮ.
ШАГ 94:	МОЯ СВОБОДА - НАЙТИ МОЕ ПРЕДНАЗНАЧЕНИЕ.
ШАГ 95:	КАК Я МОГУ РЕАЛИЗОВАТЬ СЕБЯ?
ШАГ 96:	ВОЛЯ БОЖЬЯ – ОБЛЕГЧИТЬ МОЕ БРЕМЯ.
ШАГ 97:	Я НЕ ЗНАЮ, ЧТО ЯВЛЯЕТСЯ САМОРЕАЛИЗАЦИЕЙ.
ШАГ 98:	ОБЗОР

ШАГ 99:	Я НЕ БУДУ УПРЕКАТЬ МИР СЕГОДНЯ.
ШАГ 100:	СЕГОДНЯ Я - НАЧИНАЮЩАЯ УЧЕНИЦА ЗНАНИЯ.
ШАГ 101:	МИР НУЖДАЕТСЯ ВО МНЕ, НО Я ПОДОЖДУ.
ШАГ 102:	Я ДОЛЖНА МНОГОМУ РАЗУЧИТЬСЯ.
ШАГ 103:	БОГ МЕНЯ ПОЧИТАЕТ.
ШАГ 104:	БОГ ЗНАЕТ ОБО МНЕ БОЛЬШЕ, ЧЕМ Я САМА.
ШАГ 105:	ОБЗОР

ШАГ 106:	В МИРЕ НЕТ МАСТЕРОВ.
ШАГ 107:	СЕГОДНЯ Я НАУЧУСЬ БЫТЬ СЧАСТЛИВЫМ.
ШАГ 108:	Я ДОЛЖНА СНОВА НАУЧИТЬСЯ БЫТЬ СЧАСТЛИВОЙ.
ШАГ 109:	СЕГОДНЯ Я НЕ БУДУ ТОРОПИТЬСЯ.
ШАГ 110:	Я БУДУ ЧЕСТНА ПЕРЕД СОБОЙ СЕГОДНЯ.
ШАГ 111:	СЕГОДНЯ Я БУДУ НЕПРИНУЖДЕННЫМ.
ШАГ 112:	ОБЗОР

ШАГ 113:	Я НЕ БУДУ ПОД ВЛИЯНИЕМ ДРУГИХ СЕГОДНЯ.
ШАГ 114:	МОИ НАСТОЯЩИЕ ДРУЗЬЯ СО МНОЙ. Я НЕ ОДНА.
ШАГ 115:	СЕГОДНЯ Я БУДУ ПРИСЛУШИВАТЬСЯ К СИЛЕ ЗНАНИЯ.
ШАГ 116:	СЕГОДНЯ Я БУДУ ТЕРПЕЛИВА К ЗНАНИЮ.
ШАГ 117:	ЛУЧШЕ БЫТЬ ПРОСТЫМ, ЧЕМ БЕДНЫМ.
ШАГ 118:	Я НЕ БУДУ ИЗБЕГАТЬ МИРА СЕГОДНЯ.
ШАГ 119:	ОБЗОР

ШАГ 120:	Я БУДУ ПОМНИТЬ О СВОЕМ ЗНАНИИ СЕГОДНЯ.
ШАГ 121:	СЕГОДНЯ Я СВОБОДЕН ОТДАВАТЬ.

ШАГ 122:	Я ОТДАЮ БЕЗ ПОТЕРИ СЕГОДНЯ.
ШАГ 123:	Я НЕ БУДУ ЖАЛЕТЬ СЕБЯ СЕГОДНЯ.
ШАГ 124:	СЕГОДНЯ Я НЕ БУДУ ПРИТВОРЯТЬСЯ, ЧТО Я СЧАСТЛИВА.
ШАГ 125:	МНЕ НЕ НАДО БЫТЬ КЕМ-ТО СЕГОДНЯ.
ШАГ 126:	ОБЗОР

ШАГ 127:	СЕГОДНЯ Я НЕ БУДУ ПЫТАТЬСЯ ОТОМСТИТЬ БОГУ.
ШАГ 128:	МОИ НАСТАВНИКИ СО МНОЙ. МНЕ НЕ НАДО БОЯТЬСЯ.
ШАГ 129:	МОИ НАСТАВНИКИ СО МНОЙ. Я БУДУ С НИМИ.
ШАГ 130:	ОТНОШЕНИЯ БУДУТ ПОЯВЛЯТЬСЯ ПО МЕРЕ МОЕЙ ГОТОВНОСТИ.
ШАГ 131:	СЕГОДНЯ Я СТРЕМЛЮСЬ К ОСОЗНАНИЮ СВОЕГО ИСТИННОГО ПРЕДНАЗНАЧЕНИЯ В ЖИЗНИ.
ШАГ 132:	ПУСТЬ Я НАУЧУСЬ БЫТЬ СВОБОДНОЙ ДЛЯ ТОГО, ЧТОБЫ ОБЪЕДИНИТЬСЯ.
ШАГ 133:	ОБЗОР

ШАГ 134:	Я НЕ БУДУ ПЫТАТЬСЯ ОПРЕДЕЛИТЬ СВОЕ ПРЕДНАЗНАЧЕНИЕ ДЛЯ СЕБЯ.
ШАГ 135:	Я НЕ БУДУ ПЫТАТЬСЯ ОПРЕДЕЛИТЬ СВОЮ СУДЬБУ СЕГОДНЯ.
ШАГ 136:	МОЕ ПРЕДНАЗНАЧЕНИЕ - ВОССТАНОВИТЬ СВОЕ ЗНАНИЕ И ПОЗВОЛИТЬ ЕМУ ВЫРАЗИТЬСЯ В МИРЕ.
ШАГ 137:	Я ПРИМУ ТАИНСТВЕННОСТЬ СВОЕЙ ЖИЗНИ.
ШАГ 138:	ОТ МЕНЯ ЛИШЬ ТРЕБУЕТСЯ СЛЕДОВАТЬ ШАГАМ, КАК ОНИ ДАНЫ.
ШАГ 139:	Я БЫЛ ПОСЛАН, ЧТОБЫ СЛУЖИТЬ ЭТОМУ МИРУ.
ШАГ 140:	ОБЗОР

∞

ШАГ 141:	Я буду уверенным сегодня.
ШАГ 142:	Я буду последовательной сегодня.
ШАГ 143:	Сегодня я буду практиковать внутренний покой.
ШАГ 144:	Я буду почитать себя сегодня.
ШАГ 145:	Я буду почитать мир сегодня.
ШАГ 146:	Я буду почитать своих наставников сегодня.
ШАГ 147:	Обзор

∞

ШАГ 148:	Моя практика является моим даром Богу.
ШАГ 149:	Моя практика является моим даром миру.
ШАГ 150:	Сегодня я научусь учиться.
ШАГ 151:	Я не буду использовать страх, чтобы поддержать свои осуждения.
ШАГ 152:	Я не буду следовать страху в мире.
ШАГ 153:	Мой источник желает выразиться через меня.
ШАГ 154:	Обзор

∞

ШАГ 155:	Мир меня благословляет по мере того, как я получаю.
ШАГ 156:	Я не буду беспокоиться о себе сегодня.
ШАГ 157:	Я не одинок во Вселенной.
ШАГ 158:	Я богата, поэтому могу отдавать.
ШАГ 159:	Бедные не могут отдавать. Я не бедный.
ШАГ 160:	Мир беден, но я нет.
ШАГ 161:	Обзор

∞

ШАГ 162:	Я НЕ БУДУ БОЯТЬСЯ СЕГОДНЯ.
ШАГ 163:	Я БУДУ ОЩУЩАТЬ ЗНАНИЕ СЕГОДНЯ.
ШАГ 164:	СЕГОДНЯ Я БУДУ ЧТИТЬ ТО, ЧТО Я ЗНАЮ.
ШАГ 165:	МОИ ОБЯЗАННОСТИ НЕВЕЛИКИ. МОЯ МИССИЯ ВЕЛИКА.
ШАГ 166:	МОЯ МИССИЯ ВЕЛИКА. ПОЭТОМУ Я СВОБОДНА ЗАНИМАТЬСЯ МЕЛКИМИ ДЕЛАМИ.
ШАГ 167:	СО ЗНАНИЕМ Я СВОБОДЕН В МИРЕ.
ШАГ 168:	ОБЗОР

∞

ШАГ 169:	МИР НАХОДИТСЯ ВО МНЕ. Я ЭТО ЗНАЮ.
ШАГ 170:	СЕГОДНЯ Я СЛЕДУЮ ДРЕВНЕМУ ПУТИ ПОДГОТОВКИ.
ШАГ 171:	МОЕ ДАРОВАНИЕ ЯВЛЯЕТСЯ ПОДТВЕРЖДЕНИЕМ МОЕГО ИЗОБИЛИЯ.
ШАГ 172:	Я ДОЛЖНА ВОССТАНОВИТЬ СВОЕ ЗНАНИЕ.
ШАГ 173:	СЕГОДНЯ Я БУДУ ДЕЛАТЬ ТО, ЧТО НЕОБХОДИМО.
ШАГ 174:	МОЯ ЖИЗНЬ НЕОБХОДИМА.
ШАГ 175:	ОБЗОР

∞

ШАГ 176:	Я БУДУ СЛЕДОВАТЬ ЗНАНИЮ СЕГОДНЯ.
ШАГ 177:	Я БУДУ УЧИТЬСЯ БЫТЬ ЧЕСТНЫМ СЕГОДНЯ.
ШАГ 178:	СЕГОДНЯ Я БУДУ ВСПОМИНАТЬ ТЕХ, КТО ПРИНЕС МНЕ ПОЛЬЗУ.
ШАГ 179:	СЕГОДНЯ Я БУДУ БЛАГОДАРИТЬ МИР ЗА ТО, ЧТО ОН УЧИТ МЕНЯ ПОЗНАВАТЬ ИСТИНУ.
ШАГ 180:	Я ЖАЛУЮСЬ ПОТОМУ, ЧТО Я НУЖДАЮСЬ В ЗНАНИИ.

ШАГ 181:	Сегодня я буду получать любовь Знания.
ШАГ 182:	Обзор

ЧАСТЬ ВТОРАЯ

∽

ШАГ 183:	Я стремлюсь к познанию, а не к ответам.
ШАГ 184:	Мои искания существеннее, чем я предполагала.
ШАГ 185:	Я пришел в этот мир с предназначением.
ШАГ 186:	У меня Древнее Происхождение.
ШАГ 187:	Я - гражданин Великого Сообщества миров.
ШАГ 188:	Моя жизнь в этом мире более значима, чем я раньше думала.
ШАГ 189:	Моя Духовная Семья присутствует везде.
ШАГ 190:	Мир вступает в Великое Сообщество миров, поэтому я и здесь.
ШАГ 191:	Мое Знание больше, чем моя человечность.
ШАГ 192:	Сегодня я не буду пренебрегать мелочами.
ШАГ 193:	Сегодня я буду слушать окружающих меня людей без осуждения.
ШАГ 194:	Сегодня я пойду туда, где я нужна.
ШАГ 195:	Знание более могущественное, чем я могу себе представить.
ШАГ 196:	Обзор

∽

ШАГ 197:	Знание познается через его восприятие.
ШАГ 198:	Сегодня я буду сильной.
ШАГ 199:	Мир, который я вижу, вступает в Великое Сообщество миров.

Шаг 200:	Мои мысли слишком ограниченные, чтобы вместить Знание.
Шаг 201:	Мой ум предназначен, чтобы служить Знанию.
Шаг 202:	Сегодня я любуюсь Великим Сообществом.
Шаг 203:	Великое Сообщество влияет на мир, который я вижу.
Шаг 204:	Сегодня я буду спокойна.
Шаг 205:	Сегодня я не буду осуждать мир.
Шаг 206:	Любовь льётся из меня сейчас.
Шаг 207:	Я прощаю тех, кто, как я считаю, причинил мне боль.
Шаг 208:	Всё, что я по-настоящему ценю, будет выражаться через Знание.
Шаг 209:	Я не буду жесток с собой сегодня.
Шаг 210:	Обзор

∞

Шаг 211:	У меня есть великие друзья за пределами этого мира.
Шаг 212:	Я получаю силу от всех, кто занимается со мной.
Шаг 213:	Я не понимаю мир.
Шаг 214:	Я не понимаю себя.
Шаг 215:	Мои Наставники со мной. Я не один.
Шаг 216:	Существует Духовное Присутствие в моей жизни.
Шаг 217:	Я отдаю себя Знанию сегодня.
Шаг 218:	Сегодня я буду держать Знание в себе.
Шаг 219:	Амбиция не обманет меня сегодня.
Шаг 220:	Сегодня я буду сдерживаться для того, чтобы величие возросло во мне.

ШАГ 221:	Сегодня я позволяю себе находиться в замешательстве.
ШАГ 222:	Мир находится в замешательстве. Я его не буду осуждать.
ШАГ 223:	Сегодня я буду воспринимать Знание.
ШАГ 224:	Обзор

∾

ШАГ 225:	Сегодня я буду серьезным и легкомысленным одновременно.
ШАГ 226:	Знание со мной. Я не боюсь.
ШАГ 227:	Сегодня я не буду думать, что я знаю.
ШАГ 228:	Сегодня я не буду бедной.
ШАГ 229:	Я не буду винить другого за свою боль.
ШАГ 230:	Мое страдание порождено замешательством.
ШАГ 231:	У меня есть предназначение в этом мире.
ШАГ 232:	Мое предназначение в жизни требует развития других.
ШАГ 233:	Я являюсь частью Великой Силы добра в мире.
ШАГ 234:	Знание служит человечеству во всех отношениях.
ШАГ 235:	Сила Знания становится очевидной мне.
ШАГ 236:	Со Знанием я буду знать, что делать.
ШАГ 237:	Я только начинаю понимать смысл своей жизни.
ШАГ 238:	Обзор

∾

ШАГ 239:	Сегодня свобода принадлежит мне.

Шаг 240:	Мелкие идеи не могут восполнять мою необходимость в Знании.
Шаг 241:	Мой гнев не оправдан.
Шаг 242:	Мое Знание является моим самым великим даром миру.
Шаг 243:	Мне не надо быть особым, чтобы давать.
Шаг 244:	Я почтена, когда другие сильны.
Шаг 245:	Когда другие заблуждаются, я помню о необходимости в Знании.
Шаг 246:	Нет никакого оправдания тому, чтобы не восстановить Знание.
Шаг 247:	Я буду прислушиваться к своим Внутренним Наставникам сегодня.
Шаг 248:	Я буду полагаться на Мудрость вселенной, чтобы она научила меня.
Шаг 249:	Я ничего не могу сделать в одиночку.
Шаг 250:	Я не буду отстраняться сегодня.
Шаг 251:	Если я пребываю со Знанием, то не будет никакого заблуждения в моих отношениях.
Шаг 252:	Обзор

∽

Шаг 253:	Все, в чем я действительно нуждаюсь, будет предоставлено мне.
Шаг 254:	Я доверяю своим Наставникам, которые пребывают со мной.
Шаг 255:	Заблуждения этого мира не разубедят меня.
Шаг 256:	Мир вступает в Великое Сообщество миров.
Шаг 257:	Жизнь больше, чем я когда-либо это понимал.
Шаг 258:	Кто является моими друзьями сегодня?
Шаг 259:	Я пришел в мир, чтобы учить.

ШАГ 260:	Я – ДРУГ МИРА СЕГОДНЯ.
ШАГ 261:	Я ДОЛЖЕН УЧИТЬСЯ ДАВАТЬ С ПРОНИЦАТЕЛЬНОСТЬЮ.
ШАГ 262:	КАК Я МОГУ СЕБЯ СУДИТЬ, КОГДА Я НЕ ЗНАЮ, КТО Я?
ШАГ 263:	СО ЗНАНИЕМ ВСЕ СТАНОВИТСЯ ЯВНЫМ.
ШАГ 264:	СЕГОДНЯ Я БУДУ ИЗУЧАТЬ СВОБОДУ.
ШАГ 265:	ВЕЛИКАЯ СВОБОДА ЖДЕТ МЕНЯ.
ШАГ 266:	ОБЗОР

ШАГ 267:	ЕСТЬ ПРОСТОЕ РЕШЕНИЕ ВСЕХ ПРОБЛЕМ, КОТОРЫЕ СТОЯТ ПЕРЕДО МНОЙ СЕГОДНЯ.
ШАГ 268:	СЛОЖНОСТЬ НЕ БУДЕТ СБИВАТЬ МЕНЯ С ТОЛКУ СЕГОДНЯ.
ШАГ 269:	СИЛА ЗНАНИЯ РАСПРОСТРАНЯЕТСЯ ОТ МЕНЯ.
ШАГ 270:	ВМЕСТЕ С СИЛОЙ ПРИХОДИТ ОТВЕТСТВЕННОСТЬ.
ШАГ 271:	Я ПРИМУ НА СЕБЯ ОТВЕТСТВЕННОСТЬ СЕГОДНЯ.
ШАГ 272:	МОИ НАСТАВНИКИ БУДУТ ВЕСТИ МЕНЯ ПО МЕРЕ МОЕГО ПРОДВИЖЕНИЯ.
ШАГ 273:	МОИ НАСТАВНИКИ НОСЯТ ПАМЯТЬ МОЕГО ДРЕВНЕГО ДОМА ДЛЯ МЕНЯ.
ШАГ 274:	Я ХОЧУ ОСВОБОДИТЬСЯ ОТ ДВОЙСТВЕННОСТИ СЕГОДНЯ.
ШАГ 275:	СЕГОДНЯ Я ХОЧУ ОСВОБОДИТЬСЯ ОТ НЕУВЕРЕННОСТИ.
ШАГ 276:	ЗНАНИЕ – МОЕ СПАСЕНИЕ.
ШАГ 277:	МОИ ИДЕИ – МАЛЕНЬКИЕ, НО ЗНАНИЕ – ВЕЛИКОЕ.
ШАГ 278:	НЕИЗМЕННОЕ БУДЕТ ВЫРАЖАТЬСЯ ЧЕРЕЗ МЕНЯ.
ШАГ 279:	Я ДОЛЖЕН ОЩУТИТЬ СВОБОДУ, ЧТОБЫ ОСОЗНАТЬ ЕЕ.
ШАГ 280:	ОБЗОР

∞

ШАГ 281:	Я стремлюсь к Знанию превыше всего.
ШАГ 282:	Я научусь принимать ответственность за ношение Знания в мире.
ШАГ 283:	Мир является двойственным, но я нет.
ШАГ 284:	Спокойствие является моим даром миру.
ШАГ 285:	Все познается в состоянии внутреннего покоя.
ШАГ 286:	Сегодня я несу спокойствие в мир с собой.
ШАГ 287:	Со Знанием я не могу находиться в состоянии войны.
ШАГ 288:	Враги – это всего лишь друзья, которые не научились присоединяться.
ШАГ 289:	Я - ученик Знания сегодня.
ШАГ 290:	Я могу только быть ученицей. Поэтому я буду ученицей Знания.
ШАГ 291:	Я благодарен тем братьям и сестрам, которые неправильно поступают со мной.
ШАГ 292:	Как я могу сердиться на мир, когда он только служит мне?
ШАГ 293:	Я не хочу страдать сегодня.
ШАГ 294:	Обзор

∞

ШАГ 295:	Я проникаю в таинственность своей жизни.
ШАГ 296:	Наси новаре корам
ШАГ 297:	Новре новре комей на вера те новре
ШАГ 298:	Мавран мавран коней мавран
ШАГ 299:	Номе номе коно на вера те номе
ШАГ 300:	Я принимаю сегодня всех, кто является частью моей Духовной Семьи.

Шаг 301:	Я не буду теряться в тревоге сегодня.
Шаг 302:	Я не буду сопротивляться миру сегодня.
Шаг 303:	Я отстраняюсь от влияний мира сегодня.
Шаг 304:	Я не буду ученицей страха сегодня.
Шаг 305:	Я чувствую силу любви сегодня.
Шаг 306:	Я найду покой в Знании сегодня.
Шаг 307:	Знание живет во мне сейчас.
Шаг 308:	Обзор

∽

Шаг 309:	Мир, который я вижу, пытается стать единым сообществом.
Шаг 310:	Я свободна потому, что я желаю отдавать.
Шаг 311:	Мир зовет меня. Я должен подготовиться к тому, чтобы ему служить.
Шаг 312:	Есть более существенные проблемы в мире, которые я должна решать.
Шаг 313:	Пусть я осознаю, что сложное является простым.
Шаг 314:	Я не буду бояться быть ведомой сегодня.
Шаг 315:	Сегодня я не буду одиноким.
Шаг 316:	Я буду доверять своим самым глубоким побуждениям сегодня.
Шаг 317:	Чтобы познать истину, мне всего лишь надо освободиться от своей двойственности.
Шаг 318:	Высшая Сила действует в мире.
Шаг 319:	Почему я должен бояться, когда существует Высшая Сила в мире?
Шаг 320:	Я свободна работать в мире.
Шаг 321:	Мир ждет моего содействия.
Шаг 322:	Обзор

ШАГ 323:	МОЯ РОЛЬ В МИРЕ СЛИШКОМ ВАЖНА, ЧТОБЫ ПРЕНЕБРЕГАТЬ ЕЮ.
ШАГ 324:	Я НЕ БУДУ ОСУЖДАТЬ ДРУГОГО ЧЕЛОВЕКА СЕГОДНЯ.
ШАГ 325:	МИР ВСТУПАЕТ В ВЕЛИКОЕ СООБЩЕСТВО МИРОВ. ПОЭТОМУ Я ДОЛЖЕН БЫТЬ ВНИМАТЕЛЕН.
ШАГ 326:	Я МОГУ ОЩУЩАТЬ ВЕЛИКОЕ СООБЩЕСТВО, НО ОНО ВНЕ МОЕГО ПОНИМАНИЯ.
ШАГ 327:	СЕГОДНЯ Я БУДУ СПОКОЙНЫМ.
ШАГ 328:	СЕГОДНЯ Я ОКАЖУ ПОЧТЕНИЕ ТЕМ, КТО ПОСЛУЖИЛ МНЕ.
ШАГ 329:	Я СВОБОДЕН, ЧТОБЫ ЛЮБИТЬ МИР СЕГОДНЯ.
ШАГ 330:	Я НЕ БУДУ ЗАБЫВАТЬ О МЕЛКИХ ВЕЩАХ В МОЕЙ ЖИЗНИ.
ШАГ 331:	МАЛЕНЬКОЕ ВЫРАЖАЕТ ВЕЛИКОЕ.
ШАГ 332:	Я ТОЛЬКО НАЧИНАЮ ПОНИМАТЬ СМЫСЛ ЗНАНИЯ В МОЕЙ ЖИЗНИ.
ШАГ 333:	ЕСТЬ ПРИСУТСТВИЕ СО МНОЙ. Я ЕГО ОЩУЩАЮ.
ШАГ 334:	ПРИСУТСТВИЕ МОИХ НАСТАВНИКОВ СО МНОЙ КАЖДЫЙ ДЕНЬ.
ШАГ 335:	ОГОНЬ ЗНАНИЯ СО МНОЙ КАЖДЫЙ ДЕНЬ.
ШАГ 336:	ОБЗОР

ШАГ 337:	Я НИЧЕГО НЕ МОГУ СДЕЛАТЬ В ОДИНОЧКУ.
ШАГ 338:	СЕГОДНЯ Я БУДУ ВНИМАТЕЛЬНА.
ШАГ 339:	ЛЮБОВЬ ПРИСУТСТВУЕТ СО МНОЙ СЕЙЧАС.
ШАГ 340:	МОЯ ПРАКТИКА ЯВЛЯЕТСЯ МОИМ ДАРОВАНИЕМ МИРУ.
ШАГ 341:	Я СЧАСТЛИВ, ИБО ТЕПЕРЬ Я МОГУ ПОЛУЧАТЬ.

Шаг 342:	Сегодня я - ученица Знания.
Шаг 343:	Сегодня я буду почитать источник своей подготовки.
Шаг 344:	Мое Знание является даром, который я отдаю миру.
Шаг 345:	Мое Знание является моим даром моей Духовной Семье.
Шаг 346:	Я в мире, чтобы работать.
Шаг 347:	Я позволю моей жизни раскрыться сегодня.
Шаг 348:	Сегодня я буду очевидцем того, как мир раскрывается.
Шаг 349:	Я счастлив, что теперь я могу служить истине.
Шаг 350:	Обзор

Заключительные Шаги

∞

Шаг 351:	Я служу высшему предназначению, которое я сейчас начинаю ощущать.
Шаг 352:	Сегодня я – настоящая ученица Знания.
Шаг 353:	Мой Истинный Дом находится в Боге.
Шаг 354:	Я должна ощутить свой Истинный Дом, пока я нахожусь в мире.
Шаг 355:	Я могу быть спокойным в мире.
Шаг 356:	Я найду свое «Я» сегодня.
Шаг 357:	Я нахожусь в мире, чтобы выражать свое «Я».
Шаг 358:	Я хочу чувствовать себя как дома в мире.
Шаг 359:	Я здесь, чтобы служить миру.
Шаг 360:	Я должна учиться, как раскрывать величие в мире.

Шаг 361: Сегодня меня ведут к свету Знания.

Шаг 362: Я учусь учиться, потому что я ношу Знание в себе сегодня.

Шаг 363: Знание является моим истинным желанием потому, что я – ученик Знания.

Шаг 364: Знание несет меня, потому что я – ученица Знания.

Шаг 365: Я привержен тому, чтобы учиться.
Я привержен тому, чтобы отдать то, что мне предназначено отдать.
Я привержен, потому что я един с жизнью.
Я един с жизнью, потому что я един со Знанием.

Алфавитный указатель ключевых слов

О процессе перевода откровения

История посланника

Голос откровения

Об обществе Нового Послания от Бога

О всемирном сообществе Нового Послания от Бога

Книги Нового Послания от Бога

Как было раскрыто
Маршаллу Виану Саммерсу
26 мая – 14 июня 1989 г.
Олбани, Нью-Йорк

Посвящение

"Эта практика дается
всем ученикам Знания в мире
с благодарностью и большими
ожиданиями
от вашей Духовной Семьи.
Следуйте инструкциям так, как они
даны.
Таким образом, сила и
эффективность этой практики
откроются вам и, следовательно,
Наш дар вам будет исполнен.
Мы с большим волнением
даруем это вам
и через вас - вашему миру".

Шаги к Знанию

Часть Первая

Шаг 1

НА ДАННЫЙ МОМЕНТ Я БЕЗ ЗНАНИЯ.

Каждый этап развития должен иметь свою точку отсчета. Ты должен[1] начать с той точки, где ты находишься, а не с той, с которой ты бы хотел начать. Ты начинаешь понимать, что ты без Знания. Но это совсем не означает, что Знание не с тобой. Это просто означает, что *ты* не со Знанием. Знание ждет твоего участия. Знание ждет момента, когда можно будет отдать себя тебе. Поэтому ты сейчас начинаешь подготовку, которая позволит тебе вступить во взаимосвязь со Знанием - высшим аспектом разума, который ты принес с собой из твоего Древнего Дома.

Сегодня три раза по 10 минут задумайся о том, что такое Знание. Но не просто применяя свои идеи и прошлое понимание, а размышляя над тем, чем Знание является на самом деле.

Практика 1: *три практических занятия по 10 минут каждое.*

---

1 Под нечетными номерами используется форма мужского рода.

Шаг 2

Знание со мной, но где же я?

Знание полностью с тобой, но оно находится в той части твоего ума, в которую ты пока еще не проникла.[2] Знание представляет твое Истинное «Я», твой Истинный разум и твои Истинные взаимоотношения во Вселенной. Оно также содержит в себе твое высшее предназначение и идеальное использование твоей сущности, твоих врожденных способностей и навыков, даже твоих ограничений - все это дано тебе на благо миру.

Знание с тобой, но где же ты? Сегодня подумай о том, где ты. Если ты не со Знанием, то *где* же ты? Поэтому три раза по 10 минут сегодня размышляй над тем, где ты находишься, не физически или географически, а где ты находишься с точки зрения осознания себя в мире. Подумай над этим очень и очень тщательно. Не позволь своему уму отвлечь тебя от этого размышления. Крайне необходимо задать эти вопросы со всей серьезностью именно сейчас, в начале твоей подготовки.

Практика 2: *три практических занятия по 10 минут каждое.*

---

2 Под четными номерами используется форма женского рода.

Шаг 3

ЧТО Я ЗНАЮ НА САМОМ ДЕЛЕ?

Сегодня спроси себя, что ты знаешь на самом деле, и отличи то, что ты знаешь, от того, что ты предполагаешь или на что надеешься для себя и мира, и от того, чего ты боишься, во что ты веришь, чем дорожишь и что ценишь. Постарайся как можно лучше отличить этот вопрос от всех этих установок и спроси себя: «Что я знаю на самом деле?» Ты должен постоянно рассматривать свои ответы, чтобы понять, представляют ли они твои собственные убеждения и верования или же убеждения и верования других людей, или, возможно, даже человечества в целом.

Сегодня во время трех 10-минутных практических занятий задай себе этот вопрос и очень серьезно задумайся над своим ответом и значением этого вопроса: «Что я знаю на самом деле?»

Практика 3: *три практических занятия по 10 минут каждое.*

Шаг 4

Я ХОЧУ ТО, ЧТО, КАК МНЕ КАЖЕТСЯ, Я ЗНАЮ.

Ты хочешь то, что, как тебе кажется, ты знаешь, и твое понимание себя и понимание твоего мира основано на этом. Кроме того, твое существование основано на этом. Однако при честном рассмотрении ты убедишься в том, что твое понимание, по большому счету, основано на предположениях, и что эти предположения не основаны в значительной мере на твоем собственном опыте, если вообще основаны на нем.

Сегодня во время твоих трех коротких практических занятий, когда ты должна полностью посвятить свое внимание рассмотрению своих предположений, размышляй над тем, что ты знаешь на самом деле, включая вещи, о которых ты не задумывалась раньше, которые, как тебе кажется, ты знаешь. Таким образом, сегодняшняя практика является продолжением предыдущей практики, когда ты начинаешь видеть разницу между тем, что, как тебе кажется, ты знаешь, и самим Знанием, а также видеть отношение между тем, что ты считаешь Знанием, и твоими собственными предположениями, убеждениями и надеждами.

В связи с этим очень важно каждый раз размышлять над теми вещами, которые, как тебе кажется, ты знаешь. Когда ты поймешь, что они основаны, по большому счету, на твоих предположениях, ты поймешь, насколько слаб твой фундамент в жизни. Понимание этого всего может оказаться неприятным и может сбить тебя с толку, однако оно абсолютно необходимо для того, чтобы дать тебе стимул и желание найти свой истинный фундамент в жизни.

Практика 4: *три практических занятия по 10 минут каждое.*

Шаг 5

Я ВЕРЮ В ТО, ВО ЧТО ХОЧУ ВЕРИТЬ.

Это заявление представляет собой огромное неразумие человечества и самую опасную форму самообмана. Верования, по большому счету, основаны на желаемом, а не на том, что происходит на самом деле, и не на том, что подлинно. Эти верования могут представлять высшие идеалы человечества, и в этом они несут истинное отражение. Однако в бытийных и практических вопросах люди основывают свои убеждения не на действительных вещах, а на вещах, на которые надеются. Ты должен иметь очень четкое представление о том, что подход к любому разрешению и любой конструктивной установке должен начинаться с действительности. Ты должен начинать с того, что ты имеешь и кем ты являешься на данный момент.

Поэтому во время твоих трех практических занятий сегодня размышляй над этим заявлением. Проанализируй то, во что ты веришь, а затем то, чего ты хочешь. Ты обнаружишь, что даже твои страхи и негативные убеждения связаны с твоими амбициями. Только тщательное применение сегодняшней практики тебе это раскроет.

ПРАКТИКА 5: *три практических занятия по 10 минут каждое.*

Шаг 6

У МЕНЯ ЕСТЬ ИСТИННЫЙ ФУНДАМЕНТ В МИРЕ.

За пределами убеждений и предположений, которые маскируют твои собственные страхи и неопределенность, у тебя есть истинный фундамент в мире. Этот фундамент опирается на твою жизнь за пределами этого мира, ведь ты оттуда пришла и туда вернешься. Ты пришла из того места, куда вернешься, и пришла сюда не с пустыми руками.

Дважды сегодня проведи 15-20 минут, размышляя над тем, что является твоим фундаментом в жизни. Рассмотри все свои идеи по этому поводу. Это очень важный вопрос. Чтобы задать его с искренностью и глубоко проникнуть в него, ты должна осознать свою огромную потребность в этом фундаменте.

Без истинного фундамента твои достижения и прогресс будут бессмысленными. Иметь этот фундамент представляет собой огромную благодать, даже если она тебе неведома.

Практика 6: *два практических занятия по 15-20 минут каждое.*

Шаг 7

Обзор

Сегодня в течение двух практических занятий рассмотри все, что мы уже прошли до сих пор, начиная с первого шага и продолжая дальше вплоть до предыдущего шага включительно. Затем рассмотри последовательность шагов и их взаимосвязь. На данном этапе важно, чтобы ты не приходил к каким-либо выводам, а лишь задавал себе вопросы и осознал, до какой степени ты нуждаешься в истинном Знании. Если ты честно выполнишь сегодняшнюю практику, то ты осознаешь, насколько ты на самом деле нуждаешься в Знании. Ты уязвим без своих предположений, но ты также в состоянии воспринять истину и ощутить уверенность в жизни.

Проведи сегодня два 30-ти минутных практических занятия, размышляя над этими вопросами.

Практика 7: *два практических занятия по 30 минут каждое.*

Шаг 8

Сегодня я буду спокойна.

Во время твоих двух 15-ти минутных практических занятий практикуй внутренний покой. Начни с трех глубоких вдохов, а затем направь свое внимание внутрь себя. Внимание может быть направлено либо на воображаемый тобой предмет, либо на какую-нибудь часть твоего тела. С закрытыми глазами удели этому все свое внимание без осуждения и оценки. Не расстраивайся, если поначалу эта практика дается тебе трудно. Начинание чего-либо важного в жизни может казаться сложным поначалу, но если постараться, то можно добиться этой великой цели, ибо в состоянии внутреннего покоя все становится явным.

Практика 8: *два практических занятия по 15 минут каждое.*

Шаг 9

В СОСТОЯНИИ ПОКОЯ ВСЕ СТАНОВИТСЯ ЯВНЫМ.

Спокойный ум способствует проявлению высшего разума и проявлению его Мудрости. Те, кто учится пребывать в состоянии покоя с целью развития Знания, тем самым подготавливают себя для глубоких откровений и прозрений. Прозрение может прийти к тебе во время практики или во время любой повседневной деятельности. Важным является то, что была проведена подготовка.

Сегодня дважды в течение дня практикуй вчерашнее занятие по внутреннему покою, но без ожидания какого-либо результата. Не задавай какие-либо вопросы во время этой практики, так как ты практикуешь внутренний покой, где все предположения, вопросы и поиски прекращаются. По 15 минут дважды сегодня практикуй внутренний покой.

Практика 9: *два практических занятия по 15 минут каждое.*

ЗАЧЕМ Я ВСЕ ЭТО ДЕЛАЮ?

Очень хороший вопрос! Зачем ты это делаешь? Почему ты задаешь себе эти вопросы? Почему ты стремишься к чему-то большему? Почему ты прикладываешь усилия? Эти вопросы неизбежны. Мы их ожидаем. Зачем ты это делаешь? Ты это делаешь потому, что это необходимо. Если ты не хочешь, чтобы твоя жизнь была поверхностной и нестабильной, то ты должен попытаться проникнуть глубже, а не полагаться на сомнительные предположения и оптимистические ожидания. Тебя ожидает высший дар, но ты должен подготовить себя умственно, эмоционально и физически. Без Знания ты не можешь знать свое предназначение. Ты не можешь знать свое истинное происхождение и судьбу, и ты пройдешь через эту жизнь, как через тревожный сон.

Шаг 10

Что такое Знание?

Надо сказать, что Знание - это совсем не то, с чем его обычно ассоциируют. Это не идеи. Это не объем информации. Это не система верования. Это не процесс самооценки. Это великая таинственность твоей жизни. Его внешними проявлениями являются: глубокая интуиция, тонкая проницательность, необъяснимое познание, мудрое восприятие настоящего и будущего и мудрое понимание прошлого. Но, несмотря на все эти великие достижения ума, превыше них - Знание. Это твое Истинное «Я», «Я», которое едино с жизнью.

Практика 10: *прочитай эти наставления три раза в течение дня.*

Шаг 11

Я НЕ ОТДЕЛЕН ОТ ЖИЗНИ.

Несмотря на огромную структуру твоей индивидуальности и всего того, что связано с твоей личностью: телом, идеями, сложностями и уникальными формами самовыражения, чертами характера и талантами, ты не отделен от жизни. Это очевидно, если ты посмотришь на себя простым взглядом и поймешь, что твое собственное тело и сама ткань твоей физической жизни полностью состоят из того же, что и физическая жизнь. Это очевидно, что ты соткан из той же «материи», что и все вокруг тебя. Что загадочно - это твой ум. Кажется, что он требует особого подхода к его пониманию, однако он является такой же частью жизни, как и твое физическое тело. Ты являешься личностью, не осознающей свой Источник и свое полное включение в жизнь. На данный момент твоя индивидуальность является обузой, но она станет источником радости, когда она сможет выражать самую жизнь.

Практика 11: *прочитай это наставление три раза в течение дня.*

Шаг 12

МОЯ ИНДИВИДУАЛЬНОСТЬ - ВЫРАЖЕНИЕ САМОЙ ЖИЗНИ.

В этом контексте твоя индивидуальность является большим преимуществом и источником радости, а не причиной мучительной изоляции или источником осуждения себя или других. Это отличие не возвышает тебя над другими и не унижает тебя. Оно лишь выявляет истинное предназначение твоей индивидуальности и ее потенциал в будущем. Ты здесь для того, чтобы выразить что-то. В этом заключается смысл твоей индивидуальности, так как ты уже не желаешь отделиться.

Два раза сегодня практикуй внутренний покой, как мы тебе уже рассказали.

Практика 12: *два практических занятия по 15 минут каждое.*

Шаг 13

Я ХОЧУ ОТДЕЛИТЬСЯ, ЧТОБЫ БЫТЬ УНИКАЛЬНЫМ.

Эта мысль представляет истинный мотив отделиться, хотя в этом нет необходимости. Мы ее озвучиваем здесь не как аффирмацию, а как выражение твоего нынешнего состояния. Тебе хочется отделиться, так как это определяет твое «я»; твое «я» определяется на основе отделения, а не единства. Отделение является источником боли и замешательства твоего ума. Твоя физическая жизнь демонстрирует отдельную жизнь, но лишь с определенной точки зрения. С другой точки зрения, она совсем не демонстрирует отдельную жизнь. Она демонстрирует уникальное выражение Высшей Реальности.

Проведи сегодня два 15-ти минутные практические занятия, концентрируй свое внимание на этой идее. Задумайся всерьез о значении этой практики, вспомни свой прошлый опыт и подумай над его значением в твоей жизни. Вспомни, как твое желание отделиться стоило тебе времени, энергии и причинило боль. Пойми причину, по которой ты стремишься отделиться, и ты поймешь, что хочешь быть свободным.

Практика 13: *два практических занятия по 15 минут каждое.*

Шаг 14

Обзор

Еще раз пересмотри предыдущие наставления. Во время этого Обзора перечитай наставления, данные в каждом шаге. Также просмотри все свои практические занятия, чтобы определить глубину своего погружения в практику и полученные результаты. На протяжении своей подготовки ты будешь расследовать свои ощущения. Этот процесс будет развиваться и со временем раскроет тебе осознание твоего собственного Знания.

Проведи одно практическое занятие длинной в 45 минут, рассматривая все наставления, результаты и качества твоей практики. Завтра мы начнем следующий этап нашей с тобой подготовки.

Практика 14: *одно 45-ти минутное практическое занятие.*

Шаг 15

Я ПРИСЛУШАЮСЬ К СВОЕМУ ВОСПРИЯТИЮ СЕГОДНЯ.

Сегодня я прислушаюсь к своему восприятию, чтобы изучить содержание своего ума.

Пойми, что истинное содержание твоего ума находится под завалами всего того, что было добавлено тобой, начиная со дня твоего рождения. Это истинное содержание желает проявить себя в контексте твоей жизни и нынешней ситуации. Чтобы его распознать, ты должен научиться прислушиваться и различать истинное содержание твоего ума и его посланий тебе от импульсов и желаний, которые ты испытываешь. Научиться отличать свои мысли от Знания является одним из важнейших достижений, и тебе предоставляется возможность научиться этому в этом курсе подготовки.

Сегодня одно практическое занятие длинной в 45 минут будет посвящено внутреннему прислушиванию. Нужно будет прислушиваться к себе без самоосуждения, даже если твои мысли тревожны. Даже если твои мысли неприятны, ты должен слушать без осуждения, чтобы позволить своему уму открыться. Ты прислушиваешься к чему-то более глубокому, чем твой ум, но ты должен пройти сквозь ум, чтобы добраться туда.

Практика 15: *одно 45-ти минутное практическое занятие.*

Шаг 16

За пределами моего ума находится Знание.

За пределами твоего ума находится Знание, истинная суть твоего бытия, твое Истинное «Я», не то «я», которое ты создала сама, чтобы существовать в мире, а твое Истинное «Я». От этого Истинного «Я» исходят мысли и ощущения, побуждения и направление. Многое из того, что твое Истинное «Я» пытается тебе передать, ты пока еще не в состоянии услышать. Но со временем ты сможешь научиться слышать по мере того, как твой ум успокоится, и ты достаточно усовершенствуешь свои навыки слушания и проницательности.

Сегодня выполни три практических занятия по 15 минут каждое. Прислушивайся более внимательно, чем прежде. Обрати внимание на более глубокие побуждения. Ты должна слушать без осуждения. Не пытайся что-либо корректировать. Ты должна слушать очень внимательно, чтобы научиться слышать.

Практика 16: *три практических занятия по 15 мин каждое.*

Шаг 17

Сегодня я хочу услышать истину.

Желание услышать истину является как процессом, так и результатом истинной подготовки. Развитие способности слышать и желание услышать дадут тебе то, что ты ищешь. Истина тебе крайне полезна, однако поначалу она может оказаться шокирующей и может расстроить твои планы и намерения. Ты должен пойти на этот риск, если ты хочешь приобрести уверенность и силу, которые истина принесет тебе. Истина всегда несет в себе разрешение конфликта, всегда дает каждому ощущение себя, всегда дает ощущение текущей реальности и всегда указывает на направление, в котором тебе нужно двигаться.

Сегодня в течение трех 15-ти минутных практических занятий прислушайся к истине, попытайся слушать за пределами твоего ума и эмоций. Не переживай, если ты услышишь всего лишь шум своих собственных мыслей. Запомни, ты развиваешь навык слушания. Это самое главное. Как и мышцы тела, ты тренируешь ум для развития навыка, называемого «слушание». Поэтому сегодня практикуй слушание, посвяти себя этой практике для того, чтобы почувствовать возникновение истины внутри себя.

Практика 17: *три практических занятия по 15 минут каждое.*

Шаг 18

Сегодня я ощущаю истину, рождающуюся внутри меня.

Истину нужно прочувствовать всецело. Это не просто идея, не просто образ, хотя идеи и образы могут сопутствовать ей. Истина - это ощущение, поэтому она глубоко чувствуется. Она может проявиться по-разному для тех, кто начинает проникать в нее, но тем не менее она проявится. Ты должна ее прочувствовать. А для этого твой ум должен успокоиться. Истина - это то, что ты почувствуешь всем своим телом и всем своим нутром.

Знание не ведет с тобой постоянную беседу, но у него всегда есть для тебя послание. Приблизиться к Знанию - это значит, что ты все больше уподобляешься Знанию: становишься более цельной, более последовательной, более честной, более преданной, более сосредоточенной, более дисциплинированной, более сострадательной и более любящей себя. Все эти качества развиваются в тебе по мере того, как ты приближаешься к самому источнику этих качеств.

Именно в этом направлении ты должна стремиться двигаться сегодня, ощущая при этом рождающуюся истину внутри себя. Это объединит все аспекты твоей личности, позволив тебе ощутить себя целиком. В течение трех 15-ти минутных практических занятий полностью сконцентрируйся на ощущении истины, зарождающейся внутри тебя. Практикуй это в состоянии внутреннего покоя и не удручайся, если поначалу это покажется тебе сложным. Просто продолжай, и ты будешь двигаться вперед.

В течение дня без колебаний и сомнений преследуй свою истинную цель в жизни. Из этой истинной цели последует все то, чего тебе нужно добиться, а также последует сила видения и проницательность, которая позволит тебе найти тех людей, которых тебе суждено найти в этом мире.

Практика 18: *три практических занятия по 15 минут каждое.*

Шаг 19

Сегодня я желаю видеть.

Желание видеть - это и желание знать. Это также требует улучшения способностей твоего ума. Ясно видеть означает, что ты смотришь без предпочтений. Это означает, что ты в состоянии воспринять то, что происходит на самом деле, а не то, что ты хочешь видеть. Что-то на самом деле происходит вне твоих желаний. Это верно. Поэтому желание видеть - это желание видеть истину. Это требует большей честности и большей открытости ума.

Сегодня во время твоих двух практических занятий сконцентрируй свой взгляд на одном простом предмете. Не отводи взгляда от этого предмета, постарайся смотреть на него беспрерывно. Не пытайся что-либо увидеть. Просто смотри на предмет с открытым умом. Когда ум открыт, он испытывает собственную глубину и глубину того, что воспринимается.

Выбери предмет, который не имеет для тебя особого значения, и дважды сегодня в течение 15-ти минут смотри на него. Позволь своему уму успокоиться. Дыши глубоко и равномерно во время практик. Разреши уму погрузиться в себя.

Практика 19: *два практических занятия по 15 минут каждое.*

Шаг 20

Я НЕ ПОЗВОЛЮ СОМНЕНИЮ
И ЗАМЕШАТЕЛЬСТВУ ЗАМЕДЛИТЬ МОЕ РАЗВИТИЕ.

Что может замедлить твое развитие, кроме твоей нерешительности? И что может порождать эту нерешительность, кроме того же самого, что и порождает замешательство ума? У тебя есть более высокая цель, которая демонстрируется в этой программе подготовки. Не позволь замешательству и сомнению быть твоим препятствием. Быть настоящей ученицей означает, что ты строишь как можно меньше догадок и двигаешься в том направлении, которое указывает тебе Высшая Сила. Высшая Сила желает возвысить тебя до своего уровня возможностей. Таким образом, ты получишь дар этой подготовки и сможешь передать его другим. Таким образом, ты получишь то, что ты сама не можешь себе обеспечить. Ты осознаешь свою собственную силу и способности, так как они должны быть развиты, чтобы ты смогла продвигаться по данной программе подготовки. Ты также осознаешь собственное единство с жизнью, в то время как жизнь пытается служить тебе в твоем развитии.

Поэтому во время твоих двух практических занятий сегодня снова выполняй вчерашнюю практику и не позволяй замешательству и сомнению отговорить тебя. Будь сегодня настоящей ученицей. Позволь себе сконцентрироваться на практике. Посвяти себя этой практике. Будь сегодня настоящей ученицей.

Практика 20: *два практических занятия по 15 минут каждое.*

Шаг 21

Обзор

___

В твоем третьем Обзоре рассмотри все практические занятия предыдущей недели и результаты этих практик. Постарайся сегодня не делать никаких выводов, а просто проследи линию развития и отметь свой прогресс по настоящий момент. Еще рано делать какие-либо выводы, хотя порой это будет казаться очень заманчивым. Начинающие ученики не вправе оценивать свое обучение. Это право заслуживается позже, если ты хочешь, чтобы твоя оценка произвела настоящий эффект и была мудрой.

Поэтому в течение одного занятия рассмотри все практики за прошедшую неделю и все, что ты испытал по настоящий момент.

Практика 21: *одно 45-ти минутное практическое занятие.*

Шаг 22

Я окружена Божьими Наставниками.

Ты и вправду окружена Божьими Наставниками, которые прошли подобную этой подготовку. Хотя она дана во многих разных формах, в разные времена, в разных мирах, очень похожая подготовка была дана им и была мудро подобрана для состояния их прежнего сознания и жизненных обстоятельств.

Сегодня в течение двух 15-ти минутных практических занятий почувствуй присутствие Божьих Наставников. Ты пока еще не в состоянии увидеть их своими глазами или услышать их, так как твои органы восприятия пока еще недостаточно развиты, но ты можешь почувствовать их присутствие, оно окружает и защищает тебя. Во время твоих практических занятий не позволяй посторонним мыслям отвлекать тебя. Не поддавайся сомнениям и замешательству, ведь ты должна подготовиться, чтобы получить желаемую награду. Ты также должна знать, что ты не одинока в этом мире, ведь это осознание даст тебе достаточно сил, уверенности и запаса Мудрости выполнить то, ради чего ты была сюда послана.

Ты окружена Божьими Наставниками. Они здесь, чтобы любить, поддерживать и направлять тебя.

Практика 22: *два практических занятия по 15 мнут каждое.*

Шаг 23

Божьи Наставники любят меня, окружают меня и поддерживают меня.

Истина этого заявления станет самоочевидной по мере того, как ты подготовишься, но пока она может потребовать большой веры. Эта идея может оспаривать существующие идеи и верования, но она все-таки является верной. Божий план невидим, и лишь немногие могут его распознать, ибо немногие обладают открытостью ума и устойчивостью внимания, которые позволяют им увидеть очевидное, происходящее вокруг них, что на данный момент отнюдь им не очевидно. Твои Наставники любят тебя, окружают тебя и поддерживают тебя, так как Знание начинает проявляться в тебе. Именно это притягивает их к тебе. Ты один из немногих, у кого есть шанс пробудиться ото сна собственного воображения и окунуться в благодать Реальности.

Поэтому во время твоих двух практических занятий почувствуй эту любовь, поддержку и направление. Это ощущение. Это не идеи. Это ощущение. Ты должен это ощутить. Чтобы знать, что такое любовь, ее надо ощутить. Божьи Наставники воистину любят тебя, окружают тебя и поддерживают тебя, и ты достоин их благодати.

Практика 23: *два практических занятия по 15 минут каждое.*

Шаг 24

Я ДОСТОЙНА БОЖЬЕЙ ЛЮБВИ.

Ты поистине достойна Божьей любви. Кроме того, ты и есть Божья любовь. Без всякого обмана, в самой сердцевине твоей сущности, это представляет твое Истинное «Я». Ты еще не ощутила свое Истинное «Я», и пока это не произойдет, не притворяйся, что ты его ощущаешь. Однако знай, что это твое Истинное «Я». Ты человек, но ты больше, чем человек. Как ты можешь быть недостойной Божьей любви, если ты ею являешься? Твои Наставники тебя окружают и предоставляют тебе то, что и является твоей сутью, чтобы ты смогла ощутить себя и свою истинную взаимосвязь с жизнью.

Сегодня в течение двух практических занятий снова практикуй принятие любви, поддержки и направления своих Наставников. Если какие-либо мысли или чувства будут этому препятствовать, напоминай себе о собственном достоинстве. Ты достойна не из-за того, чего ты добилась в мире. Ты достойна, исходя из того, кто ты, откуда ты пришла и куда ты идешь. Твоя жизнь может быть полна ошибок и заблуждений, неверных решений и неправильных выборов, но ты все же пришла сюда из твоего Древнего Дома, куда ты и вернешься. Твое достоинство в глазах Бога не меняется. Важны лишь усилия по исправлению ошибок, чтобы ты смогла ощутить свое Истинное «Я», и чтобы это «Я» смогло проявиться в мире.

Поэтому во время твоих практических занятий практикуй восприимчивость и осознание собственного достоинства. Не позволяй мыслям конфликтовать с высшей жизненной истиной.

Практика 24: *два практических занятия по 15 минут каждое.*

Шаг 25

Я ЕДИН С ВЕЛИЧАЙШЕЙ ИСТИНОЙ ЖИЗНИ.

В чем заключается величайшая истина жизни? Ты должен ее ощутить, так как ни одна великая истина не может быть представлена одной лишь идеей, хотя идеи могут отражать ее в рамках твоего текущего восприятия. Великая истина - это результат высших взаимоотношений. У тебя глубокая взаимосвязь с жизнью. У тебя высокие отношения с твоими Духовными Наставниками, которые находятся внутри тебя. Со временем ты сможешь испытать такие высокие отношения и с теми, кто находится в окружающем тебя мире, но для начала, ты должен ощутить источник этих отношений в их первичном состоянии. Затем тебе нужно будет лишь перенести это во внешний мир, что со временем произойдет само собой.

Во время твоих двух практических занятий ощути эти отношения. Снова учись получать, ибо для того, чтобы отдать это ощущение, нужно сначала его получить. Как только ты его получишь, оно будет отдавать самого себя естественным путем. В процессе этого твое достоинство будет восстановлено, так как оно станет очевидным. Тебе не нужно искажать ни себя, ни свое восприятие. Чтобы честно выразить великую любовь, ты должен ее ощутить. Именно такое восприятие Мы желаем дать тебе сегодня.

Практика 25: *два практических занятия по 15 минут каждое.*

Шаг 26

Мои ошибки дают начало моему Знанию.

Бесполезно оправдывать ошибки, однако ошибки могут помочь тебе ценить правду, и это может привести тебя к истинному Знанию. Это их единственная польза. Мы не поощряем ошибки, однако если они случаются, то мы хотим, чтобы они служили твоим самым настоящим нуждам, чтобы ты извлекла из них урок и больше их не повторяла. Ты не должна просто забыть свои ошибки, ведь так нельзя. Ты не должна находить им оправдание, ибо это сделает тебя нечестной. Ты не должна отождествлять их только с чистым служением, ведь они были поистине болезненны. Ты должна принять ошибку за ошибку, а лишь затем использовать ее в свою пользу. Боль и несчастье, принесенные ошибками, должны быть приняты, ибо это научит тебя отличать реальность от фантазии и что нужно ценить, а что нет. Чтобы использовать ошибку ради твоего саморазвития, ты должна ее принять, а затем попытаться извлечь из нее пользу, ибо пока ты не извлечешь пользы из нее, ошибка будет лишь ошибкой и будет приносить тебе дискомфорт и боль.

Сегодня в течение 30-ти минутных практических занятий рассмотри конкретные ошибки, которые причинили тебе боль. Не пытайся пренебречь болью, причиненной ими, но попытайся увидеть, как они могут служить тебе в текущих обстоятельствах твоей жизни. Использование ошибок, таким образом, продемонстрирует тебе, что нужно сделать и изменить, чтобы улучшить качество твоей жизни. Запомни, что любое разрешение ошибок порождает истинное признание и истинную проницательность в отношениях.

В течение твоих практических занятий, сидя наедине, рассмотри те ошибки, которые приходят на ум, а затем проанализируй, как каждая из них может служить тебе. Какой урок нужно извлечь из них? Что необходимо сделать, что не было сделано раньше? Что из того, что было сделано, не стоит делать? Как предвидеть эти ошибки в будущем? Каковы были знаки, предвещающие их, и как увидеть эти знаки в будущем для избегания этих ошибок?

Используй эти практические занятия для размышления над этим и по окончании не делись результатами ни с кем. Позволь этому процессу продолжаться своим естественным путем, как это, несомненно, и произойдет.

Практика 26: *два практических занятия по 30 минут каждое.*

Шаг 27

У МЕНЯ ЕСТЬ МУДРОСТЬ, КОТОРУЮ Я ХОЧУ В СЕБЕ РАСКРЫТЬ.

Это утверждение представляет твое истинное желание. Если ты этого не ощущаешь, то это означает, что ты уделяешь внимание чему-то ложному и чему-то, что не имеет истинного основания в твоей сущности. Если ты когда-либо ощущал, что истина тебя предала, то ты так и не понял ее значение. Возможно, она расстроила твои планы и цели. Возможно, ты потерял то, чего очень хотел. Возможно, она предотвратила твой поиск чего-то желаемого. Но, в любом случае, истина спасла тебя от боли и страданий. До тех пор, пока ты не узнаешь свое истинное предназначение, ты не сможешь оценить, каким образом истина тебе служила. Ибо пока ты не найдешь свое предназначение, ты будешь заменять его другими целями. Если эти ложные цели будут отвергнуты истиной, то может возникнуть внутренний конфликт и заблуждение. Однако помни, что истина всегда спасала тебя от серьезных ошибок, которые ты бы иначе совершил.

Люди не ощущают Знание, потому что они слишком заняты осуждением других и своими мыслями. Эти мысли и осуждения образуют замкнутый мир, через который невозможно увидеть реальность. Они видят лишь содержание собственных мыслей, и это окрашивает их восприятие мира до такой степени, что они не способны видеть жизнь.

Поэтому в течение твоих двух 30-ти минутных практических занятий проанализируй, как истина тебе послужила в прошлом. Вспомни положительный опыт. Вспомни отрицательный опыт. Особенное внимание удели негативному опыту и посмотри, как истина тебе послужила. Будь открытым. Не пытайся защитить прежнюю позицию, если возникнет такой соблазн. Если боль все еще присутствует от прошлых потерь, прими эту боль и разочарование, но постарайся увидеть, как эта потеря тебе послужила.

Эта точка зрения - что твой опыт тебе служит - должна культивироваться тобой. Она не оправдывает сам опыт. Пойми это. Она просто позволяет тебе использовать опыт для своего развития и расширения возможностей. Истина действует в мире иллюзий, чтобы помочь тем, кто откликается на истину в своей жизни. Ты откликнулся на истину, иначе ты бы не начал эту программу подготовки. Так ты пришел к поворотному моменту, когда кажется, что истина соревнуется с другими вещами, поэтому ее очень трудно распознать. В этой программе подготовки истина будет выделяться из всего остального таким образом, что ты сможешь непосредственно ее ощутить в своей жизни, и ты не будешь озадачен ее внешним проявлением или ее благотворным влиянием на твою жизнь. Ибо истина существует, чтобы служить тебе, и для того, чтобы ты ей служил.

Практика 27: *два практических занятия по 30 минут каждое.*

Шаг 28

Обзор

Мы начнем наш четвертый Обзор с особой молитвы:

«Я принимаю Знание, как дар Божий. Я принимаю моих Наставников, как старших братьев и сестер. Я принимаю этот мир как место, где Знание может быть восстановлено и передано. Я принимаю свое прошлое, как демонстрацию жизни без Знания. Я принимаю чудеса в моей жизни, как подтверждение присутствия Знания, и отдаю себя развитию того, что является самым благородным во мне для того, чтобы передать это в мир».

В очередной раз мы рассмотрим практики за предыдущие недели, перечитаем наставления и проанализируем в каждом шаге, что произошло во время этих практик. Не забудь спросить себя, как глубоко ты была вовлечена в практику, как глубоко ты хотела вникнуть в этот процесс, как внимательно ты исследовала свое восприятие и до какой степени ты была мотивирована преодолеть возможные препятствия.

Наше одно 45-ти минутное практическое занятие даст тебе призму, через которую ты увидишь свой прогресс в данной программе подготовки. Это полезно не только тебе, но и тем, кому ты будешь служить в будущем, ведь получая сейчас, в будущем ты захочешь отдавать другим, выражая это в подходящей для тебя форме и в подходящем контексте. Ты должна понять, как люди учатся и развиваются. Это понимание должно прийти из твоего собственного опыта и представлять любовь и сострадание, которые сами собой исходят от твоего Знания. Не позволь сомнениям или замешательству отговорить тебя от истинного приложения сил.

Практика 28: *одно 45-ти минутное практическое занятие.*

Шаг 29

Я БУДУ НАБЛЮДАТЬ ЗА СОБОЙ СЕГОДНЯ, ЧТОБЫ ИЗВЕДАТЬ ЗНАНИЕ.

В этот особенный день практики понаблюдай за собой в течение дня, уделяя особое внимание своим мыслям и поведению по мере возможности. Чтобы развить в себе навык наблюдательности, ты должен быть свободен от осуждения, ибо оно не позволяет тебе быть наблюдательным. Ты должен изучать себя, как будто ты другой человек, по отношению к которому ты можешь быть более объективным.

Сегодня мы будем практиковать в начале каждого часа. В начале каждого часа ты будешь проверять свои мысли и поведение. Это постоянное самонаблюдение позволит тебе все больше быть вовлеченным в свои ощущения и позволит Знанию все больше и больше проявлять свое положительное влияние на тебя. Знание знает, что тебе нужно и как тебе помочь, но ты должен научиться получать его. Со временем тебе нужно будет научиться отдавать для того, чтобы продолжать получать. Получать важно, так как это позволит тебе отдавать, а способность отдавать - это суть самореализации в этом мире. Но ты не можешь отдавать, находясь в обедневшем состоянии. Поэтому ты должен отдавать с искренностью, исходя из переполняющей тебя восприимчивости, которую ты развил в себе в отношениях с другими и с миром.

Каждая из этих практических занятий займет лишь несколько минут, но ты должен посвятить этому все свое внимание. Для этого тебе не обязательно закрывать глаза, но, если уместно, это может помочь. Ты даже можешь практиковать во время общения с другим человеком. Собственно, есть мало обстоятельств, которые могут помешать твоему процессу самонаблюдения. Во время практики просто спроси себя: «Как я себя чувствую?» и «Что я делаю сейчас?» Вот и все. Затем прочувствуй, должен ли ты сделать что-то, что ты не делаешь на данный момент. Если поправки не нужны, то продолжай то, что ты делал. Если поправки необходимы, то делай их как можно оперативнее. Позволь своему внутреннему компасу указать тебе путь, что и произойдет само собой, если ты не будешь руководствоваться импульсами, страхом или амбициями. Наблюдай за собой сегодня.

Практика 29: *напоминание в начале каждого часа.*

Шаг 30

Сегодня я буду наблюдать за своим миром.

Сегодня наблюдай за своим миром, используя тот же метод, что и в предыдущем шаге. Наблюдай за своим миром и тем, что ты в нем делаешь, не осуждая ни мир, ни себя. Затем прочувствуй, необходимо ли что-либо сделать. Эта практика займет лишь пару минут и со временем она станет быстрее, глубже и эффективнее.

Мы хотим, чтобы ты наблюдала за миром без осуждения, так как это позволит тебе увидеть его таким, каким он есть на самом деле. Не думай, что ты видела мир таким, каким он действительно есть: то, что ты видела - это твое собственное суждение о мире. Мир, который ты увидишь без осуждения, совсем другой мир, чем ты когда-либо раньше видела.

Практика 30: *напоминание в начале каждого часа.*

Шаг 31

Я ЖЕЛАЮ УВИДЕТЬ МИР, КОТОРЫЙ Я РАНЬШЕ НЕ ВИДЕЛ.

Это представляет твое стремление к Знанию. Это представляет твое стремление к покою. Это все одно и то же стремление. Это стремление исходит от Знания. Оно может противоречить другим стремлениям. Оно может угрожать другим вещам, хотя это не обязательно. Поэтому сегодняшнее утверждение представляет собой твое истинное желание в жизни. Утверждая его, оно становится все более явным для тебя, и ты все чаще сможешь его испытывать.

Сегодня в начале каждого часа почувствуй свое желание увидеть другой мир. Смотри на мир без оценки и скажи себе: «Я желаю увидеть другой мир». Практикуй в начале каждого часа. Попытайся не пропустить ни одну практику. Практикуй независимо от того, как ты себя чувствуешь и что происходит вокруг тебя. Ты выше, чем твое эмоциональное состояние, поэтому нет необходимости его отрицать, хотя со временем тебе придется контролировать свои эмоции. Ты выше образов, которые ты видишь вокруг себя, ибо они представляют твою оценку мира. Практикуй сегодня, пытаясь смотреть без осуждения и чувствовать, когда смотришь.

Практика 31: *напоминание в начале каждого часа.*

Шаг 32

ИСТИНА СО МНОЙ. Я МОГУ ЕЕ ОЩУТИТЬ.

Истина с тобой. Ты можешь ее ощутить, и она может осветить твой разум и эмоции, если ты ей позволишь это сделать. Сегодня продолжай свою подготовку по усилению стремления к истине и способности ощутить истину.

В течение двух длительных практических занятий, каждое по 30 минут, сидя тихо с закрытыми глазами, дыша глубоко и ритмично, попытайся ощутить истину за пределами непрерывной неугомонности ума. Используй свое дыхание для того, чтобы погрузиться глубже, так как твое дыхание всегда выведет тебя за пределы твоих мыслей, если ты сознательно проследишь за ним. Не позволяй ничему отвлекать или разубеждать тебя. Если какая-либо мысль проникнет в твой разум, и тебе будет сложно избавиться от нее, скажи себе, что ты уделишь ей внимание позже, но сейчас ты отдыхаешь от своего ума. Практикуй ощущение истины. Не размышляй над истиной. Практикуй ощущение истины.

ПРАКТИКА 32: *два практических занятия по 30 минут каждое.*

Шаг 33

У МЕНЯ ЕСТЬ ПРЕДНАЗНАЧЕНИЕ В ЖИЗНИ, КОТОРОЕ Я ДОЛЖЕН ВЫПОЛНИТЬ.

У тебя есть предназначение, которое ты должен выполнить. Предназначение, которое было дано тебе до того, как ты пришел сюда, и которое ты сможешь пересмотреть после того, как ты покинешь этот мир. Оно подразумевает восстановление Знания и правильную взаимосвязь с окружающими тебя людьми для того, чтобы выполнить определенные задачи в этом мире. Это не так уж и важно, на данный момент, - давать оценку своей нынешней жизни с целью понять, отражает ли она это предназначение или нет, так как ты сейчас вовлечен в процесс восстановления Знания. По мере того, как Знание будет становиться сильнее внутри тебя, оно будет благотворно воздействовать как на тебя, так и на твое окружение через тебя. В это время твои действия будут корректироваться по необходимости. Поэтому тебе не следует обвинять или оправдывать свое прошлое или настоящее, ибо ты сейчас следуешь высшей силе внутри себя.

Во время твоих двух длительных практических занятий сегодня размышляй над идеей о высшем предназначении в твоей жизни. Задумайся над этим. Не будь удовлетворен своими первичными ответами. Внимательно задумайся об этом. Подумай о том, что это может означать. Припомни те жизненные моменты, когда ты уже размышлял над этим или допускал возможность такого предназначения. Во время твоих практических занятий у тебя будет удобный случай задуматься об этом, но будь осторожен, не делай никаких заключений.

ПРАКТИКА 33: *два практических занятия по 30 минут каждое.*

Шаг 34

Я - НАЧИНАЮЩАЯ УЧЕНИЦА ЗНАНИЯ.

Ты, начинающая ученица Знания. Вне зависимости от того, насколько интуитивной, умственно одаренной, эмоционально честной и успешной ты себя считаешь, несмотря на твое признанное развитие, ты все равно лишь начинающая ученица Знания. Радуйся, что это именно так, ибо начинающие ученики способны научиться всему и не нуждаются в защите собственных достижений. Мы не пренебрегаем твоими достижениями, а лишь желаем пролить свет на величие внутри тебя, которое ждет своего раскрытия, величие, которое подарит тебе истинное равноправие в жизни и, со временем, раскроет твое конкретное предназначение в мире.

Во время твоих двух практических занятий начни с осознания того, что ты начинающая ученица Знания, и с напоминания не делать предварительных заключений ни об этой программе подготовки, ни о твоих собственных способностях как ученицы. Подобные заключения преждевременны и редко отражают истину. Как правило, они отбивают охоту продолжать и поэтому никак тебе не служат.

После заявления себе сегодняшней идеи и напоминания себе не осуждать, практикуй внутренний покой в течение 15-ти минут во время двух занятий. Попытайся ощутить истину внутри себя. Сконцентрируй свое внимание на одной точке, либо физической, либо воображаемой, если на то есть необходимость. Пусть все успокоится внутри тебя. Позволь себе стать как можно тише и не сдавайся, если возникнут сложности. Ты - начинающая ученица Знания, и поэтому ты можешь научиться всему.

Практика 34: *два практических занятия по 15 минут каждое.*

Шаг 35

Обзор

Этот Обзор даст тебе возможность узнать о Пути Знания Великого Сообщества. В течение двух 30-ти минутных практических занятий рассмотри предыдущие уроки и свои ощущения, возникшие во время выполнения практик. Делай это с как можно меньшим суждением. Просто взгляни на наставления, которым ты следовал, с большим вниманием, рассмотри, что ты сделал и каков был результат. Этот объективный обзор поможет тебе достигнуть большей проницательности и большего понимания с минимальной болью и самоунижением. Ты учишься объективно смотреть на свою жизнь без подавления собственных эмоций. Ты не пытаешься уничтожить часть себя, а лишь пытаешься развить другую часть.

Поэтому во время обзора используй эту фразу, как ориентир: «Я буду смотреть, но не буду судить». Таким образом, ты сможешь распознать вещи. Помни, насколько проще может быть понимание чужой жизни, чем своей. Объективная оценка других людей всегда эффективнее, так как ты не пытаешься использовать их жизнь для достижения определенной цели, и чем больше ты пытаешься делать так, тем меньше ты можешь понимать их и их природу, их развитие или судьбу. Поэтому чем меньше ты будешь пытаться использовать свою жизнь, тем больше ты сможешь ее понимать, ценить и работать с ее внутренним механизмом на благо своего развития.

Практика 35: *два практических занятия по 30 минут каждое.*

Шаг 36

МОЯ ЖИЗНЬ – ЭТО ТАИНСТВЕННОСТЬ ДЛЯ РАСКРЫТИЯ.

Поистине твоя жизнь является таинственностью, и поистине она требует раскрытия, если ты хочешь узнать ее предназначение, смысл и истинное направление. Это необходимо для твоего счастья и самореализации в мире, ибо если ты внимательно наблюдаешь за своей жизнью, то ты отдаешь себе отчет в том, что ты не была удовлетворена незначительными делами. Ибо тебе, кто ищет Знание, необходимо нечто более значимое. Ты должна проникнуть в суть вещей, поверхностное понимание которых стимулирует большинство людей. Ты должна прислушиваться к своему более глубокому стремлению, иначе ты создашь для себя ненужный конфликт и страдание. Не важно, что ценят другие люди. Важно то, что ты сама ценишь. Если ты ищешь более глубокий смысл, что является истинным смыслом, то ты должна проникнуть вглубь своего ума.

Во время твоих двух практических занятий сегодня сосредоточь свой ум во время медитации на присутствие твоих Духовных Наставников. Тебе не нужно напрягаться. Нужно просто расслабиться, дышать и позволить своему уму открыться. Качество твоих отношений с твоими Наставниками важно, ведь они дают тебе силы и поддержку, ибо ты можешь сомневаться в своих собственных способностях. Но у тебя есть все основания полностью доверять своим Наставникам, ибо они уже прошли по пути к Знанию. Им известен этот путь и они теперь хотят поделиться этим с тобой.

ПРАКТИКА 36: *два практических занятия по 15 минут каждое.*

Шаг 37

Существует путь к Знанию.

Как может быть, что не существует пути к Знанию, если Знание - это твое Истинное «Я»? Как может быть, что Знание не в состоянии проявить себя, если это самая естественная форма выражения? Как может быть, что Знание не способно направлять тебя во взаимоотношениях, если Знание является источником всех взаимоотношений? Путь к Знанию существует. Он требует навыков и желания. И то, и другое требуют времени для развития. Ты должен научиться ценить истину и не ценить ложь, и требуется время, чтобы научиться отделять и отличать их друг от друга. Требуется время для понимания того, что ложное не может удовлетворить тебя, а истинное может. Этому можно научиться методом проб и ошибок и через контраст. Когда ты близок к Знанию, твоя жизнь становится более полной, определенной и непосредственной. Когда ты отдаляешься от Знания, ты приближаешься к злобе, замешательству и отчаянию.

Во время твоих двух практических занятий сегодня, которые не будут медитацией, проведи как минимум 15 минут, размышляя обо всех тех способах, через которые ты можешь приближаться к Знанию. Напиши на листке бумаги все возможные способы достижения Знания. Проведи эти два занятия, размышляя над этим, и исчерпай все возможные варианты. Постарайся быть конкретным. Используй свое воображение, но выдели те пути, которые являются значимыми и достижимыми для тебя. Таким образом, ты узнаешь про свои собственные мысли о том, как найти Знание, и, в итоге, ты поймешь, что Бог знает путь к Знанию.

Практика 37: *два практических занятия по 15 минут каждое.*

Шаг 38

Бог знает путь к Знанию.

Как ты можешь найти свой путь, когда ты потеряна? Как ты можешь быть уверена, когда ты слишком ценишь то, что временно? Как ты можешь осознавать силу своей жизни, когда ты так запугана угрозой потери и разрушения? Жизнь добра к тебе, так как она предлагает не только вознаграждение, но и путь к нему. Если бы было по-твоему, то жизнь оказалась бы жестокой, так как тебе бы пришлось перепробовать все возможные варианты, которые ты смогла бы придумать, а затем варианты, которые другие придумали, и даже варианты достижения Знания, которые оказались успешными для других, но которые, возможно, не сработали бы в твоем случае. В течение своего короткого пребывания на Земле, как ты можешь достигнуть всего этого и сохранить при этом жизненную энергию? Как ты сможешь поддерживать свое стремление к Знанию, когда многие пути разочаруют тебя?

Поверь сегодня в то, что Бог знает путь к Знанию, и тебе лишь нужно следовать по предоставленному пути. Таким образом, Знание просто проявится в тебе, потому что ты его признала, ибо только Богу известно Знание в тебе и только Знанию в тебе известен Бог. Когда оба резонируют друг с другом, они становятся более очевидными. И в этом ты найдешь умиротворение.

Во время твоих двух 30-ти минутных практических занятий сегодня почувствуй присутствие Бога в тишине, молча. Не думая о Боге, не строя догадки, не желая знать, не сомневаясь, а просто ощущая. То, на чем ты концентрируешься сейчас, - это не фантазия, хотя ты привыкла концентрироваться на фантазиях. В состоянии покоя и тишины все становится явным. Бог спокоен, ибо Бог никуда не спешит. По мере своего погружения в состояние покоя, ты прочувствуешь силу Бога.

Практика 38: *два практических занятия по 30 минут каждое.*

Шаг 39

Сила Бога со мной.

Сила Бога с тобой. Она находится внутри твоего Знания. Учись восстанавливать свое Знание, и ты научишься восстанавливать силу, которую Бог тебе дал, а также свою собственную силу, ибо твоя сила будет тебе нужна, чтобы приблизиться к Божьей силе. Все, что по-настоящему является сильным, и все, что по-настоящему является хорошим, будет подтверждено в тебе и в Боге. Пусть этот день будет днем, когда ты сможешь почувствовать это присутствие и силу Бога в своей жизни. Тебе не нужно воображать Бога в своих фантазиях. Тебе не нужны картинки или изображения, чтобы подтвердить свое понимание и свою веру. Тебе нужно лишь следовать представленной здесь программе подготовки.

Во время твоих двух глубоких 30-ти минутных практических занятий вступи в состояние внутреннего покоя и позволь себе почувствовать силу Бога. Используй собственную силу, чтобы контролировать свой ум и не позволить сомнениям и страхам разуверить тебя. Сила Бога представляет таинственность твоей жизни, ибо она представляет силу, которую ты принес с собой от Бога, чтобы распорядиться этой силой правильно в этом мире согласно Высшему Плану. Позволь себе приступить к этой практике с посвящением, простотой и смирением, чтобы почувствовать силу Бога.

Практика 39: *два практических занятия по 30 минут каждое.*

Шаг 40

Сегодня я почувствую силу Бога.

Сила Бога настолько совершенна и всеобъемлюща, что она влияет абсолютно на все. Лишь умы тех, кто отделен и потерян в собственных мыслях, могут быть разлучены с великим Божьим благоволением. Те, кто смог откликнуться Богу, со временем становятся Божьими Посланниками, чтобы поделиться Благодатью с теми, кто остался в замешательстве.

Все видимые силы мира - силы природы, неизбежность смерти, постоянная угроза болезни, потери и разрушения, все формы конфликтов - все это лишь временные движения в великой Божьей безмятежности. Как раз эта великая безмятежность и призывает тебя вернуться к покою и к наслаждению Богом, но ты должна подготовиться.

Сегодня в течение двух 30-ти минутных практических занятий ты будешь готовиться. В безмолвной медитации, попытайся почувствовать силу Бога. Тебе не нужно придумывать волшебные образы, ведь эту силу Бога ты в состоянии почувствовать, ибо она везде. Независимо от твоих обстоятельств и уровня твоего развития сегодня ты можешь почувствовать силу Бога.

Практика 40: *два практических занятия по 30 минут каждое.*

Шаг 41

Я НЕ БОЮСЬ СИЛЫ БОГА.

Это утверждение очень важно для твоего счастья, потому что ты должен заново научиться верить в силу любви и в силу Бога. Для этого ты должен освободиться от своих идей, предположений и оценки своих прошлых болезненных переживаний. Это очень болезненно - быть в Разлуке с Тем, Кого ты любишь больше всего. И единственный способ поддерживать Разлуку - это очернить то, что ты любишь, дать этому злой умысел, а затем породить чувство вины в себе. Чтобы почувствовать и принять силу Бога, злоба и чувство вины должны покинуть тебя. Ты должен идти вперед, чтобы узнать то, что естественно. Такое чувство, будто прокладываешь новый путь и приходишь в родной дом одновременно.

Два раза сегодня в состоянии внутреннего покоя попытайся почувствовать силу Бога. Не ищи ответов у Бога. Тебе не следует разговаривать, а лишь быть «здесь и сейчас», ибо как только ты научишься быть во взаимоотношении с тем, что является источником всех отношений, информация, которая важна для тебя, придет к тебе с легкостью, чтобы вести тебя, успокоить тебя и направить тебя в нужном направлении. Но для начала ты должен почувствовать силу Бога, и в этом ты найдешь собственную силу.

Практика 41: *два практических занятия по 30 минут каждое.*

Шаг 42

Обзор

Во время Обзора сегодня просмотри наставления за последнюю неделю и твои ощущения во время этих практик. Особое внимание удели сегодня тому, насколько внимательно и глубоко ты подходишь к практикам. Удостоверься, что ты не меняешь и не корректируешь практики по своему усмотрению или ожиданиям. Помни, что тебе лишь нужно следовать практикам, чтобы получить их истинное вознаграждение. Твоя роль невелика. Наша роль велика. Мы предоставляем путь. Тебе просто нужно следовать ему с верой и искренним упованием. В процессе ты разовьешь в себе терпение, проницательность, доверие, постоянство и самоуважение. Почему самоуважение? Потому что ты должна высоко себя ценить, чтобы приблизиться к великим дарам Знания. Ничто так не избавит тебя от ненависти к себе и неуверенности в себе, как получение даров, которые предназначены именно для тебя.

Поэтому в течение одного длительного практического занятия сегодня рассмотри прошлую неделю подготовки. Без осуждения посмотри, что тебе предлагалось, что ты сделала и что необходимо сделать, чтобы углубить свою практику и таким образом получить непосредственную пользу от нее. Если ты столкнешься с трудностями, осознай проблемы и попытайся их откорректировать. На следующей неделе попытайся погрузиться еще глубже в свою практику. Делая это, ты устранишь сомнения и замешательство, лишь управляя своей волей.

Практика 42: *одно длительное практическое занятие.*

Шаг 43

МОЯ ВОЛЯ - ПОЗНАТЬ БОГА.

Твоя воля - познать Бога. Это твоя истинная воля. И все другие волеизъявления и мотивации существуют лишь для того, чтобы избежать того, что является твоей истинной волей. Именно своей воли ты боишься. Ты боишься того, что ты знаешь и чувствуешь глубоко внутри себя. Это подталкивает тебя искать убежища в других вещах, которые не представляют тебя. При этом ты теряешь свою личность и пытаешься построить ее на тех вещах, в которых ты искал убежища. В изоляции ты несчастлив, но в отношениях счастье возвращается к тебе.

Твоя воля - познать Бога. Не бойся своей воли. Ты был создан Богом. Божья воля - познать тебя. Твоя воля - познать Бога. Это твоя единственная воля. Все остальные волеизъявления рождены страхом и замешательством. Познать Бога дает силу как Богу, так и тебе.

Во время твоих двух практических занятий сегодня, медитируя в состоянии внутреннего покоя, почувствуй силу собственной воли. Не позволь страху затмить твой ум. Тебе не надо пытаться почувствовать волю Бога. Она уже присутствует и требует лишь твоего внимания, чтобы ты смог ее осознать. Поэтому практикуй усердно, будучи просто восприимчивым к этому присутствию.

ПРАКТИКА 43: *два практических занятия по 30 минут каждое.*

Шаг 44

Я ХОЧУ ОСОЗНАТЬ СОБСТВЕННУЮ СИЛУ.

Это утверждение может показаться тебе приемлемым из-за твоей нужды в нем в твоих нынешних обстоятельствах, однако это утверждение намного глубже, чем ты думаешь. У тебя намного больше сил, чем ты предполагаешь, но это не может быть полностью осмыслено тобой, пока эта сила не будет направлена на твое восстановление и проявление твоих истинных способностей.

Как ты сможешь найти в себе силу, если ты чувствуешь себя слабой, беззащитной и недостойной, если ты обременена чувством вины или замешательством, или в злобе обвиняешь других в том, в чем ты сама виновата? Утвердить свою силу означает отпустить все, что тебя удерживает. Ты не избавишься от них, игнорируя их. Ты сможешь преодолеть их, потому что ты ценишь что-то более важное. Их препятствие лишь знак, что ты должна их преодолеть. Таким образом, ты возвращаешь себе свою силу. Ты стремишься к своей силе и используешь ее, чтобы найти свою силу. Мы хотим, чтобы ты осознала свою силу и применила ее в свою пользу.

Во время твоих двух практических занятий сегодня в состоянии тишины и внутреннего покоя попытайся почувствовать собственную силу. Не позволь своим мыслям разубедить тебя, так как страхи и сомнения лишь мысли: парообразные вещи, проплывающие через твой ум, как облака. За пределами облаков твоего ума находится обширная Вселенная Знания. Поэтому не позволяй облакам закрывать вид на звезды.

Практика 44: *два практических занятия по 30 минут каждое.*

Шаг 45

Я НИЧЕГО НЕ МОГУ СДЕЛАТЬ В ОДИНОЧКУ.

Ты ничего не сможешь сделать в одиночку. Ничего никогда не было достигнуто в одиночку даже в твоем мире. Ничего никогда не было создано в одиночку даже в твоем уме. Тебя не ждет никакая награда, работая в одиночку. Все является результатом совместных усилий. Все является продуктом взаимоотношений.

Унижает ли это тебя как личность? Конечно же нет. Это дает тебе контекст и понимание для реализации твоих настоящих достижений. Ты выше своей индивидуальности и поэтому ты можешь быть свободен от ее ограничений. Ты работаешь через свою личность, но ты больше, чем просто личность. Прими ограничения своей личности и не ожидай, что эта ограниченная индивидуальность будет представлять собой Бога, иначе ты возложишь на нее большое бремя и надежды, а потом накажешь ее за неудачи. Это приводит к ненависти к себе. Это путь к неудовлетворенности физической жизнью и к самобичеванию, как эмоциональному, так и физическому. Прими собственные ограничения, чтобы ты смог принять величие в своей жизни.

Поэтому в течение твоих двух практических занятий сегодня, не закрывая глаза, сконцентрируй свое внимание на собственных ограничениях. Осознай их. Не давай им негативную или позитивную оценку, а просто осознай их. Это дает тебе смирение, а в смирении ты можешь получить величие. Если ты будешь защищать собственные ограничения, то как ты тогда сможешь получить то, что превосходит их?

Практика 45: *два практических занятия по 30 минут каждое.*

Шаг 46

Я ДОЛЖНА БЫТЬ МАЛЕНЬКОЙ, ЧТОБЫ БЫТЬ ВЕЛИКОЙ.

Противоречиво ли это высказывание? Нет, если ты поймешь его смысл. Осознание собственных ограничений позволит тебе успешно работать в этом ограниченном контексте. Это представляет собой более великую реальность, чем ты могла раньше осознать. Твое величие не должно основываться всего лишь на больших надеждах и ожиданиях. Оно должно основываться не на идеализме, а на реальном опыте. Позволь себе быть маленькой, и ты почувствуешь в себе величие и то, что оно является частью тебя.

Во время твоих двух практических занятий сегодня позволь себе быть ограниченной, но без какой-либо критики. Нет здесь места осуждению. Активно размышляй о своих ограничениях. Сконцентрируйся, но не осуждай. Будь объективной. Тебе предназначено быть проводником для выражения Высшей Реальности в этом мире. Возможности твоего тела ограничены, но оно полностью способно осуществить то, что тебе предназначено. Признав его ограничения, ты сможешь осознать его механизм и научиться конструктивно с ним работать. Тогда оно больше не будет ограничением для тебя, а лишь радостной формой выражения.

ПРАКТИКА 46: *два практических занятия по 30 минут каждое.*

Шаг 47

ЗАЧЕМ МНЕ НУЖНЫ НАСТАВНИКИ?

Рано или поздно ты задашь этот вопрос и, возможно, не один раз. Этот вопрос порождён твоими собственными ожиданиями. Однако если ты внимательно посмотришь на свою жизнь, то поймёшь, что именно наставления помогли тебе научиться всему, чего ты достиг. Возможно, тебе казалось, что твои внутренние чувства были созданы тобой, однако и они являются результатом наставлений. Через взаимоотношения ты научился всему, чего ты достиг, будь то практический навык или внутреннее откровение. Поняв это, ты начнёшь глубоко ценить отношения и полностью признаешь силу содействия в мире.

Если ты серьёзно заинтересован в приобретении какого-либо навыка, то сначала ты должен осознать, как много ты не знаешь, затем, чему тебе надо научиться, и в завершении тебе нужно найти самое лучшее обучение. Ты должен использовать этот же метод и для восстановления Знания. Ты должен осознать, как мало ты знаешь, как многому тебе нужно научиться, и затем принять обучение, которое тебе предлагается. Является ли слабостью нужда в Наставнике? Отнюдь. Это честное признание, осознанное на честной оценке. Если ты поймёшь, как мало ты знаешь и как много тебе нужно знать, и осознаешь силу самого Знания, то это станет очевидным. Как можно помочь тем, кто думает, что у них всё есть, хотя в действительности они бедны? Это невозможно. Они сами будут притягивать эту нищету и поддерживать её.

Зачем тебе нужен Наставник? Затем, что тебе необходимо учиться. Главное, тебе необходимо разучиться тому, чему ты научился в прошлом, что теперь сдерживает тебя. Во время твоих двух практических занятий сегодня с закрытыми глазами задумайся над тем, зачем тебе нужен Наставник. Заметь мысли, которые указывают на то, что ты можешь сделать это самостоятельно, если будешь достаточно умён или силён, или будешь обладать какими-либо другими качествами. Если эти ожидания возникнут, признай их как таковыми. Эти ожидания настаивают на том, чтобы ты оставался в неведении, провозглашая себя достоверным наставником. Ты не можешь научить себя тому, чего ты не знаешь, и попытка сделать это просто перезапускает старую информацию и привязывает тебя к твоим текущим обстоятельствам.

Поэтому во время сегодняшней практики пойми свою нужду в истинном наставлении и твое сопротивление, если оно имеется, к присутствию истинного наставления, которое тебе сейчас предлагается.

Практика 47: *два практических занятия по 30 минут каждое.*

Шаг 48

МНЕ ДОСТУПНО ИСТИННОЕ НАСТАВЛЕНИЕ.

Истинное наставление доступно тебе. Оно ждало, пока ты созрела и поняла ее необходимость в твоей жизни. Это порождает мотивацию к учению. Эта мотивация порождена осознанием собственных ограничений в свете твоей истинной нужды. Чтобы стать ученицей Знания, ты должна себя любить и продолжать себя любить, чтобы продвигаться. Это твое единственное препятствие на пути к учению. Без любви возникает страх, ибо ничто не может заменить любовь. Но любовь не была заменена, и помощь по-прежнему тебе доступна.

Во время твоих двух медитаций сегодня попытайся ощутить присутствие этой помощи. В состоянии тишины и внутреннего покоя ощути это в своей жизни и вокруг себя. Эти медитации начнут раскрывать более тонкую чувствительность в тебе, совершенно новые ощущения. Ты начнешь ощущать вещи вокруг себя, даже если они невидимы твоим глазам. Ты сможешь откликаться на идеи и информацию, даже если ты пока еще не в состоянии услышать источник послания. Именно так происходит процесс творческого мышления, ибо люди получают идеи извне, они их сами не создают. Ты являешься частью более великой жизни. Твоя личная жизнь является средством ее выражения. Тогда твоя личность станет более развитой и радостной, не заточением для тебя, а формой радостного выражения.

Истинная помощь тебе доступна. Попытайся сегодня ощутить ее присутствие в твоей жизни.

Практика 48: *два практических занятия по 30 минут каждое.*

Шаг 49

Обзор

Седьмая неделя твоей подготовки завершилась. В этом Обзоре от тебя требуется рассмотрение всех семи недель практики, разбирая все наставления и вспоминая свое восприятие каждого из них. Возможно, тебе придется посветить больше времени этому обзору, но тебе необходимо понять, что означает быть учеником и как усваивается учение.

Постарайся не судить себя как ученика. Ты не в состоянии дать самому себе оценку как ученик. У тебя нет необходимых критериев, так как ты не учитель Самопознания. По мере того, как ты продолжаешь учиться, ты увидишь, что некоторые из твоих неудач впоследствии приведут к успеху, а некоторые из того, что ты считал успехом, окажутся неудачами. Это подвергнет сомнению всю систему твоей оценки и приведет тебя к более глубокому пониманию. Это позволит тебе относиться с сочувствием к себе и к тем, кого ты критикуешь за их успехи и неудачи.

Итак, рассмотри все сорок восемь практик. Просмотри, как ты отреагировал на каждое из них и насколько глубоко ты был вовлечен в них. Постарайся увидеть свои успехи, достижения и препятствия. Ты прошел весь этот путь. Поздравляем! Ты прошел первое испытание. Продолжай в том же духе, ведь Знание с тобой.

Практика 49: *несколько длительных практических занятий.*

Шаг 50

Сегодня я пребуду со Знанием.

Будь со Знанием сегодня, чтобы воспользоваться предлагаемой тебе уверенностью и силой Знания. Позволь Знанию дать тебе покой. Позволь Знанию дать тебе силу и компетентность. Позволь Знанию научить тебя. Позволь Знанию раскрыть тебе Вселенную, каковой она является на самом деле, а не такой, какой ты ее представляешь.

Во время твоих двух медитаций в состоянии внутреннего покоя попытайся ощутить силу Знания. Не задавай вопросы, сейчас это не важно. Не спорь с самой собой о реальности твоих устремлений, ибо это бессмысленно и является тратой времени. Ты не можешь знать, пока не примешь, а чтобы принять, ты должна верить в собственное желание знать.

Будь сегодня со Знанием. Во время твоих практических занятий не позволь ничему отговорить тебя. Тебе нужно лишь расслабиться и пребывать в настоящем. Эта практика позволит тебе распознать присутствие чего-то большего, и тем самым твои страхи начнут развеиваться.

Практика 50: *два практических занятия по 30 минут каждое.*

Шаг 51

Сегодня я распознаю свои страхи, чтобы увидеть истину за ними.

Ты должен распознать свои препятствия, чтобы видеть за их границами. Если ты будешь их отрицать, игнорировать, защищать или называть другими именами, то ты не сможешь понять причину своей сдержанности. Ты не поймешь, что тебя угнетает. Твоя жизнь не порождена страхом. Твой Источник не порожден страхом. Чтобы осознать свои страхи, ты должен понять, что ты являешься частью чего-то более великого. Поняв это, ты сможешь научиться быть объективным в отношении к своей жизни и понять свои обстоятельства без самоосуждения, ибо именно в этих обстоятельствах ты должен развиваться. Ты должен начать с того места, где ты сейчас находишься. Чтобы это сделать, тебе нужно составить список своих слабостей и своих достоинств.

Во время твоих двух практических занятий сегодня распознавай свои страхи и то, что твоя реальность находится за их пределами, но ты должен осознать их, чтобы понять их негативное влияние на твою жизнь. Закрой глаза и повтори сегодняшнюю идею, затем рассмотри каждый страх, который придет тебе на ум. Напомни себе, что истина находится за пределами того или иного страха. Позволь своим страхам встать перед глазами и, тем самым, стать осознанными.

Чтобы жить без страха ты должен понять его, его механизм, воздействие на людей и исход его действия в мире. Ты должен осознать это без обмана и предпочтений. Ты - великое существо, которому приходится работать в ограниченном контексте и в ограниченной среде. Пойми ограничения окружающей тебя среды и ограничения твоего тела, и тогда ты больше не будешь ненавидеть себя за то, что ты ограничен в своих возможностях.

Практика 51: *два практических занятия по 30 минут каждое.*

Шаг 52

Я СВОБОДНА НАЙТИ ИСТОЧНИК СВОЕГО ЗНАНИЯ.

Источник твоего Знания существует как внутри тебя, так и вне тебя. Нет различия в том, где источник Знания существует, так как он везде. Твоя жизнь спасена, так как Бог вложил Знание в тебя. Но ты не осознаешь своего спасения до тех пор, пока ты не позволишь Знанию появиться в твоей жизни и подарить свои дары тебе. Какая иная свобода по-настоящему свободна, кроме той, которая позволяет тебе получить дары истиной жизни? Любая другая свобода - это свобода быть хаотичным и причинять себе боль. Великая свобода заключается в том, чтобы найти Знание и позволить ему проявить себя через тебя. Сегодня ты свободна найти источник своего Знания.

Во время твоих двух практических занятий в тишине получи источник своего Знания. Напомни себе, что ты свободна это сделать. Несмотря на страх или тревожность, чувство вины или стыда, позволь себе получить источник своего Знания. Ты свободна получить источник своего Знания сегодня.

ПРАКТИКА 52: *два практических занятия по 30 минут каждое.*

Шаг 53

МОИ ДАРЫ ПРЕДНАЗНАЧЕНЫ ДЛЯ ДРУГИХ.

Твои дары предназначены для других, но для начала ты должен осознать эти дары, отделить их от идей, которые сдерживают их, изменяют или отрицают их. Как ты можешь понять себя, кроме как в контексте помощи другим? Один ты ничего не сможешь сделать. Один ты не имеешь смысла. Это потому, что ты не один. Это будет восприниматься тобой как бремя и угроза до тех пор, пока ты не поймешь значение этого и не осознаешь благодати этого дара. Это спасение твоей жизни. Когда жизнь восстанавливает тебя, ты восстанавливаешь жизнь и все ее блага, что превосходит то, что ты сам можешь дать себе. Значение твоей жизни реализовывается и проявляется через твою помощь другим, ибо без такого участия, ты сможешь лишь частично реализовать себя, свою ценность, свое предназначение, цель и направление.

Во время твоих двух практических занятий сегодня почувствуй свое желание помочь другим. Тебе не нужно сейчас определяться, как именно ты хочешь помочь. Это не так важно, как твое желание помочь. Ведь форма помощи станет очевидной тебе со временем и будет развиваться. Твое желание помочь, порожденное настоящей мотивацией, принесет тебе радость сегодня.

ПРАКТИКА 53: *два практических занятия по 30 минут каждое.*

Шаг 54

Я НЕ БУДУ ЖИТЬ В ИДЕАЛИЗМЕ.

Что такое идеализм, если не идеи о том, что желаемо, основанные на разочаровании? Твой идеализм включает тебя, твои отношения и мир, в котором ты живешь. Он включает Бога, жизнь и разные сферы познания, которые ты только можешь себе представить. Идеализм появляется, когда нет познания. Поначалу, идеализм может быть полезным, так как он может начать двигать тебя в нужном направлении. Но ты не должна делать никаких выводов, основываясь на нем, или строить идеи о себе. Только познание может дать то, что верно тебе и что ты можешь принять. Не позволяй идеализму направлять тебя, ибо Знание дано, чтобы направлять тебя.

Во время твоих двух практических занятий сегодня осознай степень своего собственного идеализма. Внимательно наблюдай за тем, кем ты хочешь быть, каким ты хочешь видеть мир и свои отношения с другими. Повтори сегодняшнюю идею и с закрытыми глазами осознай каждый из этих идеалов. Даже если твои идеалы выглядят позитивно и представляют твое стремление к любви и гармонии, на самом деле они тебя удерживают, поскольку они заменяют то, что действительно дало бы тебе те дары, которые ты ищешь.

Практика 54: *два практических занятия по 30 минут каждое.*

Шаг 55

Я приму мир таким, каким он есть.

Идеализм - это попытка не принимать мир таким, каким он есть на самом деле. Он оправдывает вину и осуждение. Он создает ожидания о такой жизни, которой еще не существует, тем самым делая тебя уязвимым для серьезных разочарований. Твой идеализм укрепляет твое осуждение.

Прими мир сегодня таким, каким он есть, а не таким, каким ты бы хотел его видеть. С принятием приходит любовь, ибо ты не можешь любить мир, который ты придумал. Ты можешь лишь любить мир, который уже существует. Прими себя таким, каким ты есть, и истинное желание перемены и прогресса возникнет само собой. Идеализм оправдывает осуждение. Осознай эту великую истину, и у тебя возникнет более непосредственное и глубокое восприятие мира и того, что является искренним и не основанным на надежде или ожидании, а основанным на настоящем участии.

Поэтому во время твоих двух 30-ти минутных практических занятий сегодня сконцентрируйся на принятии вещей такими, какими они есть на самом деле. Это не означает, что ты примиряешься с насилием, конфликтами и невежеством. Ты просто принимаешь существующие обстоятельства, чтобы конструктивно работать с ними. Без этого принятия ты не сможешь начать взаимодействовать с жизнью по-настоящему. Позволь миру быть таким, каким он есть, ведь именно этому миру ты пришел служить.

Практика 55: *два практических занятия по 30 мнут каждое.*

Шаг 56

Обзор

В сегодняшнем Обзоре рассмотри практики за последнюю неделю и твою вовлеченность в них. Попытайся понять, что поначалу прогресс может казаться медленным, но то, что медленно и стабильно, всегда прогрессирует с силой. Участие, которое происходит регулярно, является прямым путем к успеху.

Во время Обзора, мы напоминаем тебе, не критиковать себя, если ты не оправдала свои ожидания. Просто осознай, что требуется следовать наставлениям и делать это, вовлекая себя как можно более глубоко. Помни, что ты учишься учиться и учишься восстанавливать свою самооценку и истинные способности.

Практика 56: *одно длительное практическое занятие.*

Шаг 57

Свобода со мной.

Свобода находится внутри тебя, она ждет своего возрождения, ждет, чтобы ты ее осознал и признал, ждет, чтобы ты ею жил и ее применял, уважал ее и следовал ей. Ты, кто жил под грозой своего воображения, был заложником своих мыслей и мыслей других, ты, кто робел и был испуган состоянием этого мира, теперь имеешь надежду, ибо свобода находится внутри тебя. Свобода ждет тебя. Ты принес ее с собой из твоего Древнего Дома. Ты носишь ее в себе каждый день и каждое мгновение.

В этой программе развития ты учишься следовать свободе, а не страху и тьме твоего воображения. В свободе ты найдешь постоянство и стабильность. Это даст тебе основу, на которой ты сможешь построить любовь и самоуважение, и эта основа не сломается под натиском мира, ибо она прочнее мира. Она не рождена опасением Разлуки. Она рождена истиной твоего полного включения в жизнь.

В начале каждого часа повтори сегодняшнюю идею и удели несколько минут тому, чтобы почувствовать свободу внутри себя. По мере того, как ты приближаешься к свободе в течение дня, ты сможешь осознать с большей и большей точностью, что тебя удерживает. Ты поймешь, что тебя удерживает твоя собственная привязанность к твоим мыслям. Тебя удерживает твой собственный интерес к своему воображению. Это облегчит твою ношу, и ты поймешь, что возможен правильный выбор. Эта реализация даст тебе силу приблизиться к свободе сегодня.

Во время твоих двух медитаций повтори сегодняшнюю идею и попытайся успокоить свой ум, ведь со спокойного ума начинается свобода. Эта медитация позволит твоему разуму освободиться от цепей, которые сковывают его: невозможность отпустить прошлое, тревожность о будущем и избегание настоящего. Когда твой ум спокоен, он способен вознестись над тем, что делает его маленьким, скрытым и изолированным в собственной темноте. Как близка свобода к тебе сегодня, к тебе, кому лишь нужно успокоить свой ум, чтобы получить ее. И как велико твое вознаграждение, тебе, кто пришел в этот мир, ибо свобода с тобой.

Практика 57: *два практических занятия по 30 минут каждое. Напоминание в начале каждого часа.*

Шаг 58

Знание со мной.

Сегодня мы подтверждаем присутствие Знания в твоей жизни. В начале каждого часа повтори это утверждение, а затем удели пару минут, чтобы почувствовать это присутствие. Ты должна это почувствовать. Ты не можешь это понять разумом, ибо Знание должно быть прочувствовано. Независимо от твоих обстоятельств сегодня повтори это утверждение в начале каждого часа и постарайся почувствовать его значение. Ты убедишься в том, что многие ситуации, которые ты раньше считала не подходящими для практики, вполне подходят для практик. Делая это, ты поймешь, что у тебя есть сила управлять собственным опытом, чтобы ознакомиться со своими настоящими склонностями. Ты также поймешь, что твои обстоятельства являются подходящей средой для твоей подготовки и для приложения собственных сил.

Постарайся практиковать в начале каждого часа. Следи за временем. Если ты пропустишь час, не переживай, но настрой себя на выполнение этой практики в начале каждого последующего часа. Знание с тобой сегодня. Сегодня будь со Знанием.

Практика 58: *напоминание в начале каждого часа.*

Шаг 59

СЕГОДНЯ Я НАУЧУСЬ ТЕРПЕНИЮ.

Измученному уму очень сложно быть терпеливым. Очень сложно быть терпеливым уму, который постоянно находится в состоянии беспокойства, уму, который искал свою ценность в непостоянных вещах. Лишь в поиске чего-то более глубокого терпение необходимо, так как это требует большего приложения усилий. Думай о своей жизни в контексте долгосрочного развития, а не в контексте немедленного выигрыша и удовольствий. Знание - это не просто стимуляция. Его сила всеобъемлюща и бессмертна, и его величие дано тебе, чтобы ты ее принял и дарил другим.

В начале каждого часа утверждай, что будешь учиться терпению и станешь наблюдать за своей жизнью, а не критиковать ее. Утверждай, что ты станешь объективным в отношении своих способностей и обстоятельств, для того чтобы дать им большую определенность.

Учись терпению сегодня и учись терпеливо. Делая это, ты будешь продвигаться быстрее, увереннее и с большей любовью.

ПРАКТИКА 59: *напоминание в начале каждого часа.*

Шаг 60

Сегодня я не буду осуждать мир.

Без твоего осуждения Знание подскажет тебе, что ты должна сделать и понять. Знание представляет высшее суждение, но оно отличается от твоего собственного суждения, так как оно не основано на страхе. В нем нет злобы. Оно всегда направлено на то, чтобы служить и поддержать. Оно справедливо тем, что оно по-настоящему распознает состояние каждого человека без принижения его значения или судьбы.

Не суди мир сегодня и тогда ты сможешь увидеть его таким, каким он есть. Не осуждай мир сегодня, чтобы ты смогла принять его таким, каким он есть. Позволь миру быть таким, каким он есть, чтобы ты смогла его познать. Как только мир будет тобой познан, ты поймешь, насколько он в тебе нуждается и насколько ты хочешь ему помочь. Мир не нуждается в упреках. Он нуждается в служении. Он нуждается в правде. Но больше всего он нуждается в Знании.

В начале каждого часа сегодня остановись на минутку и смотри на мир без осуждения. Повтори сегодняшнее утверждение и на мгновение посмотри на мир без осуждения. Вне зависимости от того, что ты увидишь, приятно ли это или неприятно, красиво ли это или нет, достойно ли это или нет, смотри на мир, не осуждая его.

Практика 60: *напоминание в начале каждого часа.*

Шаг 61

ЛЮБОВЬ ВЫРАЖАЕТСЯ ЧЕРЕЗ МЕНЯ.

Любовь выражается через тебя, когда ты готов быть ее проводником. Тебе не нужно быть любящим, чтобы смягчить чувство вины или неадекватности. Тебе не нужно быть любящим, чтобы добиться одобрения других. Не укрепляй свое чувство беспомощности или неполноценности, пытаясь наложить счастливый или благожелательный отпечаток на них. Любовь внутри тебя сама себя проявит, так как она рождена Знанием внутри тебя и является его частью.

Сегодня в начале каждого часа смотри на мир и осознай, что любовь внутри тебя сама себя проявит. Она сама себя проявит, если ты не будешь судить мир, будешь воспринимать его таким, каким он есть на самом деле, и если ты сможешь принять других, каковыми они являются. Не вынуждай любовь говорить за тебя. Не пытайся заставить любовь выразить твои желания или потребности, ибо любовь сама выразится через тебя. Если ты будешь внимательным к любви, то ты будешь внимательным и к миру, и любовь сама выразится через тебя.

Практика 61: *напоминание в начале каждого часа.*

Шаг 62

Сегодня я научусь слушать жизнь.

Если ты будешь внимательна к миру, ты сможешь услышать его. Если ты будешь внимательна к жизни, ты сможешь услышать ее. Если ты будешь внимательна к Богу, ты сможешь услышать Бога. Если ты будешь внимательна к себе, ты сможешь услышать себя.

Поэтому сегодня практикуй слушание. В начале каждого часа попытайся услышать мир вокруг себя и внутри себя. Повтори это утверждение, а затем выполни данную практику. Это займет всего лишь несколько минут. Ты увидишь, что, несмотря на обстоятельства, ты найдешь возможность практиковать это сегодня. Не позволяй обстоятельствам управлять тобой. Ты можешь выполнять данную практику в любых обстоятельствах. Ты можешь выполнять эту практику, не вызывая смущения или неловкости по отношению к другим. Одна ли ты или в компании, сегодня ты сможешь выполнить это. Практикуй в начале каждого часа. Практикуй слушание. Практикуй быть «здесь и сейчас». Когда ты слушаешь по-настоящему, то ты не осуждаешь. Это значит, что ты наблюдаешь. Помни, что ты развиваешь способность ума, которая будет тебе необходима, чтобы отдавать и получать величие Знания.

Практика 62: *напоминание в начале каждого часа.*

Шаг 63

Обзор

Как и прежде, в сегодняшнем Обзоре рассмотри практические занятия за последнюю неделю, свое участие в них и как можно улучшить это участие. На этой неделе твоя практика была расширена. Она сопутствовала тебе в мире во всех ситуациях, вне зависимости от твоего эмоционального состояния или состояния людей, которые оказывали на тебя влияние, и вне зависимости от того, где ты находился и что делал. Таким образом, все становится частью твоей практики. Тогда мир не будет местом страха, которое угнетает тебя, а станет местом, где ты сможешь развивать Знание.

Когда ты можешь заниматься независимо от своего эмоционального состояния, ты понимаешь, что тебе дана сила, ибо ты выше своих эмоций и тебе не нужно их подавлять, чтобы понять это. Чтобы стать объективным по отношению к своим внутренним состояниям, тебе нужно находиться в том положении, откуда ты можешь наблюдать за этими состояниями и где они не будут доминировать над тобой. Это позволит тебе наблюдать за собой и наделит тебя пониманием и искренним сочувствием. Тогда ты не будешь тираном по отношению к самому себе, и тиранству в твоей жизни придет конец.

Во время одного длительного практического занятия оцени эту неделю практик без осуждения. Помни, что ты учишься, как практиковать. Помни, что ты учишься развивать свои навыки. Помни, что ты ученик. Будь начинающим учеником, ибо начинающий ученик делает мало предположений и желает научиться всему.

Практика 63: *одно длительное практическое занятие.*

Шаг 64

Сегодня я буду слушать другого.

В трёх разных ситуациях сегодня практикуй умение слушать другого человека. Слушай, не оценивая и не осуждая. Слушай, не отвлекаясь на посторонние вещи. Просто слушай. Практикуй с тремя разными людьми. Практикуй умение слушать. Будь спокойной, слушая их. Попытайся услышать сквозь их слова. Не ограничивайся лишь внешним обликом, попытайся заглянуть глубже. Не проецируй образы на них. Просто слушай.

Сегодня практикуй умение слушать другого человека. Не вовлекайся в то, о чем они говорят. При выполнении этой практики тебе не придётся неадекватно реагировать, когда они непосредственно обращаются к тебе. Ты будешь вовлекать все своё сознание в эту беседу. Поэтому не спеши и учись просто слушать, не разговаривая. Позволь другим выразиться. Ты увидишь, что их послание тебе шире, чем ты себе представляла в начале. Тебе не нужно это выяснять. Просто практикуй умение слушать, чтобы ты смогла услышать присутствие Знания.

Практика 64: *три практических занятия.*

Шаг 65

Я ПРИШЕЛ В ЭТОТ МИР, ЧТОБЫ РАБОТАТЬ.

Ты пришел в этот мир, чтобы работать. Ты пришел в мир, чтобы учиться и внести свой вклад. Ты пришел из места покоя в место работы. Когда твоя работа будет завершена, ты вернешься в место покоя. Это можно только знать, и твое Знание проявит тебе это, когда ты будешь готов.

А пока практикуй в начале каждого часа. Скажи себе, что ты пришел в этот мир, чтобы работать, и удели пару минут тому, чтобы почувствовать реальность этой идеи. Твоя работа намного значительнее, чем твоя карьера. Твоя работа намного значительнее, чем то, что ты стараешься делать для людей и вместе с ними. Твоя работа намного значительнее, чем то, что ты пытаешься сделать для себя. Пойми, что ты не знаешь, в чем заключается твоя работа. Со временем ее тебе раскроют, и она будет расширяться для тебя, но сейчас ты должен понять, что ты пришел сюда работать. Это подтвердит твою силу, твою судьбу и предназначение. Это подтвердит реальность твоего Истинного Дома, откуда ты принес свои дары.

Практика 65: *напоминание в начале каждого часа.*

Шаг 66

Я БОЛЬШЕ НЕ СТАНУ ЖАЛОВАТЬСЯ НА МИР.

Жаловаться на мир означает, что мир не отвечает твоему идеализму. Жаловаться на мир означает отсутствие осознания того, что ты пришла сюда работать. Жалуясь на мир, ты не сможешь понять его трудностей. Жалуясь на мир, ты не понимаешь его, какой он есть на самом деле. Твои жалобы означают, что некоторые твои ожидания не были оправданы. Эти разочарования необходимы, чтобы ты начала понимать мир таким, каким он есть, и чтобы ты поняла себя такой, какой ты есть на самом деле.

В начале каждого часа повтори это утверждение, а затем практикуй его. В начале каждого часа проведи минуту, не жалуясь на мир. Не позволяй времени просто так пролететь, а будь внимательной к практике. Осознай, до какой степени другие жалуются на мир и как мало это дает им и миру. Мир уже осужден теми, кто в нем обитает. Чтобы принять и любить этот мир, нужно осознать его трудности и принять его возможности. Как можно жаловаться, если дана среда, где Знание может быть восстановлено и передано? Миру нужно лишь Знание и проявление Знания. Как он может быть достойным осуждения?

Практика 66: *напоминание в начале каждого часа.*

Шаг 67

Я НЕ ЗНАЮ, ЧТО Я ХОЧУ ДЛЯ МИРА.

Ты не знаешь, что ты хочешь для мира, потому что ты его не понимаешь, и пока еще не был в состоянии увидеть его сложности. Когда ты поймешь, что ты не знаешь, что ты хочешь для мира, это даст тебе мотивацию и возможность наблюдать за миром и заново взглянуть на него. Это необходимо для твоего понимания. Это необходимо для твоего благополучия. Мир разочарует тебя только в том случае, если он неправильно понят. Ты только разочаруешь себя, если ты не поймешь себя правильно. Ты пришел в этот мир, чтобы работать. Осознай возможность, которая тебе предоставляется.

Выполняй эту практику в начале каждого часа сегодня вне зависимости от обстоятельств. Произнеси утверждение, а затем попытайся понять его истину. Ты не знаешь, что ты хочешь для мира, но Знание знает, какой вклад оно должно внести. Без твоих попыток заменить Знание своими собственными планами для мира, Знание выразится свободно без препятствий, и, таким образом, ты и мир получите от этого пользу.

Практика 67: *напоминание в начале каждого часа.*

Шаг 68

Я НЕ ПОТЕРЯЮ ВЕРУ В СЕБЯ СЕГОДНЯ.

Не теряй веру в себя сегодня. Поддержи свою духовную практику. Поддержи свое стремление учиться. Не делай выводов. Сохрани свою открытость и уязвимость. Истина существует там, где ты не пытаешься утверждать себя. Позволь себе принять ее.

В начале каждого часа сегодня напоминай себе о том, что ты не потеряешь веру в себя. Не теряй веру в Знание, в твоих Наставников, в пользу твоей жизни и в твое предназначение здесь. Позволь этим вещам утвердиться для того, чтобы со временем они полностью раскрыли себя тебе. Если ты будешь внимательна к ним, они станут очевидными тебе до такой степени, что ты будешь видеть и ощущать их во всех вещах. Твое видение мира преобразится. Твое восприятие мира преобразится. И вся твоя сила и энергия объединятся, чтобы выразить себя.

Не теряй веру в себя сегодня.

Практика 68: *напоминание в начале каждого часа.*

Шаг 69

Сегодня я буду практиковать внутренний покой.

Во время твоих двух 30-ти минутных практических занятий сегодня практикуй внутренний покой. Позволь твоей медитации быть глубокой. Отдай себя ей. Не начинай медитацию с требований и просьб. Начни ее с целью отдать себя ей. Ты входишь в храм своего внутреннего Истинного Духа. Поэтому во время твоей практики будь спокойным и внимательным. Позволь себе окунуться в роскошь пустоты. Ведь присутствие Бога поначалу ощущается как пустота, так как оно лишено какого-либо движения. Затем в этой пустоте ты начинаешь ощущать Присутствие, которое проникает во все сущее и дает смысл всей жизни.

Практикуй внутренний покой сегодня для того, чтобы знать.

Практика 69: *два практических занятия по 30 минут каждое.*

Шаг 70

Обзор

Сегодня завершается десять недель практики. Поздравляем! Ты далеко продвинулась. Быть истинной ученицей означает следовать шагам так, как они даны. Чтобы это сделать, ты должна научиться уважать себя, уважать источник наставления, осознать свои ограничения и ценить свое величие. Поэтому сегодня для тебя - это день почтения и признания.

Рассмотри последние три недели практики. Перечитай наставления и вспомни каждое практическое занятие. Вспомни то, что ты усвоила, и то, что ты не усвоила. Окажи почтение своему участию в обучении и попытайся усилить его сегодня. Усиль свое стремление к Знанию и усиль свое желание быть истинным последователем, чтобы в будущем ты смогла быть истинным лидером. Углуби свое желание быть истинным получателем, чтобы ты смогла воистину отдавать.

Пусть этот день обзора станет днем почета и днем, который усилит твою решимость. Честно рассмотри свое участие. Рассмотри свои очевидные успехи и неудачи. Твои успехи подбодрят тебя, а твои неудачи укажут тебе на те меры, которые надо предпринять, чтобы углубить свое обучение. Это день почтения для тебя - тебя, кого чтят.

Практика 70: *несколько длительных практических занятий.*

Шаг 71

Я ЗДЕСЬ, ЧТОБЫ СЛУЖИТЬ ВЫСШЕМУ ПРЕДНАЗНАЧЕНИЮ.

Ты здесь, чтобы служить высшему предназначению, а не просто выживать и получать удовольствие от того, чего ты хочешь. Это верно, ведь у тебя духовная сущность. У тебя есть духовное начало и духовное предназначение. Твоей неудачей в этой жизни является твоя неспособность откликнуться своей духовной природе, которую исказили и очернили религии твоего мира, которой пренебрегла и которую отрицала наука твоего мира. У тебя духовная сущность. Тебе предначертано служить высшему предназначению. Когда ты доверишься своей склонности к этому предназначению, тогда ты сможешь приблизиться к нему. Когда ты почувствуешь уверенность в том, что оно представляет истинный источник любви, тогда ты начнешь раскрываться ему, и это будет долгожданным возвращением домой для тебя.

Во время твоих двух медитаций сегодня будь открытым присутствию любви в твоей жизни. Сидя неподвижно и дыша глубоко, позволь себе почувствовать присутствие любви, что означает присутствие высшего предназначения в твоей жизни.

ПРАКТИКА 71: *два практических занятия по 30 минут каждое.*

Шаг 72

Я БУДУ ДОВЕРЯТЬ СВОИМ САМЫМ ГЛУБОКИМ ПОБУЖДЕНИЯМ СЕГОДНЯ.

Доверяй своим самым глубоким побуждениям, ведь им можно доверять, но ты должна научиться отличать их от многих других своих желаний, импульсов и стремлений, которые на тебя влияют. Ты можешь научиться этому лишь через восприятие. Ты можешь научиться этому, так как твои самые глубокие побуждения всегда ведут тебя к значимым отношениям и уводят тебя от изоляции и противоречивых вовлечений. Ты должна практиковать это, чтобы научиться этому. Это займет время, но каждый шаг в этом направлении приведет тебя ближе к источнику любви в твоей жизни и продемонстрирует тебе Высшую Силу, которая с тобой, которой ты должна служить и которую ты должна научиться принимать.

Во время твоих двух практических занятий сегодня в состоянии внутреннего покоя и тишины прими эту Высшую Силу и доверяй своим самым глубоким побуждениям. Позволь себе уделить полное внимание этим двум практикам, отложив в сторону все остальное на потом. Позволь себе осознать свои самые глубокие побуждения, которым ты должна научиться доверять.

Практика 72: *два практических занятия по 30 минут каждое.*

Шаг 73

Я ПОЗВОЛЮ СВОИМ ОШИБКАМ НАУЧИТЬ МЕНЯ.

Если ты позволишь своим ошибкам научить тебя, это придаст им значение. Иначе твои ошибки не будут иметь никакой ценности, и ты будешь направлять их против себя. Таким образом, использование ошибок в качестве уроков - это использование своих же ограничений для указания пути к твоему величию. Бог желает, чтобы ты извлек уроки из собственных ошибок и узнал о величии Бога. Это делается не для того, чтобы унизить тебя, а чтобы возвысить тебя. Ты совершил много ошибок в прошлом, и ты еще совершишь некоторые ошибки в будущем. Мы желаем обучить тебя для того, чтобы избавить тебя от повторения одних и тех же роковых ошибок и чтобы ты смог научиться на собственных ошибках.

В начале каждого часа этого дня повтори про себя, что ты желаешь извлечь пользу из своих ошибок, и почувствуй, что это значит. Во время этих многочисленных практик сегодня ты начнешь понимать это утверждение и, возможно, поймешь, как этого можно достигнуть. Если у тебя будет желание учиться на своих ошибках, ты не будешь так сильно бояться осознать их. Ты будешь стремиться осознавать их, а не отрицать их или лжесвидетельствовать по отношению к ним, не называть их другими именами, а признавать свои ошибки для собственного же блага. С этим пониманием ты сможешь помочь другим в восстановлении Знания, ибо они тоже должны узнать, как учиться на своих ошибках.

Практика 73: *напоминание в начале каждого часа.*

Шаг 74

Со мной сегодня пребывает покой.

Сегодня покой с тобой. Обрети покой и получи его благодать. Приди к покою со всем, что тебя беспокоит. Приди со своим тяжелым бременем. Приди, не желая получить ответов. Приди, не ожидая понимания. Приди, ища благословения. Покой не может войти в мир конфликта, но ты можешь вступить в мир покоя. Приди к покою, который тебя ожидает, и этим ты облегчишь свое бремя.

Во время твоих двух длительных практических занятий сегодня пребывай в состоянии внутреннего покоя, получая умиротворение. Позволь себе принять этот дар, и если какие-либо мысли будут тебя отвлекать, напомни себе о своей великой ценности: ценности Знания и ценности твоего "Я". Знай теперь, что ты способна учиться на собственных ошибках и что тебе не нужно идентифицироваться с ними, а использовать их как ценный ресурс для саморазвития, ибо они могут им стать.

Практикуй умение получать. Откройся немного больше сегодня. Отложи дела, беспокоящие тебя, на потом. Покой с тобой сегодня. Сегодня будь с покоем.

Практика 74: *два практических занятия по 30 минут каждое.*

Шаг 75

Сегодня я буду прислушиваться к себе.

Сегодня прислушайся к себе, не к маленькому «я», которое хочет чего-то, переживает, сомневается и жалуется, а к Высшему «Я». Прислушайся к Высшему «Я», что является Знанием, которое едино с твоей Духовной Семьей, Духовными Наставниками и которое содержит твое предназначение и призвание в жизни. Не слушай с целью получения ответов на свои вопросы, а просто учись слушать. И со временем, когда ты разовьешь умение слушать глубоко внутри себя, твое Истинное «Я» будет с тобой общаться по мере необходимости, и тогда ты сможешь услышать и действовать без замешательства.

Во время твоих двух практических занятий сегодня прислушайся к своему «Я». Не задавай никаких вопросов. Это не нужно. Тебе необходимо развить умение слушать. Прислушайся к своему Истинному «Я» для того, чтобы ты узнал о том, что Бог знает и любит.

Практика 75: *два практических занятия по 30 минут каждое.*

Шаг 76

Сегодня я не буду осуждать других.

Без осуждения ты способна видеть. Без осуждения ты способна учиться. Без осуждения твой ум становится открытым. Без осуждения ты понимаешь себя. Без осуждения ты сможешь понять другого.

В начале каждого часа сегодня повтори это утверждение, наблюдая за собой и миром вокруг себя. Повтори это утверждение и ощущай его воздействие. Отпусти свое осуждение на несколько минут и ощущай контраст и восприятие, которое это тебе даст. Не осуждай других сегодня. Позволь другим проявить себя тебе. Без осуждения ты не будешь страдать от собственного тернового венца. Без осуждения ты почувствуешь присутствие и помощь твоих Наставников.

Практикуй строго в начале каждого часа. Если ты пропустишь час, прости себя и обратно вернись к практике. Ошибки выступают в роли учителей - они придают тебе силу и показывают, чему тебе надо научиться.

Несмотря на то, что делает другой, несмотря на то, как он или она оскорбили тебя, твои идеи или ценности, не осуждай другого человека сегодня.

Практика 76: *напоминание в начале каждого часа.*

Шаг 77

Обзор

В своем Обзоре сегодня рассмотри еще раз практические занятия и наставления за прошлую неделю. Еще раз рассмотри те качества внутри себя, которые помогают тебе в подготовке, и те качества, которые затрудняют твою подготовку. Рассмотри эти качества с объективностью. Научись укреплять те качества, которые способствуют твоему участию и укрепляют это участие в процессе восстановлении Знания, и научись корректировать те качества, которые тебе мешают в этом. Чтобы обрести Мудрость, тебе нужно осознать то и другое. Ты должен узнать о том, что такое правда и что такое ложь. Ты должен это сделать, чтобы двигаться вперед и для того, чтобы служить другим. До тех пор, пока ты не осознаешь свои ошибки и не сможешь смотреть на них объективно, и пока не поймешь, как они возникли и как можно их избежать в будущем, ты не будешь знать, как служить другим, и их ошибки будут вызывать у тебя злобу и отчаяние. Со Знанием твои ожидания будут в гармонии с сущностью другого человека. Со Знанием ты научишься служить и забудешь, как осуждать.

Практика 77: *одно длительное практическое занятие.*

Шаг 78

Я НИЧЕГО НЕ МОГУ СДЕЛАТЬ В ОДИНОЧКУ.

Ты ничего не можешь сделать в одиночку, так как ты не одна. Наиболее достоверной истины ты не найдешь. Тем более, ты не найдешь истины, которая потребует от тебя более глубокого размышления и исследования. Не воспринимай только ее поверхностное значение, ибо эта истина велика. Тебе необходимо ее исследовать.

В начале каждого часа сегодня повтори это утверждение и задумайся над его воздействием. Делай это во всех обстоятельствах, ибо со временем ты научишься заниматься в любых обстоятельствах, практиковать в любых обстоятельствах и увидишь, как каждое обстоятельство может помочь твоей практике и как твоя практика может помочь каждой ситуации, в которой ты окажешься.

В одиночку ты ничего не можешь сделать, и во время твоей практики сегодня ты получишь помощь своих Духовных Наставников, которые придадут тебе силы. Ты сможешь почувствовать это, когда ты сама будешь давать свою силу другим. Ты осознаешь, что сила, которая больше, чем твоя собственная, поможет тебе продвинуться вперед, проникнуть сквозь занавес замешательства и понять источник твоего Знания и источник твоих отношений в жизни. Прими свои ограничения, ибо ты ничего не можешь сделать в одиночку, но с жизнью тебе дается все, что тебе необходимо, чтобы служить. С жизнью твоя истинная сущность приобретает ценность и величие в служении другим.

Практика 78: *напоминание в начале каждого часа.*

Шаг 79

Сегодня я позволю неопределенности существовать.

Позволить неопределенности существовать можно, только обладая огромной верой. Это означает, что возникает другая форма уверенности. Когда ты позволяешь неопределенности существовать, это означает, что ты становишься честным, ибо на самом деле ты находишься в состоянии неопределенности. Позволяя неопределенности существовать, ты становишься терпеливым, ибо терпение необходимо для обретения уверенности. Позволяя неопределенности существовать, ты также становишься толерантным. Ты отступаешь от критики и становишься наблюдателем своей внутренней жизни и жизни вокруг себя. Прими неопределенность сегодня для того, чтобы учиться. Без предположений ты будешь искать Знание. Без осуждения ты поймешь свою собственную, подлинную нужду.

В начале каждого часа сегодня повтори это утверждение и задумайся над его значением. Рассмотри его в контексте собственных чувств и в контексте того, что происходит в мире. Неопределенность будет существовать до тех пор, пока ты не станешь уверенным. Если ты позволишь этому существовать, ты позволишь Богу служить тебе.

Практика 79: *напоминание в начале каждого часа.*

Шаг 80

Я МОГУ ТОЛЬКО ПРАКТИКОВАТЬ.

Ты можешь только практиковать. Жизнь - это практика. Мы просто переориентируем твою практику, чтобы она служила как тебе, так и другим. Ты постоянно практикуешь что-то, снова и снова. Ты практикуешь замешательство, осуждение, проекцию упреков, чувство вины, диссоциацию и непостоянство. Ты укрепляешь свои осуждения, продолжая проецировать их. Ты укрепляешь свои сомнения, придавая им большое значение. Ты практикуешь ненависть к себе, продолжая влиять на нее.

Стоит лишь на мгновение посмотреть на свою жизнь объективно, и ты увидишь, что вся твоя жизнь - это практика. Следовательно, ты будешь практиковать что-либо вне зависимости от того, есть ли у тебя план обучения, который принесет тебе пользу или нет. Поэтому мы предоставляем тебе план обучения, которому ты можешь сейчас следовать. Он заменит те практики, которые привели тебя в замешательство и заблуждение, ущемили тебя и привели к ошибкам и опасностям. Мы предоставляем тебе высшую практику для того, чтобы ты не практиковала то, что подрывает твою ценность и уверенность.

Во время твоих двух медитаций сегодня повтори это утверждение и затем практикуй внутренний покой и восприимчивость. Укрепи свою практику, и ты подтвердишь то, о чем Мы здесь говорим. Ты можешь только практиковать. Поэтому практикуй во благо.

Практика 80: *два практических занятия по 30 минут каждое.*

Шаг 81

Я НЕ БУДУ ОБМАНЫВАТЬ СЕБЯ СЕГОДНЯ.

В начале каждого часа повтори это утверждение и попытайся ощутить его воздействие. Укрепи свою приверженность Знанию. Не попадись в уловку очевидно приятного самообмана. Не будь удовлетворен предположениями или верованиями других. Не принимай общие утверждения за истину. Не принимай внешний облик, как настоящий облик другого человека. Не довольствуйся лишь тем, кем ты кажешься. Делать эти вещи означает, что ты не ценишь себя и свою жизнь и что ты слишком ленив, чтобы приложить собственные усилия.

Ты должен вступить в неизвестное, чтобы найти Знание. Что это значит? Это лишь значит, что ты избавляешься от ложных представлений, утешительных идей и роскоши самоосуждения. Почему самоосуждение является роскошью? Потому, что оно не требует особых усилий и не требует установки истины. Ты его принимаешь, потому что в этом мире оно приемлемо и дает тебе много тем для обсуждения с твоими друзьями. Оно вызывает сочувствие. Поэтому это легко делать и показывает слабость.

Не обманывай себя сегодня. Позволь себе исследовать таинственность и истину своей жизни. В начале каждого часа повтори сегодняшнее утверждение и ощущай его значение. Также во время твоих двух длительных периодов практики сегодня повтори это утверждение и затем окунись во внутренний покой и восприимчивость. Сейчас ты учишься, как подготовить себя к внутреннему спокойствию, используя свое дыхание, сосредотачивая свой ум, отгоняя мысли и напоминая себе, что ты достоин этих усилий. Напомни себе о цели, которой ты хочешь добиться. Не обманывай себя сегодня. Не поддавайся тому, что является легким и приносит боль.

Практика 81: *два практических занятия по 30 минут каждое. Напоминание в начале каждого часа.*

Шаг 82

Сегодня я не буду осуждать другого.

Мы снова возвращаемся к этой практике, которую Мы будем повторять время от времени, по мере того, как ты двигаешься вперед. Осуждение - это решение не знать. Это решение не смотреть. Это решение не слушать. Это решение не пребывать в состоянии внутреннего покоя. Это решение следовать удобной линии мышления, заставляющего вас спать и держащего вас в замешательстве в мире. Мир полон ошибок. Как это может быть иначе? Поэтому мир не требует осуждения, а нуждается лишь в конструктивной поддержке.

Не осуждай другого сегодня. Напоминай себе об этом сегодня в начале каждого часа и задумайся недолго над этим. Напоминай себе об этом во время твоих двух практических занятий, когда ты должна повторить это утверждение, а затем вступить в состояние внутреннего покоя и восприимчивости. Не осуждай другого сегодня, и тогда ты сможешь быть счастливой.

Практика 82: *два практических занятия по 30 минут каждое. Напоминание в начале каждого часа.*

Шаг 83

Я ЦЕНЮ ЗНАНИЕ ПРЕВЫШЕ ВСЕГО.

Если ты сможешь испытать глубину и силу этого утверждения, это освободит тебя от всех форм порабощения. Это сотрет все конфликты в твоем мышлении. Это полностью разрешит то, что тебя беспокоит и озадачивает. Ты не будешь воспринимать отношения как средство доминирования или наказания. Это даст тебе совершенно новую основу понимания в отношениях с другими. Это даст тебе эталон, по которому ты сможешь развивать себя как умственно, так и физически, держа при этом более широкое видение. Что тебя разочаровало, как не правильное использование собственных способностей? И что печалит и злит тебя, как не правильное использование другими своих способностей?

Цени Знание. Это вне твоего понимания. Следуй Знанию. Оно поведет неведомыми тебе путями. Доверяй Знанию. Оно возвращает тебя к самому себе. Доверие всегда предшествует пониманию. Участие всегда предшествует доверию. Поэтому взаимодействуй со Знанием.

Напомни себе об этом утверждении в начале каждого часа. Попытайся быть очень последовательным. Не забудь подчеркнуть сегодня, что ты ценишь Знание превыше всего. Во время твоих двух медитаций повтори данное утверждение, а затем в тишине позволь себе принимать. Не используй эти практики, чтобы получить ответы или информацию, а позволь себе стать спокойным, ибо спокойный ум способен все узнать и всему научиться. Слова являются лишь одной из форм коммуникации. Ты сейчас учишься общению, ибо теперь твой ум открыт большему взаимодействию.

Практика 83: *два практических занятия по 30 минут каждое. Напоминание в начале каждого часа.*

Шаг 84

Обзор

Рассмотри практические занятия и наставления за последнюю неделю. Объективно рассмотри свое продвижение. Осознай насколько обширным должно быть твое обучение. Твои шаги сейчас маленькие, но значительные. Маленькие шаги приведут тебя к цели. От тебя не ожидают больших скачков, но даже маленькие шаги покажутся большими прыжками, так как ты получишь намного больше, чем когда-либо имела. Позволь своей внешней жизни перестроиться, в то время как твоя внутренняя жизнь начнет себя проявлять и излучать свет на тебя. Сосредоточься и прими изменения в твоей внешней жизни, так как это во благо тебе. Ошибка станет очевидной только в том случае, если ты не последовала Знанию. Это приведет тебя к необходимым действиям. Если же Знание не будет против изменений, происходящих вокруг тебя, то и тебе не стоит беспокоиться по этому поводу. Со временем ты обретешь спокойствие Знания. Ты будешь разделять его уверенность, спокойствие и истинные дары.

Поэтому проведи свой обзор в течение одного длительного практического занятия. Сделай обзор с особым вниманием и разборчивостью. Не забывай осознавать, как идет твой процесс обучения.

Практика 84: *одно длительное практическое занятие.*

Шаг 85

Сегодня я нахожу счастье в простых вещах.

Ты найдешь счастье в простых вещах сегодня, так как счастье с тобой. Ты найдешь счастье в простых вещах, так как ты учишься быть спокойным и наблюдательным. Ты найдешь счастье в простых вещах, потому что твой ум становится восприимчивым. Ты сможешь наслаждаться простыми вещами, так как ты начинаешь находиться «здесь и сейчас» по отношению к своим обстоятельствам. Простые вещи могут нести важные послания, если ты к ним внимателен. Тогда они не будут расстраивать тебя.

Спокойный ум - это знающий ум. Спокойный ум - это ум, который учится быть в состоянии покоя. Состояние покоя - это не пассивное состояние. Это состояние наивысшей активности, ибо оно вовлекает твою жизнь в высшее предназначение и дает ей интенсивность, активирует все твои силы и направляет их на единое действие. Это приходит от спокойствия. Бог спокоен, но все, что от Бога, направлено на конструктивное и единое действие. Это то, что дает форму и направление всем значимым взаимоотношениям. Поэтому твои Наставники с тобой, ибо существует План.

Практикуй спокойствие ума дважды сегодня в глубокой медитации. Повтори сегодняшнее утверждение в начале каждого часа и задумайся о его значении. Посвяти этот день практике и тогда практика сможет проникнуть в остальные сферы твоей жизни.

Практика 85: *два практических занятия по 30 минут каждое. Напоминание в начале каждого часа.*

Шаг 86

Я ПОЧИТАЮ ТЕХ, КТО МНЕ СЛУЖИЛ.

Почтение тех, кто тебе послужил, вызовет благодарность, что является началом настоящей любви и признательности. Сегодня во время твоих двух практик мы просим тебя подумать о тех, кто тебе служил. Во время практики думай только об этих людях и ни о чем другом. Мы просим тебя задуматься очень серьезно над тем, что они для тебя сделали. Постарайся осознать, как те, на кого ты обижена и злишься, также послужили тебе в обретении Знания. Не обманывай себя в своих чувствах, но, несмотря на свои чувства по отношению к ним, даже если это негативные чувства, попытайся осознать пользу этих людей для тебя. Ведь ты действительно можешь злиться на того, кто принес тебе пользу, и зачастую именно так и происходит. Возможно, ты будешь злиться на этот план обучения, который лишь желает принести тебе пользу. Почему ты злишься на эту практику? Потому что Знание вымывает все, что стоит у него на пути. Поэтому временами ты злишься и даже не знаешь почему.

Сфокусируйся во время этих двух практических занятий. Сосредоточься. Используй силу своего ума. Думай о тех людях, которые послужили тебе. Если придут тебе на ум те, кто не был полезен тебе, по твоему мнению, задумайся над тем, как они также тебе послужили. Пусть этот день будет днем осознания. Пусть это будет день восстановления.

Практика 86: *два практических занятия по 30 минут каждое.*

Шаг 87

Я НЕ БУДУ БОЯТЬСЯ ТОГО, ЧТО Я ЗНАЮ.

В начале каждого часа сегодня повтори это утверждение и задумайся над его значением. В начале каждого часа ты учишься освобождаться от страха, так как Знание развеет все страхи, и ты разгонишь свои страхи, чтобы дать Знанию свое право проявить себя. Доверяй тому, что ты знаешь. Это для величайшего блага. Возможно, ты держишь в себе сильный гнев и недоверие к себе, однако эти чувства не направлены на Знание, они направлены на твой ум, который не может понять твое высшее предназначение. Твой ум не может ответить на твои насущные вопросы, дать тебе уверенность, предназначение, смысл и направление в жизни. Прости то, что несовершенно. Почитай то, что безупречно. Научись понимать разницу между ними.

Во время твоих двух практических занятий сегодня научись отпускать свои страхи для того, чтобы быть способным знать. Разрешив своему уму быть в состоянии внутреннего покоя и восприимчивости, ты демонстрируешь, что ты доверяешь Знанию. Это позволит тебе отдохнуть от горестей и враждебности мира. Тем самым ты сможешь увидеть мир по-новому.

Практика 87: *два практических занятия по 30 минут каждое. Напоминание в начале каждого часа.*

Шаг 88

МОЕ ВЫСШЕЕ «Я» НЕ ЯВЛЯЕТСЯ ЛИЧНОСТЬЮ.

Зачастую происходит путаница в отношении Высшего «Я» и Духовных Наставников. Это очень трудно разрешить с точки зрения Разлуки. Но если ты посмотришь на жизнь, как на всеобъемлющую сеть развивающихся отношений, то ты увидишь и ощутишь, что Высшее «Я» является частью большей матрицы взаимосвязи. Это часть тебя, которая не разлучена, а связана с другими значимым образом. Поэтому твое Высшее «Я» связано с Высшим «Я» твоих Наставников. Они теперь без двойственности, ибо они не имеют другого «Я». Ты имеешь два «Я»: «Я», которое было создано, и «Я», которое ты сама создала. Привести «Я», созданное тобой, в служение твоему Истинному «Я» означает объединить их в браке и в служении друг другу и прекратить внутренний конфликт навсегда.

Сегодня в начале каждого часа повторяй утверждение и ощути его воздействие. Используй это утверждение как введение в обе длительные практики внутреннего покоя и восприимчивости.

Практика 88: *два практических занятия по 30 минут каждое.*

Шаг 89

МОИ ЭМОЦИИ НЕ МОГУТ ПОМЕШАТЬ МОЕМУ ЗНАНИЮ.

Эмоции колеблют тебя, как сильный ветер. Они дергают тебя из стороны в сторону. Возможно, со временем ты сможешь лучше понять их механизм. Наша практика сегодня направлена на то, чтобы показать тебе, что эмоции не контролируют Знание. Знанию не нужно уничтожать твои эмоции. Оно лишь желает помочь им. Со временем ты будешь лучше понимать свои эмоции и осознаешь, что твои эмоции могут служить высшему предназначению так же, как и твой ум и твое тело. Когда все, что в прошлом приносило тебе страдания, дискомфорт и диссоциацию, объединяется вместе для служения одной силе, которая является Единственной Силой, то оно начинает служить высшему предназначению и становится его инструментом самовыражения. Даже злоба служит определенной цели, ведь она показывает, что Знание было нарушено. Даже если твоя злоба не направлена на кого-то, она означает, что что-то пошло неправильно и необходимо внести изменения. Со временем ты поймешь источник горя и источник всех эмоций.

Выполняй практику в начале каждого часа, и перед двумя длительными практическими занятиями повтори сегодняшнее утверждение, а затем вступи в состояние внутреннего покоя. Сегодня научись ценить то, что неизменно, и понимать то, что изменчиво, научись осознавать то, что является первопричиной, и то, что препятствует ей, но со временем сможет послужить этой первопричине.

ПРАКТИКА 89: *два практических занятия по 30 минут каждое. Напоминание в начале каждого часа.*

Шаг 90

СЕГОДНЯ Я НЕ БУДУ ДЕЛАТЬ НИКАКИХ ПРЕДПОЛОЖЕНИЙ.

Не делай никаких предположений сегодня, уделяя еще один день восстановлению Знания. Не делай никаких предположений по поводу своего прогресса в обучении. Не делай никаких предположений в отношении мира. Сегодня практикуй с открытостью ума, который лишь наблюдает за происходящим и желает учиться. Наслаждайся свободой, которую отсутствие предположений предоставляет тебе, ибо таинственность, как только ты научишься ее принимать, будет источником благодати, а не источником страха и тревоги.

В начале каждого часа и во время твоих двух длительных практических занятий, когда ты будешь практиковать внутренний покой и восприимчивость, ты сможешь ощутить смысл и силу этих слов. Не делай никаких предположений сегодня. Напоминай себе об этом в течение дня, ибо делать предположения - это лишь привычка, а когда ты избавляешься от привычки, то твой ум начинает быть в состоянии выполнять естественные функции без каких-либо препятствий.

ПРАКТИКА 90: *два практических занятия по 30 минут каждое. Напоминание в начале каждого часа.*

Шаг 91

Обзор

Наш Обзор, как и раньше, будет направлен на пройденные за последнюю неделю наставления и практические занятия. Удели это время тому, чтобы заново испытать то, что происходило каждый день за эту неделю, и посмотреть на это с точки зрения твоего сегодняшнего восприятия. Учись учиться. Узнавай о процессе обучения. Не используй обучение для того, чтобы лишь похвастаться. Не используй обучение для того, чтобы доказать себе свою ценность. Ты не можешь подтвердить свою ценность. Это вне твоей компетентности. Твоя ценность продемонстрирует себя, когда ты ей позволишь, чему ты и учишься сейчас. Учись практиковаться. Иногда это будет легче делать, иногда труднее. Иногда у тебя будет желание практиковать, иногда нет. Ты выполняешь свою духовную практику каждый день, так как это представляет Высшую Волю. Это показатель постоянства, что является силой. Это показатель посвящения. Это дает тебе уверенность и стабильность и позволяет тебе относиться с состраданием к менее значимым вещам.

Твой длительный Обзор сегодня будет показателем твоего прогресса. Не осуждай себя, чтобы ты мог учиться.

Практика 91: *одно длительное практическое занятие.*

Шаг 92

МНЕ ДАНА ОПРЕДЕЛЕННАЯ РОЛЬ В ЭТОМ МИРЕ.

Ты пришла в этот мир в критический момент. Ты пришла сюда, чтобы служить миру в его сегодняшних нуждах. Ты пришла сюда, чтобы подготовить почву для будущих поколений. Может ли все это сейчас иметь значение лично для тебя? Возможно, нет, так как ты сейчас работаешь ради настоящего и будущего. Ты вносишь вклад сегодня как для своей жизни, так и для будущих поколений. Это приносит тебе удовлетворение сейчас, так как ты пришла в этот мир внести этот вклад. Без притворства и замешательства это произойдет само собой, естественным образом. Переплетение своей жизни с жизнью других ради конкретной цели духовно возвысит тебя и тех, с кем ты вступишь в контакт. Этот План выше твоих собственных амбиций, и только они могут затуманить твое видение того, что ты должна сделать. Поэтому будь благодарна, что тебе дана определенная роль в этом мире. Ты пришла сюда, чтобы исполнить эту роль как для собственной самореализации, так и для продвижения твоего мира и служения твоей Духовной Семье.

Во время твоих двух практических занятий сегодня сконцентрируйся и утверди для себя, что тебе дана определенная роль в этом мире. Не пытайся придумать эту роль, используя собственные идеи и желания, а позволь своей роли реализовать себя, ибо Знание внутри тебя раскроет тебе ее, как только ты будешь к этому готова. В состоянии внутреннего покоя и восприимчивости подтверди, что тебе дана роль в этом мире, ощути силу и истину, заложенную в этой великой идее.

ПРАКТИКА 92: *два практических занятия по 30 минут каждое.*

Шаг 93

Я ПОСЛАН СЮДА С ОПРЕДЕЛЕННОЙ ЦЕЛЬЮ.

Ты был послан в этот мир с определенной целью, чтобы предоставить те дары, которые проявятся из Знания. Ты пришел в этот мир с целью, ты пришел помнить свой Древний Дом, пока ты находишься здесь. Высшее предназначение, которое ты носишь с собой, присутствует с тобой сейчас, и оно будет проявляться постепенно во время подготовки, которую Мы тебе предоставляем. Это предназначение намного выше того, что ты себе можешь представить. Оно выше всех тех предназначений, которые ты себе придумал. Оно превышает все те предназначения, которые ты пытался воплотить в жизнь. Оно не нуждается в твоих фантазиях или выдумках, так как оно будет проявлять себя через тебя, при этом идеально включая тебя в процесс. У тебя есть предназначение в этой жизни. Сейчас ты подготавливаешься, шаг за шагом, чтобы испытать и научиться принимать его для того, чтобы оно смогло отдать тебе свои великие дары.

Во время твоих двух практических занятий подтверди это утверждение. В состоянии внутреннего покоя и восприимчивости позволь своему уму приступить к своей естественной функции. Позволь себе быть учеником, что требует восприимчивости и ответственности за использование того, что тебе предоставлено. Пусть сегодняшний день будет подтверждением твоей истинной жизни в мире, а не той жизни, которую ты себе придумал.

Практика 93: *два практических занятия по 30 минут каждое.*

Шаг 94

МОЯ СВОБОДА - НАЙТИ МОЕ ПРЕДНАЗНАЧЕНИЕ.

КАКОЕ ЕЩЕ ЗНАЧЕНИЕ МОЖЕТ ИМЕТЬ СВОБОДА, как не возможность найти свое предназначение и выполнить его? Без предназначения свобода является лишь правом быть хаотичным и правом жить без внешних ограничений. Но без внешних ограничений ты просто будешь действовать по зову своих жестоких внутренних ограничений. Разве так лучше? В целом, это не прогресс, хотя это может способствовать самопознанию.

НЕ НАЗЫВАЙ ХАОС СВОБОДОЙ, ибо хаос - это не свобода. Не думай, что раз другие не ограничивают тебя, то у тебя есть преимущество. Пойми, что твоя свобода дана тебе, чтобы найти свое предназначение и выполнить его. Понимание свободы в таком ракурсе позволит тебе использовать все аспекты твоей жизни: твои обстоятельства, твои отношения, увлечения, успехи, ошибки, характерные черты и даже недостатки - все ради раскрытия твоего предназначения. Ибо когда высшее предназначение начинает проявлять себя через тебя таким образом, что ты можешь его осознать и принять, ты, наконец, почувствуешь, что твоя жизнь стала полностью органичной. Внутри тебя уже не будут существовать разные личности, а будет одна, целостная личность со всеми ее аспектами, служащими одной цели.

СВОБОДА СОВЕРШАТЬ ОШИБКИ НЕ СПАСЕТ ТЕБЯ. Ошибки могут быть совершены в любых обстоятельствах, так же, как и свобода может быть найдена в любых обстоятельствах. Поэтому стремись узнать о свободе. Знание проявит себя, когда его путь освободится от ограничений и когда ты достигнешь определенного уровня развития и будешь готовым выполнить его миссию в мире. Твои Духовные Наставники, которые находятся с тобой, но невидимы тебе, здесь для того, чтобы посвятить тебя в Знание. У них есть собственные методы для этого, ибо они понимают истинную свободу и ее истинное значение в мире.

Поэтому во время твоих практических занятий Мы еще раз подтвердим силу этого утверждения и дадим тебе возможность ощутить ее глубоко в себе. Тебе не нужно размышлять над этим умственно, а нужно лишь расслабиться, чтобы ощутить эту силу. Полностью сконцентрируй свой ум, чтобы ощутить присутствие Бога как вокруг себя, так и внутри себя, так как это движет тебя в направлении свободы, где она по-настоящему существует.

Практика 94: *два практических занятия по 30 минут каждое.*

Шаг 95

Как я могу реализовать себя?

Как ты можешь реализовать себя, если тебе неизвестно, кто ты, откуда ты пришел и куда движешься, если ты не знаешь, кто тебя послал в этот мир и кто ждет твоего возвращения? Как ты можешь реализовать себя в одиночку, если ты являешься частью жизни? Можешь ли ты реализовать себя отдельно от жизни? Только в своей фантазии и воображении ты можешь, наверное, лишь думать об этом. Однако это не будет реализацией, а лишь заблуждением. С годами ты почувствуешь растущий мрак внутри себя, как будто огромная возможность была упущена. Не теряй эту возможность узнать жизнь, какой она есть на самом деле, и принять это счастье, которое поистине дается тебе.

Только в фантазии ты можешь реализовать себя сам, но фантазия - это не реальность. Принятие этого поначалу может казаться ограничением и разочарованием, ибо у тебя уже есть свои мотивы и сценарии собственной реализации, и не имеет значения, испытал ли ты их на себе или нет. Все твои намерения реализовать себя должны быть поставлены под сомнение не для того, чтобы лишить тебя чего-либо, а для того, чтобы освободить тебя от оков, которые со временем могли бы только обмануть и разочаровать тебя. Поэтому принятие безнадежности своей попытки реализовать себя делает тебя открытым для принятия дара, который доступен тебе и ждет тебя. Этот дар должен выразить себя таким образом, чтобы сделать счастливым как тебя, так и тех, кто будет к тебе естественно тянуться.

Как ты можешь реализовать себя? В начале каждого часа сегодня задай себе этот вопрос и удели этому несколько минут для размышления, независимо от обстоятельств, в которых ты окажешься. Во время твоей практики в начале каждого часа, наблюдай за миром и за тем, как люди пытаются реализовать себя в тех ситуациях, в которых они находятся, а также и в ожидаемых ими ситуациях. Пойми, как это отделяет их от жизни, какой она есть на самом деле. Пойми, как это отделяет их от таинственности их собственного существования и от чуда жизни, которые они могли бы испытывать каждый момент каждого дня. Не позволь себе быть лишенным этого. Твоя фантазия всегда будет рисовать грандиозную картину в твоей голове, но она совсем не основана на действительности. Только те, кто пытается укрепить фантазии друг друга, попытаются сойтись вместе для этой цели, однако их разочарование будет взаимным, и они будут обвинять друг друга в этом. Поэтому не ищи то, что принесет тебе только несчастье и разрушит возможность настоящих отношений.

Повтори это утверждение в начале каждого часа. Во время твоих двух практических занятий войди в состояние внутреннего покоя для того, чтобы научиться принимать счастье в его истинном значении.

Практика 95: *два практических занятия по 30 минут каждое. Напоминание в начале каждого часа.*

Шаг 96

Воля Божья – облегчить мое бремя.

Первым шагом Бога по направлению твоего искупления и наделения тебя силой является твое освобождение от того, что не нужно для твоего счастья, что не в состоянии тебя удовлетворить, что приносит тебе только боль, твое освобождение от тернового венца на твоей голове, представляющего собой твою попытку найти счастье в этой жизни. Высшая Воля находится внутри тебя, и она желает выразить себя. Когда ты испытаешь это, ты наконец-то узнаешь самого себя. Ты наконец-то испытаешь настоящее счастье, так как твоя жизнь в итоге станет целостной. Однако чтобы испытать это, тебе нужно освободиться от своей ноши. Тебя не лишат ничего, что имеет настоящую ценность для тебя. Бог не намерен сделать тебя одиноким или несчастной, а намерен дать тебе возможность реализоваться по-настоящему и идти вперед с полными силами и мотивацией.

Поэтому прими это исключительное предложение освободиться от безнадежных конфликтов, которые ты пытаешься разрешить, от бессмысленных занятий, которые ведут тебя в никуда, от ложных обещаний мира и от собственного идеализма, рисующего картину, которой мир не может соответствовать. В искренности и смирении величие жизни осенит тебя, и ты поймешь, что, отбрасывая ненужное, ты приобретаешь нечто бесценное.

В начале каждого часа повтори это утверждение и задумайся над ним. Рассмотри его значение в контексте твоих обстоятельств. Рассмотри проявление этого утверждения в жизни людей, которые окружают тебя везде. Рассмотри его реальность в своей собственной жизни, которую ты теперь учишься рассматривать объективно.

Во время твоих двух длительных практических занятий сегодня попытайся сконцентрироваться на этой идее и применить ее к своей собственной жизни. Задействуй свой ум и задумайся над этой идеей в контексте своих амбиций, планов и т.д. В процессе этой практики многие вещи могут оказаться под сомнением, однако пойми, что на Знание не влияют твои планы, надежды и разочарования. Оно лишь ждет подходящего момента, чтобы проявить себя, и ты будешь первой, кто получит его дары.

Практика 96: *два практических занятия по 30 минут каждое. Напоминание в начале каждого часа.*

Шаг 97

Я НЕ ЗНАЮ, ЧТО ЯВЛЯЕТСЯ САМОРЕАЛИЗАЦИЕЙ.

Является ли это утверждение признанием собственной слабости? Является ли это показателем безнадёжности? Отнюдь нет. Оно является началом честности. Когда ты поймёшь, как мало ты понимаешь, и в то же время осознаешь возможность, которую Знание тебе предоставляет, только тогда ты примешь эту возможность с большим желанием и приверженностью. Ты можешь лишь представить себе самореализацию, в то время как реализация Знания живёт и горит внутри тебя. Это огонь, который ты не в состоянии погасить. Этот огонь горит внутри тебя сейчас. Это и представляет собой твоё безудержное стремление к самореализации, единению и вкладу. Этот огонь пылает сейчас в тебе далеко за пределами твоих надежд и страхов, твоих планов и амбиций. Поэтому оставь свои идеи о самореализации, но не оставляй надежды, ибо ты откроешься для того, чтобы получить дары, которые предназначены тебе. Ты принёс эти дары с собой в этот мир. Они спрятаны внутри тебя, где ты не в состоянии их найти.

Ты не знаешь, что является самореализацией. Счастливые моменты одни не могут представлять собой самореализацию, ибо самореализация - это состояние покоя. Это состояние внутреннего согласия. Это состояние полного единства. Это непреходящее состояние, выражающееся во времени. Как даже самые приятные моменты могут дать тебе то, что пребывает в любых обстоятельствах и не прекращает пребывать, даже когда приятная стимуляция заканчивается? Мы не хотим лишить тебя весёлых и счастливых моментов, так как они могут быть полезными, но они временны и могут дать тебе лишь представление о большей возможности. Здесь Мы желаем сразу же дать тебе доступ к высшей возможности, развивая твои умственные способности и обучая тебя видеть мир таким образом, чтобы ты смог узнать его настоящее предназначение.

Поэтому в начале каждого часа сегодня повтори сегодняшнее утверждение и задумайся над ним серьёзно в контексте себя и мира. Сегодня во время твоих двух длительных практических занятий проведи это время, размышляя над этой идеей. Во время этих практических занятий задумайся над своей собственной жизнью и примени сегодняшнюю идею по отношению к своим планам самореализации. Эти активные медитации требуют умственной работы. Здесь тебе не нужно достигать состояния внутреннего покоя. Ты будешь анализировать. Ты будешь расследовать. Ты будешь активно использовать свой ум, чтобы проникнуть в те мысли, которые там находятся. Это время для серьезного самоанализа. Когда ты поймешь, что то, что, как тебе казалось, ты знаешь, является лишь формой фантазии, тогда ты поймешь свою большую нужду в Знании.

Ты должен сначала понять, что у тебя есть, чтобы научиться принимать больше. Если ты думаешь, что ты имеешь больше, чем на самом деле, то ты будешь нищей, даже не осознавая этого, и ты не сможешь понять Высший План, который был создан для тебя. Ты должен начать с того места, где ты находишься, ибо так ты сможешь уверенно продвигаться вперед, шаг за шагом. Здесь ты не потерпишь неудачу, так как ты глубоко укоренишься в пути к Знанию.

Практика 97: *два практических занятия по 30 минут каждое. Напоминание в начале каждого часа.*

Шаг 98

Обзор

Во время твоего Обзора еще раз рассмотри все предыдущие наставления и все, что ты испытала за последнюю неделю практик. Честно рассмотри твое вовлечение в эти наставления и что эти практики дали тебе с точки зрения твоего понимания. Попытайся быть очень честной с собой. Помни, что ты всего лишь ученица. Не говори себе, что ты поняла больше, чем на самом деле.

Простота этого подхода может казаться очевидной, но для многих людей она является трудно достижимой, ибо они привыкли думать, что они имеют больше, чем на самом деле, или же меньше, чем на самом деле. Им очень трудно увидеть свои настоящие обстоятельства, даже если они очевидны.

Во время одного длительного практического занятия рассмотри свои практики и поразмышляй над каждой серьезно, вспоминая свои действия относительно них и свое понимание их в тот момент. Рассмотри шесть предыдущих практик и не делай никаких выводов, которые не представляют твоего истинного восприятия. Лучше быть в чем-то неуверенной, чем делать ложные выводы.

Практика 98: *одно длительное практическое занятие.*

Шаг 99

Я НЕ БУДУ УПРЕКАТЬ МИР СЕГОДНЯ.

Сегодня старайся не упрекать мир, не судить его очевидные ошибки и не приписывать эти ошибки другим. Смотри на мир безмолвно. Позволь своему уму быть в состоянии внутреннего покоя.

Практикуй это в начале каждого часа и смотри на мир с открытыми глазами. Во время твоих двух длительных практик также смотри на мир с открытыми глазами. Совсем не важно, на что ты будешь смотреть, ибо это все одно и то же. Сегодня ты должен сконцентрироваться на том, чтобы смотреть без осуждения, ибо это поможет тебе развить свои настоящие умственные способности.

Поэтому во время твоих практических занятий наблюдай за миром с открытыми глазами и без осуждения. Наблюдай за тем, что тебя непосредственно окружает. Наблюдай за тем, что реально находится вокруг тебя. Не вовлекайся в фантазию. Не позволяй своим мыслям бродить в прошлом или будущем. Наблюдай лишь за реальностью. Если осуждающие мысли возникнут в твоей голове, просто отпусти их, ибо сегодня ты учишься видеть, видеть без оценки для того, чтобы увидеть, что на самом деле окружает тебя.

Практика 99: *два практических занятия по 30 минут каждое. Напоминание в начале каждого часа.*

Шаг 100

Сегодня я - начинающая ученица Знания.

Ты - начинающая ученица Знания. Прими эту начальную позицию. Не приписывай себе больше, ибо ты пока еще не понимаешь путь к Знанию. На пути к грандиозным предположениям, возможно, ты придумала себе грандиозные вознаграждения, но это не путь к Знанию, где ты освобождаешься от выдуманных вещей и принимаешь истинные. Путь к Знанию - это не путь, который люди сами для себя придумали, ибо он не рожден фантазиями.

Поэтому будь начинающей ученицей Знания. В начале каждого часа повтори это утверждение и серьезно задумайся над ним. Несмотря на свою самооценку, либо завышенную, либо заниженную, несмотря на то, что ты сделала раньше, несмотря на твои достижения, ты - начинающая ученица Знания. Как начинающая ученица, ты будешь хотеть научиться всему, чему только возможно, и тебе не нужно будет защищать то, что ты себе уже присвоила. Это значительно облегчит твое бремя и даст тебе возможность для настоящего стремления и энтузиазма, которых тебе сейчас не хватает.

Будь начинающей ученицей. Начни оба длительных практических занятия с этого утверждения и позволь себе быть в состоянии внутреннего покоя и восприимчивости. Позволь своему уму быть спокойным, не прося ничего, не задавая никаких вопросов, не ожидая ничего и ничего не требуя, ибо ты - начинающая ученица Знания и пока еще не знаешь, какие вопросы нужно задавать и чего можно ожидать.

Практика 100: *два практических занятия по 30 минут каждое.*
Напоминание в начале каждого часа.

Шаг 101

МИР НУЖДАЕТСЯ ВО МНЕ, НО Я ПОДОЖДУ.

ЗАЧЕМ ЖДАТЬ, ЕСЛИ МИР НУЖДАЕТСЯ В ТЕБЕ? Разве это не противоречит наставлениям, которые Мы даем? На самом деле, это совсем не противоречиво, если ты поймешь их значение. Так как мир в тебе нуждается, ожидание может показаться несправедливым и безответственным. Разве это не противоречит нашим наставлениям? Нет, если ты правильно поймешь их значение. Если ты всерьез задумался над тем, что Мы уже предоставили для твоей подготовки, то ты сам это увидишь. Знание внутри тебя откликнется миру, и ты почувствуешь желание внести свой вклад в определенных местах, а в некоторых местах тебе не захочется вносить вклад. Этот внутренний отклик не будет рожден слабостями, неуверенностью или жаждой быть принятым или признанным. Он не примет форму избегания или вины. Он, собственно, не будет касаться тебя вообще. В этом кроется его величие, так как ему не предназначено избавить тебя от низкой самооценки, а предназначено демонстрировать силу Знания, которая существует в мире, для того чтобы ты смог наблюдать за ней и быть ее проводником.

ПОЧЕМУ ЖДАТЬ, КОГДА МИР В ТЕБЕ НУЖДАЕТСЯ? Потому что ты пока еще не готов внести вклад. Почему ждать, когда мир в тебе нуждается? Потому что ты пока еще не понимаешь его нужду. Почему ждать, когда мир в тебе нуждается? Потому что ты внесешь вклад, исходя из ложных мотиваций, и лишь усилишь свою дилемму. Время дарования наступит, и тогда это произойдет само собой. Ты будешь готов принять это, откликнуться на это и позволить Знанию направить тебя. Если ты хочешь быть полезным миру, ты должен быть готов, и сейчас ты проходишь эту подготовку.

НЕ ПОЗВОЛЬ ИСПЫТАНИЯМ МИРА усилить твою тревожность. Не позволь угрозе разрушения вызвать страх. Не позволь несправедливости мира вызвать у тебя злобу, ибо если это происходит, то ты смотришь на мир без Знания. Ты видишь свой несостоявшийся идеализм. Это неправильный взгляд на мир, и поэтому это не путь внесения вклада. Ты был послан сюда, чтобы внести вклад, и это дарование свойственно тебе. Тебе не нужно контролировать это, так как это произойдет само собой, когда ты будешь готов. Поэтому помощь миру в данный момент заключается в твоей подготовке, и хотя это не сразу удовлетворит твое желание отдавать, это откроет путь для высшего служения.

Во время твоих двух практических занятий сегодня активно думай об этой идее. Рассмотри ее в свете твоего поведения, соображений, верований и побуждений.

Практика 101: *два практических занятия по 30 минут каждое.*

Шаг 102

Я ДОЛЖНА МНОГОМУ РАЗУЧИТЬСЯ.

Твоя жизнь полна твоих собственных идей и нужд, собственных ожиданий и амбиций, страхов и осложнений. Поэтому твой механизм для дарования забит и обременен, и твоя энергия неправильно применена. Поэтому, прежде всего, Бог желает избавить тебя от бремени. Пока это не произойдет, ты будешь лишь стремиться разрешить свою ситуацию, не зная, что делать, не понимая своего затруднительного положения и не принимая помощи, в которой ты в скором времени будешь нуждаться. Поэтому прими эту возможность многому разучиться, ибо это облегчит твое бремя и даст тебе уверенность в том, что более значимая жизнь возможна и обязательно ждет тебя, тебя, кто был послана в этот мир, чтобы служить.

В начале каждого часа повтори это утверждение и задумайся над ним. Рассмотри его реальность по отношению к своему восприятию мира. Во время твоих двух практических занятий практикуй внутренний покой в тишине, где ты не пытаешься добиться чего-либо и не пытаешься избежать чего-либо. Ты лишь пытаешься научить свой ум быть спокойным для того, чтобы он смог откликаться на то, что его призывает. По мере того, как ты придаешь старое мышление забвению, Знание будет заполнять каждый появляющийся пробел. Это произойдет моментально, ведь ты лишь двигаешься к тому, чтобы получать, для того чтобы отдавать со щедростью и искренностью, и это принесет с собой удовлетворение.

Практика 102: *два практических занятия по 30 минут каждое.*

Шаг 103

Бог меня почитает.

Бог тебя почитает, однако это утверждение может вызвать чувство вины и неопределенности, затронуть твою гордость и вызвать внутренний конфликт, который скрывается в тебе даже в эту минуту. В прошлом ты пытался быть таким, каким ты не являешься, и это тебя подвело. Теперь ты боишься проявить себя из-за страха, что ты опять потерпишь неудачу. Поэтому величие кажется незначительностью, а незначительность – величием, и все вещи кажутся противоположными тому, чем они являются на самом деле.

Бог тебя почитает независимо от того, можешь ли ты это принять или нет. Это правда, несмотря на человеческую оценку, ибо те вещи, которые не поддаются оценке, являются истинными. Мы ведем тебя к тому, что не поддается оценке, что будет величайшим открытием в этой жизни или в любой другой.

В начале каждого часа повтори это утверждение и серьезно задумайся над его значением. Во время твоих двух практических занятий позволь твоему уму войти в состояние внутреннего покоя и восприимчивости для того, чтобы принять почтение, которое Бог испытывает по отношению к тебе. Безусловно, это почтение направлено на ту часть тебя, с которой ты еле знаком. Почитается не твое поведение. Почитается не твой идеализм. Не твои идеи или предположения, требования или страхи. Все это может существовать как для твоей пользы, так и против тебя. Все это может как служить тебе, так и предать тебя. Однако почтение направлено на что-то более глубокое, то, что ты сейчас учишься осознавать.

Практика 103: *два практических занятия по 30 минут каждое. Напоминание в начале каждого часа.*

Шаг 104

БОГ ЗНАЕТ ОБО МНЕ БОЛЬШЕ, ЧЕМ Я САМА.

Бог знает о тебе больше, чем ты сама. Это должно стать очевидным, если ты посмотришь на себя объективно. Рассмотри, что же из этого следует. Если Бог знает о тебе больше, чем ты сама, разве ты бы не хотела учиться познавать Божью оценку? Конечно бы хотела! И разве твои оценки о себе не являлись бы ошибочными? Лишь в этом ты согрешила, ибо грех - это лишь ошибка. Ошибки нужно исправлять, а не осуждать. Ты себя осуждаешь за ошибки, а затем думаешь, что Бог следует твоему примеру и дает тебе еще больший приговор. Именно поэтому люди создали Бога по своему подобию, и поэтому ты должна разучиться тому, чему ты научилась, чтобы найти то, что ты знаешь в глубине души, и чтобы твое присутствие в этом мире принесло благо и имело непреходящую ценность.

Бог знает о тебе больше, чем ты сама. Не пытайся создавать самого себя, ибо ты уже была создана, и то созданное и естественное намного выше и счастливее, чем та жизнь, которую ты прожила до этого момента. Это твое несчастье, что приводит тебя к истине, ибо оно притягивает тебя к подлинному разрешению. Это, конечно же, правда.

В начале каждого часа повтори это утверждение и серьезно задумайся над этим. Во время этого наблюдай за окружающим тебя миром для того, чтобы узнать значение этой идеи в мире. Во время твоей длительной практики в состоянии внутреннего покоя позволь своему уму быть спокойным и тихим для того, чтобы он научился наслаждаться собственным величием. Дай ему эту возможность быть свободным, и тогда ты получишь свободу в ответ.

Практика 104: *два практических занятия по 30 минут каждое. Напоминание в начале каждого часа.*

Шаг 105

Обзор

В твоем Обзоре следуй прошлым указаниям и рассмотри наставления и практики за последнюю неделю. Удели особое внимание представленным нами идеям. Пойми, что эти идеи должны быть рассмотрены и испытаны на многих этапах развития. Их значение слишком глубоко и велико, чтобы быть полностью очевидным тебе сейчас, однако они будут служить тебе напоминанием, что Знание с тобой и что ты был послан в мир отдать Знание.

Наше учение упростит все, и в свою очередь, это разрешит те конфликты, которые ты испытываешь сейчас, и сделает будущие конфликты ненужными. Ибо когда ты со Знанием, конфликта просто не существует. Жизнь без конфликта - это самый большой вклад, который ты можешь внести в мир, ибо такая жизнь может разжечь огонь Знания во всем, огонь, который может гореть даже после того, как ты покинешь этот мир. Именно этот огонь ты пытаешься внести в мир, потому что тогда твой вклад не будет иметь конца и будет служить как твоему поколению, так и будущим поколениям.

Те блага, которые ты сейчас имеешь в мире, являются результатом именно таких резонансных действий, которые передаются из поколения в поколение, не давая огню Знания погаснуть в мире. Твоя возможность иметь Знание рождена дарованием тех, кто жил до тебя, в то время как твое дарование обеспечит ту же возможность свободы будущим поколениям. Твое высшее предназначение в жизни - это сохранить Знание. Но для начала ты должен узнать о Знании, ты должен научиться осознавать его, принимать, отличать его от других импульсов и пройти многие стадии развития по пути к Знанию и по пути его воплощения в жизнь. Именно поэтому ты - начинающий ученик Знания.

Во время твоего практического занятия удели тщательное внимание своему обзору. Позволь неопределенности и замешательству существовать, ибо это необходимо на этой стадии практики. Поэтому радуйся, что все может быть осознано и узнано и что Знание с тобой, поэтому ты свободен быть неуверенным.

Практика 105: *одно длительное практическое занятие.*

Шаг 106

В МИРЕ НЕТ МАСТЕРОВ.

В МИРЕ НЕТ МАСТЕРОВ, ибо Мастерство достигается лишь за пределами мира. Существуют продвинутые ученики. Есть ученики, которые многого достигли. Однако в мире нет Мастеров. Здесь нет совершенства, а лишь служение. Те, кто находятся в мире, остаются здесь для того, чтобы пройти уроки жизни. Эти жизненные уроки должны быть пройдены не только в твоей личной жизни, но и в жизни служения. Твое истинное обучение здесь выходит далеко за рамки твоего представления. Это не просто исправление совершенных ошибок. Это предоставление даров.

В МИРЕ НЕТ МАСТЕРОВ. Поэтому ты можешь освободить себя от бремени попытки достичь Мастерства для себя. Ты не можешь быть Мастером, ибо сама жизнь является Мастером. Эта большая разница сыграет огромную роль, когда ты поймешь ее значение и пользу.

ВО ВРЕМЯ ТВОИХ ДВУХ ПРАКТИЧЕСКИХ ЗАНЯТИЙ СЕГОДНЯ думай о тех личностях, которых ты считаешь Мастерами. О тех, кого ты встретила, о которых ты слышала или которых ты представляла себе, о тех, кто жил в прошлом, и о тех, кто живет в настоящем. Задумайся о тех качествах, которые делают их Мастерами, и о том, как ты использовала их для составления мнения о себе и для оценки своей жизни и поведения. Цель продвинутых учеников заключается совсем не в том, чтобы стать критерием самоосуждения для тех, у кого меньше способностей. Не в этом заключаются их дары, хотя со временем они должны понять, что их дары будут, таким образом, неправильно истолкованы.

ПРИМИ СВОЕ ОСВОБОЖДЕНИЕ ОТ БРЕМЕНИ, в то время как Мы напоминаем тебе о том, что в мире нет Мастеров. Попытайся понять это во время твоих двух длительных практических занятий. Осознай облегчение, предоставленное тебе. Но не думай, что это ведет к пассивности и бездействию с твоей стороны, ибо твое вовлечение в восстановлении Знания будет больше, чем когда-либо. Твоя приверженность в восстановлении Знания будет больше, чем когда-либо. Теперь твое вовлечение и усердие могут продвигаться быстрее, так как они теперь лишены идеализма, который приводит лишь к заблуждению.

ПРАКТИКА 106: *два практических занятия по 30 минут каждое.*

Шаг 107

Сегодня я научусь быть счастливым.

Учиться быть счастливым означает учиться быть естественным. Учиться быть счастливым означает учиться принимать Знание. Знание сегодня счастливо. Если ты несчастлив, это значит, что ты без Знания. Счастье совсем не означает иметь улыбку на лице. Счастье - это не поведение. Настоящее счастье - это осознание себя, чувство целостности и удовлетворенности. Если ты потерял кого-то из близких, ты по-прежнему можешь быть счастливым, несмотря на слезы. Слезы - это нормально, они не должны компрометировать чувство счастья внутри тебя, ибо эти слезы могут также быть слезами счастья. Счастье - это не конкретное поведение. Позволь Нам напомнить тебе об этом. Это чувство внутренней удовлетворенности. Знание подарит тебе это, потому что оно упростит твою жизнь и позволит твоему уму сосредоточиться на действительности. Это наделит тебя силой, упростит тебя и предоставит тебе большую гармонию, чем ты раньше знал.

Поэтому во время твоих двух длительных практических занятий сегодня позволь своему уму войти снова в состояние внутреннего покоя. Это время тишины. Это не практика, во время которой ты должен вовлечь свой ум в размышление, а практика внутреннего покоя.

Практика 107: *два практических занятия по 30 минут каждое.*

Шаг 108

Я ДОЛЖНА СНОВА НАУЧИТЬСЯ БЫТЬ СЧАСТЛИВОЙ.

Все должно быть пересмотрено. Ты должна по-новому взглянуть на все, ибо смотреть со Знанием и без Знания - это совершенно разные вещи. Они приводят к разным результатам. Они поощряют разные оценки и ответы. Мы уже отметили, что счастье - это не форма поведения, - оно гораздо глубже этого. Поэтому не пытайся использовать эту идею, чтобы добиться благосклонности других или чтобы доказать себе, что ты счастливее, чем на самом деле. Мы не желаем, чтобы твое текущее восприятие соответствовало определенному, видимому поведению. Мы хотим привести тебя к тому восприятию, которое естественно тебе, которое отражает твою сущность и вносит дары твоей сущности в жизнь.

Поэтому заново осознай счастье. Во время твоих двух практических занятий вовлеки свой ум в размышление. Рассмотри свои идеи о счастье и формы поведения, которые, как тебе кажется, представляют это счастье. Задумайся о том, как ты пыталась быть счастливее, чем ты есть на самом деле. Задумайся обо всех ожиданиях и требованиях, которые ты возложила на себя, чтобы быть счастливой и чтобы доказать себе и другим свою ценность. Осознавая эти вещи, пойми, что без этих попыток ты будешь счастлива сама по себе, ибо счастье - естественная часть тебя. Без сдерживания счастье возникнет само по себе, без твоего навязывания его своему уму и телу. Счастье возникнет само по себе без твоего вмешательства. Задумайся об этом сегодня, но не будь удовлетворена простыми выводами, ибо ты начинающая ученица Знания и более значимые выводы придут позже.

Практика 108: *два практических занятия по 30 минут каждое.*

Шаг 109

Сегодня я не буду торопиться.

Сегодня делай все с достоинством. Не торопись. Тебе не надо торопиться, потому что ты со Знанием. Ты можешь выполнять свои планы на день и следовать им по расписанию, но без суеты. Ищи Знания, удовлетворения и соучастия, но не торопись. Когда ты торопишься, ты пренебрегаешь текущим шагом, предпринимая вместо него те шаги, которые ты считаешь предпочтительнее. А шаги могут оказаться предпочтительнее только в том случае, когда ты не обращаешь внимания на тот шаг, который находится непосредственно перед тобой. Нужно всего лишь предпринять тот шаг, который находится перед тобой, и следующий шаг возникнет сам по себе. Не торопись. Ты не можешь идти быстрее, чем ты можешь идти. Не пропускай ничего из Наших наставлений, а для этого не следует торопиться.

В течение дня напоминай себе в начале каждого часа о том, что не надо торопиться. Говори себе: «Сегодня я не буду торопиться», и размышляй какое-то время над этим. Ты можешь выполнять свои каждодневные обязательства без суеты. Ты можешь добиваться своих больших целей без суеты. Утешайся тем, что ты являешься начинающим учеником, ведь начинающие ученики не знают, куда они идут, потому что они находятся на том этапе, где нужно получать, а не руководить. Это большое благословение для тебя сейчас и со временем даст тебе силу руководить своим умом и своими делами со Знанием. Ты будешь добрым руководителем, который не осудит ошибки и не накажет грешников, как ты сейчас думаешь, делает Бог.

Знание не торопится. Зачем тебе торопиться тогда? Знание может тебя двигать быстро или медленно. Тогда и ты можешь двигаться быстро или медленно, но без внутренней суеты. Это относится к таинственности жизни, которую ты сейчас учишься раскрывать.

Практика 109: *напоминание в начале каждого часа.*

Шаг 110

Я БУДУ ЧЕСТНА ПЕРЕД СОБОЙ СЕГОДНЯ.

Сегодня я буду полностью честна, осознав то, что я знаю на самом деле, и то, во что я всего лишь верю или на что я надеюсь. Я не буду прикидываться, что я знаю то, что я не знаю на самом деле. Я не буду делать вид, что я богаче или беднее, чем я есть на самом деле. Я буду стараться начинать с той точки, где я и нахожусь на самом деле сегодня.

Постарайся быть в той точке, где ты и находишься на самом деле. Будь простой. Будь налегке. Наблюдай за миром вокруг себя. Занимайся своими мирскими делами. Не возвеличивай себя. Не принижай себя. Сегодня пусть все будет так, как оно и есть на самом деле, без попытки руководить или манипулировать собой. Единственное исключение - воспользуйся самодисциплиной, чтобы осуществить свои практики за сегодня.

Во время твоих двух более длительных практических занятий повтори сегодняшнее утверждение и войди в состояние внутреннего покоя. Здесь ты должна приложить силу своего ума. Здесь ты не пытаешься совершить ничего, что может привести тебя в заблуждение или что нереально. Ты позволяешь своему уму войти в свое естественное состояние, в состояние покоя.

Практика 110: *два практических занятия по 30 минут каждое. Напоминание в начале каждого часа.*

Шаг 111

Сегодня я буду непринужденным.

Будь непринужденным сегодня, зная, что Знание с тобой, зная, что твои Духовные Наставники с тобой, зная, что твоя Духовная Семья с тобой. Пусть тревога или бремя забот не отвлечет тебя от твоей практики сегодня.

В течение дня в начале каждого часа напоминай себе оставаться непринужденным, ведь Знание руководит тобой теперь. Если Знание не беспокоится, то и тебе не надо беспокоиться. Освободи себя от привычных забот, от привычных оков. Укрепи решимость сделать это и со временем это будет легче сделать. В дальнейшем это будет происходить само собой, естественным образом. У твоего ума есть стереотипы мышления. Вот и все. Когда ты научишься думать по-другому, Знание засияет сквозь решетку, которую ты возложил на него. Здесь Знание начнет проявлять себя, чтобы руководить твоими действиями, чтобы дать проницательность и привести к важному озарению, и чтобы дать тебе больше силы и уверенности, чем ты когда-либо знал.

Во время твоих практических занятий в начале каждого часа сам же и задействуй свою самодисциплину. Во время твоих двух медитаций находись в ясном сознании, но со спокойным умом.

Практика 111: *два практических занятия по 30 минут каждое. Напоминание в начале каждого часа.*

Шаг 112

Обзор

Сегодня в твоем Обзоре Мы поступим по-другому. В начале каждого часа напоминай себе помнить о Знании. Повтори себе: «Я буду помнить о Знании. Я буду помнить о Знании», учитывая то, что ты пока не знаешь, что такое Знание, но при этом будучи уверенной в том, что оно с тобой. Оно исходит от Бога. Оно является Божьей Волей внутри тебя. Оно является твоим Истинным «Я». Таким образом, ты учишься следовать тому, что является великим. В рамках твоего ограниченного состояния ты получаешь доступ к тому, что не имеет ограничений. Таким образом, ты становишься мостом к Знанию сегодня.

Поэтому повтори в начале каждого часа, что ты будешь помнить о Знании. Не забывай о твоей практике сегодня для того, чтобы укрепить и придать себе силу.

Практика 112: *напоминание в начале каждого часа.*

Шаг 113

Я НЕ БУДУ ПОД ВЛИЯНИЕМ ДРУГИХ СЕГОДНЯ.

Любой ум с большей решимостью, чем твой, может тебя убедить и влиять на тебя. В этом нет ничего загадочного. Это просто результат того, что один ум является более сосредоточенным и целенаправленным, чем другой. Умы влияют по-разному друг на друга, в зависимости от их силы целенаправленности и в зависимости от типа влияния, которое они оказывают. Позволь Знанию оказать на тебя влияние, ведь оно является тем величием, которое ты в себе носишь. Пусть чужие мнения или чужая воля не окажут влияние на тебя. Пусть только Знание других окажет влияние на тебя, ведь только оно может влиять на твое Знание. Это ощущается совсем по-другому, чем ощущение доминирования, манипуляции или влияния других.

Поэтому держи все при себе. Следуй Знанию. Если другой человек побуждает твое Знание, то обрати свое внимание на этого человека, чтобы узнать истинные силы убеждения. Но не ставь себя под влияние убеждений этого мира, его обид, его сокровенных идеалов, его нравственности, его требований или его компромиссов, ведь ты следуешь Знанию, и тебе не надо следовать убеждениям мира.

Напоминай себе о сегодняшней идее в начале каждого часа и войди глубоко в состояние внутреннего покоя во время твоих двух медитаций сегодня. Пусть только Знание повлияет на тебя, ибо тебе только ему необходимо следовать в мире.

Практика 113: *два практических занятия по 30 минут каждое. Напоминание в начале каждого часа.*

Шаг 114

Мои настоящие друзья со мной. Я не одна.

Как ты можешь быть одна, когда твои Духовные Наставники с тобой? Кто, кроме них, кто пребывает с твоим Знанием, может быть более верным другом? Эти взаимоотношения не принадлежат этому миру. Они были созданы за пределами мира, и они существуют, чтобы служить тебе сейчас. Ты будешь ощущать присутствие тех, кто с тобой, после того, как твой ум успокоится. После того, как ты перестанешь беспокоиться по поводу своих безудержных желаний и страхов, ты начнешь ощущать это присутствие, которое настолько грациозно, ласково и утешительно.

В начале каждого часа сегодня напоминай себе о том, что твои друзья с тобой. Во время твоих двух глубоких медитаций позволь твоему уму принять их присутствие для того, чтобы познать истинную природу взаимоотношений в мире. С опытом это познание станет настолько сильным, что ты сможешь получать идеи, воодушевление и подсказки от тех, кто сильнее тебя, кто существует, чтобы служить тебе в твоем истинном предназначении в мире. Они покажут тебе путь к Знанию, они находятся во взаимоотношении с твоим Знанием, ибо твое Знание содержит твои истинные взаимоотношения со всей жизнью.

Практика 114: *два практических занятия по 30 минут каждое. Напоминание в начале каждого часа.*

Шаг 115

Сегодня я буду прислушиваться к силе Знания.

Сегодня прислушивайся к силе Знания. Оно требует твоего внимания. Оно требует твоего желания. Оно требует отказа от того, что занимает твое внимание и беспокоит тебя, от того, что ты не можешь решить самостоятельно. Прислушивайся к Знанию сегодня для того, чтобы оно могло тебя утешить и пребывать с тобой. В его тишине ты найдешь твердое успокоение и уверенность. Ведь если Знание молчит, тебе не надо беспокоиться о своей жизни, а если Знание говорит, тебе надо лишь следовать ему, чтобы узнать силу Знания для себя.

Ты спокоен потому, что Знание спокойно. Ты способен действовать, потому что Знание способно действовать. Ты учишься говорить простым языком, потому что Знание говорит простым языком. Ты учишься быть непринужденным, потому что Знание непринужденное. Ты учишься отдавать, потому что Знание отдает. Ты занимаешься этой программой развития, чтобы восстановить свое взаимоотношение со Знанием.

В начале каждого часа сегодня напоминай себе о том, чтобы прислушаться к Знанию, и удели минуту этому, несмотря на твои внешние обстоятельства. Первой ступенью в прислушивании является тишина. Практикуй это серьезно, насколько возможно во время твоих двух медитаций сегодня, когда ты войдешь в состояние внутреннего покоя и восприимчивости, потому что ты хочешь прислушиваться к Знанию сегодня.

Практика 115: *два практических занятия по 30 минут каждое. Напоминание в начале каждого часа.*

Шаг 116

Сегодня я буду терпелива к Знанию.

Будь терпелива к Знанию для того, чтобы следовать Знанию. Знание намного спокойнее, чем ты. Оно намного сильнее, чем ты. Оно намного увереннее, чем ты, и все его действия являются глубокими и значимыми. Контраст между тобой и Знанием существует лишь из-за того, что ты живешь в том «я», которое ты создала для себя, и ты временно потеряла контакт со Знанием. Но Знание пребывает с тобой, ибо ты никогда не сможешь разлучиться с ним. Оно всегда будет присутствовать, чтобы освободить тебя, спасти тебя и вернуть тебя себе, ибо оно является твоим Истинным «Я». Пусть верования и предположения не выдают себя за Знание. Позволь своему уму стать все тише и спокойнее по мере того, как ты занимаешься своими делами сегодня.

Повтори идею в начале каждого часа и во время твоих двух глубоких медитаций войди в состояние внутреннего покоя и уверенности, которую Знание дает тебе. Таким образом, твой разум будет резонировать с Разумом Вселенной, и ты начнешь восстанавливать свои древние способности и древние воспоминания. Здесь идея Духовной Семьи приобретет смысл для тебя, и ты поймешь, что ты пришла в мир, чтобы служить.

Практика 116: *два практических занятия по 30 минут каждое. Напоминание в начале каждого часа.*

Шаг 117

ЛУЧШЕ БЫТЬ ПРОСТЫМ, ЧЕМ БЕДНЫМ.

Простота открывает путь к сердцевине жизни и позволяет тебе наслаждаться ее великолепием каждую минуту. Сложностью является состояние самодистанцирования, которое делает тебя неспособным наслаждаться жизнью и воспринимать свою роль в ней. Это источник всей большой бедности, ведь никакое мирское достижение и никакое мирское достояние не может избавить тебя от чувства изоляции и нищеты, которые сопровождают такую дизассоциацию.

Поэтому сегодня войди еще глубже в состояние внутреннего покоя для того, чтобы ощутить силу Знания, которое с тобой. Позволь себе быть простым, ибо в простоте все может быть дано тебе. Если ты считаешь, что ты сложный человек или что твои проблемы являются сложными, то это потому, что ты смотришь на себя и на свои проблемы без Знания, и поэтому ты теряешься в своих оценках. Здесь ты путаешь вещи большого значения с вещами меньшего значения, вещи большей приоритетности с вещами меньшей приоритетности. Истина всегда должна приносить простоту, ведь простота дает разрешение и правильное понимание и устанавливает покой и уверенность в тех, кто в состоянии ее принять.

Занимайся усердно сегодня. Повтори сегодняшнюю идею в начале каждого часа, и во время твоих двух глубоких медитаций напоминай себе о том, что Знание с тобой, и потом войди в состояние внутреннего покоя. Позволь себе быть простым и верь в то, что Знание поведет тебя во всех твоих делах.

Практика 117: *два практических занятия по 30 минут каждое. Напоминание в начале каждого часа.*

Шаг 118

Я НЕ БУДУ ИЗБЕГАТЬ МИРА СЕГОДНЯ.

Нет никакой необходимости избегать мира, потому что мир не может властвовать над тобой, когда ты со Знанием. Когда ты со Знанием, ты здесь, чтобы служить миру. В таком случае мир больше не тюрьма. Он не является постоянным источником дискомфорта и разочарования. Он предоставит тебе возможность отдать и возможность восстановить твое истинное понимание. Не ищи утешения в духовных исканиях, ибо твоя цель заключается в том, чтобы внести вклад в мир. Позволь миру быть таким, каким он есть на самом деле, и твое осуждение его не будет преследовать тебя. Ведь убрав осуждение, остается лишь возможность отдать. Это задействует твое Знание, которое само по себе будет отдавать себя, и ты станешь проводником его даров.

Размышляй над этим сейчас. Во время твоих двух практических занятий позволь себе ощутить присутствие Знания в твоей жизни. Не требуй ничего. Не пытайся задавать вопросы. Позволь себе просто ощутить Знание, ведь таким образом все, чего ты ищешь, возвращается тебе естественным путем без твоих стараний. Используй самодисциплину только для того, чтобы направить свой ум в нужное направление. Задействовав его таким образом, он вернется к Знанию своим ходом. Ведь это его место назначения, это его любовь, это его истинный друг и это его истинный союз в жизни.

Практика 118: *два практических занятия по 30 минут каждое.*

Шаг 119

Обзор

В этом особом Обзоре пересмотри прошедшие две недели практических занятий, пересмотри каждое наставление и вспомни каждый день практики. Попытайся вспомнить насколько серьезно ты размышлял над каждой практикой того или иного дня и насколько благополучно ты использовал ту или иную практику. Не считай, что ты имеешь право жаловаться на эту программу подготовки, пока ты ее не используешь в полной мере. Твоя роль здесь - всего лишь следовать шагам в том виде, в котором они предоставлены, а не менять их по своему предпочтению. Таким образом, ты окажешься в состоянии принятия, чего тебе и необходимо достичь.

Во время твоих двух длительных практических занятий сегодня, каждое из которых включает в себя неделю практики, пересмотри последние две недели уроков. Будь снисходительным к себе, но будь честным с собой, если ты отстаешь от твоей практики. Возьмись с большей решимостью за то, чтобы углубить свою практику и свои старания, напомни себе о простоте своей жизни и об истинной ценности, которая была придана тебе. Тем самым ты научишься заново жить. Ты научишься получать и отдавать, и твоя жизнь освободится от безнадежных сложностей. Ведь простота всегда исходит от света; она всегда исходит от добра.

Поэтому отдай себя этому Обзору для того, чтобы понять, как ты учишься. Эти Обзоры покажут тебе твои способности и предрасположенности в обучении. Они научат тебя всему, что тебе необходимо знать в будущем, и тогда ты также сможешь помочь другим учиться.

Практика 119: *два длинных практических занятий.*

Шаг 120

Я буду помнить о своем Знании сегодня.

Помни о своем Знании сегодня. Помни о том, что оно пребывает с тобой, несмотря на то, куда ты идешь и чем ты занимаешься. Помни о том, что оно дано тебе, чтобы служить тебе, холить тебя и облагораживать тебя. Помни о том, что тебе не надо злиться на мир, потому что ты можешь принять мир таким, каким он есть. Помни о том, что ты принимаешь мир таким, каким он и есть, для того чтобы ты смогла вложить свой вклад в него, ведь мир развивается, так же, как и ты. Помни о том, что Знание с тобой и тебе только нужно быть со Знанием, чтобы осознать его полное воздействие.

Напомни себе в начале каждого часа сегодня о том, что Знание с тобой и удели пару минут размышлению над этим. Не позволяй бурным эмоциям или глубокому унынию омрачить твою практику, ведь твоя практика выше, чем твои эмоции, которые меняются, как ветер и облака, но не могут скрыть Вселенную над ними.

Поэтому осознай незначительность своих эмоциональных состояний и величие Знания. Таким образом, Знание уравновесит твои эмоции и покажет тебе источник твоих эмоций, который является источником твоего самовыражения в мире. Это является таинственностью жизни, которую ты сейчас учишься познавать.

Практика 120: *напоминание в начале каждого часа.*

Шаг 121

Сегодня я свободен отдавать.

Ты свободен отдавать сегодня, потому что твоя жизнь становится простой и твои нужды удовлетворяются. Это дарит тебе свободу давать, ведь когда ты получаешь, ты хочешь отдавать.

Сегодня ты будешь заниматься дважды особым образом, вызывая на ум человека, который в чем-то нуждается, и затем отдавая ему то качество, которое ты бы сам хотел получить. Пошли этому человеку это качество. Пошли ему любовь или силу, или веру, или решимость, или смирение, или принятие, или самодисциплину, то, что ему нужно, чтобы разрешить ситуацию в своей жизни. Ты свободен отдать это сегодня, ибо твои собственные нужды удовлетворяются.

Поэтому во время каждого из твоих двух практических занятий с закрытыми глазами вызывай на ум людей и отдай им то, в чем, ты знаешь, они нуждаются. Не пытайся решать их проблемы за них. Не пытайся вызвать предпочтительный исход, ведь ты не можешь знать правильный исход для другого человека. Но ты всегда можешь послать силу духа и усилить его способности ума. Это даст тебе собственное чувство предназначения и подтвердит эти качества внутри тебя, ведь ты должен сам обладать ими, чтобы отдать их, и, отдавая их, ты поймешь, что ты ими уже владеешь.

Во время твоей практики сегодня не сомневайся в том, что то, что ты посылаешь другим, будет получено ими и принесет им пользу.

Практика 121: *два практических занятия по 30 минут каждое.*

Шаг 122

Я ОТДАЮ БЕЗ ПОТЕРИ СЕГОДНЯ.

То, что тебя просят отдать, только умножается по мере того, как ты отдаешь. Тебя не просят отдать что-то физическое, хотя физические вещи могут принести пользу. Ты не можешь измерить количество того, что ты отдаешь, так как ты не понимаешь его масштаб. Ты отдаешь силу и поддержку.

Сегодня во время твоих двух практических занятий продолжай отдавать другим. Это активная форма молитвы. Не думай, что те, за кого ты молишься, не получат силу твоего дарования. Помни, что тебе не надо пытаться решать их дилеммы или удовлетворять их нужды, а надо только поддержать их и придать им внутреннюю силу для того, чтобы они продолжали идти вперед, используя собственные способности. Ты желаешь пробудить Знание в них, так же, как и Знание сейчас пробуждается в тебе. Этого дарования не ждет ничего взамен, ибо ты отдаешь то, что дает другим способность быть сильными в их жизни. Ты не можешь судить о конечном результате, ведь результат твоего дарования станет ясным позже, когда дар будет принят и найдет свое место внутри получателя. Поэтому отдавай свободно без ожидания чего-либо в ответ, и отдавай для того, чтобы ощутить силу своего дарования сегодня.

Практика 122: *два практических занятия по 30 минут каждое.*

Шаг 123

Я НЕ БУДУ ЖАЛЕТЬ СЕБЯ СЕГОДНЯ.

Как ты можешь жалеть себя, когда Знание с тобой? Жалость только подтверждает старое представление о себе, которое не соответствует действительности и лишено истины, значимой основы и надежды. Не жалей себя сегодня, ведь ты не жалостен. Если тебе грустно или ты растерян сегодня, то это потому, что ты разлучился со Знанием, восстановлением контакта с которым ты снова сможешь заниматься сегодня.

Во время твоей практики сегодня отдай себе отчет о разных еле уловимых формах саможалости, которые ты проявляешь. Обрати внимание на еле уловимые формы манипуляции другими, формы, которые ты используешь в попытке получить их расположение к себе или заставить их воспринимать тебя в том виде, в каком ты сам пытаешься себя воспринимать. Когда ты со Знанием, тебе не надо заявлять о себе; тебе не надо показывать себя; тебе не надо манипулировать другими для того, чтобы ты им понравился или чтобы они тебя приняли, ибо Знание с тобой.

Поэтому не жалей себя, ведь ты не жалостен. Сегодня будь начинающим учеником Знания, ведь это отнюдь не жалостно. Более выгодную позицию трудно представить.

В начале каждого часа повтори это утверждение. Позволь этому утверждению проникнуть в твой разум и поразмышляй над ним пару минут. Во время твоих двух практик повтори это утверждение и потом войди в состояние внутреннего покоя. Ни один жалостный человек не сможет войти в состояние тишины, ведь тишина является ощущением глубокого взаимоотношения, и состояние покоя является принятием глубокой любви. Кто может быть жалостным в таких обстоятельствах?

ПРАКТИКА 123: *два практических занятия по 30 минут каждое. Напоминание в начале каждого часа.*

Шаг 124

Сегодня я не буду притворяться, что я счастлива.

Тебе не надо притворяться счастливой, потому что это лишь будет прикрывать чувство саможалости, углублять твое замешательство и дилемму. Сегодня будь самой собой, но наблюдай за собой, помня о том, что Знание с тобой, несмотря на то, что ты то подходишь ближе к Знанию, то отдаляешься от него. Ведь Знание не колеблется, оно является источником уверенности, постоянства и стабильности для тебя. Оно не боится мира, поэтому оно является источником бесстрашия для тебя. Ты не жалостна, поэтому тебе не надо притворяться.

Не притворяйся счастливой сегодня, ведь тот, кто действительно удовлетворен, может выражаться как угодно в мире, но в его выражении кроется сила Знания. Это самое главное. Знание не является формой поведения. Оно является насыщенным ощущением жизни. Поэтому не пытайся убедить себя или других своим поведением, ведь это не нужно.

Повтори это утверждение в начале каждого часа и почувствуй его силу и его дар свободы. Позволь себе быть такой, какой ты есть сегодня. Во время твоих глубоких медитаций войди в состояние внутреннего покоя, ведь когда ты не пытаешься быть кем-то, ты получаешь роскошь внутреннего покоя, которая и является роскошью любви.

Практика 124: *два практических занятия по 30 минут каждое. Напоминание в начале каждого часа.*

Шаг 125

МНЕ НЕ НАДО БЫТЬ КЕМ-ТО СЕГОДНЯ.

Ты уже являешься личностью, поэтому зачем стараться быть кем-то? Лучше быть тем, кем ты уже являешься. То, кем ты уже являешься, - это сила Знания, которая присуща человеческой природе. Это уже установлено и развивается именно сейчас. Зачем стараться быть кем-то сегодня, когда ты уже являешься личностью? Почему не быть именно тем, кто ты и есть на самом деле? Узнай, кто ты. Это потребует мужества, ведь ты рискнешь разочароваться в своей идеалистической идее о себе и мире. Это требует вдохновения, ведь ты рискнешь отбросить чувство ненависти к себе, которое ты используешь, чтобы разлучить себя с жизнью.

Поэтому сегодня будь тем, кто ты есть на самом деле. Напоминай себе об этом в начале каждого часа. Во время твоих двух медитаций сегодня позволь себе быть спокойным и восприимчивым, ведь ты не стараешься быть кем-то сегодня.

Практика 125: *два практических занятия по 30 минут каждое. Напоминание в начале каждого часа.*

Шаг 126

Обзор

Сегодняшний Обзор даст тебе возможность сосредоточиться на последней неделе практики. Он подчеркнет снова, что ты учишься учиться. Ты учишься понимать, каким именно образом ты учишься. Ты учишься понимать свои сильные и слабые стороны. Ты учишься понимать свои предрасположенности: те качества в себе, которые ты должна развить, и те качества, которые ты должна сдерживать и взять под сознательный контроль. Ты учишься наблюдать за собой. Таким образом, ты учишься наконец-то быть объективной с собой. Эта объективность особенно важна, ведь она позволяет тебе использовать то, что служит тебе без твоего осуждения. Таким образом, твое служение себе становится непосредственным и эффективным.

Если ты научишься быть объективной с собой, ты сможешь научиться быть объективной с миром. Это позволит Знанию озарять тебя, ведь ты не будешь пытаться изменить мир по своему усмотрению или сделать из себя того, кем ты бы хотела стать. Это начало истинного разрешения и истинного счастья, но превыше всего, это начало истинного вклада.

Во время твоего длительного практического занятия сегодня пересмотри последнюю неделю практик, учитывая то, что Мы говорили. Укрепи свое ощущение Знания сегодня путем поддержки его внешних проявлений, и не сомневайся в силе этой подготовки привести тебя к самому Знанию.

Практика 126: *одно длительное практическое занятие.*

Шаг 127

Сегодня я не буду пытаться отомстить Богу.

Не пытайся отомстить Богу, пытаясь быть несчастным человеком, ведь Бог тебя знает лишь как часть Создания. Не пытайся отомстить Богу, делая мир убогим, ибо Бог создал мир красоты и возможностей. Не пытайся отомстить Богу, отказываясь любить и принимать себя, ибо Бог все равно знает тебя таким, какой ты и есть на самом деле. Не пытайся отомстить Богу сегодня, портя свои отношения ради собственных корыстных целей, ибо Бог понимает твои отношения в том виде, в каком они действительно существуют, и также понимает их более широкие перспективы. Ты не можешь отомстить Богу. Ты можешь только навредить себе.

Поэтому прими свое поражение в борьбе с Богом. В твоем поражении заключается твоя победа, ведь Бог не потерял тебя, хотя ты временно потерял Бога в своем воображении. Твоя любовь к Богу настолько глубока, что ты еще боишься ее, потому что она представляет собой самую высшую силу, которой ты когда-либо можешь владеть. Тебе надо это понять через прямое испытание этого. Поэтому не пытайся отомстить Богу сегодня, закрепляя идею о себе, которая основана на ошибке и предположении, ибо Знание с тобой. Ты являешься счастливым победителем в собственном поражении.

Во время твоих двух практических занятий сегодня повтори эту идею, а затем поразмышляй над ней. Наши практические занятия сегодня направлены на то, чтобы занять ум поиском и анализом. Это полезное применение твоего ума. Подумай об этой мысли и обо всех твоих идеях о ней, и ты начнешь понимать свой собственный склад ума. Ты сможешь его объективно понять. Тогда ты сможешь работать с ним, ведь ум действует по определенной схеме, пока он не применяется по другим направлениям. Не доверяйся этой схеме, ведь ты сам ее создал как внешнее выражение своего ума. Но ищет же выражения его настоящая внутренняя гармония и сущность. Чтобы способствовать этому, тебе нужно иметь адекватный склад ума, чтобы ум мог выражаться в физическом мире без сдержанности и искажения. Именно к этому мы будем стремиться сегодня.

Практика 127: *два практических занятия по 30 минут каждое.*

Шаг 128

Мои Наставники со мной.
Мне не надо бояться.

Твои Наставники с тобой, и тебе не надо бояться. Если ты достаточно доверяешь Знанию, основываясь на своем жизненном опыте, и достаточно доверяешь присутствию своих Духовных Наставников, основываясь на своем жизненном опыте, то это даст тебе уверенность и веру в жизнь, которые нейтрализуют все ненужные страхи. Это успокоит твой ум.

Беспокойство о том, что твое Знание нарушается, исходит только от самого Знания и только для того, чтобы указать на то, что тебе необходимо переосмыслить свои поступки и идеи. Знание владеет принципом самоисправления. Вот почему оно является твоим Внутренним Компасом. Если ты действуешь против твоего Знания, тебе будет не по себе, и ты будешь ощущать беспокойство. Большая часть страха, которую ты испытываешь в любой момент, всего лишь плод твоего творения, твоего собственного негативного воображения. Но есть страх, появляющийся из-за нарушения Знания. Он скорее ощущается как дискомфорт, нежели страх, ведь его редко сопровождает какой-нибудь образ, хотя идеи могут приходить на ум в форме предупреждения в том случае, если ты собираешься совершить опасный и разрушительный поступок или предаться негативным и опасным размышлениям.

Страх, который рождается из негативного воображения, составляет подавляющее большинство страха, которым ты себя тешишь. Ты должна научиться противостоять этому, ведь это является бесполезным использованием твоего ума. При этом ты сама создаешь ситуацию, переживаешь ее, а затем называешь ее реальностью. Между тем, ты не испытываешь жизни вовсе. Ты всего лишь играешь в фантазии с самой собой. Негативное воображение отнимает эмоциональную, физическую и умственную энергию. Это воображение может дойти до таких пределов, что оно способно полностью овладеть твоим мышлением. Ведь как иначе можно быть разлученной от Вселенной, кроме как в своих мыслях? На самом деле ты не можешь быть разлученной с Богом. На самом деле ты не можешь быть разлученной с Знанием. Ты можешь только прятаться в своих собственных мыслях и плести их так, чтобы создать отдельную идентичность и ощущения для себя, которые, хотя вполне показательны, на самом деле являются полной иллюзией.

Во время твоих двух медитаций сегодня войди снова в состояние внутреннего покоя. Сегодня ты не будешь заниматься умственным анализом и активностью, поскольку ум снова успокоится для того, чтобы ощутить свою реальность. Пусть страх и беспокойство тебя не тревожат. Помни о том, что это всего лишь твое негативное воображение. Только Знание покажет тебе, что ты поступаешь неправильно, и только непосредственно перед текущими событиями. Ты обнаружишь, что это сильно отличается от негативного воображения и потребует от тебя другой реакции.

Практика 128: *два практических занятия по 30 минут каждое.*

Шаг 129

Мои Наставники со мной. Я буду с ними.

Твои Наставники с тобой. Они не разговаривают с тобой, за исключением очень редких случаев, и только если ты в состоянии их слышать. Время от времени они будут посылать свои мысли в твой ум, и ты будешь испытывать это как собственную искру вдохновения. Ты пока не знаешь, каким образом твой ум соединён со всеми другими умами, но со временем ты начнёшь испытывать это в контексте собственного мира. Проявление этого станет настолько очевидным, что ты удивишься, как ты мог когда-либо сомневаться в этом.

Твои Наставники с тобой, и сегодня во время твоих двух более длительных практических занятий постарайся быть с ними. Тебе не надо создавать их образ, чтобы почувствовать их присутствие. Тебе не надо слышать их голос или видеть их лицо, ведь их присутствие достаточно, чтобы дать тебе полное ощущение того, что вы действительно вместе. Входи в состояние внутреннего покоя, глубоко дыши и не отвлекайся на свои фантазии, ни на счастливые фантазии, ни на тревожные фантазии, и ты начнёшь ощущать то, что есть на самом деле. Твои Наставники действительно с тобой. И сегодня у тебя есть возможность почувствовать их присутствие и быть с ними.

Практика 129: *два практических занятия по 30 минут каждое.*

Шаг 130

Отношения будут появляться по мере моей готовности.

Зачем стремиться вступать в отношения в мире, когда истинные отношения будут появляться по мере твоей готовности? Чтобы понять это, ты должна глубоко доверять силе Знания внутри себя и других. По мере того, как это понимание растёт, основа твоего стремления и отчаянного поиска отпадёт, дав тебе возможность приобрести истинный покой и достичь успеха.

Люди будут приходить в твою жизнь таинственным образом, потому что ты развиваешь Знание. Точно так же, как ты имеешь отношения с другими на личном уровне, ты так же имеешь отношения на уровне Знания. Именно такого рода отношения ты постепенно начнёшь ощущать. Со временем, если ты будешь серьёзно заниматься своей подготовкой, это ощущение усилится и станет достаточно глубоким для тебя.

Тебе не надо стремиться к отношениям. Тебе надо всего лишь отдать себя своей подготовке и быть уверенной в том, что люди будут приходить в твою жизнь тогда, когда они тебе понадобятся. Это потребует твоего умения отличать свои потребности от своих желаний. Если твои желания не совпадают с твоими истинными потребностями, то ты будешь очень потеряна в жизни. Ты обременишь себя и тех, с кем ты войдёшь в контакт, и это только будет угнетать их и тебя. Без этого угнетения люди свободно придут в твою жизнь, когда они тебе поистине понадобятся.

Напоминай себе об этом в начале каждого часа сегодня и во время твоих двух более длительных практических занятий позволь своему уму войти в состояние восприимчивости. Позволь себе почувствовать присутствие своих Духовных Наставников. Не раздражай себя желанием вступить в отношения или своими требованиями к людям, или требованиями касательно того, чем они обладают. Будь уверена сегодня, что Знание привлечет к тебе людей по мере твоей истинной необходимости в них.

Практика 130: *два практических занятия по 30 минут каждое. Напоминание в начале каждого часа.*

Шаг 131

Сегодня я стремлюсь к осознанию своего истинного предназначения в жизни.

Стремись осознать свое истинное предназначение. Это даст основу всем значимым отношениям. Не ищи отношений вне этого контекста, ведь они лишены основы и, хотя являются привлекательными, создадут тебе много трудностей. Несмотря на то, ищешь ли ты достойной супруги, верного друга или же помощника по работе, помни о том, что Знание приведет к тебе нужных людей в нужное время.

Поэтому сегодня сконцентрируй свое внимание на предназначении, а не на отношениях. Чем больше ты осознаешь свое предназначение, тем больше ты поймешь суть отношений. Несмотря на то, что люди сходятся ради развлечения и возбуждения, существует более значимый компонент в их союзе. Мало кто видит это, но ты сможешь увидеть это с помощью практики и опыта. Ты можешь быть уверен в том, что если ты не будешь пытаться втиснуть людей в собственную идею своего предназначения, то ты раскроешь себя для истинного осознания этого предназначения. По мере того, как ты начнешь объективно наблюдать за собой, ты начнешь видеть проявления своей воли по сравнению с проявлениями Знания, и это будет очень важной частью твоего обучения.

Сегодня напоминай себе в начале каждого часа о том, что ты намерен осознать свое предназначение. Пусть сегодня ты сделаешь шаг в этом направлении, шаг, который сэкономит тебе время и годы, шаг, который приведет тебя раз и навсегда ближе к своей цели восстановить Знание, ведь Знание привлекает тебя. Во время твоих более глубоких практических занятий позволь Знанию привлечь тебя. Почувствуй великое притяжение внутри себя, что произойдет само собой, если ты не будешь озабочен повседневными делами.

Практика 131: *два практических занятия по 30 минут каждое. Напоминание в начале каждого часа.*

Шаг 132

ПУСТЬ Я НАУЧУСЬ БЫТЬ СВОБОДНОЙ ДЛЯ ТОГО, ЧТОБЫ ОБЪЕДИНИТЬСЯ.

Твоя независимость от прошлого - от прошлых осуждений, прошлых связей с людьми, прошлых страданий, прошлых обид и прошлых трудностей - делает тебя независимой в настоящем. Это не для того, чтобы усилить твою разлуку или сделать ее более полной, а для того, чтобы ты смогла конструктивно вступить в отношения. Пусть это будет четким пониманием, что ты ничего не добьешься в мире без отношений. Ты ничего не достигнешь; ты не продвинешься никуда; ты не осознаешь никакой истины; ты не сможешь ничего ценного отдать без отношений. Итак, по мере того как ты будешь становиться менее зависимой от прошлого, будет и расти твоя перспектива удачной включенности как в настоящее, так и в будущее. Ведь свобода предназначена, чтобы дать тебе силу вступить во взаимосвязь.

Вспомни эту идею в начале каждого часа и поразмышляй над ней в свете всех твоих жизненных реалий сегодня. Во время твоих двух медитаций пусть притяжение Знания привлечет тебя все глубже внутрь себя. Позволь себе ощутить эту свободу.

ПРАКТИКА 132: *два практических занятия по 30 минут каждое. Напоминание в начале каждого часа.*

Шаг 133

Обзор

Сегодня Мы рассмотрим последнюю неделю подготовки. Выполняй это объективно, без осуждения, еще раз осознавая свои достижения и недостатки и укрепляя свою решительность. Ведь мы хотим развивать как твое желание приобрести Знание, так и твой потенциал для Него. Именно правильное мышление, правильное действие и истинная мотивация продвинут тебя естественным образом в том направлении, куда тебе суждено двигаться. Каждый шаг вперед даст тебе более значительное ощущение предназначения, смысла и направления в жизни, и освободит тебя от попыток разрешить дела, которые не нуждаются в разрешении, и от попыток понять вещи из чувства страха и тревоги. Чем больше ты находишься в согласии со своей сущностью, тем больше твоя сущность может выразить то величие, которое ты принес с собой в мир. Таким образом, ты становишься светом для всех вокруг себя, и ты будешь изумляться событиям своей жизни, что само по себе будет чудом.

Во время твоего длительного практического занятия сегодня занимайся своим обзором тщательно и искренне. Пусть ничего не отвлечет тебя от твоей практики сегодня. Твоя практика является твоим даром Богу, ибо ты отдаешь себя во время твоей практики и одновременно получаешь свой дар.

Практика 133: *одно длительное практическое занятие.*

Шаг 134

Я НЕ БУДУ ПЫТАТЬСЯ ОПРЕДЕЛИТЬ СВОЕ ПРЕДНАЗНАЧЕНИЕ ДЛЯ СЕБЯ.

Тебе не надо пытаться определить свое предназначение, ибо со временем твое предназначение само по себе возникнет и станет известным тебе. Не живи определениями. Живи жизненными реалиями и пониманием. Тебе не надо пытаться определить свое предназначение, а если все-таки попытаешься, то помни, что это всего лишь временная затея. Не придавай ей особого значения. Таким образом, мир не сможет рассердить тебя, ведь что может сделать мир, кроме того, как разрушить твое определение себя? Если ты не живешь своими определениями, мир не сможет навредить тебе, ведь он не сможет дотронуться до того места, где находится Знание внутри тебя. Только Знание может дотронуться до Знания. Только Знание в другом человеке может дотронуться до Знания в тебе. Только Знание внутри тебя может дотронуться до Знания в другом человеке.

Поэтому не пытайся определить свое предназначение сегодня. Живи без определений так, чтобы ощущение предназначения могло расти. И по мере того, как оно растет, оно раскроет тебе содержание твоего предназначения, без искажения или обмана. Тебе не придется защищать это в мире, а всего лишь носить его как сокровище в своем сердце.

В начале каждого часа напоминай себе о том, чтобы не пытаться определить свое предназначение, и задумайся о том, какой ценой это тебе обойдется в свете твоего прошлого опыта. Во время твоих двух медитаций войди в состояние внутреннего покоя. С каждым выдохом произноси слово РАН (RAHN). Тебе надо только произнести слово РАН с каждым выдохом во время твоей медитации. Полностью сосредоточься на этом. Это слово служит тому, чтобы пробудить Древнее Знание внутри тебя и дать тебе силу, в которой ты больше всего нуждаешься на данный момент.

Практика 134: *два практических занятия по 30 минут каждое. Напоминание в начале каждого часа.*

Шаг 135

Я НЕ БУДУ ПЫТАТЬСЯ ОПРЕДЕЛИТЬ СВОЮ СУДЬБУ СЕГОДНЯ.

Так же как и твое предназначение, твоя судьба остается вне твоего определения. Тебе необходимо всего лишь сделать шаг в ее сторону, чтобы ощутить присутствие Знания в твоей жизни. Чем ближе ты подойдешь к Знанию, тем больше ты его будешь ощущать. И чем больше ты его ощутишь, тем ближе ты захочешь подойти к нему, ибо это естественное притяжение. Это настоящая любовь, это притяжение подобного к подобному. Это то, что придает Вселенной весь ее смысл. Это то, что полностью объединяет всю жизнь в единое целое. Освободись сегодня от всяких определений, и позволь своему уму принять свое естественное состояние. Позволь своему сердцу следовать естественному пути. Пусть Знание будет выражаться через твой ум, внешняя конструкция которого теперь становится открытой и свободной.

Напоминай себе о своем практическом занятии в начале каждого часа. Во время твоих двух глубоких медитаций сегодня продолжай использовать слово РАН, произнося это слово при каждом выдохе. Позволь себе почувствовать присутствие собственной жизни, присутствие своих Наставников и глубину своего собственного Знания. Оперативно прилагай свою самодисциплину сегодня для того, чтобы занять свой ум надлежащим образом. Ведь по мере того, как ум приблизится к своему истинному назначению, он будет реагировать соответственным образом, и все пойдет своим естественным ходом. Тогда ты почувствуешь, что Благодать с тобой.

Практика 135: *два практических занятия по 30 минут каждое. Напоминание в начале каждого часа.*

Шаг 136

МОЕ ПРЕДНАЗНАЧЕНИЕ - ВОССТАНОВИТЬ СВОЕ ЗНАНИЕ И ПОЗВОЛИТЬ ЕМУ ВЫРАЗИТЬСЯ В МИРЕ.

Это ответит на твои вопросы о предназначении. По мере того, как ты следуешь этому предназначению, твое призвание в жизни, которое выражается в определенной роли для тебя, возникнет естественным образом, шаг за шагом. Оно просто возникнет само собой, и ты будешь все глубже и более полно осознавать его с каждым шагом, ибо каждый шаг еще более воплотит его.

Твое Знание и есть твое предназначение. Напоминай себе об этом в начале каждого часа и будь счастлива, что ты получила ответ. Но ответ - это не просто идея. Он становится возможностью для подготовки, ведь все истинные ответы на все искренние вопросы являются каким-то видом подготовки. Тебе необходима подготовка, а не одни ответы. Твой ум уже переполнен ответами, а к чему они привели, кроме как к обременению ума лишними размышлениями? Следуй той подготовке, которая дается сегодня и каждый день в рамках Нашей программы, для того чтобы ты смогла получить ответ на свой вопрос. Твое предназначение - восстановить свое Знание, и этим Мы сегодня будем заниматься.

Напоминай себе об этом утверждении в начале каждого часа. Подумай о нем в течение дня для того, чтобы сконцентрироваться полностью на его смысле сегодня. Во время твоих двух более длительных медитаций продолжай повторять слово РАН, которое будет стимулировать Древнее Знание внутри тебя. Тебе не надо понимать эффективность этой практики, чтобы получить ее полную пользу. Чтобы получить ее полную пользу, тебе всего лишь нужно следовать данным наставлениям.

Практика 136: *два практических занятия по 30 минут каждое. Напоминание в начале каждого часа.*

Шаг 137

Я ПРИМУ ТАИНСТВЕННОСТЬ СВОЕЙ ЖИЗНИ.

Твоя жизнь - таинственность. Твое происхождение, твое предназначение здесь и твоя судьба после того, как ты покинешь этот мир, очень таинственны. Их можно только испытать, чтобы понять их. Как ты можешь в данный момент понять таинственность своей жизни? Только в конце твоей жизни ты сможешь понять, что же произошло на самом деле, но ты пока еще не подошел к концу своей жизни в мире. Чтобы понять истинный смысл мира, ты должен видеть мир с точки зрения твоего Древнего Дома. Ты сейчас находишься в мире, поэтому ты должен присутствовать в мире и уделять ему свое внимание. Однако можно и нужно ощутить эту таинственность. Ты не можешь ее понять именно сейчас, но именно сейчас ты можешь ее полностью ощутить. В этом ощущении она отдает тебе все, что тебе необходимо знать, чтобы предпринять тот важнейший шаг, который ждет тебя.

Поэтому не пытайся понять, ведь это невозможно, и ты только запутаешь себя и загрузишь свой ум лишними размышлениями. Вместо этого позволь себе ощутить таинственность своей жизни с изумлением и признательностью о том, что мир намного больше, чем твои чувства передали до сих пор, и что твоя жизнь намного больше, чем твои суждения определили.

Повтори эту идею в начале каждого часа и занимайся РАН-медитацией дважды сегодня с большой глубиной и искренностью. Пусть твои практики сегодня подтвердят снова твою приверженность к Знанию, ведь тебе только надо следовать шагам, как они представлены.

Практика 137: *два практических занятия по 30 минут каждое. Напоминание в начале каждого часа.*

Шаг 138

От меня лишь требуется следовать шагам, как они даны.

Истина этого настолько очевидна, что тебе надо только подумать о тех многих вещах, которым ты научилась всего лишь путем следования шагам подготовки. Попытка не участвовать и понять является совершенно бесполезной, совершенно удручающей, лишенной всякого счастливого или удовлетворяющего результата. Мы подготавливаем тебя к участию в жизни, а не к осуждению ее, ибо жизнь содержит более существенное обещание, чем твои осуждения смогут когда-либо показать. Твое понимание рождается от участия и является результатом участия. Поэтому учись тому, как участвовать, а затем понимать, ведь это истинный порядок вещей.

Сегодня помни о своей практике в начале каждого часа и пусть твои две медитации в состоянии внутреннего покоя станут еще глубже. Не позволяй чувству страха, тревоги или неуверенности в себе отвлечь тебя от твоей более глубокой практики. Твоя способность заниматься, несмотря на твое эмоциональное состояние, показывает, что Знание присутствует в тебе, ибо Знание пребывает вне всяких эмоциональных состояний и не сковано ими. Если ты хочешь увидеть звезды, тебе надо посмотреть сквозь облака. Чем являются твои страхи, кроме как облаками, которые проплывают над твоим сознанием? Они только меняют поверхностное состояние твоего ума, а глубина твоего ума остается всегда неизменной.

Практика 138: *два практических занятия по 30 минут каждое. Напоминание в начале каждого часа.*

Шаг 139

Я БЫЛ ПОСЛАН, ЧТОБЫ СЛУЖИТЬ ЭТОМУ МИРУ.

Ты был послан, чтобы служить этому миру, но сначала ты должен получить. Сначала ты должен разучиться тому, чему ты научился, для того чтобы восстановить то, что ты принес с собой. Эта подготовка существенна для твоего успеха и для твоего счастья. Не считай, что через одно лишь понимание ты сможешь осознать и отдать свои истинные дары. Твое участие и есть твоя подготовка, ведь ты готовишься к тому, чтобы участвовать в жизни. Таким образом, Мы все больше и больше притягиваем тебя к таинственности жизни и к проявлению жизни. Таким образом, ты сможешь относиться к таинственности, как к таинственному, с изумлением, а к проявлению жизни - практично и объективно. С помощью этого ты сможешь стать мостом между твоим Древним Домом и физическим миром. Мудрость Знания сможет выразиться путем этого моста, и ты сможешь достичь своей высшей реализации.

Занимайся своей РАН-медитацией дважды сегодня с большей проникновенностью и сосредоточенностью и напоминай себе об этой идее в начале каждого часа, для того чтобы ты смог использовать все, что происходит сегодня в свою пользу.

Практика 139: *два практических занятия по 30 минут каждое. Напоминание в начале каждого часа.*

Шаг 140

Обзор

Сегодня ты заканчиваешь двадцать недель практики. Ты столько уже прошла, и с этого момента ты продвинешься вперед с большей силой и уверенностью, ведь Знание начнет все больше руководить тобой и стимулировать тебя по мере того, как ты станешь более внимательной к нему. Ты желаешь быть и слугой, и Мастером одновременно, потому что внутри тебя живет и слуга, и Мастер. Ты лично не являешься Мастером, но Мастер является частью тебя. Ты лично являешься слугой, но ты находишься во взаимоотношении с Мастером, и таким образом ваш союз полон. Таким образом, все аспекты тебя находят свое правильное место. Все вещи приводятся в гармонию с одним предназначением и с одной целью. Твоя жизнь проста, потому что она гармонична и уравновешена. Знание покажет тебе все, что надо делать и физически, и эмоционально, и умственно, чтобы установить это равновесие и поддержать его в твоих нынешних обстоятельствах. Не думай, что какой-то важный аспект останется без внимания или не будет доведен до конца.

Поздравляем тебя с текущими достижениями. Рассмотри последние шесть дней практики и оцени адекватно свой прогресс. Позволь себе быть начинающей ученицей Знания, чтобы получить самую большую пользу. Ты будешь продвигаться с большей уверенностью и скоростью и с большим участием, по мере того как ты учишься использовать все обстоятельства в свою пользу.

Практика 140: *одно длительное практическое занятие.*

Шаг 141

Я буду уверенным сегодня.

Сегодня будь уверен в том, что ты занимаешься подготовкой на пути к Знанию. Будь уверен в том, что Знание с тобой и пребывает с тобой, и в том, что ты теперь учишься шаг за шагом получать его благодать, уверенность и направление. Будь уверен в этот день в том, что ты родился от Божьей любви, и что твоя жизнь в этом мире, твое временное пребывание здесь является возможностью восстановить твой истинный дух в этом месте, где он забыт. Будь уверен сегодня в том, что те усилия, которые ты сейчас прикладываешь для своей же пользы, приведут тебя к той великой цели, ради которой ты пришел сюда, потому что эта подготовка прибыла из твоего Древнего Дома служить тебе, пока ты находишься в мире, ибо ты пришел в мир, чтобы служить.

Повтори это утверждение в начале каждого часа и размышляй над ним в свете всех сегодняшних событий. Во время твоих двух более длительных практических занятий повтори это заявление, а затем позволь себе войти в состояние тишины и внутреннего покоя. Пусть твоя уверенность рассеет страх, сомнение и тревогу. Поддерживай свои усилия сегодня, ведь им нужна твоя поддержка ради большей уверенности, которую ты сейчас учишься получать.

ПРАКТИКА 141: *два практических занятия по 30 минут каждое. Напоминание в начале каждого часа.*

Шаг 142

Я БУДУ ПОСЛЕДОВАТЕЛЬНОЙ СЕГОДНЯ.

Занимайся последовательно сегодня, несмотря на то, что происходит внутри тебя или снаружи. Эта последовательность представляет собой Высшую Силу внутри тебя. Эта последовательность даст тебе уверенность и устойчивость перед разного рода волнениями, перед всеми внешними событиями и перед всеми эмоциональными состояниями внутри тебя. Эта последовательность стабилизирует тебя и приведет тебя в состояние равновесия, и со временем восстановит правильный порядок внутри тебя. Ты практикуешь последовательность для того, чтобы ей научиться и ощутить ее. По мере того, как ты это делаешь, она даст необходимую тебе силу, чтобы внести свой вклад в этот мир.

Поэтому практикуй последовательно сегодня. Занимайся в начале каждого часа, напоминая себе о том, чтобы быть последовательной. Во время твоих двух медитаций практикуй устойчивость и сосредоточенность ума, позволяя ему успокоиться, для того чтобы он смог ощутить свою истинную сущность. Не подавляй то, что происходит внутри тебя. Не пытайся контролировать то, что происходит вокруг тебя. Просто будь последовательной, и все встанет на свои места. При этом ты преподносишь Знание в мир, ибо Знание абсолютно последовательно. Это сделает тебя человеком огромной силы и присутствия. Со временем другие придут ощутить твою последовательность по мере того, как ты будешь ее приобретать, и она все больше будет развиваться в тебе. Они найдут утешение в твоей последовательности, и это напомнит им также о собственном предназначении, которое ждет своего раскрытия.

Практика 142: *два практических занятия по 30 минут каждое. Напоминание в начале каждого часа.*

Шаг 143

Сегодня я буду практиковать внутренний покой.

Практикуй внутренний покой сегодня во время твоих двух медитаций для того, чтобы ощутить присутствие Знания в себе. Войди на минуту в состояние внутреннего покоя в начале каждого часа для того, чтобы осознать, где ты и чем занимаешься. Таким образом, ты получишь доступ к высшей части твоего ума для того, чтобы она тебе послужила в начале каждого часа, и чтобы ты смог выразить ее в мире. Практикуй внутренний покой сегодня для того, чтобы наблюдать за миром. Будь внутренне спокойным сегодня для того, чтобы видеть мир. Практикуй внутренний покой сегодня, чтобы слышать мир. Занимайся своими ежедневными делами, но практикуй внутренний покой. Таким образом, Знание покажет себя и затем начнет вести тебя по назначению.

Практика 143: *два практических занятия по 30 минут каждое. Напоминание в начале каждого часа.*

Шаг 144

Я БУДУ ПОЧИТАТЬ СЕБЯ СЕГОДНЯ.

Почитай себя сегодня ради твоего наследия, ради твоей судьбы и ради твоего предназначения. Почитай себя, потому что жизнь почитает тебя. Почитай себя, потому что Бог почитается в тебе, как в Божьем создании. Это заслоняет все оценки, которые ты когда-либо выносила себе. Это больше, чем какая-либо критика, которую ты проявляла к себе. Это больше, чем какая-либо гордость, которую ты испытывала, чтобы возместить свою боль.

С простотой и смирением напоминай себе в начале каждого часа о том, чтобы почитать себя. Во время твоих двух более глубоких медитаций сегодня позволь себе ощутить присутствие Знания, ведь это почитает и тебя, и Знание. Почитай себя сегодня для того, чтобы Знание могло быть почтено, ибо, по сути, ты являешься Знанием. Это твое Истинное «Я», но это то «Я», которое ты только начинаешь восстанавливать.

Практика 144: *два практических занятия по 30 минут каждое. Напоминание в начале каждого часа.*

Шаг 145

Я БУДУ ПОЧИТАТЬ МИР СЕГОДНЯ.

Почитай мир сегодня, ведь он является местом, куда ты пришел восстановить Знание и дарить его плоды. И таким образом, мир в своей красоте и в своем горе представляет собой подходящую среду для осуществления твоего предназначения. Почитай мир, потому что Бог находится в мире и почитает мир. Почитай мир, потому что Знание находится в мире и почитает мир. Почитай мир, потому что без твоего осуждения ты осознаешь, что он является местом благодати, местом красоты и местом, которое тебя благословляет по мере того, как ты учишься его благословлять.

Повтори эту практику в начале каждого часа. Во время твоих более длительных практических занятий ощути свою любовь к миру. Пусть Знание отдаст свою благодать. Тебе не надо пытаться быть любящим, просто откройся и позволь Знанию выразить свою великую любовь.

Почитай мир сегодня для того, чтобы ты смог быть почтен тем, что находишься в мире, ибо мир почитает тебя по мере того, как ты почитаешь себя. Мир признан по мере того, как ты признаешь себя. Миру нужна твоя любовь и твои благословения. Ему также нужны твои благие дела. Таким образом, ты почтен, ведь ты пришел сюда, чтобы отдавать.

ПРАКТИКА 145: *два практических занятия по 30 минут каждое. Напоминание в начале каждого часа.*

Шаг 146

Я БУДУ ПОЧИТАТЬ СВОИХ НАСТАВНИКОВ СЕГОДНЯ.

Твои Наставники, которые таинственны и живут вне зримого мира, пребывают с тобой, пока ты находишься в мире. И теперь, когда ты начала делать шаги в сторону восстановления Знания, участие твоих Наставников в твоей жизни становится все сильнее и очевиднее. Ты начнешь обращать свое внимание на это, и их необходимость в твоем развитии будет расти, так же как и твоя необходимость в них будет расти.

В начале каждого часа и во время твоих двух более длительных практических занятий помни о твоих Наставниках и активно думай о них. Почитай своих Наставников, это покажет, что твои древние взаимоотношения действительно живы и присутствуют сейчас, чтобы дать тебе надежду, уверенность и силу. Почитай своих Наставников для того, чтобы ощутить глубину своих отношений с ними. В твоих отношениях с Наставниками заложена искра памяти о твоем Древнем Доме и о твоей истинной судьбе. Почитай своих Наставников для того, чтобы тебя смогли почитать, ведь это свою честь ты должна восстановить. Несмотря на все совершенные тобой ошибки, это свою честь ты должна восстановить. Если это сделано с искренностью, то это сделано в смирении и простоте, ведь по мере того, как ты почитаешь себя, ты будешь почитать величие жизни, небольшой, но составляющей частью которой ты являешься.

ПРАКТИКА 146: *два практических занятия по 30 минут каждое. Напоминание в начале каждого часа.*

Шаг 147

Обзор

В твоем Обзоре на этой неделе осознай наставления, которые предоставляются тебе. Обрати особенное внимание на ту силу, которая тебе предлагается по мере того, как ты выражаешь свою волю на благо. Обрати внимание также на требование принять себя вне твоего текущего понимания, почитать себя вне твоей текущей оценки себя и испытывать жизнь вне своих собственных мыслей и предрассудков. Осознай возможность, которая дается тебе, и осознай, что каждый момент искреннего приложения усилий значительно продвигает тебя и обеспечивает твой постоянный прогресс. Когда ты будешь думать о том, что ты хочешь дать миру, отдай свой прогресс. От этого все благие вещи, которые ты пришел отдать в соответствии с твоей сущностью и помыслом, будут полностью отданы. Таким образом, твоим дарованием миру является твоя подготовка к тому, чтобы ты смог научиться отдавать.

Во время твоего длительного практического занятия рассмотри прошедшую неделю практики: твои наставления, практические занятия, ощущения, достижения и трудности. Рассмотри это объективно и определи, как ты сможешь отдать себя еще больше своим практикам в будущем.

Практика 147: *одно длительное практическое занятие.*

Шаг 148

Моя практика является моим даром Богу.

Твоя практика является твоим даром Богу, ибо Бог желает, чтобы ты приобрела Знание для того, чтобы ты смогла его отдать миру. Таким образом, тебя почитают как получателя и проводника Знания, Бога почитают как источник Знания, и тех, кто его получает, также почитают. Твой дар на данный момент заключается в том, чтобы принять эту истинную подготовку, которой ты сейчас занимаешься.

Поэтому относись к каждому занятию сегодня, как к форме дарования. В начале каждого часа отдай себя в каждой ситуации, в которой ты окажешься. Во время твоих двух глубоких медитаций отдайся полностью. Не приходи, прося идею или информацию, а приди получить и отдать. По мере того, как ты отдаешь себя, ты будешь и получать, и таким образом ты научишься древнему закону о том, что дарить означает получать. Ты должна это полностью воспринять для того, чтобы в полной мере понять его смысл и применение в мире.

Твоя практика является твоим даром Богу. Твоя практика является твоим даром себе. Приходи к своей практике сегодня, чтобы отдать. Ведь в этом акте дарования ты познаешь глубину собственных ресурсов.

Практика 148: *два практических занятия по 30 минут каждое. Напоминание в начале каждого часа.*

Шаг 149

МОЯ ПРАКТИКА ЯВЛЯЕТСЯ МОИМ ДАРОМ МИРУ.

Ты даешь миру через свое развитие в этот момент, ведь ты готовишься к тому, чтобы отдать намного больше, чем ты когда-либо давал. Поэтому ты даешь миру тем, что ты ежедневно выполняешь каждый шаг так, как он дан. Почему это так? Потому, что ты признаешь свое значение и ценность. Ты признаешь свой Древний Дом и свою Древнюю Судьбу. Ты признаешь тех, кто прислал тебя, и тех, кто примет тебя, когда ты уйдешь из этого мира. Все это дается миру каждый раз, когда ты искренне занимаешься, каждый день, в начале каждого часа. Этот дар миру намного больше, чем ты пока понимаешь, но со временем ты увидишь всю необходимость мира в нем.

Поэтому твоя практика является твоим даром миру, ведь она дает то, что ты утверждаешь внутри себя. То, что ты утверждаешь внутри себя, ты утверждаешь для всех людей, во всех обстоятельствах, во всех мирах и во всех измерениях. Так ты утверждаешь реальность Знания. Так ты утверждаешь свой Древний Дом, пока ты находишься в мире.

В начале каждого часа отдай миру путем своей практики дарования. Напомни себе об этом. Во время твоих двух более длительных практик отдайся полностью тишине и покою. Отдайся сердцем и отдайся умом. Отдай все, что ты можешь отдать, ведь это дар миру. И хотя ты пока не можешь видеть результат, будь уверен, что этот дар выйдет за рамки твоего ума и затронет все умы во Вселенной, ибо все умы на самом деле едины.

ПРАКТИКА 149: *два практических занятия по 30 минут каждое. Напоминание в начале каждого часа.*

Шаг 150

СЕГОДНЯ Я НАУЧУСЬ УЧИТЬСЯ.

Сегодня ты учишься учиться. Ты учишься учиться, потому что тебе необходимо учиться. Тебе необходимо учиться для того, чтобы твое обучение могло быть эффективным и целенаправленным, имело глубину и последовательность и обеспечивало непреклонный успех, на который можно будет опираться во всех обстоятельствах в будущем. Не считай, что ты уже понимаешь процесс обучения, ибо ты учишься этому сейчас по мере того, как ты начинаешь понимать значение успеха, значение неудачи, значение вдохновения, значение упадка духа, значения энтузиазма и значение нехватки энтузиазма. Вот почему ты пересматриваешь пройденные уроки в конце каждой недели: для того, чтобы понять, как ты продвигаешься, и понять процесс обучения. Это необходимо осознать, ведь без этого понимания, ты будешь неверно истолковывать свои шаги, ты будешь неправильно понимать свои поступки, ты не будешь знать, как следовать учебному плану, и ты никогда не сможешь преподавать его другим.

Поэтому сегодня ты учишься учиться. Таким образом, ты являешься начинающей ученицей, что дает тебе все права и воодушевление учиться всему необходимому без предположения, без тщеславия, без отрицания и без всякой лжи. По мере того, как ты учишься учиться, ты будешь осознавать процесс обучения. Это даст тебе мудрость и сочувствие в твоих отношениях с людьми. Ты не можешь учить людей с позиции идеализма, ведь в таком случае ты накладываешь на их плечи груз своих собственных ожиданий. Ты будешь требовать от них то, что даже сама жизнь не может обеспечить. Однако уверенность твоего восприятия и твоего Знания, которую ты отдаешь другим, будет твердой, и они смогут получить ее и использовать ее по-своему. Тогда ты не будешь навязывать им свои личные требования во время их обучения, а позволишь Знанию внутри себя отдавать их Знанию. Тогда ты будешь свидетелем как наставления, так и обучения.

Поэтому сегодня будь свидетелем собственного обучения и учись учиться. В начале каждого часа напоминай себе о том, что ты учишься учиться. Во время твоих двух медитаций позволь себе войти в состояние внутреннего покоя и тишины. Наблюдай за собой по мере того, как ты двигаешься вперед, и в те моменты, когда ты сдерживаешь себя. Приложи усилия в свою пользу с сочувствием и твердостью, и не суди о своем успехе, ведь ты не в состоянии судить, потому что ты учишься учиться.

Практика 150: *два практических занятия по 30 минут каждое. Напоминание в начале каждого часа.*

Шаг 151

Я НЕ БУДУ ИСПОЛЬЗОВАТЬ СТРАХ, ЧТОБЫ ПОДДЕРЖАТЬ СВОИ ОСУЖДЕНИЯ.

Не используй страх, чтобы поддержать осуждения себя и мира, ведь эти осуждения исходят от твоей неуверенности и тревоги. Поэтому они не основаны на Знании. Поэтому они лишены смысла и значения, которые только исходят от Знания. Не полагайся на свои суждения о себе и мире. По мере того, как ты будешь отбрасывать их, ты осознаешь, что они основаны на страхе, ведь ты только пытаешься утешиться своими осуждениями для того, чтобы создать ложную безопасность, стабильность и ложное самосознание, которых тебе не хватает. Поэтому не пытайся заместить Мудрость и Знание, а позволь тому, чтобы Мудрость и Знание возникли сами по себе.

В начале каждого часа повтори это утверждение и размышляй над ним на фоне всех событий текущего дня. Во время твоих двух более глубоких периодов практики размышляй усердно над значением сегодняшней идеи. Активно применяй свой ум в попытке вникнуть в смысл сегодняшнего урока. Не довольствуйся предварительными выводами. Во время твоих практических занятий глубоко исследуй эту идею. Активно применяй свой ум. Рассмотри свои взгляды на вещи внутри себя, в то время как ты концентрируешься на сегодняшней идее. Если ты так сделаешь, ты поймешь много о Мудрости и невежестве, и твое понимание будет исходить от сочувствия и истинного самоуважения. Ибо только с позиции любви к себе ты сможешь исправить себя и других.

Практика 151: *два практических занятия по 30 минут каждое. Напоминание в начале каждого часа.*

Шаг 152

Я НЕ БУДУ СЛЕДОВАТЬ СТРАХУ В МИРЕ.

Человечеством руководят волны страха, которые ведут людей в разных направлениях, волны страха, которые преобладают в их поступках, мыслях, выводах, верованиях и предположениях. Не поддавайся волнам страха, которые двигаются по миру. Вместо этого будь стойкой и спокойной в Знании. Позволь себе наблюдать за миром с этой точки внутреннего покоя и уверенности. Не позволь волнам страха сбить тебя с ног. Таким образом, ты сможешь отдать миру, а не стать его жертвой. Ты здесь, чтобы служить, а не осуждать. И в состоянии внутреннего покоя ты не осуждаешь мир. Осознай тогда волны страха, но не позволь им тебя схватить, ведь когда ты со Знанием, они не могут захватить тебя, потому что Знание находится вне страха.

Повтори эту идею в начале каждого часа и размышляй над ней на фоне всего, что ты будешь испытывать сегодня. Во время твоих двух более длительных практических занятий активно применяй свой ум для того, чтобы понять сегодняшний урок. Речь снова идет о конструктивном применении своего ума. Мы не будем практиковать тишину и внутренний покой сегодня, а вместо этого будем заниматься активным применением ума для того, чтобы ты научилась думать конструктивно. Ведь когда твой ум не находится в состоянии спокойствия, он должен думать конструктивно. Он должен исследовать. Не полагайся на преждевременные выводы. Не полагайся на утешительные идеи. Позволь себе быть уязвимой сегодня, ибо ты уязвима только перед Знанием. Но Знание будет тебя ограждать от всего вреда в этом мире и даст тебе утешение и стабильность, на которые мир никогда не сможет повлиять. Учись этому сегодня для того, чтобы ты смогла стать источником Знания в мире, чтобы твой Источник смог выразиться через тебя.

Практика 152: *два практических занятия по 30 минут каждое. Напоминание в начале каждого часа.*

Шаг 153

МОЙ ИСТОЧНИК ЖЕЛАЕТ ВЫРАЗИТЬСЯ ЧЕРЕЗ МЕНЯ.

Ты создан, чтобы быть выражением своего Источника. Ты создан, чтобы быть продолжением своего Источника. Ты создан, чтобы быть частью своего Источника. Твоя жизнь - это общение, ведь общение - это жизнь. Общение - это продолжение Знания. Это не только то, когда один разлученный ум делится своими маленькими идеями с другим. Общение намного шире, ведь общение создает жизнь и продолжает жизнь, и в этом кроется вся радость и удовлетворение. В этом и кроется глубина смысла всего. Здесь тьма и свет перемешиваются и перестают быть отдельными. Здесь все противоположности смешиваются и сливаются друг с другом. Здесь соединяется вся жизнь.

Ощути себя проводником общения, и знай, что то, что ты искренне хочешь передать, будет полностью выражено, ведь твое истинное «я» является продолжением того «Я», которое является самой жизнью. Этим ты полностью утвердишься, и жизнь утвердится вокруг тебя. Жизнь будет принимать и осваивать твои дары, ибо дарование такой природы может только дать еще больше плодов, вне человеческого понимания.

Напоминай себе в начале каждого часа о том, что тебе суждено выражать волю своего Источника. Во время твоих двух практических занятий сегодня войди снова в состояние внутреннего покоя и тишины. Позволь себе быть открытым проводником, через который свободно течет жизнь, через который жизнь может выразиться сегодня.

Практика 153: *два практических занятия по 30 минут каждое. Напоминание в начале каждого часа.*

Шаг 154

Обзор

Пересмотри последнюю неделю практики. Пересмотри как все наставления, так и твои практические занятия. Рассмотри, насколько глубоко ты входила в состояние внутреннего покоя. Рассмотри, насколько тщательно ты использовала свой ум для расследования. Помни о том, что твоя практика является формой дарования. Поэтому отдайся пересмотру своих практических занятий. Подумай о том, как ты сможешь пополнить и углубить свое дарование, чтобы получить все большие и большие дары для себя и для мира.

Во время твоего длительного практического занятия сегодня рассмотри последнюю неделю практики. Помни о том, чтобы не осуждать себя. Помни о том, чтобы быть свидетелем своего обучения. Помни о том, что твоя практика является формой дарования.

Практика 154: *одно длительное практическое занятие.*

Шаг 155

МИР МЕНЯ БЛАГОСЛОВЛЯЕТ ПО МЕРЕ ТОГО, КАК Я ПОЛУЧАЮ.

Сейчас ты учишься получать. Мир тебя благословляет, в то время как ты учишься получать, ведь Знание вольется в тебя по мере того, как ты становишься пустым сосудом для Знания. И ты будешь притягивать к себе жизнь, ведь жизнь всегда тянется к тем, кто отдает.

Осознай всю глубину этой идеи сегодня каждый раз, когда ты напоминаешь себе в начале каждого часа о том, что жизнь дает тебе, пока ты пребываешь во внутреннем спокойствии. Во время твоих двух медитаций войди снова в состояние внутреннего покоя и почувствуй, как жизнь тянется к тебе. Это естественное притяжение. По мере того, как твое дарование и состояние внутреннего покоя усилятся, ты почувствуешь, как жизнь тянется к тебе, ведь со временем ты станешь источником поддержки для жизни.

Практика 155: *два практических занятия по 30 минут каждое. Напоминание в начале каждого часа.*

Шаг 156

Я НЕ БУДУ БЕСПОКОИТЬСЯ О СЕБЕ СЕГОДНЯ.

Обеспокоенность о себе является формой привычного мышления, которая исходит от негативного воображения и неисправленных ошибок. Это усугубляет твой комплекс неудачника, влияя на твое отсутствие доверия к себе и хорошей самооценки. Наше сегодняшнее наставление дано, чтобы укрепить то, что истинно внутри тебя. Если ты со Знанием, Знание позаботится обо всем, что требует твоего внимания. Все, что полезно тебе, не останется без внимания. Все духовные нужды и повседневные нужды тоже будут удовлетворены и поняты тобой, ведь со Знанием ничто не будет пропущено. Ты, кто уже привыкла пренебрегать, кто не использовала свой ум надлежащим образом в прошлом, кто не смогла увидеть и услышать мир, можешь теперь успокоиться; ведь тебе не надо беспокоиться о себе сегодня.

Для этого надо усилить свою веру и доверие к тому, что Знание позаботится о тебе. Со временем это позволит тебе принять дар Знания, что отбросит все сомнения и заблуждения. Ты должна подготовиться к этому восприятию. Для этого ты должна усилить свою веру и доверие. Будь уверена сегодня. Распознай те вещи, которые требуют твоего внимания, даже если это обыденные вещи, и тщательно занимайся ими, ибо Знание не хочет вывести тебя из мира, а наоборот, ввести тебя в мир, ведь ты пришла, чтобы отдать.

Укрепи свое понимание сегодняшней идеи, повторяя ее в начале каждого часа и честно размышляя над ней в течение нескольких минут. Укрепи понимание сегодняшнего урока во время твоих более глубоких практических занятий, когда ты войдешь в состояние внутреннего покоя и тишины. Ты можешь войти в состояние внутреннего покоя и тишины только тогда, когда ты не беспокоишься о себе. Таким образом, твои усилия отдаться своим практикам являются подтверждением безопасности и уверенности, которые пребывают с тобой.

Практика 156: *два практических занятия по 30 минут каждое. Напоминание в начале каждого часа.*

Шаг 157

Я НЕ ОДИНОК ВО ВСЕЛЕННОЙ.

Ты не одинок во Вселенной, потому что ты являешься частью Вселенной. Ты не одинок во Вселенной, потому что твой ум соединен со всеми умами. Ты не одинок во Вселенной, потому что Вселенная с тобой. Сейчас ты учишься пребывать с Вселенной для того, чтобы полностью восстановить свою взаимосвязь с жизнью и чтобы она могла выразиться в твоем мире. Мир предоставляет слабый пример этому, потому что человечество потеряло свою взаимосвязь с жизнью, а теперь отчаянно ищет в воображении и фантазиях то, что оно потеряло. Радуйся сегодня тому, что у тебя есть возможность восстановить свою взаимосвязь с жизнью, чтобы ты смог отдать себя своим практикам и своей судьбе. Таким образом, ты утверждаешься. Ты не одинок во Вселенной. Глубина этой идеи намного больше, чем может показаться на первый взгляд. Это утверждение - абсолютная истина, но оно должно быть испытано, чтобы понять его.

Поэтому в начале каждого часа напоминай себе об этом утверждении. Попытайся ощутить его во всех обстоятельствах, в которых ты окажешься. Во время твоих двух более длительных медитаций попытайся ощутить свое полное включение в жизнь. Тебе не надо ничего придумывать или стараться увидеть образы. Просто ощути присутствие жизни, частью которой ты являешься. Ты внутри жизни. Ты погружен в жизнь. Жизнь включает тебя в себя. Вне всяких образов, представленных миром, вне всяких действий, показанных миром, ты находишься в любящем объятии жизни.

Практика 157: *два практических занятия по 30 минут каждое. Напоминание в начале каждого часа.*

Шаг 158

Я БОГАТА, ПОЭТОМУ МОГУ ОТДАВАТЬ.

Только богатые могут отдавать, ибо они не нуждаются. Только богатые могут отдавать, ибо они чувствуют себя некомфортно, если они не отдают то, чем они владеют. Только богатые могут отдавать, ибо они не понимают, чем владеют, пока они это не отдадут. Только богатые могут отдавать, ведь они желают испытать благодарность, как единственное вознаграждение.

Ты богата, и ты можешь отдавать. Ты уже владеешь богатством Знания, и это является самым величайшим даром. Любое другое действие, любое другое одолжение, любой другой предмет, который является даром, имеет значение только, если он вдохновлен Знанием. Это является невидимой сутью всех истинных даров и всего истинного дарования. У тебя есть целая сокровищница этой сути, которую ты должна научиться получать. Ты богата вне собственного понимания. Даже если ты нуждаешься в деньгах, даже если ты думаешь, что одинока, ты богата. Твое дарование покажет это сегодня. Твое дарование покажет источник, глубину и значение твоего богатства и наполнит все твое дарование сутью самого дарования. Со временем ты будешь дарить без прикладывания каких-либо усилий, и твоя жизнь сама будет дарованием. Тогда твоя жизнь покажет богатство, которым каждый человек владеет, но которое они пока еще не научились принимать.

Повтори эту идею в начале каждого часа, и во время твоих более глубоких медитаций ощути собственное богатство. Ощути присутствие и глубину Знания. Получи Знание и отдайся Знанию, ибо, отдаваясь своей практике, ты утверждаешь собственное богатство, которое только нуждается в подтверждении, чтобы реализовать себя.

Практика 158: *два практических занятия по 30 минут каждое. Напоминание в начале каждого часа.*

Шаг 159

БЕДНЫЕ НЕ МОГУТ ОТДАВАТЬ. Я НЕ БЕДНЫЙ.

Бедные не могут отдавать, ведь они нуждаются. Им надо получать. Ты не нуждаешься, ведь ты владеешь даром Знания. Поэтому ты в состоянии отдавать, и когда ты будешь отдавать, ты осознаешь свою ценность, и всякое чувство нужды покинет тебя. Будь уверен, что Знание обеспечит все материальное, в чем ты действительно нуждаешься. Оно может и не обеспечить то, что ты хочешь, но оно всегда обеспечит то, в чем ты нуждаешься, и предоставит это в нужном количестве. Таким образом, у тебя будет все, что тебе нужно, чтобы отдавать в соответствии со своей сущностью и своим предназначением в мире. Но ты не будешь обременен тем, что только и может тебя обременить. Ты будешь иметь лишь то, в чем ты нуждаешься, и мир не будет обременять тебя своими избытками или лишениями. Так все будет находиться в совершенной гармонии. Знание даст тебе то, в чем ты нуждаешься, и то, в чем ты нуждаешься, – это то, чего ты действительно хочешь. Ты пока не можешь оценить свои нужды, ведь ты заблудился в своих желаниях. Но твои нужды проявятся через Знание, и со временем ты поймешь природу нужды и будешь знать, как ее удовлетворить.

Ты не бедный, ибо ты владеешь даром Знания. Повтори сегодняшнее утверждение в начале каждого часа и размышляй над ним в свете своих наблюдений за другими. Во время твоих более глубоких медитаций позволь себе ощутить богатство Знания, которым ты сейчас владеешь.

ПРАКТИКА 159: *два практических занятия по 30 минут каждое. Напоминание в начале каждого часа.*

Шаг 160

Мир беден, но я нет.

Мир беден, но ты не бедна. Несмотря на твои обстоятельства, это верно, потому что ты восстанавливаешь богатство Знания. Пойми тогда значение бедности. Пойми тогда значение богатства. Не считай, что те, кто имеет больше вещей, чем ты, богаче тебя, ибо без Знания они бедны и приобретают вещи всего лишь для того, чтобы компенсировать свою печаль и неуверенность. Поэтому их бедность усугубляется приобретениями.

Мир беден, но ты нет, ибо ты принесла Знание с собой в мир, где Знание забыто и не признано. Поэтому по мере того, как ты восстанавливаешь свое богатство, мир также будет восстанавливать свое богатство, ведь ты будешь стимулировать Знание во всех, и их богатство начнет проявляться в твоем присутствии и в присутствии Знания, которое тебя ведет.

Поэтому не проси ничего от мира, кроме тех немногих вещей, которые тебе необходимы, чтобы осуществить свою функцию. Это незначительная просьба по сравнению с тем, что ты пришла отдать. Если твои требования не больше, чем твои нужды, то мир с радостью отдаст их тебе в обмен за тот более значительный дар, которым ты владеешь.

Размышляй над сегодняшней идеей в начале каждого часа. Не пропусти ни одного часа без этого размышления. Укрепи свою решительность использовать каждое практическое занятие во всех обстоятельствах дня для того, чтобы твоя жизнь приобрела смысл со всеми ее событиями. Во время твоих двух более длительных практических занятий сегодня войди в состояние внутреннего покоя и тишины, чтобы узнать больше о том богатстве, которым ты владеешь.

Практика 160: *два практических занятия по 30 минут каждое. Напоминание в начале каждого часа.*

Шаг 161

Обзор

В сегодняшнем Обзоре рассматривай каждое наставление и каждое практическое занятие каждого дня прошедшей недели. Узнай больше о процессе обучения. Осознай, что для этого нельзя рассматривать свою жизнь с осуждением, ведь ты учишься учиться. Осознай, что твоя жизнь богата благодаря практике, которой ты занимаешься, что было бы невозможно без Знания. Ты предпринимаешь эту подготовку ради Знания, и каждый день ты привязан к своей практике ради Знания. Каждый день ты выполняешь свою практику ради Знания. Поэтому без твоего отрицания или вмешательства Знание само поведет тебя в подготовке и возникнет по мере того, как ты предпримешь каждый шаг. Как легко достичь успеха таким образом. Как легко получить без отрицания и настаивания с твоей стороны. Ведь без фантазии жизнь очевидна. Ее красота очевидна. Ее благодать очевидна. Ее предназначение очевидно. Труд, который она требует, очевиден. Ее награды очевидны. Даже трудности этого мира очевидны. Все становится очевидным по мере того, как твой ум становится спокойным и ясным.

Поэтому во время одного длительного практического занятия пересмотри наставления этой недели. Отдай этому все свое внимание. Отдайся своей практике и знай, что Знание внутри тебя побуждает тебя.

Практика 161: *одно длительное практическое занятие.*

Шаг 162

Я НЕ БУДУ БОЯТЬСЯ СЕГОДНЯ.

Не позволяй страху овладеть твоим умом сегодня. Не позволяй привычке к негативному воображению захватить твое внимание и эмоции. Участвуй в жизни, как она есть на самом деле, воспринимая ее без осуждения. Страх похож на болезнь, которая приходит и овладевает тобой. Не надо поддаваться страху, потому что твой источник и твои корни исходят от Знания, и ты теперь становишься сильнее в Знании.

Напоминай себе в начале каждого часа о том, что страх не может овладеть тобой. Когда ты начнешь ощущать его воздействие на себе, несмотря на влияние, которое он оказывает на тебя, уйди от него и утверди свою верность Знанию. Отдай свою уверенность Знанию. Во время твоих двух более глубоких медитаций отдайся Знанию. Отдай свой ум и свое сердце для того, чтобы ты смогла укрепить свою уверенность, которую страх никогда не сможет пробить. Твое бесстрашие в будущем не должно рождаться от притворства, а должно рождаться от твоей уверенности в Знании. Таким образом, ты станешь убежищем покоя и источником вдохновения для других. Это твое предназначение. Ты для этого пришла в мир.

Практика 162: *два практических занятия по 30 минут каждое. Напоминание в начале каждого часа.*

Шаг 163

Я БУДУ ОЩУЩАТЬ ЗНАНИЕ СЕГОДНЯ.

Ощути постоянность Знания, которое всегда доступно тебе вне твоих собственных мыслей и самопоглощения. В начале каждого часа сегодня ощути Знание. Повтори сегодняшнюю идею и удели пару минут тому, чтобы ощутить его присутствие. Присутствие Знания пребывает с тобой, где бы ты ни был, в каждом событии, в каждой ситуации. Оно уместно везде. Таким образом, ты сможешь увидеть каждое обстоятельство и событие. Ты сможешь услышать. Ты сможешь отдать. Ты сможешь понять. Миру нужна такая стабильность, и ты, кто богат Знанием, можешь ее предоставить.

Ощути Знание сегодня во время твоих более глубоких практических занятий. Отдайся этому, ибо это твой дар Богу и миру. Пусть этот день будет днем укрепления и днем утверждения. Пусть никакая мелкая неудача не отвлечет тебя от твоего более значительного задания. Осознай, что каждый шаг назад только притормозит тебя в твоем продвижении, а тебе лишь надо сделать шаг вперед, чтобы продолжить свой путь. Ответ на каждую неудачу, маленькую или большую, - это всего лишь решение продолжать. Ведь тебе только нужно следовать шагам, которые здесь предоставлены, чтобы достичь результатов этой подготовки. Настолько прост путь к Знанию. Настолько ясен его путь, когда ты следуешь ему шаг за шагом.

ПРАКТИКА 163: *два практических занятия по 30 минут каждое. Напоминание в начале каждого часа.*

Шаг 164

Сегодня я буду чтить то, что я знаю.

Почитай то, что ты знаешь сегодня. Держись за то, что ты знаешь. Позволь своему Знанию вести тебя. Не пытайся использовать Знание для собственной пользы, ведь этим ты будешь всего лишь использовать то, что ты считаешь Знанием, и опять будешь создавать иллюзию для себя, которая заманит тебя в ловушку и истощит все твои жизненные силы, энтузиазм и уверенность. Позволь Знанию вести тебя сегодня. Занимайся своими обычными делами. Занимайся всеми своими обязательствами, но позволь Знанию пребывать с тобой для того, чтобы оно смогло отдать свой таинственный дар, куда бы ты ни шла, и указать тебе конкретное направление тогда, когда необходимо.

Повтори это заявление в начале каждого часа и размышляй над ним на фоне своих непосредственных обстоятельств. Во время твоих более глубоких медитаций сегодня снова отдайся внутреннему покою и тишине. Почитай Знание сегодня тем, что ты отдаёшься Знанию, и тем, что ты пребываешь со Знанием.

Практика 164: *два практических занятия по 30 минут каждое. Напоминание в начале каждого часа.*

Шаг 165

МОИ ОБЯЗАННОСТИ НЕВЕЛИКИ.
МОЯ МИССИЯ ВЕЛИКА.

Твои обязанности в мире невелики. Они предназначены для того, чтобы обеспечить тебя всем необходимым для физического выживания и чтобы поддержать отношения с другими людьми, что полезно как для твоего благополучия, так и для их благополучия. Эти обязанности важны, но твоя миссия важнее их. Не ставь под угрозу свою способность принять свою миссию, пренебрегая своими обязанностями. Это всего лишь способ избежать самого себя. Сегодня выполняй обязанности, связанные с твоей работой и с отношениями с другими. Не путай это со своей миссией, которая намного больше и которую ты только начинаешь принимать и ощущать. Так твои обязанности обеспечат основу для тебя по мере того, как ты занимаешься подготовкой для восстановления и дарования Знания.

Запомни, что все замешательство является путаницей в уровнях. Не путай свою миссию с обязанностями. Очень важно, чтобы ты различал эти два понятия. Твои обязанности в мире конкретны, а твоя миссия намного больше. По мере того, как твоя миссия начинает проявляться в тебе, кто учится ее принимать, она будет более конкретно влиять на твои обязанности. Это произойдет постепенно и естественно для тебя. Она всего лишь требует самодисциплины, постоянства и достаточного доверия для того, чтобы следовать ее шагам.

Поэтому выполняй свои обязанности сегодня для того, чтобы быть начинающим учеником Знания. Напоминай себе о своей практике в начале каждого часа, и во время твоих двух более длительных практик активно размышляй над сегодняшней идеей. Ее истинный смысл не является поверхностным, и ты должен ее расследовать, чтобы понять ее полное значение. Не довольствуйся преждевременными выводами. Не стой вдали от Знания, пытаясь дать ему свою оценку. Войди в него для того, чтобы быть учеником сегодня, ибо ты и есть сейчас ученик Знания. Ты сейчас отдаешь себя миру во время твоей подготовки.

Практика 165: *два практических занятия по 30 минут каждое. Напоминание в начале каждого часа.*

Шаг 166

Моя миссия велика. Поэтому я свободна заниматься мелкими делами.

Лишь в твоих грандиозных идеях, которые скрывают твой страх, тревогу и отчаяние, ты способна избегать мелких дел, которыми необходимо заниматься в мире. Опять же, не путай величие своей миссии с незначительностью своих дел. Величие выражается в самом мелком деле и действии, в самой мимолётной мысли, в самом простом жесте и в самых незначительных обстоятельствах. Поэтому продолжай заниматься своими мелкими делами в мире для того, чтобы Знание со временем смогло выразиться через них. Действия в мире являются мелкими по сравнению с величием Знания. До твоей подготовки мир казался великим, а Знание незначительным, но теперь ты начинаешь понимать, что все наоборот—Знание велико, а мир мал. Это также означает, что твои дела мелкие, но они являются проводниками, через которые выражается Знание.

Поэтому занимайся мелкими делами в мире с радостью. Будь простой и скромной в мире для того, чтобы величие смогло выразиться через тебя без каких-либо препятствий.

Эта практика потребует повторения в начале каждого часа и глубокого размышления во время твоих двух более длительных практических занятий, когда ты будешь активно думать о смысле сегодняшней идеи. Используй свой ум для расследования. Позволь себе расследовать эти вещи. Не полагайся на преждевременные выводы, а продолжай расследовать. Это и есть правильное применение твоего ума, что приведёт тебя к лучшему пониманию. Здесь ум не просто создает видения и иллюзии, чтобы отвлечь себя от собственной тревоги. Здесь ум рассматривает собственное содержание. Здесь ум работает на пользу Знания, как ему и положено.

Практика 166: *два практических занятия по 30 минут каждое. Напоминание в начале каждого часа.*

Шаг 167

Со Знанием я свободен в мире.

Со Знанием ты свободен в мире. Ты свободен присоединиться. Ты свободен уйти. Ты свободен договориться. Ты свободен заключать и изменять договоренности. Ты свободен уступить. Ты свободен высвободиться. Со Знанием ты свободен.

Чтобы понять истинный смысл этого и осознать его непосредственную ценность для себя в твоих нынешних обстоятельствах, ты должен понять, что ты не можешь использовать Знание в собственных целях. Это понимание должно быть беспрекословным. Не забывай об этом, ведь если ты думаешь, что Знанием можно пользоваться в собственных целях, то ты неверно истолкуешь его и не сможешь его ощутить. Ты будешь просто пытаться укрепить свои иллюзии и свои попытки избежать реальности. Это только омрачит облака, которые нависают над тобой. Это лишь временная форма стимуляции, которая разочарует тебя и только усугубит твое чувство оторванности и страдания.

Со Знанием ты свободен. Нет никаких препятствий теперь, ибо Знание просто отдаст тебя там, где тебе и предназначено отдать себя, и выразит себя через тебя там, где оно должно выразиться. Это освободит тебя от неуместных практик и отношений и приведет тебя к тем людям, которые ждут тебя. Это приведет тебя к тем обстоятельствам, которые принесут тебе наибольшую пользу и пользу тем, кто связан с тобой. Здесь Знание руководит. Здесь ты получаешь. Здесь ты отдаешь. Нет большей свободы, чем эта, ведь в этом состоянии ты свободен.

Напоминай себе об этой идее в начале каждого часа, и во время твоих двух более глубоких медитаций снова войди в состояние внутреннего покоя и тишины. Снова позволь своему уму успокоиться, ведь в этом состоянии ты свободен. Подготовься к своей практике, повторяя эту идею и посвящая себя практике. Без твоего руководства твой ум станет свободным и ощутит свою собственную глубину в Знании.

Практика 167: *два практических занятия по 30 минут каждое. Напоминание в начале каждого часа.*

Шаг 168

Обзор

Пересмотри прошедшую неделю практики. Пересмотри каждые наставления, как они даны, и каждое практическое занятие. Пересмотри неделю целиком для того, чтобы укрепить обучение, которое ты сейчас предпринимаешь. Помни о том, что ты учишься учиться. Помни о том, что ты являешься начинающей ученицей. Помни о том, что твоя оценка, если она не исходит от Знания, не будет полезной. Без этой оценки ты будешь знать, как укрепить свою подготовку и как сделать исправления в своей внешней жизни, чтобы поддержать себя в своих начинаниях. Этого можно достичь без самоосуждения. Этого можно достичь, так как это необходимо, и ты можешь откликнуться на то, что необходимо сделать без осуждения себя и мира. Эта подготовка необходима, ибо она выражает твою волю.

Во время твоего длительного практического занятия сегодня пересмотри эту неделю с искренностью и проницательностью. Отдай этому свое полное внимание для того, чтобы ты смогла получить дары, которые ты теперь готовишься принять.

Практика 168: *одно длительное практическое занятие.*

Шаг 169

Мир находится во мне. Я это знаю.

Мир в тебе. Ты можешь это почувствовать. Через Знание ты сможешь почувствовать присутствие всех отношений. Это и есть восприятие Бога. Поэтому твои значимые отношения с другими являются такими многообещающими, ведь в искреннем союзе с другим человеком ты начнешь понимать союз со всей жизнью. Поэтому ты искренне ищешь отношения. Это представляет твою истинную мотивацию в отношениях: испытать союз и выразить свое предназначение. Люди думают, что отношения существуют для того, чтобы воплотить в жизнь свои фантазии и придать себе храбрости перед собственной тревогой. Этому нужно разучиться, чтобы истинная суть отношений могла проявить себя и быть понятой. Так отучение стоит на первом месте в процессе обучения. Таким образом, ты учишься учиться. Таким образом, ты учишься получать.

Занимайся в начале каждого часа, помня эту идею. Сегодня во время твоих более глубоких медитаций снова используй слово РАН, чтобы проникнуть все глубже в Знание. Повтори идею в начале твоего занятия, а потом с каждым выдохом повтори про себя слово РАН. Позволь ему привести твой ум в равновесие. Позволь ему связать тебя с глубиной Знания. Здесь ты проникнешь еще глубже, чем раньше. Таким образом, ты найдешь все, что ты ищешь, и не будет никакого заблуждения о мире.

Практика 169: *два практических занятия по 30 минут каждое. Напоминание в начале каждого часа.*

Шаг 170

Сегодня я следую Древнему Пути подготовки.

Эта подготовка, которой ты занимаешься, исходит от древнего источника. Ее использовали веками как в этом мире, так и в других мирах. Она всего лишь адаптирована к вашему языку и к нынешнему времени, но она подготавливает ум таким же образом, как умы всегда подготавливались к следованию Пути Знания. Ибо Знание не меняется, и подготовка лишь адаптируется к нынешним событиям и к нынешнему пониманию для того, чтобы ответить нуждам получателя. Однако истинный механизм подготовки не меняется.

Ты следуешь Древнему Пути по восстановлению Знания. Рожденная Великой волей Вселенной, эта подготовка была создана для продвижения учеников Знания. Ты сейчас работаешь вместе со многими другими индивидуумами как в этом мире, так и в других мирах. Ведь Знанию обучают во всех мирах, где существует разумная жизнь. Так твои усилия поддерживаются и обогащаются усилиями тех, кто готовится вместе с тобой. Тем самым вы все вместе представляете собой сообщество учеников. Не думай тогда, что ты прикладываешь усилия в одиночку. Не думай, что ты занимаешься восстановлением Знания в одиночку в мире. Не считай, что ты не являешься частью сообщества учеников. Со временем это станет более очевидным по мере того, как ты начнешь узнавать тех, кто готовится вместе с тобой. Со временем это станет более очевидным по мере того, как ты все глубже ощутишь присутствие своих Наставников. Со временем это станет более очевидным по мере того, как результаты твоего обучения станут очевидными даже тебе. Со временем это станет более очевидным по мере того, как ты будешь считать свою жизнь частью Великого Сообщества миров.

Напоминай себе о своей подготовке в начале каждого часа. Во время твоих более глубоких практических занятий в состоянии внутреннего покоя получи пользу от всех, кто занимается вместе с тобой. Напомни себе о том, что ты не одна, и о том, что их достижения даются тебе, как и твои достижения даются им. Так вы делитесь достижениями друг с другом. Усилия твоих практик настолько поддержаны усилиями и дарованием других, что они далеко превышают твои собственные способности. Когда ты это осознаешь, это подбодрит тебя, и ты выкинешь из головы навсегда идею о том, что ты не достойна тех заданий, которые поручены тебе. Ведь твои усилия дополняются усилиями других, и это представляет Божью Волю во Вселенной.

ПРАКТИКА 170: *два практических занятия по 30 минут каждое. Напоминание в начале каждого часа.*

Шаг 171

МОЕ ДАРОВАНИЕ ЯВЛЯЕТСЯ ПОДТВЕРЖДЕНИЕМ МОЕГО ИЗОБИЛИЯ.

Твое дарование является подтверждением твоего изобилия, потому что ты отдаешь из своего изобилия. Речь здесь не идет о материальных вещах, ведь ты можешь отдать все свое имущество так, что у тебя ничего не останется. Но когда ты даешь Знание, Знание умножается. И когда ты вкладываешь Знание в вещь, которую ты отдаешь, Знание тоже умножается. Вот почему, когда ты получишь Знание, ты захочешь его отдать, потому что это является естественным выражением твоей собственной восприимчивости.

Как можно истощить Знание, когда Знание является Силой и Волей Вселенной? Как незначителен твой проводник, и как огромна та суть, которая выражается через тебя. Как велико твое взаимоотношение с жизнью, и как тогда велика и ты, кто пребывает с жизнью. Нет здесь никакого тщеславия. Нет никакого самонадувания, потому что ты осознаешь, что ты и маленький, и великий одновременно, и ты признаешь исток своей малости и исток своего величия. Ты осознаешь ценность своей малости и ценность своего величия. Таким образом, ты признаешь всю жизнь, и ничего не остается без внимания в твоей великой оценке себя, которая исходит из любви и истинного понимания. Это понимание ты должен углубить со временем, осознав еще раз, что твоим усилиям в этом направлении способствуют усилия других, которые также являются учениками Знания в этом мире. Даже ученики в других мирах способствуют твоим усилиям, ведь в Знании нет времени и расстояния. Поэтому у тебя есть огромная поддержка сейчас, и в этом ты осознаешь свое истинное взаимоотношение с жизнью.

Занимайся в начале каждого часа, и во время твоих более глубоких медитаций позволь слову РАН привести тебя в Знание. Безмолвно и в тишине, по мере того, как ты погружаешься в недра Знания, прими покой и подтверждение, которые являются твоим неотъемлемым правом.

Практика 171: *два практических занятия по 30 минут каждое. Напоминание в начале каждого часа.*

Шаг 172

Я ДОЛЖНА ВОССТАНОВИТЬ СВОЕ ЗНАНИЕ.

Ты должна восстановить свое Знание. Это не просто предпочтение, которое соревнуется с другими предпочтениями. Тот факт, что жизнь этого требует, дает этому утверждению необходимость и значительность, которые оно действительно заслуживает. Не думай, что твоя свобода каким-то образом ограничивается этой необходимостью, ведь твоя свобода последует из этой необходимости и родится от этой необходимости. Здесь ты входишь в мир с жизненно важным направлением вместо случайных выборов. Здесь ты серьезно участвуешь в жизни вместо того, чтобы быть отдаленным наблюдателем, который только способен быть свидетелем собственных идей.

Поэтому необходимость восстановить Знание является важной как для тебя, так и для твоего мира. Поэтому приветствуй эту необходимость, ведь она освободит тебя от досады и неэффективности двойственности. Она спасет тебя от бессмысленных выборов и направит тебя к тому, что действительно важно для твоего благополучия и для благополучия мира. Знание является необходимостью. Твоя жизнь является необходимостью. Она важна не только для тебя одной, но и для всего мира.

Если ты сможешь поистине осознать это, то это преодолеет всякое чувство собственного недостоинства или лени, которые ты, возможно, еще испытываешь. Если твоя жизнь необходима, то она имеет предназначение, смысл и направление. Ведь если твоя жизнь необходима, то и жизнь других также необходима. Поэтому ты не захочешь вредить никому, а вместо этого будешь стремиться к тому, чтобы утвердить Знание в каждом человеке. Таким образом, эта необходимость несет в себе силу и направление, в которых ты нуждаешься, и дает тебе благословение и проникновение, которые ты должна принять для себя. Необходимая жизнь является значимой жизнью. Знание является необходимостью. Отдайся своей необходимости, и ты почувствуешь, что ты сама необходима. Это рассеет твое чувство собственного недостоинства и вины и приведет тебя обратно во взаимоотношение с жизнью.

Занимайся снова в начале каждого часа, и во время твоих двух медитаций позволь слову РАН ввести тебя все глубже в присутствие самого Знания. Сила этого слова, неизвестного в твоем языке, найдет отклик с твоим Знанием и активизирует его. Это средство таинственное, но результат конкретный.

Практика 172: *два практических занятия по 30 минут каждое. Напоминание в начале каждого часа.*

Шаг 173

Сегодня я буду делать то, что необходимо.

Когда ты делаешь то, что необходимо, ты испытываешь жизненную силу, ибо жизнь в мире, во всех ее проявлениях, участвует в том, что необходимо. Поначалу это кажется угнетающим для людей, ведь они привыкли к фантазиям, где все предпочтительно и нет ничего действительно необходимого.

Однако когда что-нибудь оказывается действительно необходимым в жизни, даже если это чрезвычайная ситуация, тогда люди способны мгновенно освободиться от своих фантазий и почувствовать предназначение, смысл и направление. Это дар человечеству, но люди обычно принимают его в чрезвычайных ситуациях.

Именно при более счастливых обстоятельствах ты должен научиться получать это и приветствовать необходимость как единственное спасение в твоей жизни. Ведь ты хочешь быть нужным, ты хочешь участвовать, ты хочешь быть жизнеспособным, и ты хочешь быть существенной частью общества. Все это необходимо. Это не просто предпочтение с твоей стороны. Это не может исходить от случайного выбора, а от глубокого убеждения, ведь твое дарование должно исходить от глубокого убеждения, чтобы оно было великим и полным. Иначе при первой же неудаче или разочаровании тебя отвергнут, и ты попадешь обратно в фантазию и иллюзию.

Поэтому приветствуй необходимость сегодняшнего дня. Занимайся мелкими делами, не жалуясь, ведь они всего лишь мелочь. Следи за своей подготовкой сегодня, ведь она необходима, и она велика. Не путай великое с мелким, ибо незначительное существует только для того, чтобы выразить великое. Не пытайся сделать мелкое великим или великое мелким. Пойми их истинную взаимосвязь, ведь внутри тебя живет как великое, так и мелкое. Внутри тебя великое желает выразиться через мелкое.

Поэтому занимайся своими мелкими делами сегодня. Делай то, что необходимо сегодня. Напоминай себе в начале каждого часа о нашей сегодняшней идее и отдайся своей практике для того, чтобы этот день мог быть днем дарования и получения. Во время твоих более глубоких медитаций войди в состояние внутреннего покоя с помощью слова РАН, чтобы проникнуть глубже в медитацию. Сделай так, потому что это необходимо. Делай это с чувством необходимости, и ты почувствуешь силу собственной воли.

Практика 173: *два практических занятия по 30 минут каждое. Напоминание в начале каждого часа.*

Шаг 174

МОЯ ЖИЗНЬ НЕОБХОДИМА.

Твоя жизнь необходима. Она не является биологической случайностью. Это не просто дело случая, что ты появилась в этом мире. Твоя жизнь необходима. Если бы ты смогла вспомнить, через что ты прошла, чтобы появиться в этом мире, и сколько подготовки тебе потребовалось как в этом мире, так и за его пределами, для того чтобы ты появилась на свет, то ты бы осознала значительность своего пребывания здесь и значительность Знания, которое ты носишь в себе. Твоя жизнь необходима. Здесь нет никакого тщеславия. Это просто осознание истины. В твоей оценке твоя жизнь либо ничтожна, либо грандиозна. Однако важность твоей жизни нисколько не зависит от твоей оценки, хотя твои оценки могут приблизить или отдалить тебя от этого единственного истинного осознания.

Твоя жизнь необходима. Пойми это, и твое чувство самоосуждения и низкой самооценки отпадет. Пойми это, и это принесет смирение твоим грандиозным идеям. Пойми это, и твои планы со временем смогут адаптироваться к Знанию, ведь твоя жизнь является необходимостью.

Повтори это заявление в начале каждого часа и размышляй над ним, несмотря на свои эмоции, свои обстоятельства и те мысли, которые преобладают в твоем уме, ибо Знание больше, чем мысли, и предназначено для того, чтобы руководить мыслями. Во время твоих двух медитаций позволь слову РАН ввести тебя глубоко в недра ума. Почувствуй необходимость твоей жизни: ее ценность и значение. Ты можешь непосредственно испытать это. Это не требует твоей оценки. Это не требует того, чтобы ты считала себя более значительной, чем другие. Это просто глубокое восприятие действительности, ведь твоя жизнь необходима. Она тебе нужна. Она нужна миру. Она нужна самой жизни.

Практика 174: *два практических занятия по 30 минут каждое. Напоминание в начале каждого часа.*

Шаг 175

Обзор

Во время твоего обзора практических занятий этой недели осознай важность самоотдачи этой подготовке. Итак, эта самоотдача является первым шагом к тому, чтобы понять истинный смысл дарования и истинный смысл предназначения в мире.

Во время твоего более длительного практического занятия рассмотри практику за последнюю неделю. Отдай этому свое полное внимание во время твоего длительного практического занятия сегодня и осознавай, пока ты смотришь со стороны на собственное развитие, что ты готовишься отдавать другим.

Практика 175: *одно длительное практическое занятие.*

Шаг 176

Я БУДУ СЛЕДОВАТЬ ЗНАНИЮ СЕГОДНЯ.

В НАЧАЛЕ КАЖДОГО ЧАСА СЕГОДНЯ ощути, как ты следуешь Знанию. Прими небольшие решения о мелких вещах по мере необходимости, но не принимай никаких значительных решений без Знания. У тебя есть ум для принятия мелких, незначительных решений. Но более важные решения должны быть приняты, руководствуясь Знанием.

СЛЕДУЙ ЗНАНИЮ СЕГОДНЯ В НАЧАЛЕ КАЖДОГО ЧАСА. Пусть его покой и уверенность пребывают с тобой. Осознай его направление. Ощути на себе влияние его силы. Позволь ему отдаться тебе по мере того, как ты сейчас учишься отдавать себя ему.

ВО ВРЕМЯ ТВОИХ ДВУХ БОЛЕЕ ДЛИТЕЛЬНЫХ МЕДИТАЦИЙ СЕГОДНЯ, используя слово РАН, войди глубоко в Знание. Войди глубоко в присутствие жизни. Окунись в это ощущение. Продолжай направлять свой ум к этой цели. Продолжай откладывать в сторону все, что влияет на тебя и сдерживает тебя. Таким образом, ты упражняешь свой ум и подготавливаешь его к тому, что наиболее естественно для него.

СЛЕДУЙ ЗНАНИЮ СЕГОДНЯ. Если Знание указывает на что-то, и ты уверена в этом, то следуй этому и будь бдительной. Посмотри, что произойдет, и учись тому, как отличать Знание от своих импульсов, желаний, страхов и избегания. Обучение этому приходит с опытом. Таким образом, Знание и все, что выдает себя за Знание, сопоставляются друг с другом. Это даст тебе больше уверенности и больше веры в себя, что тебе понадобится в будущем.

ПРАКТИКА 176: *два практических занятия по 30 минут каждое. Напоминание в начале каждого часа.*

Шаг 177

Я БУДУ УЧИТЬСЯ БЫТЬ ЧЕСТНЫМ СЕГОДНЯ.

Высшая честность ожидает твоего принятия. Существует высшая честность, которую ты должен использовать в свою пользу. Недостаточно просто знать, как ты себя чувствуешь. Еще важнее чувствовать то, что ты знаешь. Это и есть высшая честность и честность, которая сочетается с самой жизнью, честность, которая отражает настоящее продвижение всех существ в мире. Это не просто выражение и требование того, чтобы твои личные намерения выполнились. Вместо этого она требует того, чтобы надобность жизни внутри тебя могла выразиться таким образом, чтобы искренне соответствовать самой жизни. Форма и манера этого выражения содержатся в тех посланиях, которые тебе надо будет передавать другим, когда придет время.

Итак, учись чувствовать то, что ты знаешь. Это и есть высшая честность. Она требует и открытости, и сдержанности. Она требует самоанализа. Она требует объективности по отношению к своей жизни. Она требует внутреннего покоя и тишины, а также способности занять свой ум путем активного поиска. Таким образом, все, чему ты до сих пор научился, участвует и используется в сегодняшней практике.

Напоминай себе в начале каждого часа о сегодняшней практике и серьезно задумывайся о ней в каждой из ситуаций, в которых ты окажешься сегодня. Во время твоих более длительных практик сегодня снова войди в состояние внутреннего покоя и займи свой ум этой важной практикой. Чтобы найти утешение и покой, надо привести ум ближе к его Древнему Дому. Поначалу это требует самодисциплины, но после того, как включение произойдет, процесс пойдет сам по себе, естественным образом.

Учись быть более честным сегодня. Учись, как осознавать более высокий уровень честности, искренний уровень честности, который утверждает твою сущность и не предает твое высшее предназначение.

Практика 177: *два практических занятия по 30 минут каждое. Напоминание в начале каждого часа.*

Шаг 178

Сегодня я буду вспоминать тех, кто принес мне пользу.

Это особый день признания присутствия настоящих взаимоотношений в твоей жизни. Это особый день признания даров, которые были даны тебе. Это день благодарности.

В начале каждого часа повтори это утверждение и удели минуту тому, чтобы вспомнить тех, кто оказал тебе услугу. Попытайся тщательно вспомнить тех людей, которые помогли тебе тем, что они продемонстрировали свою Мудрость и свои ошибки. Вспомни тех, кто показал верный путь и неверный путь. По мере того, как ты будешь рассматривать этот вопрос дальше, во время твоих двух более длительных практик, попытайся погрузиться глубже и рассмотреть каждого человека, кто пришел тебе на ум. Это активная практика во время твоих медитаций.

Во время твоих более длительных практических занятий повтори утверждение в начале практики и позволь этим людям прийти к тебе. Учись, как узнавать их вклад в восстановление Знания. Учись, как узнавать их вклад в твое физическое и эмоциональное благополучие. Учись, как узнавать, каким образом они тебе послужили. Вследствие этого все твое понятие о даровании и получении, а также о служении в мире, расширится и будет развиваться. Это даст тебе настоящее видение мира для того, чтобы ты смогла учиться сочувствовать себе и другим.

Пусть этот день будет днем утверждения и благодарности. Пусть твоя практика будет полноценной и эффективной для того, чтобы получить ее пользу.

Практика 178: *два практических занятия по 30 минут каждое. Напоминание в начале каждого часа.*

Шаг 179

Сегодня я буду благодарить мир за то, что он учит меня познавать истину.

Мир в своем величии и безрассудстве учит тебя, *что именно* нужно ценить и что нужно познавать ложь, а не истину. Чтобы научиться различать эти вещи, необходим контраст. Чтобы отличить истину ото лжи и значимое от бессмысленного, тебе нужны примеры для сравнения. Ты должен ощутить бессмысленное, чтобы понять его истинную природу и значение, а также ощутить значимое, чтобы понять его истинную природу и значение. Мир постоянно дает тебе возможность делать и то, и другое.

На данный момент ты все больше нуждаешься в познании истины, и поэтому мы подчеркиваем это в твоих ежедневных практиках. Ты уже настолько увлекся ложным, что оно полностью заняло твой ум и внимание. Теперь мы даем тебе истину, но ты должен также научиться получать пользу от того, что ложное дало тебе. Тогда тебе больше не надо будет расследовать ложное. Ложное уже проявило себя тебе. Теперь ты учишься узнавать его облик и использовать ту пользу, которую оно может предложить. Единственная польза от ложного - то, что ты учишься узнавать его пустоту для того, чтобы желать знать истину и иметь большую способность ее получить.

Поэтому благодари мир сегодня за поддержку, за его величие и его безрассудство, за его минуты вдохновения и за его показ иллюзии. Мир, который ты видишь пока, по большому счету, состоит из фантазий людей. Но ты способен увидеть и более обширный мир, который существует на самом деле, мир, который вызывает в тебе Знание, признательность и истинное применение себя. Ведь твое предназначение - служить эволюции мира, также как и предназначение мира - служить твоей эволюции.

Во время твоих двух более длительных практических занятий сегодня тщательно рассмотри эту идею, применяя свой ум. Используй свой ум для того, чтобы понять, как мир поддерживает тебя. Будь внимательным в своем размышлении. Это не поверхностное рассмотрение. Это расследование, которое необходимо провести с серьезностью и неизбежностью, ведь оно определит твой жизненный опыт как в настоящем, так и в будущем.

В начале каждого часа вспоминай сегодняшнее утверждение и держи его в уме, в то время как ты наблюдаешь за миром. Пусть этот день не пройдет даром. Это день познания, день благодарности и день Мудрости.

Практика 179: *два практических занятия по 30 минут каждое. Напоминание в начале каждого часа.*

Шаг 180

Я ЖАЛУЮСЬ ПОТОМУ, ЧТО Я НУЖДАЮСЬ В ЗНАНИИ.

Когда ты жалуешься на жизнь, это указывает на то, что ты нуждаешься в Знании. Знание имеет свой собственный взгляд на жизнь, но он сильно отличается от тех стенаний, которые ты слышишь внутри себя и вокруг себя. Поэтому по мере того, как ты приближаешься к Знанию сегодня, узнай природу своего недовольства: насколько оно подчеркивает твою слабость и преобладание мира над тобой, и насколько оно отличается от того, чему ты учишься сейчас. Ты учишься раскрывать свое величие и свое преобладание над миром. Ты находишься во взаимоотношении с миром. Пусть это взаимоотношение станет здоровым и значимым. Позволь миру внести свой вклад в тебя. Позволь себе внести свой вклад в мир.

Поэтому поблагодари мир еще раз сегодня за то, что он отдал тебе. Во время твоих более глубоких медитаций сегодня войди в состояние внутреннего покоя и тишины. Используй слово РАН, чтобы проникнуть все глубже в это состояние. Используй слово РАН, чтобы направить свой ум и мысли так, чтобы твой ум соединился со звуком этого древнего слова.

Это день важного участия. Не жалуйся на этот день. Осознай, что все, что случается, дает тебе возможность применить твою практику и развить настоящие способности твоего ума. Твои жалобы будут лишь отрицанием того, что мир дает тебе. Поэтому не отрицай этого. Не жалуйся на мир сегодня, и тогда ты получишь его дары.

ПРАКТИКА 180: *два практических занятия по 30 минут каждое.*

Шаг 181

Сегодня я буду получать любовь Знания.

Знание содержит в себе истинное зерно любви, не любви, которая является всего лишь сентиментальностью, не любви, которая является жаждой настоятельного желания, рожденного от страха. Знание является зерном истинной любви, не любви, которая хочет завоевать, обладать и доминировать, а любви, которая стремится служить, вдохновлять и освободить другого человека. Стань получателем этой любви сегодня, чтобы она могла выразиться через тебя в мире. Без твоего отрицания она без сомнения это сделает.

Повтори это утверждение в начале каждого часа и почувствуй его полное воздействие, несмотря на ситуации, в которых ты окажешься. Пусть каждая ситуация, в которой ты окажешься, поддержит твою практику, и тогда ты увидишь, что твоя практика будет оказывать все более сильное влияние на твою внешнюю жизнь. Во время твоих более глубоких медитаций сегодня войди в присутствие Знания и получи его любовь. Утверди свое достоинство и свою восприимчивость. Отбрось свои предположения о себе и о мире и позволь себе почувствовать то, что покажет истину вне всякого предположения. Это твое практическое занятие сегодня. Это твой дар себе, твоему миру и твоему Создателю для того, чтобы получить дар любви.

Практика 181: *два практических занятия по 30 минут каждое. Напоминание в начале каждого часа.*

Шаг 182

Обзор

Сегодняшний день знаменует важный поворотный момент в твоей подготовке. Сегодняшний день отмечает завершение первого этапа твоей подготовки и начало нового этапа. Рассмотри последнюю неделю практики во время одного длительного практического занятия, и затем поразмышляй какое-то время над пройденным путем и над тем, что ждет тебя впереди. Осознай свою растущую силу и мощь. Задумайся о своей внешней жизни и осознай, как много тебе еще предстоит сделать, как для своей пользы, так и для пользы других. Осознай, как мало ты знаешь и как много в твоем распоряжении. Пусть сомнение в себе не разубедит тебя от применения данных усилий, ведь тебе необходимо лишь участвовать, чтобы получить самый великий дар, который жизнь может предоставить.

Рассмотри последнюю неделю практики и задумайся о том, что произошло в твоей подготовке до этого момента. Наблюдай за развитием, которое произошло в тебе во время последних месяцев: растущим присутствием, растущей уверенностью, растущей внутренней силой. Признай тот факт, что твоя внешняя жизнь начала раскрываться. Какие-то вещи, которые раньше были устоявшимися, теперь стали более гибкими и могут быть изменены, чтобы лучше служить тебе. Пусть твоя внешняя жизнь изменится в связи с тем, что ты больше не стараешься ее контролировать ради личной защиты. По мере того, как твоя высшая, внутренняя уверенность будет расти в тебе, внешние обстоятельства должны измениться в твою пользу. Таким образом, ты станешь источником перемен, а не просто их получателем.

Осознай, как далеко ты уже продвинулась, но имей в виду, что ты всего лишь начинающая ученица Знания. Пусть это будет твоей точкой отсчета, дабы мало предполагать, но много получать. С этой высшей точки обзора ты сможешь видеть за пределами предрассудков и осуждений человечества. Ты сможешь видеть за пределами личной точки зрения и иметь видение о мире, которое мир жаждет получить.

Практика 182: *одно длительное практическое занятие.*

Шаги к Знанию

Часть Вторая

Во второй части нашей программы подготовки Мы будем исследовать новые сферы, чтобы дальше развить твое знакомство со Знанием и подготовить тебя к тому, чтобы содействовать распространению Знания в мире. В ближайшие дни мы будем исследовать то, с чем ты уже знаком, и то, с чем ты еще не знаком, то, что ты уже осознал, и то, о чем ты раньше не задумывался. Таинственность твоей жизни зовет тебя, ибо из таинственности вытекает все, что имеет конкретное значение в мире.

Поэтому относись к дальнейшей практике еще серьезнее и целенаправленнее. Отбрось сомнения. Позволь себе идти вперед с большей уверенностью. Потребуется лишь твое участие, ибо по мере того, как ты даешь импульс Знанию, оно само проснется в тебе. Когда психические и физические условия твоей жизни подготовлены и скорректированы должным образом, Знание пробудится.

Так что приступим к следующему этапу твоей подготовки.

Шаг 183

Я СТРЕМЛЮСЬ К ПОЗНАНИЮ, А НЕ К ОТВЕТАМ.

Стремись к познанию сегодня, ибо оно ответит на все вопросы и снимет необходимость их задавать. Стремись к познанию сегодня, чтобы оно привело к все большему и большему познанию. Лучше, чтобы ты спрашивал о Знании, а затем получал опыт познания, который может дать Знание. Ты привык получать неполноценные ответы на свои запросы. Ответ - это так мало. Настоящий ответ должен выступать приглашением для участия в высшей программе подготовки, которую ты придумал для себя не сам, а которую придумали для тебя. Поэтому стремись не к тем мелочам, которые дают тебе мгновенное облегчение и утешение. Стремись к тому, что является фундаментом жизни, который даст тебе жизнь, непохожую ни на что ранее испытываемое.

Сегодня во время твоих двух более глубоких медитаций будь восприимчивым к этому познанию. Произноси слово РАН, если это поможет, но войди глубоко в состояние ощущения Знания. Не ищи ответов. Идеи придут сами в свое время. Ты можешь быть в этом уверен. По мере готовности твоего сознания, оно станет по-настоящему восприимчивым и способным передать то, что оно воспринимает. Это то подтверждение, в котором ты нуждаешься. Оно должно родиться из высшего познания.

В начале каждого часа напоминай себе о своей практике и осознай, что ты стремишься к истинному познанию, а не только к ответам. Твой ум полон ответов, но они до сих пор не ответили на твои вопросы.

Практика 183: *два практических занятия по 30 минут каждое. Напоминание в начале каждого часа.*

Шаг 184

МОИ ИСКАНИЯ СУЩЕСТВЕННЕЕ, ЧЕМ Я ПРЕДПОЛАГАЛА.

Твои искания на самом деле намного существеннее, чем ты предполагала. Несмотря на то, что твои вопросы возникали из непосредственных обстоятельств, ты ищешь намного большего, нежели немедленного решения непосредственных ситуаций. Ты получишь немедленное решение, но из Великого Источника. Ты ищешь именно этого Великого Источника, ведь ты хочешь познать свою сущность в этом мире, и ты хочешь найти ту подготовку, которая позволит тебе отдать свои дары, и тем самым полностью выполнить свою работу в мире. Поэтому пойми, что ты здесь, чтобы служить. Ты здесь, чтобы отдать. И поступая так, ты выполнишь свое высшее предназначение. И это принесет тебе счастье.

Во время твоих двух более длительных практических занятий сегодня войди снова в состояние внутреннего покоя и тишины, осознавая, что тишина делает твое сознание восприимчивым. В тишине, ты обнаружишь то, что ты уже знала, но чем до сих пор пренебрегала. В результате этих практик, твой ум станет более утонченным и глубоким, способным к большей сосредоточенности и к большему вниманию ко всем аспектам жизни.

То, что ты ищешь сегодня, намного существеннее, чем ты предполагала. Ты хочешь понять смысл твоего Знания через его проявление.

ПРАКТИКА 184: *два практических занятия по 30 минут каждое.*

Шаг 185

Я ПРИШЕЛ В ЭТОТ МИР С ПРЕДНАЗНАЧЕНИЕМ.

Мы ЕЩЕ РАЗ ПОДТВЕРЖДАЕМ ЭТУ ВЕЛИКУЮ ИСТИНУ, правдивость которой ты осознаешь, пребывая в Знании. Несмотря на нынешний этап твоего личного развития, действительность твоего предназначения в жизни остается неизменной. Поэтому время от времени мы повторяем определенные уроки, которые крайне важны для твоего благополучия и развития. Мы порой говорим о них другими словами, чтобы ты смог испытать их все глубже и глубже. Так они проникают в твое сердце, чтобы сердце нашло свой путь к твоему сознанию.

Ты ПРИШЕЛ, ЧТОБЫ СЛУЖИТЬ. Ты пришел, чтобы отдавать. Ты здесь, потому что ты богат Знанием. Несмотря на твои жизненные обстоятельства, твои ощущения собственной ущербности навсегда уйдут по мере возникновения Знания внутри тебя, ведь нет места ощущению ущербности, когда чувствуют и выражают Знание. Это обещание этой программы подготовки. Это обещание твоей жизни. Это твоя судьба и твоя миссия здесь. На основании этого ты приобретешь свое предназначение в мире. Оно будет весьма конкретным, сочетаясь полностью с твоей деятельностью и поведением. До того, как это произойдет, твой разум должен быть подготовлен, в твоей жизни должны произойти изменения, направленные на создание баланса, чтобы она смогла отражать твое Знание, а не только твои страхи и желания. Более великая жизнь должна исходить из Великого Источника внутри тебя. Более великая жизнь теперь тебе доступна.

Ты ЗДЕСЬ, ЧТОБЫ СЛУЖИТЬ, но чтобы служить, ты должен получать. Во время твоих более длительных практик сегодня практикуй восприимчивость. Войди глубже в состояние внутреннего покоя. Совершенствуй эту практику. Сейчас ты изучаешь конкретные навыки, которые помогут тебе это сделать. Когда ты испытываешь свою волю, способы претворять ее в жизнь придут сами по себе. Мы даем столько методологии, сколько нужно, чтобы направить твой ум в нужное направление. Далее ты сможешь скорректировать свои практики так, как это удобно тебе, не отклоняясь от наставлений, данных в этом обучении.

Поэтому следуй данным наставлениям и сделай мелкие корректировки по мере необходимости. Когда ты научишься работать в гармонии со своей сущностью, ты научишься использовать ее для своего блага. Практикуй каждый час, чтобы эта программа была везде с тобой, куда бы ты ни шел, и чтобы все, что с тобой сегодня будет происходить, стало частью твоей практики.

Практика 185: *два практических занятия по 30 минут каждое. Напоминание в начале каждого часа.*

Шаг 186

У МЕНЯ ДРЕВНЕЕ ПРОИСХОЖДЕНИЕ.

У ТЕБЯ ДРЕВНЕЕ ПРОИСХОЖДЕНИЕ. Это осознание придет к тебе естественным образом, хотя оно за пределами слов и описаний. По сути, это чистое познание жизни и включения в жизнь. Во время этого познания ты вспомнишь те отношения, которые ты выстраивала до сих пор в процессе своей эволюции. Только установление настоящих отношений может быть вынесено за пределы твоей жизни в этом мире. Те люди, с которыми ты установила прочную связь и которые стали твоей Духовной Семьей, теперь существуют как твоя Духовная Семья. Они образуют все растущее светило Знания и включения в жизнь, которое ты теперь способна испытать.

Ты в этом мире, чтобы служить своей Духовной Семье, своей небольшой обучающейся группе, которая вместе работает в течение многих эпох и в разных обстоятельствах, воспитывая и продвигая своих членов для того, чтобы эта группа смогла соединиться с другими группами, и так далее. Подобно ручьям, которые соединяются во все растущие массы двигающейся воды, ты идешь своим неизменным путем к источнику своей жизни. Это естественный путь, это настоящий путь, путь, который существует вне всякого размышления и вне всякой философии, вне страхов и амбиций человечества. Так все устроено - всегда таинственное, вне твоего понимания, зато всегда доступное для служения тебе в сложившихся обстоятельствах жизни. Такова масштабность таинственности твоей жизни, и таково ее применение даже в мельчайших деталях жизни. Итак, твоя жизнь здесь возвращается на круги своя.

У ТЕБЯ ВЕЛИКОЕ ПРОИСХОЖДЕНИЕ. И это величие выражается через твои отношения. Прими это происхождение в состоянии внутреннего покоя во время твоих двух глубоких медитаций сегодня и осознавай его в начале каждого часа. Пусть этот день покажет тебе как подтверждение, так и отрицание этой великой истины, ибо когда ты увидишь мир в отрицании, в попытке заменить Знание, ты научишься ценить Знание и понимать, что Знание уже присутствует здесь.

Практика 186: *два практических занятия по 30 минут каждое. Напоминание в начале каждого часа.*

Шаг 187

Я - ГРАЖДАНИН ВЕЛИКОГО СООБЩЕСТВА МИРОВ.

Ты не просто человек в одном этом мире. Ты - гражданин Великого Сообщества миров. Это физическая Вселенная, которую ты воспринимаешь посредством органов чувств. Она намного больше, чем ты можешь сейчас осознать. Размах ее взаимоотношений намного шире, чем ты можешь себе представить, ибо реальность всегда больше, чем воображение.

Ты - гражданин великой физической Вселенной. Это подтверждает не только твое Происхождение и Наследие, но и твое предназначение в жизни на данный момент, ибо мир человечества вступает в жизнь Великого Сообщества миров. Ты это знаешь, по сути, хотя тебе может быть трудно в это поверить.

Сегодня в начале каждого часа утверди тот факт, что ты являешься гражданином Великого Сообщества миров, ибо этим ты утверждаешь ту более великую жизнь, которую ты начинаешь осознавать. Во время твоих двух медитаций войди в состояние внутреннего покоя и умиротворения. По мере того, как ты все больше испытываешь состояние внутреннего покоя, ты будешь познавать все, ибо твой разум создан для того, чтобы осваивать Знание, ведь таким способом и приходит понимание. Накопление идей и накопление теорий не являются ни Знанием, ни пониманием, ибо понимание рождается от истинной близости и опыта. Таким образом, оно не имеет аналогов в мире, и оно может служить тому миру, который ты воспринимаешь.

ПРАКТИКА 187: *два практических занятия по 30 минут каждое. Напоминание в начале каждого часа.*

Шаг 188

МОЯ ЖИЗНЬ В ЭТОМ МИРЕ БОЛЕЕ ЗНАЧИМА, ЧЕМ Я РАНЬШЕ ДУМАЛА.

Является ли эта идея грандиозной? Отнюдь нет. Предаст ли эта идея твою потребность в смирении? Отнюдь нет. Ты пришла в этот мир с более высоким предназначением, чем ты могла бы предположить, ведь твое воображение не может осмыслить твое предназначение в жизни. В жизни есть лишь предназначение, и все, что является заменой этого предназначения, исходит из воображаемого страха. Ты здесь, чтобы жить более значимой жизнью, чем ты могла бы себе представить, и ты носишь эту значимость внутри себя. Она может выразиться в самом простом образе жизни и в самом простом виде деятельности. Деятельность является значимой из-за той сути, которую она выражает, а не из-за воздействия, которое она оказывает на других.

Тщательно разберись в этом различии, и ты начнешь познавать, как отличить величие от незначительности, ты будешь понимать, как незначительность может служить величию. Тем самым все отдельные части тебя воссоединяться в единое целое, ведь часть тебя является великой и часть маленькой. Твой индивидуальный разум и твое физическое тело являются маленькими, и им предназначено служить величию Знания. Это делает тебя одной целой. Это также делает жизнь одной целой. Здесь нет неравенства, ибо все работает вместе во благо высшего предназначения, которому ты и пришла служить в этот мир.

В течение твоих более длительных практических занятий сегодня задействуй свой ум, чтобы попытаться понять эти идеи. Твое понимание будет исходить от твоего рассмотрения этих идей, а не просто от идей, которые утешают тебя или нравятся лично тебе. Используй свой ум для тщательного рассмотрения. С закрытыми глазами размышляй над этими понятиями. Сосредоточь свое внимание, и когда твои идеи будут исчерпаны, отпусти их всех и войди в состояние внутренней тишины и спокойствия. Таким образом, твой ум будет целенаправленно увлечен, а затем он вступит в состояние внутреннего покоя. Вот этими двумя функциями ума ты и будешь сегодня заниматься.

Напоминай себе о своей практике в начале каждого часа и используй этот день для своего развития, которое является твоим даром миру.

Практика 188: *два практических занятия по 30 минут каждое. Напоминание в начале каждого часа.*

Шаг 189

Моя Духовная Семья присутствует везде.

Твоя Духовная Семья намного больше, чем ты предполагаешь. Она присутствует во многих мирах. Ее влияние - везде. Поэтому бесполезно считать себя одиноким, когда ты являешься частью чего-то великого, что служит самому высшему из всех предназначений. Тебе нужно отказаться от самоосуждения и чувства незначительности, чтобы знать это, ведь ты отождествлял себя все это время со своим поведением в мире, которое является незначительным. Ты отождествлял себя со своим личным умом и своим физическим телом, которые являются малосущественными. А теперь ты начинаешь осознавать свое взаимоотношение с самой жизнью при помощи Знания, которое является великим. Ты это делаешь без вреда личному уму и физическому телу, ведь они становятся полезными и начинают доставлять радость по мере того, как они учатся служить высшему предназначению. Тогда тело становится здоровым, а ум полезным, приобретая смысл, в котором они сейчас испытывают недостаток.

Ты нуждаешься в физическом здоровье, но твое здоровье предназначено для служения высшей цели. Ты нуждаешься в правильном применении своего личного ума, чтобы придать ему смысл и значение, ведь он стремится к тому, чтобы быть полезным. Именно Знание способствует тому, чтобы твой личный ум и физическое тело нашли свои закономерные места в твоей жизни. Ведь Знание дает тебе предназначение, смысл и направление.

Это относится ко всем мирам. Это относится ко всему физическому мирозданию, в котором ты являешься гражданином. Расширяй свое представление о себе, чтобы учиться объективно смотреть на свой мир. Не придавай лишь человеческие значения твоему миру, не делай в мире лишь человеческих предположений и не ставь перед миром лишь человеческие цели, поскольку это помешает тебе увидеть предназначение и эволюцию мира, и ты с трудом сможешь представить себя в качестве гражданина более великой жизни.

Сегодня во время твоих двух более длительных практических занятий активно размышляй над этой идеей. Посвяти первые 15 минут в каждом из длительных занятий этому рассмотрению. Постарайся серьезно рассмотреть сегодняшнюю идею. Потом, когда ты завершишь свое рассмотрение, войди снова в состояние внутреннего покоя. Почувствуй контраст между активным размышлением и внутренним покоем. Осознай, что оба эти состояния важны и оба дополняют друг друга. В начале каждого часа повторяй идею и думай о ней, пока ты смотришь на мир вокруг себя.

Практика 189: *два практических занятия по 30 минут каждое. Напоминание в начале каждого часа.*

Шаг 190

Мир вступает в Великое Сообщество миров, поэтому я и здесь.

Ты пришла в этот мир в критический и поворотный момент, в поворотный момент, который тебе не удастся полностью увидеть во время своей жизни. Это поворотный момент, когда твой мир вступает в контакт с другими мирами, которые находятся рядом. Это представляет собой естественную эволюцию человечества, поскольку это является естественной эволюцией всей разумной жизни во всех мирах. Твой мир ищет Великого Сообщества. Это потребует объединения всего мирового сообщества. Это также является естественной эволюцией всей разумной жизни во всех мирах. Ты сюда пришла, чтобы служить этому переходу. Есть много разных уровней служения и много способов внести свой вклад: на личностном уровне, на общественном уровне и на мировом уровне в целом. Ты являешься частью этого великого движения жизни, ведь ты здесь не только ради своих собственных интересов. Ты здесь, чтобы служить миру, тем самым мир и послужит тебе.

Сегодня во время твоих двух более длительных практических занятий активно размышляй над этой идеей. Серьезно задумайся, наблюдая за теми идеями, которые находятся в гармонии с сегодняшней темой, и за теми идеями, которые возражают ей. Рассмотри свои чувства, которые выступают за или против этой идеи. Рассмотри свои предпочтения, предрассудки, верования, надежды, страхи и так далее. Этим ты будешь заниматься во время первой половины практики. Во время второй половины практики войди в состояние внутреннего покоя и тишины, используя слово РАН, если оно тебе помогает. Как ты поймешь в будущем, оба эти умственные практики необходимы и оба дополняют друг друга. В начале каждого часа повтори сегодняшнюю идею. Пусть она даст тебе все то, что тебе нужно, чтобы увидеть мир новым взглядом.

Практика 190: *два практических занятия по 30 минут каждое. Напоминание в начале каждого часа.*

Шаг 191

Мое Знание больше, чем моя человечность.

Твое Знание исходит из универсальности жизни. Оно превосходит твою человечность, но и дает ей истинный смысл. Великая жизнь желает выразиться в твоем мире, в твоей эре и в тех обстоятельствах, которые существуют сейчас. Таким образом, великое выражается через невеликое, и невеликое чувствует себя великим. И это относится ко всей жизни. Твоя человечность не имеет смысла, если она не служит высшему контексту и не является частью Высшей Реальности. Без этого ты испытываешь то, что больше похоже на неволю: сдержанность, замкнутость твоей сущности и обузу на твоей сущности, вместо утверждения твоей сущности.

Твое Знание больше, чем твоя человечность. Таким образом, твоя человечность имеет значение, поскольку у нее есть, чему служить. Без служения твоя человечность только сковывает, она тебя сдерживает и лишает свободы. Однако твоя человечность должна служить Высшей Реальности, которую ты носишь в себе сегодня. Эта Реальность живет в тебе, но она тебе не принадлежит. Ты не можешь ею воспользоваться для удовлетворения своих личных потребностей. Ты только можешь ее принять и позволить ей выразиться. Она будет выражаться через твою человечность, и она будет давать тебе более глубокое ощущение самого себя.

Во время твоих более длительных практических занятий сегодня войди снова в состояние внутреннего покоя и в начале каждого часа повтори эту идею, чтобы дать себе возможность вникнуть в ее истинный смысл. Не делай предположений или преждевременных заключений, ибо сегодняшняя идея потребует глубокого вовлечения. Жизнь глубока. Ты должен вникнуть в нее. Ты должен войти в нее. Ты должен воспринимать ее и исследовать ее. Тогда ты воссоединишься с жизнью естественными узами.

Практика 191: *два практических занятия по 30 минут каждое. Напоминание в начале каждого часа.*

Шаг 192

Сегодня я не буду пренебрегать мелочами.

Не пренебрегай мелочами сегодня, которыми ты должна заниматься. Когда ты занимаешься мелочами, это вовсе не значит, что ты являешься незначительной. Если ты не будешь идентифицировать себя со своим поведением и действиями, ты сможешь позволить себе быть великой, пока ты ими занимаешься. Тот, кто велик, может заниматься мелочами без жалоб. Тот, кто со Знанием, может заниматься каждодневными делами без какого-либо чувства стыда. Деятельность - это всего лишь деятельность. Она не представляет твою истинную сущность или суть. Твоя истинная сущность или суть является истоком твоей жизни, который выразится через твои незначительные действия по мере того, как ты научишься получать его и видеть его с надлежащей точки зрения.

Не пренебрегай мелочами. Заботься о мелочах для того, чтобы твоя жизнь в мире могла быть устойчивой и могла продвигаться должным образом. Сегодня во время твоих более глубоких медитаций войди снова в величие и глубину Знания. Поскольку ты занималась мелочами, теперь ты можешь наслаждаться этим временем посвящения и дарования. Таким образом, твоя внешняя жизнь управляется должным образом, и твоя внутренняя жизнь также управляется как следует, ибо ты являешься посредником между жизнью величия и жизнью в мире. Таким образом, ты занимаешься мелочами и получаешь великую пользу. Это является твоей истинной функцией, ведь ты здесь, чтобы отдать Знание миру.

Как и раньше, повторяй эту практику в начале каждого часа. Возьми ее с собой. Не забывай.

Практика 192: *два практических занятия по 30 минут каждое. Напоминание в начале каждого часа.*

Шаг 193

СЕГОДНЯ Я БУДУ СЛУШАТЬ ОКРУЖАЮЩИХ МЕНЯ ЛЮДЕЙ БЕЗ ОСУЖДЕНИЯ.

Слушай окружающих тебя людей без осуждения сегодня. Знание подскажет, говорят ли они что-то ценное или нет. Оно сделает это без всякого осуждения, без всякого сравнения и без всякой оценки с твоей стороны. Знание тянется к Знанию, а не тянется к тому, что не является Знанием. Поэтому ты можешь идти правильным путем без осуждения и ненависти к миру. Здесь служит тебе твой Внутренний Компас. Он поведет тебя туда, куда тебе надо идти, и приведет тебя к тем ситуациям, где твое содействие будет иметь самое высшее значение. Когда ты слушаешь окружающих тебя людей без осуждения, ты слышишь и Знание, и призыв к Знанию. Ты увидишь, где Знание присутствует и где оно отсутствует. Это естественно. Тебе не надо осуждать людей, чтобы прийти к этому выводу. Ты просто будешь знать.

Слушай окружающих тебя людей, чтобы испытать то, как ты слушаешь, ибо ты не должен осуждать мир или решать, где и каким образом ты должен отдать свои дары. Твоя задача состоит в том, чтобы испытать себя в жизни и позволить Знанию проявиться, ибо Знание отдает себя там, где необходимо, и отдает себя тогда, когда необходимо. Таким образом, ты спокоен, ведь ты не пытаешься управлять миром.

Занимайся глубоко и усердно. Занимайся в начале каждого часа, как раньше. Слушай окружающих тебя людей, чтобы ты смог испытать себя во взаимоотношениях с ними, чтобы их истинное послание тебе могло быть отдано и осознано тобой. Это одновременно подтвердит для тебя присутствие Знания и потребность в Знании в мире.

ПРАКТИКА 193: *напоминание в начале каждого часа.*

Шаг 194

Сегодня я пойду туда, где я нужна.

Позволь себе идти туда, где ты нужна, туда, куда тебе надо идти. Эта необходимость действовать даст значение и смысл твоей деятельности и подтвердит твою ценность во всех занятиях сегодня. Иди туда, где ты нужна, куда тебе надо идти. Распознай реальное побуждение к этому и отличи его от любого ощущения вины или обязанности перед другими людьми. Не предъявляй придуманные требования к себе. Не позволяй окружающим тебя людям предъявлять придуманные требования к тебе вне сегодняшних обязанностей. Иди туда, куда тебе действительно надо идти.

Напоминай себе об этом в начале каждого часа, ибо надо вникнуть в его суть, чтобы испытать его. Если ты привыкла к тому, чтобы чувствовать вину и обязательство, сегодняшняя идея, скорее, осложнит твои трудности. Однако сегодняшняя идея на самом деле является утверждением Знания внутри тебя, и она дает возможность Знанию вести тебя и показать тебе свое значение. Здесь речь не идет о зависимости, ибо ты должна быть независимой от неверных вещей, чтобы следовать тому, что верно. В этом кроется значение всей независимости.

Во время твоих более длительных практических занятий войди глубоко в Знание. А когда ты находишься среди людей, поддерживай эту идею. Позволь себе почувствовать более глубокое внутреннее присутствие, в то время как ты находишься в мире обыденных дел, в мире мелких соображений. Великое здесь, чтобы служить невеликому. Помни это.

Практика 194: *два практических занятия по 30 минут каждое. Напоминание в начале каждого часа.*

Шаг 195

ЗНАНИЕ БОЛЕЕ МОГУЩЕСТВЕННОЕ, ЧЕМ Я МОГУ СЕБЕ ПРЕДСТАВИТЬ.

Знание более могущественное, чем ты можешь себе представить. Оно также прекраснее, чем ты думаешь. Ты пока его боишься из-за его великой силы. Ты не знаешь, будет ли оно доминировать над тобой или контролировать тебя, не знаешь, куда оно тебя поведет и что ты должен будешь сделать, и не знаешь, каков будет результат всего этого. Но по мере того, как ты уходишь от Знания, ты попадаешь снова в заблуждение и в мир воображения. И по мере того, как ты приближаешься к Знанию, ты испытываешь уверенность, подтверждение и мир реальности и предназначения. Как ты можешь познать Знание издалека? Как ты можешь познать его значение, не принимая его дары?

Приблизься к Знанию сегодня. Позволь ему тихо жить внутри тебя, по мере того как ты учишься тихо жить с ним. Ничто не может занимать более важное место в твоих жизненных реалиях, чем ощущение Знания. Радуйся, что Знание более могущественное, чем ты можешь себе представить, ведь ты не оценивал его по достоинству. Радуйся, что ты пока не можешь понять его, ведь твое понимание только будет его ограничивать и уменьшать его пользу. Позволь величию пребывать с тобой сегодня для того, чтобы твое величие могло быть продемонстрировано и испытано в этот день.

Возьми эту идею на вооружение и практикуй ее в начале каждого часа. Придерживайся этой идеи в течение дня. Во время твоих двух более длительных практик позволь себе испытать всю глубину Знания. Почувствуй силу Знания. Укрепи свою решительность сделать это. Практикуй самодисциплину, ибо здесь самодисциплина применяется с мудростью. Знание более могущественное, чем ты представляешь. Поэтому ты должен учиться получать его величие.

ПРАКТИКА 195: *два практических занятия по 30 минут каждое. Напоминание в начале каждого часа.*

Шаг 196

Обзор

Сегодня рассмотри прошедшие две недели подготовки. Перечитай наставления за каждый день и потом снова задумайся над тем, что ты испытывала во время практики того дня. Начни с первого дня в этом двухнедельном периоде, следуя за каждым днем шаг за шагом. С этого момента ты будешь делать обзор своей подготовки раз в две недели. Это закономерно, по мере того как твое восприятие и понимание начинают развиваться и расти.

Вспомни каждый день. Попытайся вспомнить свою практику и опыт. Уроки сами помогут восстановить память этого опыта, если ты уже забыла. Попытайся вникнуть в последовательность учения, чтобы научиться, как учиться. Попытайся понять то, что подтверждает Знание, и то, что отрицает Знание внутри тебя, чтобы ты научилась работать с этими наклонностями.

Чтобы стать настоящей ученицей Знания, с тебя потребуется больше самодисциплины, постоянности и принятия ценности, чем требовалось раньше в каких-либо практиках. Чтобы стать лидером, ты должна учиться идти вслед за теми, кто идет впереди, ведь все великие лидеры являются великими последователями. Если источник твоего лидерства основывается на добре и правде, то ты без сомнения должна научиться тому, как ему следовать. И чтобы следовать этому источнику, ты должна научиться, как его узнавать, как его принимать и как его отдавать.

Во время твоего длительного обзора сегодня, который может занять больше двух часов, пересмотри все, что ты испытывала в течение последних двух недель, учитывая все эти моменты. Рассмотри свою жизнь с объективностью. Никакого осуждения не нужно, ибо ты учишься учиться, ты учишься следовать, и ты учишься применять Знание точно так, как Знание будет применять тебя. Здесь вы со Знанием объединяетесь в истинном союзе и в истинной гармонии. Таким образом, Знание станет сильнее, и ты станешь сильнее. Здесь нет никакого неравенства, и все вещи находят свой естественный способ выражения.

Используй этот Обзор, чтобы продвинуть и углубить свое понимание о своей подготовке, учитывая то, что понимание всегда придет по прошествии времени. Это является великой истиной Пути Знания.

Практика 196: *одно длительное практическое занятие.*

Шаг 197

Знание познается через его восприятие.

Сегодня я не буду думать, что я могу познать Знание через свой разум, или что я могу представить себе величие жизни. Я не буду думать сегодня, что с помощью простой идеи или предположения я могу полностью вникать в суть самого Знания. Понимая это, я пойму, *что* требуется от меня и *что* я должен отдать своим практикам, ибо я должен отдать себя.

Ты должен отдать себя. Ты не можешь просто думать идеями и надеяться, что они ответят твоей самой существенной нужде. Понимая это сегодня, повторяй эту практику в начале каждого часа, и во время твоих более глубоких медитаций отдавай себя полностью восприятию Знания. Войди в состояние внутреннего покоя. Позволь себе полностью погрузиться в эту практику. Таким образом, ты будешь упражнять силу собственного ума в свою пользу. Ты поймешь, что располагаешь силой отогнать отвлечения, ты располагаешь силой отогнать страх, ты располагаешь силой убрать преграды, потому что ты хочешь познать Знание.

Практика 197: *два практических занятия по 30 минут каждое. Напоминание в начале каждого часа.*

Шаг 198

Сегодня я буду сильной.

Будь сильной сегодня. Следуй тому плану, который дан тебе. Не сдерживай себя и не меняй наставления. Здесь нет коротких путей; здесь можно идти только напрямую. Тебе даны Шаги. Следуй им. Будь сильной сегодня. Лишь твои идеи о себе говорят о слабости. Лишь твоя оценка о себе говорит, что ты жалкая, неспособная или неполноценная. Ты должна верить в свою собственную силу и осуществить эту веру, чтобы осознать свою силу.

В начале каждого часа повтори это заявление и пытайся его прочувствовать в каждой ситуации, в которой ты оказываешься. Во время твоих двух более глубоких медитаций сегодня используй свою силу, чтобы полностью войти в состояние внутреннего покоя. Освобождай свой ум от цепей его собственных понятий. Освобождай свое тело от измученного ума. Таким образом, как ум, так и тело будут заниматься своими естественными функциями, и все встанет на свои правильные места внутри тебя. Тогда и Знание может выразиться через твой ум и через твое тело. Таким образом, ты сможешь внести в мир то, что превосходит сам мир, и тем самым твоя жизнь будет подтверждена.

Практика 198: *два практических занятия по 30 минут каждое. Напоминание в начале каждого часа.*

Шаг 199

Мир, который я вижу, вступает в Великое Сообщество миров.

Без ограничения чисто человеческой точки зрения ты сможешь увидеть эволюцию твоего мира в более широких рамках. Когда ты посмотришь на мир без искажения своих личных желаний и страхов ты сможешь увидеть его движение и сможешь распознать его направление. Крайне необходимо, чтобы ты осознал направление, в котором движется твой мир, потому что в этом кроется смысл твоего предназначения и твоей конкретной цели, пока ты живешь в этом мире. Ибо ты пришел сюда, чтобы служить миру в том, как он сегодня развивается, и твои дары предназначены, чтобы служить ему в будущем.

Твой мир готовится вступить в Великое Сообщество. Доказательство тому везде, тебе только стоит посмотреть. Без верования или отрицания действительность налицо. Жизнь сама показывает очевидное, нет необходимости осложнять. Жизнь становится сложной лишь от того, что люди хотят, чтобы она оказалась тем, чем она не является на самом деле, они хотят, чтобы они были тем, кем они не являются на самом деле, они хотят, чтобы их судьба сложилась так, как она не складывается на самом деле. Потом они пытаются получить от жизни то, что подтверждает их собственный идеализм, и все становится проблематичным, конфликтующим и сложным из-за того, что жизнь не может подтвердить этот идеализм. Механизм жизни может быть сложным в его мельчайших деталях, но смысл жизни очевиден тому, кто смотрит без искажения суждения или предпочтения.

Пойми тот факт, что твой мир готовится к вступлению в Великое Сообщество. Сделай это без приукрашивания этого познания собственным воображением. Тебе не надо очерчивать будущее. Пойми только настоящее направление твоего мира. Таким образом, смысл свойственных тебе способностей и их будущее применение станут для тебя все очевиднее.

Повтори это заявление в начале каждого часа и серьезно размышляй над ним, ведь оно является безусловной основой твоей жизни, и необходимо, чтобы ты это понял. Это не простое верование; это - эволюция мира. Во время твоих двух глубоких медитаций сегодня активно размышляй над этой идеей. Рассматривай свои собственные соображения за и против этой идеи. Рассматривай свои чувства по этому поводу. Наблюдай за собой объективно по мере того, как ты пытаешься работать с этой мощной идеей. Это время для интеллектуальной работы. Во время этой практики приложи максимальные усилия, чтобы достичь полной отдачи. Приложи усилия, чтобы ум проник через поверхность своих собственных легкомысленных идей.

Со Знанием все становится тихим и спокойным. Все становится явным. Здесь ты начинаешь распознавать разницу между познанием и мышлением. Ты осознаешь, что мышление может только служить подготовке к Знанию, а само Знание далеко превосходит масштаб и охват мышления одного человека. Здесь ты поймешь, как разум может служить твоей духовной сущности. Здесь ты поймешь эволюцию мира.

Практика 199: *два практических занятия по 30 минут каждое. Напоминание в начале каждого часа.*

Шаг 200

Мои мысли слишком ограниченные, чтобы вместить Знание.

Твои мысли слишком ограниченные, ибо Знание больше. Твои верования слишком ограниченные, ибо Знание больше. Поэтому обращайся к Знанию, как к таинственности, не пытайся создать для него рамки, ибо оно превосходит эти рамки и превзойдет твои ожидания. Пусть тогда Знание остается таинственностью для того, чтобы оно могло отдать тебе свои дары без ограничений. Пусть твои мысли и идеи относятся к зримому миру, который ты видишь, ибо здесь твои мысли могут развиваться полезным образом, по мере того как ты будешь понимать механизм твоей физической жизни и твоего взаимодействия с другими. Однако пусть Знание будет вне механического воздействия твоего ума так, чтобы оно могло влиться в каждую ситуацию, благословить ее и дать ей предназначение, смысл и направление.

Напоминай себе об этой идее в начале каждого часа и размышляй над ней, в какой бы ситуации ты не оказалась. Во время твоих двух медитаций сегодня войди снова в состояние внутреннего покоя, используя слово РАН, если оно тебе помогает. Выйди за рамки идей. Выйди за рамки своего привычного мышления. Пусть твой ум становится самим собой, ведь он был создан, чтобы служить Знанию.

Практика 200: *два практических занятия по 30 минут каждое. Напоминание в начале каждого часа.*

Шаг 201

Мой ум предназначен, чтобы служить Знанию.

Понимая это, ты будешь понимать значение твоего ума, и ты не будешь его принижать. Осознавая это, ты будешь понимать значение твоего тела, и ты не будешь его принижать. Ведь твой ум и твое тело являются лишь проводниками для выражения Знания. Таким образом, ты становишься получателем Знания. Таким образом, ты вспоминаешь свое великое Наследие. Таким образом, тебя утешает уверенность в своем великом предназначении.

Здесь нет никакой иллюзии. Здесь нет никакого самообмана. Здесь все встанет на свои места. Здесь ты поймешь истинное соотношение всех вещей. Здесь ты поймешь значение своего ума, и ты не захочешь дать ему непосильные задачи. Таким образом, твой ум найдет конструктивное применение и освободится от попыток совершить невозможное. Понимая это, ты увидишь, что твоему телу предназначено служить твоему уму, и ты поймешь значение твоего тела и его великое применение, как средство общения. В этом ты примешь его ограничения, ведь оно и является ограниченным. Ты также оценишь его механизм. Ты оценишь все встречи с другими людьми в этом мире. И затем ты обрадуешься, что у тебя есть ум и тело для того, чтобы передать силу и суть Знания.

Повтори эту идею сегодня в начале каждого часа и размышляй над ней. Во время твоих двух более глубоких медитаций введи свой ум в состояние внутреннего покоя, чтобы он научился, как служить. Ты должен заново учиться тому, что для тебя является естественным, ведь ты уже научился тому, что является неестественным, чему ты и должен теперь разучиться. На его месте естественное будет стимулировано, ведь когда естественное стимулировано, оно может быть выражено. Тогда ум заново займется своей истинной функцией, и все вещи обретут свою истинную ценность.

Практика 201: *два практических занятия по 30 минут каждое. Напоминание в начале каждого часа.*

Шаг 202

Сегодня я любуюсь Великим Сообществом.

Ты можешь любоваться Великим Сообществом, ведь ты живешь в Великом Сообществе. Ты находишься на поверхности мира, озабоченный человеческими стремлениями и ограниченный временем и пространством, но это вовсе не означает, что ты не можешь любоваться великолепием Великого Сообщества. Ты можешь любоваться этим, смотря на небо над собой и на землю под собой. Ты можешь осознать это, понимая взаимоотношение человечества с Вселенной в целом и понимая, что человечество - всего лишь еще одна раса, эволюционирующая в развитии своего интеллекта и своего Знания так, чтобы оно могло найти истинное участие по мере того, как оно вступает в Великое Сообщество. Такой взгляд дает тебе более широкое видение. Такой взгляд позволяет тебе понять, как перемены происходят в мире. Такой взгляд позволяет тебе сочувствовать себе и другим людям, поскольку сочувствие исходит от Знания. Знание не осуждает то, что происходит, а пытается благосклонно влиять на обстоятельства.

В начале каждого часа рассматривай значение сегодняшней идеи. Изучай мир и считай себя свидетелем Великого Сообщества. Думай о своем мире, как об одном из многих миров, которые находятся на подобной стадии развития. Не мучай свой ум, пытаясь дать форму тому, что вне твоего восприятия. Позволь себе жить в большой и таинственной Вселенной, которую ты только теперь начинаешь понимать.

Во время твоих двух более глубоких медитаций позволь себе активно рассматривать эту идею. Попытайся посмотреть на свою жизнь не с чисто человеческим взглядом, ведь с чисто человеческой точки зрения ты будешь видеть только человеческую жизнь, человеческий мир и человеческую Вселенную. Ты не живешь в человеческой Вселенной. Ты не живешь в человеческом мире. Ты не живешь чисто человеческой жизнью. Пойми, что твоя человечность не отрицается здесь, а включается с большей степенью в более широкую панораму жизни. Таким образом, твоя человечность становится источником и средством выражения, а не ограничением, которое ты налагаешь на себя. Пусть твои более глубокие практики пройдут очень активно. Используй свой ум конструктивно. Используй свой ум объективно. Рассматривай свои идеи. Не поддавайся их внушению. Рассматривай свои верования. Не следуй им слепо и не отрицай их. Изучи эту объективность, и ты будешь учиться видеть со Знанием, ведь Знание смотрит беспристрастно на все физические и умственные вещи.

Практика 202: *два практических занятия по 30 минут каждое. Напоминание в начале каждого часа.*

Шаг 203

ВЕЛИКОЕ СООБЩЕСТВО ВЛИЯЕТ НА МИР, КОТОРЫЙ Я ВИЖУ.

Если ты можешь принять тот факт, что твой мир является частью Великого Сообщества, что очевидно при внимательном рассмотрении, то ты должен принять тот факт, что Великое Сообщество влияет на мир. Ведь мир является частью Великого Сообщества и не может быть независимым от него. Каким образом Великое Сообщество влияет на твой мир, остается вне твоего нынешнего понимания. Но твое понимание того, что мир находится под каким-то влиянием, позволяет тебе смотреть на него с более широкой точки зрения, чем с чисто человеческой точки зрения. Ведь чисто человеческая точка зрения не допускает существования других форм разумной жизни. Нелепость этой точки зрения становится достаточно очевидной по мере того, как ты начинаешь смотреть на Вселенную с объективностью. Это вызовет в тебе изумление, повышенный интерес, а также осмотрительность. Это очень важно потому, что Великое Сообщество влияет на мир, и ты являешься частью того мира, на который Великое Сообщество влияет.

Так же как высшие невидимые физические силы влияют на физический мир, в котором ты живешь, так и разумная жизнь, которая причастна к твоему миру, влияет умственно на мир. Эта разумная жизнь представляет собой силы добра и силы невежества. Принимая это, ты дойдешь до понимания основной истины: более сильные умы влияют на более слабые. Это верно как в твоем мире, так и во всех мирах. Вне пределов физического мира, это не является верным, а в физической жизни это верно. Поэтому ты сейчас занимаешься тем, чтобы усилить свой ум и откликнуться на Знание, которое представляет собой силу добра везде во Вселенной. Чем сильнее ты становишься, тем больше ты начинаешь понимать и познавать. Поэтому твой ум должен наращивать Знание, чтобы стать сильнее и затем служить своему истинному делу.

Сегодня в начале каждого часа повтори сегодняшнюю идею, и во время твоих двух более глубоких медитаций попытайся сосредоточиться на тех словах, которые Мы передаем тебе здесь. Активно напрягай свой ум. Не давай ему отвлекаться и прятаться в бессмысленном и мелком мышлении. Подумай над величием этих идей, но не размышляй над ними со страхом, ведь страх не нужен. Нужна объективность для того, чтобы ты смог познать величие твоего мира, твоей Вселенной и твоей возможности в ней.

Практика 203: *два практических занятия по 30 минут каждое. Напоминание в начале каждого часа.*

Шаг 204

Сегодня я буду спокойна.

Будь спокойна сегодня. Пусть твое негативное воображение не рисует картинок потери и разрушения. Пусть тревога не овладеет тобой, пока ты сосредотачиваешься на Знании. Объективное наблюдение за твоим миром и за Великим Сообществом, в котором ты живешь, должно вызывать не страх, а уважение: уважение силы того времени, в котором ты живешь, и его важности для будущего, уважение своих собственных развивающихся способностей и их пользы в воспринимаемом тобой мире, уважение величия физической Вселенной и уважение силы Знания, которая еще больше, чем та Вселенная, которую ты видишь.

Напоминай себе каждый час быть спокойной. Используй свои силы и свою преданность для этого. Отдавай себя этому. Во время твоих более глубоких медитаций, говоря слово РАН, если хочешь, позволь твоему уму войти в состояние внутреннего покоя для того, чтобы он смог вступить в величие Знания, которому ему предназначено служить. Будь спокойна сегодня, ибо ты учишься быть со Знанием.

Практика 204: *два практических занятия по 30 минут каждое. Напоминание в начале каждого часа.*

Шаг 205

СЕГОДНЯ Я НЕ БУДУ ОСУЖДАТЬ МИР.

Сегодня не позволяй твоему уму унижать себя своими осуждениями мира. Понимать мир с осуждением невозможно, и твой ум становится обузой, нежели преимуществом. Сегодняшняя идея требует практики, дисциплины и применения, ведь твой ум и все умы в мире неправильно поняты, неверно использованы и неправильно направлены. Поэтому ты сейчас учишься тому, как правильно использовать ум, чтобы он верно служил Знанию.

Не вини мир сегодня. Не осуждай мир сегодня. Позволь твоему уму войти в состояние внутреннего покоя по мере того, как ты наблюдаешь за миром. Знание о мире возникает постепенно. Оно возникает естественным образом. Какая-то идея может намекать на него, но идея не может его содержать. Знание представляет собой полное изменение твоей точки зрения, полное изменение твоего восприятия, полное переключение внимания и полное преображение твоей системы ценностей. Это подтверждение Знания.

Не осуждай мир сегодня. Мир невиновен, ведь он всего лишь свидетельствует о том, что Знание не соблюдается. Что же еще он может делать, кроме как совершать ошибки и заблуждаться? Что же еще он может делать, кроме как расходовать свои великие ресурсы? Без Знания человечество может только находиться в заблуждении. Оно может только создавать фантазии. Оно может только быть потерянным. Поэтому оно не заслуживает осуждения. Оно заслуживает применения Знания.

В начале каждого часа практикуй, как не осуждать мир. Занимайся регулярно, не позволяя ни одному часу пройти без твоего внимания. Сегодня служи миру таким образом, ведь без твоего осуждения, твоя любовь к миру возникнет и выразится естественным образом. Во время твоих двух более глубоких медитаций войди в состояние внутреннего покоя. Без вины и осуждения, это состояние окажется тебе доступным, потому что оно естественно. Без навязывания твоего осуждения, твой ум может успокоиться. В состоянии внутреннего покоя нет никакой вины или осуждения. В состоянии внутреннего покоя любовь выльется из тебя во все стороны и пойдет далеко за рамки того, что ты можешь воспринять своими чувствами.

Практика 205: *два практических занятия по 30 минут каждое. Напоминание в начале каждого часа.*

Шаг 206

Любовь льется из меня сейчас.

Любовь льется из тебя, и сегодня ты можешь попытаться почувствовать это и освободиться от всего, что ей препятствует. Без осуждения, без иллюзий, без фантазии и без ограничения чисто человеческой точки зрения ты увидишь, что любовь льется из тебя. Ты увидишь, что все недовольство в жизни исходит из твоей неспособности испытывать и выражать эту любовь, которая хочет литься из тебя. Несмотря на те обстоятельства, в которых твое недовольство возникает, вся беда в том, что ты не умеешь выражать любовь. Твоя оценка трудностей и дилемм может, без сомнения, скрывать этот факт, но она не может отрицать его существования.

В начале каждого часа позволь любви литься из тебя, осознавая то, что тебе не надо действовать определенным образом, ибо любовь естественно возникнет, как аромат от цветка. Во время твоих более глубоких медитаций позволь твоему уму войти в состояние внутреннего покоя для того, чтобы любовь смогла литься из тебя. Таким образом, ты поймешь естественную функцию твоего ума и величие Знания, которое находится внутри тебя, но не принадлежит тебе.

Пусть никакие унизительные идеи и сомнения не отвлекут тебя от этой возможности сегодня. Без твоего вмешательства любовь будет литься из тебя естественным потоком. Тебе не надо прикидываться. Тебе не надо следовать какой-то специальной манере поведения, чтобы это случилось. Со временем твое поведение будет представлять то, что льется из тебя естественным образом. Позволь любви литься из тебя самопроизвольно сегодня.

Практика 206: *два практических занятия по 30 минут каждое. Напоминание в начале каждого часа.*

Шаг 207

Я ПРОЩАЮ ТЕХ, КТО, КАК Я СЧИТАЮ, ПРИЧИНИЛ МНЕ БОЛЬ.

Это заявление представляет собой твое намерение приобрести Знание, ведь непрощение говорит о том, что ты обвиняешь ситуацию, в которой ты не смог понять или применить Знание. С этой точки зрения ты виноват во всех твоих провалах. С первого взгляда это может выглядеть как осуждение, пока ты не поймешь преимущество этой идеи. Ведь если ты виноват во всех твоих провалах, то ты сможешь их поправить. Провал другого человека не является твоим провалом, но твое осуждение его является твоим провалом. Поэтому провалы, которые рождают непрощение в тебе, являются твоими провалами, ведь провалы другого человека не должны рождать в тебе злопамятность или всякое осуждение. На самом деле провалы других людей должны рождать в тебе сочувствие и применение Знания в будущем и не должны вызывать в тебе осуждение или несчастье.

ЗНАНИЕ НЕ УЖАСАЕТСЯ, КОГДА ОНО НАБЛЮДАЕТ ЗА МИРОМ. Знание не тревожится. Знание не приходит в уныние. Знание не обижается. Знание понимает незначительность мира и заблуждения мира. Оно понимает это потому, что оно знает только себя, и все, что не является Знанием, предоставляет возможность для восстановления Знания. Поэтому твое непрощение представляет всего лишь возможность для восстановления Знания.

Повтори сегодняшнюю идею в начале каждого часа и не недооценивай ее значение для себя, кто сейчас ищет спасения от горя и печали. Во время твоих двух более глубоких медитаций вспоминай всех, на кого ты сердишься, людей, которых ты знал лично и людей, о которых ты слышал или думал, людей, которых ты ассоциируешь с провалом. Они всплывут у тебя в памяти по мере того, как ты их вызываешь, ибо они ждут того момента, когда ты их простишь. Пусть они сейчас сплывают по очереди у тебя в памяти. Когда они встанут перед тобой, прости себя за то, что ты не смог применить Знание. Напоминай им по ходу их появления о том, что ты теперь учишься тому, чтобы применять Знание, и о том, что ты не будешь страдать из-за них, и что они поэтому не должны страдать из-за тебя. Твое намерение их простить является намерением понять Знание и применить Знание, ведь Знание рассеет непрощение таким же образом, как свет рассеивает тьму. Есть только Знание и потребность в Знании. Это все, что ты можешь воспринять во Вселенной.

Таким образом, во время твоих двух практических занятий ты посвятишь себя тому, чтобы встать лицом к лицу с теми, кого ты осуждал, и простишь себя за то, что ты не применял Знание, когда воспринимал их и общался с ними. Делай это без всякого чувства вины или самоосуждения, ведь как ты мог не ошибиться, если Знание не было доступно тебе или ты не был доступен для Знания. Прими тогда твои прежние ограничения и посвяти себя сейчас тому, чтобы приобрести новый взгляд на мир, взгляд без осуждения и взгляд с точки зрения величия Знания.

Практика 207: *два практических занятия по 30 минут каждое. Напоминание в начале каждого часа.*

Шаг 208

Все, что я по-настоящему ценю, будет выражаться через Знание.

Все, что ценится выше всего в человеческой жизни, - любовь, терпение, преданность, толерантность, прощение, настоящее достижение, мужество и вера, - возникает естественным образом от Знания, ибо Знание является их источником. Они всего лишь внешнее проявление ума, который служит Знанию. Следовательно, тебе не надо насильно их взращивать в себе путем напряженной самодисциплины. Они проявляются естественным образом, ибо ум, который служит Знанию, может только подтвердить свое собственное величие и свои собственные способности. То, что требует самодисциплины, так это переориентирование твоего внимания, переориентирование твоей преданности и переориентирование твоего служения. Ты либо служишь Знанию, либо служишь заменам Знания, ведь в каждой ситуации ты должна служить.

В начале каждого часа повтори эту идею для того, чтобы размышлять над ней в течение дня. Во время твоих двух более глубоких практических занятий активно включай свой ум, чтобы проникнуть вглубь этой идеи. Ты должна думать конструктивно. Не придумывай себе какие-то доставляющие радость фантазии. Не предавайся осуждениям, которые разрушающе действуют на тебя и других. Учись заново путем практики быть объективной в применении своего ума. Упражняй свой ум все активнее. Не довольствуйся простыми ответами, которые тебя утешают.

Приведи на ум примеры того, о чем мы говорили сегодня, ведь среди них есть примеры, которые тебе знакомы. Все, что ты по-настоящему ценишь, исходит от Знания, ибо Знание является их источником.

Практика 208: *два практических занятия по 30 минут каждое. Напоминание в начале каждого часа.*

Шаг 209

Я НЕ БУДУ ЖЕСТОК С СОБОЙ СЕГОДНЯ.

Не будь жесток с собой, одевая на себя терновый венец, который представляет собой твою систему верований и предположений. Не обращай против себя тяжесть вины и злопамятности. Не пытайся заставлять свой ум показывать те ценности, которые дороги тебе, ведь они сами по себе проявятся через Знание.

Вместо этого войди в состояние внутреннего покоя во время твоих двух более глубоких медитаций, осознавая еще раз, что все, что ты высоко ценишь, будет проявляться естественным образом через Знание. Все, что вызывает у тебя отвращение, самовольно исчезнет. Ум, который таким образом становится свободным, может отдать самый великий дар миру.

Размышляй над этим в начале каждого часа по мере того, как ты пытаешься применять сегодняшнюю идею ко всему, что ты видишь, слышишь и делаешь. Не будь жесток с собой сегодня, ведь нет никакого основания для этого. Принимай благословение для того, чтобы ты сам мог благословить мир. Позволь себе благословить мир для того, чтобы ты сам мог стать благословленным.

Практика 209: *два практических занятия по 30 минут каждое. Напоминание в начале каждого часа.*

Шаг 210

Обзор

Сегодня занимайся обзором предыдущих двух недель подготовки, перечитывая каждое наставление, как оно предлагается, и вспоминая свои практические занятия того дня. Во время твоего более длительного практического занятия сегодня снова оцени свой прогресс и всю свою практику. Начинай понимать, что есть взаимосвязь между тем, как ты применяешь свой ум, и тем, что ты испытываешь в итоге. Рассматривай свою жизнь объективно, без вины и осуждения, для того, чтобы понять, каким образом твоя жизнь проявляется по-настоящему.

Твое длительное практическое занятие сегодня посвящается тому, чтобы активно включить ум в его же интересах. Как ученица, ты учишься быть объективной к собственному прогрессу. Ты учишься быть объективной к самой природе процесса обучения. Ты учишься быть объективной для того, чтобы видеть. Пусть этот Обзор даст тебе лучшее понимание того, как Знание действует в мире, и понимание присутствия Знания в твоей жизни.

Практика 210: *одно длительное практическое занятие.*

Шаг 211

У МЕНЯ ЕСТЬ ВЕЛИКИЕ ДРУЗЬЯ ЗА ПРЕДЕЛАМИ ЭТОГО МИРА.

У ТЕБЯ ЕСТЬ ВЕЛИКИЕ ДРУЗЬЯ ЗА ПРЕДЕЛАМИ ЭТОГО МИРА. Человечество стремится к тому, чтобы вступить в Великое Сообщество, потому что Великое Сообщество представляет собой более широкий круг настоящих взаимоотношений. У тебя есть настоящие друзья за пределами этого мира, и ты не один в Великом Сообществе миров. У тебя есть друзья за пределами этого мира, потому что твоя Духовная Семья имеет своих представителей повсюду. У тебя есть друзья за пределами этого мира, потому что ты содействуешь эволюции не только своего мира, но еще и эволюции Вселенной. Вне твоего воображения, вне твоих умственных способностей это, несомненно, верно.

ИТАК, ПОЧУВСТВУЙ ВЕЛИЧИЕ ВСЕЛЕННОЙ, где ты живешь. Почувствуй ту возможность, которую тебе открывают, чтобы служить Великому Сообществу, частью которого и является твой мир. Ты служишь своим великим друзьям в пределах мира и за пределами мира, ведь Знание действует везде. Это притяжение Бога. Это применение добра. Это сила, которая спасает все разлученные умы и дает предназначение, смысл и направление Вселенной. Несмотря на механизм физической жизни, ее значение определяется ее источником и судьбой, хотя эти понятия вне твоего понимания. Когда ты осознаешь, что Знание является той силой, продвигающей мир в его правильном направлении, ты сможешь оценить и получить то, что дает твоей жизни предназначение, смысл и направление.

В НАЧАЛЕ КАЖДОГО ЧАСА СЕГОДНЯ подумай над тем, что у тебя есть друзья за пределами этого мира, - как в других мирах, так и за пределами видимого. Подумай над тем, что у тебя есть эта более существенная связь. Во время твоих двух глубоких медитаций войди в состояние внутреннего покоя, чтобы ощутить эти вещи. Не занимайся фантазиями, а позволь своему уму быть спокойным для того, чтобы Знание возникло в твоем сознании и восприятии. У тебя есть друзья за пределами этого мира, и они занимаются вместе с тобой сегодня.

Практика 211: *два практических занятия по 30 минут каждое. Напоминание в начале каждого часа.*

Шаг 212

Я ПОЛУЧАЮ СИЛУ ОТ ВСЕХ, КТО ЗАНИМАЕТСЯ СО МНОЙ.

Ты получаешь силу от всех, кто занимается вместе с тобой, ибо каждый ум, который пытается соприкасаться со Знанием, тем самым также усиливает все другие умы. Таким образом, ты влияешь на мир. Таким образом, все другие, кто стремится к тому, чтобы служить настоящему предназначению, влияют на тебя. Это противостоит невежественным силам в мире. Это противостоит разрушительным силам в мире. Это пробуждает все умы.

Пусть сегодняшняя идея вселяет в тебя надежду, ведь ты переполняешься надеждой, когда ты осознаешь тот факт, что твои усилия подкрепляются усилиями других людей. Это превзойдет всякое чувство неадекватности с твоей стороны. Это поможет тебе преодолеть какое-либо двойственное отношение к настоящей подготовке, ведь все другие умы, которые занимаются восстановлением Знания, помогают тебе здесь и сейчас.

Поэтому величие существует внутри тебя, величие Знания и величие всех тех, кто стремится восстановить Знание. Ты разделяешь истинное предназначение с ними, ибо твоим настоящим предназначением является поддержка Знания в мире. От Знания все, что является полезным как духовной, так и материальной природы, будет отдано расам, для которых оно предназначено.

В начале каждого часа повтори сегодняшнюю идею и во время твоих более глубоких медитаций попытайся почувствовать влияние всех тех, кто стремится к восстановлению Знания. Пусть их дарение войдет в твой ум для того, чтобы ты смогла по-настоящему оценить жизнь и начать понимать предназначение и эффективность твоих собственных усилий, как ученица Знания.

Практика 212: *два практических занятия по 30 минут каждое. Напоминание в начале каждого часа.*

Шаг 213

Я НЕ ПОНИМАЮ МИР.

Ты не понимаешь мир. Ты только питаешь суждения о нем, а потом пытаешься понять свои суждения. Мир раскроется тебе по мере того, как ты будешь наблюдать за ним без этих ограничений. Тем самым ты обнаружишь, что твои верования становятся полезными для каждого нового шага в жизни. Они не должны ограничивать твое восприятие Вселенной. Ты не можешь находиться в мире без верований или предположений. Но твои верования и предположения должны служить твоему уму, дать ему временную структуру и позволить ему позитивно проявить свои естественные способности.

Ты не понимаешь мир сегодня. Радуйся, что это так, ведь твои осуждения являются беспочвенными. Ты не понимаешь мир сегодня. Это дает тебе возможность наблюдать за миром.

В начале каждого часа повторяй эту идею, когда ты наблюдаешь за миром. Напоминай себе о том, что ты не понимаешь то, что ты видишь, поэтому ты свободен смотреть заново. Если ты не свободен смотреть, это просто значит, что ты пытаешься оправдывать свои собственные суждения. Это не является наблюдением. Это является лишь плодом твоих собственных фантазий. Во время твоих двух более глубоких медитаций сегодня войди в состояние внутреннего покоя, ведь когда твой ум освободится от попыток оправдать свои фантазии, он самостоятельно будет искать свое настоящее место в служении Знанию. Ты не понимаешь мир сегодня, поэтому ты и себя не понимаешь.

ПРАКТИКА 213: *два практических занятия по 30 минут каждое. Напоминание в начале каждого часа.*

Шаг 214

Я НЕ ПОНИМАЮ СЕБЯ.

Это не констатирование неудачи или недостатка. Это просто толчок, чтобы освободить тебя от собственных препятствий. Как ты можешь понимать себя, если Знание тебе не все показывает? Как ты можешь понимать мир, когда Знание не показывает мир тебе? Это чистое восприятие, вне всяких понятий и верований, ведь понятия и верования могут только следовать восприятию и пытаться создавать структуру, где это восприятие может снова возникнуть. Верования, предположения или идеи никоим образом не могут служить заменой для Знания.

Разумеется, ты не понимаешь себя и мир, потому что ты только понимаешь свои идеи, а они не вечные. Поэтому они не могут создавать прочный фундамент для тебя, на котором ты должен учиться стоять. Поэтому они подведут тебя и будут вводить тебя в заблуждение, если ты полагаешься на них, вместо того чтобы полагаться на Знание, которое раскроет тебя и раскроет мир тебе.

В начале каждого часа напоминай себе о том, что ты не понимаешь себя. Освободи себя от обузы оправдания своих собственных суждений. Наблюдай за собой во время твоих более глубоких медитаций и напоминай себе о том, что ты не понимаешь себя. Теперь ты можешь войти в состояние покоя, ведь ты не пытаешься использовать восприятие, чтобы оправдать свои фантазии о себе. Здесь твой ум свободен быть самим собой, и ты становишься свободной оценить себя.

Практика 214: *два практических занятия по 30 минут каждое. Напоминание в начале каждого часа.*

Шаг 215

МОИ НАСТАВНИКИ СО МНОЙ. Я НЕ ОДИН.

ТВОИ НАСТАВНИКИ С ТОБОЙ, на заднем плане. Они стараются не влиять сильно на тебя, ведь ты еще не готов воспринимать это влияние и воспользоваться им в свою пользу. Осознай тогда, что идя по жизни, ты располагаешь огромной помощью, ведь твои Наставники находятся рядом с тобой, чтобы помочь тебе познавать и развивать Знание.

ПРЕЖДЕ ВСЕГО ОНИ ДОЛЖНЫ ПОМОГАТЬ ТЕБЕ ОСОЗНАТЬ ТВОЮ НУЖДУ в Знании, ведь твоя нужда в Знании должна быть полностью осознана до того, как ты сможешь начать восстанавливать Знание. Ты должен осознать тот факт, что без Знания жизнь безнадежна, ибо ты в этом случае будешь без предназначения, смысла и направления. В этом случае только твои ошибки могут научить тебя, и только они могут поддержать твое непрощение.

КОГДА ТЫ ОСОЗНАЕШЬ, ЧТО ТВОИ ИДЕИ ТЩЕТНО ПЫТАЮТСЯ заменить Знание, то ты сможешь обратиться к Знанию и стать счастливым получателем его настоящих даров. Здесь все, что ты подлинно ищешь, будет по-настоящему удовлетворено. В этом ты приобретешь истинную основу в жизни. Здесь Небеса и Земля соединятся в тебе, и разлука кончится. Здесь ты примешь ограничения своего физического существования и величие своей духовной жизни. Поэтому обращение к Знанию принесет тебе самую большую пользу.

НАПОМИНАЙ СЕБЕ ОБ ЭТОЙ ИДЕЕ в начале каждого часа и во время твоих двух более глубоких медитаций сегодня войди в состояние внутреннего покоя, употребляя слово РАН, если оно тебе помогает. Будь счастлив сегодня, ведь ты можешь получить то, что сделает тебя свободным.

ПРАКТИКА 215: *два практических занятия по 30 минут каждое. Напоминание в начале каждого часа.*

Шаг 216

Существует Духовное Присутствие в моей жизни.

Духовное Присутствие в твоей жизни всегда с тобой, всегда доступно и всегда напоминает тебе о том, чтобы выйти за рамки твоих собственных осуждений. Оно постоянно поддерживает тебя, помогает и дает тебе ориентиры для того, чтобы уменьшить неправильное применение твоего ума и усилить правильное применение ума, тем самым позволяя Знанию проявиться в тебе.

Теперь ты учишься тому, чтобы принимать и уважать это Духовное Присутствие, и со временем ты осознаешь его великое значение для тебя и для мира. Это вызовет и величие, и смирение в тебе одновременно, ведь ты осознаешь, что ты не являешься источником своего величия, а являешься проводником его выражения. Это создаст правильное соотношение и правильные отношения между тобой и тем, чему ты служишь. Через отношения ты получаешь все преимущества того, что утверждаешь для себя. Однако со Знанием ты не будешь преувеличивать свое значение, потому что осознаешь свои ограничения и глубину своей нужды в Знании. С этим пониманием ты осознаешь и примешь источник жизни. С этим ты осознаешь, что ты находишься в мире, чтобы служить Знанию, и что мир должен стать получателем Знания.

Существует Духовное Присутствие в твоей жизни. Почувствуй это в начале каждого часа, повторяя сегодняшнюю идею. Во время твоих двух более глубоких медитаций войди глубоко в это Присутствие, ведь это Присутствие, несомненно, с тобой и хочет отдать Себя тебе сегодня.

Практика 216: *два практических занятия по 30 минут каждое. Напоминание в начале каждого часа.*

Шаг 217

Я ОТДАЮ СЕБЯ ЗНАНИЮ СЕГОДНЯ.

Отдавай себя Знанию сегодня, занимаясь сегодняшней практикой с абсолютной приверженностью и с полным посвящением, не позволяя ложным и ограничивающим идеям препятствовать твоим искренним стараниям. Тем самым, отдавая себя Знанию, ты позволяешь Знанию отдать Себя тебе. Тем самым требование незначительное, а награждение огромное. Ведь в каждую минуту, которую ты посвящаешь тому, чтобы испытывать внутренний покой или активно включать свой ум, Знание укрепляется и становится более ощущаемым внутри тебя. Может быть, ты спрашиваешь себя: «Каков мой вклад в мир?». Твой вклад - это то, что ты приобретешь во время твоих практик сегодня. Отдавай себя Знанию так, чтобы оно отдало Себя тебе.

Вспоминай сегодняшнюю идею в начале каждого часа и войди в Знание во время твоих двух более глубоких медитаций. В течение всех твоих практических занятий сегодня показывай свое намерение отдать себя Знанию. Это потребует тишины и принятия себя.

ПРАКТИКА 217: *два практических занятия по 30 минут каждое. Напоминание в начале каждого часа.*

Шаг 218

Сегодня я буду держать Знание в себе.

Вместе со Знанием приходит Мудрость о том, как использовать Знание в мире. Итак, Знание является источником твоего понимания, а Мудрость - это умение применять Знание со смыслом и толком в мире. Ты еще не мудра, поэтому держи Знание в себе сегодня. Пусть оно укрепится. Пусть растет. Оно будет отдавать себя естественным образом, без твоих попыток выражать его. Со временем ты научишься ставать мудрой как через проявление Знания, так и через свои собственные ошибки. Ты уже совершила достаточное количество ошибок, которые демонстрируют то, о чем мы говорим тебе.

Держи Знание в себе сегодня для того, чтобы оно могло укрепиться внутри тебя. Позволь себе показать его только одному или двум людям, которые могут его оценить, ведь твое осознание Знания еще является нежным ростком внутри тебя и не может пока выдержать превратности мира. Оно еще недостаточно окрепло в твоем понимании, чтобы противостоять яростному страху и ненависти, которые распространены по всему миру. Знание без труда выдержит это, но ты, которая учишься ставать получателем и проводником Знания, еще недостаточно окрепла.

Держи Знание в себе сегодня для того, чтобы оно росло. Напоминай себе об этом в начале каждого часа, пока ты носишь этот алмаз в своем сердце. Во время твоих более глубоких медитаций, которые являются для тебя периодами освобождения от ограничений, позволь себе вернуться к своей великой любви для того, чтобы войти в настоящее взаимоотношение со Знанием. Со временем все ограничения на выражение Знания исчезнут по мере того, как ты научишься мудро применять его послания в мире. А тем временем держи Знание в твоем сердце для того, чтобы оно все больше крепло.

Практика 218: *два практических занятия по 30 минут каждое. Напоминание в начале каждого часа.*

Шаг 219

АМБИЦИЯ НЕ ОБМАНЕТ МЕНЯ СЕГОДНЯ.

По мере того, как Знание начинает прорастать в тебе, не позволяй своей собственной амбиции обмануть тебя. Твоя амбиция рождается из личной нужды в признании и утешении. Это попытка противостоять страху путем контроля над мнениями других. Твоя амбиция здесь разрушительна, но, как и все другие способности ума, которые неправильно применены, со временем она сможет служить величию Знания. Ты еще не достиг этого состояния, поэтому не пытайся делать что-нибудь со своим Знанием, ведь вместо того, чтобы воспользоваться им, ты должен его воспринять. Именно в твоем восприятии Знания ты познаешь то, как Знание служит тебе и полезно тебе.

Пусть амбиция не втянет тебя туда, куда ты не можешь идти. Пусть амбиция не растрачивает твою жизненную силу и энергию. Научись, как стать терпеливым и спокойным со Знанием, ведь у Знания своя цель и свое направление в жизни, которому ты теперь учишься следовать.

В течение дня во время твоей практики в начале каждого часа и также во время твоих более глубоких медитаций освободи себя от амбиции, ведь ты еще не знаешь, что делать со Знанием. Во время твоих более длительных медитаций войди с чувством освобождения в состояние внутреннего покоя и оставь физический мир.

Практика 219: *два практических занятия по 30 минут каждое. Напоминание в начале каждого часа.*

Шаг 220

Сегодня я буду сдерживаться для того, чтобы величие возросло во мне.

Сдерживай те способности, которые ты осознаешь как вредные и ослабляющие по отношению к восстановлению Знания. Намеренно сдерживай себя для того, чтобы Знание могло возрасти в тебе. Ты этим не ограничиваешь себя. Наоборот, ты целенаправленно используешь свои ум и волю, чтобы развивать осознание Великой Силы внутри себя и позволить ей появиться, вести и направлять тебя.

В сегодняшней практике, так же как и в предыдущих практических занятиях, ты учишься осознавать источник Знания и проводник Знания и не путать их. Сдерживай себя сегодня для того, чтобы Знание могло возрасти в тебе. Не думай, что сдерживание просто относится к прошлому поведению, когда ты ограничивала то, что является подлинным в тебе. Нет, сегодня учись сосредотачиваться на намеренном сдерживании, которое представляет выражение твоей силы и самодисциплины. Ты должна пользоваться своей волей и самодисциплиной, чтобы укрепить их, ведь твой ум и тело являются проводниками Знания, и, как проводники, они должны развиваться и укрепиться.

Во время твоих более глубоких медитаций сегодня, так же как во время твоей практики в начале каждого часа, сдерживай те формы мышления и поведения, которые отрицают твое Знание, для того чтобы войти в Знание в состоянии внутреннего покоя и тишины. В этом сдерживании ты приобретешь свободу, ибо свобода находится за пределами этого мира и преподносится этому миру. Ибо свобода является даром Знания.

Практика 220: *два практических занятия по 30 минут каждое. Напоминание в начале каждого часа.*

Шаг 221

СЕГОДНЯ Я ПОЗВОЛЯЮ СЕБЕ НАХОДИТЬСЯ В ЗАМЕШАТЕЛЬСТВЕ.

Не воспринимай свое замешательство как неудачу. Не воспринимай свое замешательство как угрозу или унижение. Замешательство - это всего лишь признак того, что ты осознаешь ограничения своих собственных идей и предположений. Ты должен от них избавиться для того, чтобы осознать Знание, ведь Знание уже дало ответ всем важным решениям, требующим твоего внимания сегодня. Этот ответ ты не найдешь среди множества ответов, которые ты сам себе придумываешь или которые, по-твоему, другие дают тебе.

Поэтому пусть все замены Знанию отпадут. Позволь себе находиться в замешательстве, ибо в истинном замешательстве Знание само появится. Таким образом, ты свободен, ведь находясь в свободе, ты можешь находиться в замешательстве.

Напоминай себе об этой идее в начале каждого часа и не довольствуйся простыми объяснениями или предположениями о ее более существенном смысле. Ты должен серьезно размышлять над этим и осознать, что настоящее понимание этого раскроется в нужное время. Сегодня позволь себе находиться в замешательстве, ведь ты на самом деле находишься в замешательстве, и всегда надо начинать с того места, где ты находишься. Знание с тобой. Ты можешь находиться в замешательстве. Во время твоих более длительных медитаций сегодня войди в состояние внутреннего покоя, несмотря на то, находишься ли ты в замешательстве или нет, ведь тишина, благодать и покой всегда в твоем распоряжении.

ПРАКТИКА 221: *два практических занятия по 30 минут каждое. Напоминание в начале каждого часа.*

Шаг 222

МИР НАХОДИТСЯ В ЗАМЕШАТЕЛЬСТВЕ.
Я ЕГО НЕ БУДУ ОСУЖДАТЬ.

Ты можешь осуждать мир только за то, что он находится в замешательстве. Это осуждение не требует гнева, печали, потери, обиды, враждебности или мести. Оно не требует никакой агрессии. Мир находится в замешательстве. Не осуждай его. Как может мир быть уверен, когда мир без Знания? Ты можешь посмотреть на свою жизнь до сегодняшнего момента и осознать, насколько ты находишься в замешательстве. Как иначе, ведь ты была без Знания. Сейчас Знание с тобой, как и раньше. Ты начинаешь восстанавливать Знание так, чтобы его уверенность могла все больше выражаться через тебя. Это великий дар, который ты сейчас учишься получать. Это дар, который мир научится получать через тебя.

В НАЧАЛЕ КАЖДОГО ЧАСА, КОГДА ТЫ НАБЛЮДАЕШЬ ЗА МИРОМ и всей его деятельностью, не осуждай его, ведь он просто находится в замешательстве. Если ты сегодня тревожишься, не осуждай себя, ведь ты просто находишься в замешательстве. Во время твоих более глубоких медитаций сегодня войди в состояние внутреннего покоя. Ты войдешь в это состояние своим желанием. Ты сама себе отдаешь этот дар. Чтобы сделать это, ты стараешься принять дар. Нет дарителя или отправителя дара, ведь этот дар отражается между тобой и твоим Источником. Знание и его проводник друг друга подтверждают.

МИР НАХОДИТСЯ В ЗАМЕШАТЕЛЬСТВЕ. Он без Знания. А ты являешься даром миру, ведь ты учишься приобретать Знание сегодня.

ПРАКТИКА 222: *два практических занятия по 30 минут каждое. Напоминание в начале каждого часа.*

Шаг 223

Сегодня я буду воспринимать Знание.

В начале каждого часа воспринимай Знание. Во время твоих более глубоких медитаций воспринимай Знание. Отдай себя восприятию Знания. Это твоя практика сегодня. Все остальное - это всего лишь форма замешательства. Нет никакого события в твоей внешней жизни, которое должно заменить твою практику сегодня, потому что Знание благословляет все, что внутри тебя и вне тебя. Оно разгоняет то, что ненужно, и целесообразно занимает тебя нужным и тем, что имеет для тебя истинную ценность.

Возвращайся тогда к Знанию, несмотря на обстоятельства твоей внешней жизни. Воспринимай Знание для того, чтобы приобрести уверенность в мире, и для того, чтобы понять свое собственное значение и ценность.

Практика 223: *два практических занятия по 30 минут каждое. Напоминание в начале каждого часа.*

Шаг 224

Обзор

Сегодня практикуй объективность, рассматривая последние две недели обучения. Прочитай каждый урок еще раз и вспоминай твои практики в тот день. Начинай с первого урока двухнедельного периода и продолжай последовательно по каждому уроку. Укрепляй свою способность объективно наблюдать за своим прогрессом. Обращай внимание на те дни, когда ты серьезно занималась, и на те, когда ты расслаблялась. Представь себе, что ты смотришь глазами своих Наставников, которые наблюдают за твоей жизнью сверху. Они не осуждают. Они просто замечают твои сильные стороны и твои недостатки, усиливая первые и уменьшая последствия вторых. По мере того, как ты научишься объективно наблюдать за своей жизнью, ты научишься наблюдать за своей жизнью глазами своих Наставников. Это наблюдение со Знанием. Это наблюдение без осуждения. Таким образом, разум становится проводником для Знания, и Знание наградит тебя всеми идеями и занятиями, которые по-настоящему полезны для тебя.

Пусть этот Обзор пойдет тебе на пользу. Целесообразно включай свой ум и не позволяй ему отвлекаться. Отвыкай от привычки заниматься глупыми размышлениями. Отвыкай от привычки думать о глупых и бессмысленных вещах. Пусть этот Обзор покажет тебе, что ты являешься настоящей ученицей Знания.

Практика 224: *одно длиннее практическое занятие.*

Шаг 225

Сегодня я буду серьезным и легкомысленным одновременно.

Нет никакого противоречия в сегодняшней идее, если ты правильно ее понимаешь. Когда ты серьезно относишься к своей жизни, ты получаешь ее истинную благодать, что радует тебя. Поэтому ты должен относиться к себе очень серьезно, потому что ты учишься быть проводником Знания, и ты можешь быть очень радостным и легкомысленным по поводу того, что Знание с тобой. Вот что называется истинное применение твоего ума, ведь ты относишься легкомысленно к тому, что является легкомысленным, и серьезно к тому, что является серьезным. Ум, который серьезен по внешнему отношению и легкомыслен по внутренним радостным ощущениям, будет полностью интегрирован. Это будет ум, в котором Небеса и Земля соприкасаются.

Благодать, которую ты получишь сегодня, порождает радость и истинную благодарность, но необходимо твое серьезное участие, твоя искренняя преданность и настоящее применение твоих умственных и физических способностей. Здесь твои сильные качества представляют твою радость, и твоя радость усиливается путем применения твоих настоящих способностей.

Подумай над этим в начале каждого часа, повторяя эту идею. Когда ты занимаешься более глубокими медитациями, серьезно включи свой ум для того, чтобы испытывать легкомысленность и великую радость Знания. Здесь ты увидишь, что сегодняшняя идея весьма постоянная по смыслу. Здесь ты не будешь путать то, что радостно, с тем, что серьезно. Это даст тебе большее понимание мира.

Практика 225: *два практических занятия по 30 минут каждое. Напоминание в начале каждого часа.*

Шаг 226

ЗНАНИЕ СО МНОЙ. Я НЕ БОЮСЬ.

Знание с тобой, и когда ты со Знанием, ты не будешь бояться. Со временем страх останется все больше за пределами твоих жизненных реалий по мере того, как ты учишься жить со Знанием. Ты должна осознать ценность сегодняшней идеи в свете того, что твой ум постоянно окутан страхами до такой степени, что восстановление Знания и применение Знания становятся очень трудными для тебя. Это кажется трудным только потому, что в прошлом твой ум постоянно был окутан страхами. Привычки можно сломать. Новые способы мышления и поведения могут прививаться и усиливаться. Это всего лишь результат применения ума. Это является результатом практики.

Сегодня попытайся жить со Знанием, чтобы отвыкнуть от прошлых привычек, которые работают против тебя и мира. Жизнь - это практика и всегда является формой служения. Сегодня занимайся истиной и служи истине, и тем самым все ошибки ослабляются. Их основа размоется, и вместо этого ты научишься новому способу существования в мире, новому способу нахождения в мире, и у тебя будет больше пространства для применения своих умственных и физических способностей.

В начале каждого часа пребывай со Знанием. Разгоняй страх и напоминай себе о том, что Знание с тобой. Напоминай себе о том, что твои Наставники с тобой. Напоминай себе о том, что ученики, которые занимаются восстановлением Знания, везде с тобой. Тем самым значение мира уменьшается, а твое значение увеличивается. Во время твоих более глубоких медитаций позволь себе быть свободной, чтобы испытывать Знание. Войди в глубину и тишину своего ума, по мере того как он погружается в присутствие любви.

ПРАКТИКА 226: *два практических занятия по 30 минут каждое. Напоминание в начале каждого часа.*

Шаг 227

Сегодня я не буду думать, что я знаю.

Начинающие ученики всегда думают, что они знают то, что они не знают, и всегда думают, что они не знают то, что они знают. С этим надо долго разбираться. Это требует познавания истинного и неистинного, а также умения различать между двумя путем их сопоставления. Со временем ты познаешь разницу между истиной и ложью, и ты не будешь обманутой ложью в ее попытке выдать себя за истину.

Напоминай себе в начале каждого часа сегодня о том, чтобы не думать, что ты знаешь. Думать, что ты знаешь - это всего лишь замена Знания незнанием. Ты либо знаешь, либо не знаешь. Твое мышление только поддерживает или отрицает то, что ты знаешь. Но думать, что ты знаешь, означает думать без Знания, а это всегда бессмысленно и порождает замешательство и сомнение в тебе.

Во время твоих более глубоких медитаций сегодня не обманывай себя тем, что думаешь, что знаешь. Снова возвращайся к чистому испытанию самого Знания. В состоянии внутреннего покоя и тишины, отдай себя полностью своей практике сегодня. Знание нужно испытывать. Оно рождает свои собственные идеи. Оно будет стимулировать и поддерживать те формы поведения и те формы применения усилий, которые истинно поддерживают твою истинную сущность. Не довольствуйся тем, что думаешь, ты знаешь, ведь это всего лишь иная форма отрицания, которая понижает твой потенциал.

Практика 227: *два практических занятия по 30 минут каждое. Напоминание в начале каждого часа.*

Шаг 228

Сегодня я не буду бедной.

Тебе не надо быть бедной, ведь бедность является ни твоим наследием, ни твоей истинной судьбой. Не будь бедной сегодня, ибо Знание является великим богатством, и после того, как оно проявится в уме, оно начнет распространяться в мире. Оно начнет балансировать и гармонизировать разум, который является его проводником, и оно начнет отдаваться конкретно определенным людям определенным образом. Это гений, который присутствует в тебе. Как ты можешь быть бедной с таким даром? Только самоуничижительные идеи и манеры поведения могут рождать бедность.

Поэтому сегодня рассматривай более тщательно те вещи, которые препятствуют тебе. Думай об этом в начале каждого часа. Во время твоих двух более глубоких медитаций занимай свой ум активной попыткой различить разные формы самообмана и препятствия, которые ты сама себе создаешь. Делай это без осуждения, но с необходимой объективностью, для того чтобы видеть себя неискаженным образом. Не огорчайся тем, что существует много хитрых форм самообмана. Они всего лишь разные варианты простых концепций. Не важно, сколько их и насколько они, казалось бы, сложны, важно лишь, чтобы ты их осознала. Они все исходят от страха и попытки избавиться от страха путем иллюзий и стремления втягивать других в поддержание этих иллюзий. Все идеи без Знания служат этой цели либо непосредственно, либо косвенно. Но истинная цель является великой силой, движущей настоящее служение, так как она и есть та великая сила всех действий и поведения ради настоящего служения.

Сегодня мы будем рассматривать препятствия, но без стыда, вины и тревоги. Наблюдай только за тем, чтобы укрепить присутствие и применение Знания и чтобы подготовить себя стать проводником Знания в мире. Это цель сегодняшней практики. Поэтому занимайся с искренними намерениями. Ты больше, чем те ошибки, которые ты замечаешь, они не могут тебя обманывать, когда ты их рассматриваешь объективно.

Практика 228: *два практических занятия по 30 минут каждое. Напоминание в начале каждого часа.*

Шаг 229

Я НЕ БУДУ ВИНИТЬ ДРУГОГО ЗА СВОЮ БОЛЬ.

Сегодняшняя идея представляет собой огромный сдвиг в понимании. Однако она должна исходить от Знания, чтобы быть по-настоящему эффективной. Ее значение не сразу очевидно, ибо скоро ты узнаешь, что есть многие другие обстоятельства, в которых, казалось бы, другие полностью несут ответственность за твою боль. Будет очень тяжело, судя по привычному для тебя мышлению и предположениям, по которым ты живешь, отрицать то, что другие причиняют тебе боль. Однако это вовсе не так с точки зрения Знания, и ты должен учиться не смотреть на себя таким образом.

Принятие боли - это всегда твое решение в ответ на любое воздействие в твоей среде. Тело ощущает физическую боль, когда оно подвергается ей, но это всего лишь сенсорная реакция. Это не настоящая боль, которая делает тебе больно. Боль, которая делает тебе больно - это тот терновый венец твоих собственных идей и предположений, опасений и дезинформации, твоей собственной безжалостности к себе и миру. Это создает боль как в твоем уме, так и в твоем теле. Вот эту боль мы хотим ослабить сегодня.

Поэтому считай сегодняшнюю идею способом излечения от боли. Если другой причиняет тебе боль, у тебя нет другого средства, кроме как атаковать или изменить этого человека. Даже твоя попытка изменить его в его же пользу будет видом атаки, ведь за твоим альтруизмом будет стоять ненависть и негодование. Поэтому нет средства от боли, если ты считаешь, что она причиняется извне. Но есть средство от всей боли, потому что Знание с тобой.

Поэтому ты должен осознать, что ты сам принимаешь решение почувствовать боль. Нужно осознать, что боль исходит от твоей интерпретации. Возможно, ты считаешь, что кто-то или мир обидел тебя. Это чувство существует в твоем уме, поэтому не надо его отрицать, но ты должен смотреть дальше него, чтобы увидеть его источник и механизм его проявления.

Чтобы это сделать, ты должен задействовать свои собственные способности. Это даст тебе великую силу. Ты сможешь это сделать, потому что Знание с тобой и потому что со Знанием ты сможешь сделать все, чего Знание от тебя потребует.

Без осуждения мир настолько избавляется от тяжести, что он сможет восстанавливаться. Поэтому в начале каждого часа повторяй эту идею и размышляй над его смыслом. Глубоко проникни в нее, чтобы обнаружить то, что она действительно для тебя содержит. Во время твоих более длительных практических занятий войди в состояние внутреннего покоя и тишины, ведь без осуждения мира и себя твой ум уже приобретает покой.

Практика 229: *два практических занятия по 30 минут каждое. Напоминание в начале каждого часа.*

Шаг 230

Мое страдание порождено замешательством.

Твое страдание порождено замешательством. Позволь себе быть в замешательстве для того, чтобы осознать истинный путь восстановления. Эта идея тебя смущает? Может быть, ведь люди не воспринимают свое замешательство. Они врут по этому поводу, говоря, что они уверены, когда на самом деле они находятся в замешательстве, тем самым, перекладывая вину на других, чтобы освободить себя от вины, или, перекладывая вину на себя, чтобы освободить других от вины.

Когда ты осознаешь, что ты находишься в замешательстве, ты сможешь принять меры, чтобы восстановить свою уверенность. Если ты не осознаешь, что ты находишься в замешательстве, то ты будешь применять по отношению к себе и миру заменители уверенности, и, тем самым, уйдешь от возможности получить уверенность. Вот почему ты должна осознать тот факт, что источником твоих страданий является твое замешательство, и ты должна позволить себе быть в замешательстве, чтобы осознать свое истинное положение. Осознавая свое истинное положение, ты поймешь свою огромную нужду в Знании, и это вызовет в тебе необходимую преданность и приложение собственных усилий для того, чтобы получить то, что является твоим наследием.

Сегодня повторяй эту идею в начале каждого часа и не забывай об этом. Во время твоих двух более длительных практических занятий активно задействуй свой ум, чтобы понять глубинный смысл сегодняшней идеи. Объективно осознай все чувства и мысли за нее и все чувства и мысли против нее. Особо заостряй внимание на любом возражении, которое может возникнуть к сегодняшней идее. Потом осознай силу этой идеи в твоем собственном уме. Это поможет тебе познать сегодняшнюю идею и ее истинный смысл. Это также поможет тебе объективно осознать настоящее устройство твоего ума. Это все является частью твоего обучения как ученицы Знания. Серьезно задумайся над сегодняшней идеей и не довольствуйся простыми ответами и объяснениями, ибо сегодняшняя идея включает в себя дар, который ты еще не испытывала.

Практика 230: *два практических занятия по 30 минут каждое. Напоминание в начале каждого часа.*

Шаг 231

У МЕНЯ ЕСТЬ ПРЕДНАЗНАЧЕНИЕ В ЭТОМ МИРЕ.

У ТЕБЯ ЕСТЬ ПРЕДНАЗНАЧЕНИЕ В ЭТОМ МИРЕ. Это не то, что ты думаешь. Оно будет исходить из твоего Знания после того, как ты позволишь Знанию проявиться в твоем сознании. У тебя есть предназначение в этом мире, потому что ты пришел сюда выполнить весьма конкретное задание. Твоим предназначением в этом мире является восстановление Знания и выражение твоего Знания. Это очень простое заявление твоего предназначения, но это заявление очень глубокое и содержит многое, что должно со временем осуществиться.

У ТЕБЯ ЕСТЬ ПРЕДНАЗНАЧЕНИЕ В ЭТОМ МИРЕ, потому что ты был послан сюда для выполнения конкретного задания. Вот поэтому твой ум устроен так, как он устроен, и у тебя определенная натура, которая отличается от других. По мере того, как твое предназначение проявляется, ты поймешь, почему ты думаешь и действуешь так, как ты думаешь и действуешь, и все это приведется в истинное соответствие и гармонию. Это снимает все поводы для самоосуждения, ведь у тебя есть полезные способности, о которых ты еще не знаешь. Другими словами, ты создан специально для того, что ты еще не понимаешь. До момента этого озарения ты будешь противостоять своей сущности, считая, что она тебе препятствует. Со временем ты осознаешь, что она является бесценным ресурсом для достижения твоей цели, ведь у тебя есть предназначение в мире.

В НАЧАЛЕ КАЖДОГО ЧАСА НАПОМИНАЙ СЕБЕ ОБ ЭТОМ и напоминай себе о том, что ты еще не знаешь, каково твое предназначение. Без предположений ты сможешь раскрыть истину. Во время твоих более глубоких медитаций сегодня войди снова в состояние внутреннего покоя и тишины, используя слово РАН, если оно тебе по душе. Сегодняшний день является днем подготовки для тебя, чтобы познать свое истинное предназначение в мире. Это день, отданный Знанию и отвлеченный от ложных предположений и самообмана. День, который отдан Знанию, приближает тебя к познанию своего истинного предназначения, которое само по себе появится без твоих предположений, как только ты и те, с которыми ты должен встретиться, будут готовы.

Практика 231: *два практических занятия по 30 минут каждое. Напоминание в начале каждого часа.*

Шаг 232

МОЕ ПРЕДНАЗНАЧЕНИЕ В ЖИЗНИ ТРЕБУЕТ РАЗВИТИЯ ДРУГИХ.

Для того чтобы твое предназначение появилось в твоей жизни, требуется не только твое развитие, но и развитие других, с которыми ты будешь непосредственно взаимодействовать. Ведь твое предназначение в жизни включает содействие с другими, оно не является отдельным стремлением. Это не личная самореализация. На самом деле, нет ни одной личности, которая полностью разлучена от других личностей, потому что индивидуальность только имеет смысл в выражении того, что связывает и объединяет всю жизнь.

Поэтому сегодня развивай мудрость и понимание того, что твое истинное достижение также зависит от достижений других. Не думай, что ты знаешь, кто эти «другие», ведь ты их всех еще не встретила. Некоторые находятся в этом мире и некоторые находятся вне этого мира. Они могут быть вообще вне твоей личной сферы жизнедеятельности.

Как ты можешь продвигаться, когда твои достижения частично зависят от других? Ты продвигаешься тем, что ты отдаешь себя своей подготовке. Сила, возникающая из этого действия, усилит тех, с которыми ты будешь взаимодействовать в рамках твоего жизненного предназначения. Ввиду того, что ваши с ними усилия усиливают друг друга, вы с ними уже находитесь во взаимоотношениях; вы уже влияете друг на друга. Чем ближе ты подойдешь к той точке, где Знание появляется, тем ближе они тоже подойдут. Чем больше ты тормозишь себя, тем больше ты их тоже тормозишь. Ты не можешь видеть этот механизм, пока ты живешь в мире, потому что ты должна находиться вне мира, чтобы увидеть его действие. Но ты можешь понять идею о том, что все умы влияют друг на друга, особенно те умы, которые должны конкретно взаимодействовать друг с другом в жизни.

Поэтому твое продвижение зависит от твоих собственных усилий и усилий других. Но усилия других дополняются и усиливаются твоими усилиями. Поэтому ты должна достичь собственных успехов, и в то же время твои достижения объединяют тебя с жизнью и углубляют содержание и опыт взаимоотношений, что выходит за рамки твоих прежних жизненных реалий.

Во время твоих воспоминаний в начале каждого часа и во время твоих более глубоких медитаций в состоянии внутреннего покоя сегодня пусть твои усилия дополняют усилия других, что, в свою очередь, дополняет твои усилия. Пусть воссоединение вашего взаимного стремления будет источником силы, которую ты испытываешь сегодня, и которую те, с которыми ты пока еще не встретилась в этой жизни, будут испытывать.

Практика 232: *два практических занятия по 30 минут каждое. Напоминание в начале каждого часа.*

Шаг 233

Я являюсь частью Великой Силы добра в мире.

Это заявление является абсолютной истиной, хотя, с точки зрения Разлуки, это трудно понять. Ты, скорее всего, не поймешь сегодняшнюю идею, но она дана тебе для того, чтобы ты испытал ее силу и эффективность, ведь представляя истину, ты можешь подойти к истине, которая является восприятием Знания. Этим самым большим потенциалом любой идеи и является ее способность открыть дверь к Знанию.

Поэтому нужно найти правильный подход к этой идее. Ты должен осознать ограничения видения с точки зрения Разлуки и не пытаться осуждать значение сегодняшней идеи. Ты не можешь ее осуждать. Ты можешь только откликнуться на нее или отрицать ее, потому что ее истина больше, чем твое нынешнее понимание. Осознание твоих ограничений в этой связи дает тебе доступ к величию, ведь когда ты не защищаешь то, что тебя ослабляет, ты можешь найти путь к тому, что тебя укрепляет и дает тебе предназначение, смысл и направление.

Ты являешься частью Великой Силы добра, ибо эта сила соединена со Знанием и направляется им. Знание вне того, чем любой человек может обладать. Поэтому нет «твоего» Знания и «моего» Знания, есть только Знание. Есть только твое понимание и мое понимание, и в этом могут быть разногласия, а Знание и есть Знание. Оно объединяет людей; оно разъединяет людей. Если оно поистине познано в состоянии внутреннего покоя и с объективностью, его истинное направление может быть осознано и ему можно следовать.

Сделайся сильнее сегодня, когда ты повторяешь эту идею в начале каждого часа. Знай, что все твои усилия ради Знания дополняются теми, кто занимается вместе с тобой, теми, кого ты можешь видеть, и теми, кого ты не можешь видеть. Во время твоих более глубоких медитаций пусть твоя самодисциплина, которая подготовит тебя, чтобы войти в состояние внутреннего покоя, тоже будет дополнена. Так твое достижение сегодня будет дополнять усилия всех тех, кто занимается вместе с тобой, чтобы разучиться ложному и учиться истинному.

Практика 233: *два практических занятия по 30 минут каждое. Напоминание в начале каждого часа.*

Шаг 234

Знание служит человечеству во всех отношениях.

Знание задействует все умственные и физические способности во благо. Оно направляет любое индивидуальное стремление во благо человечества. В искусстве, науке, во всех начинаниях, в самом простом действии и самом великом поступке Знание демонстрирует более широкую жизнь и усиливает все высшие качества в людях, с которыми Знание пребывает.

Знание великое, но это не значит, что тебе надо ассоциировать его только с великими делами, ибо Знание может выражаться даже в самом маленьком слове и в самом маленьком жесте. Таким образом, эти слова и жесты тоже могут значительно влиять на других. Сила Знания в одном человеке должна задействовать силу Знания в других людях, и, таким образом, стимулировать и поддерживать восстановление жизни в умах, которые живут в разлученных фантазиях. В рамках мира ты не можешь видеть в целом эффективность этого, но ты можешь его испытывать в своей собственной жизни и видеть, как оно демонстрируется в контексте отношений, в которых ты сейчас участвуешь.

Не думай, что ты знаешь. Либо ты знаешь, либо ты не знаешь. Запомни это, ибо ты еще способна на самообман, потому что ты до сих пор не готова смотреть на себя объективно, боясь, что ты обнаружишь черты, которые тебя разочаруют или разрушат. Однако когда ты посмотришь на себя всецело, ты обнаружишь только Знание.

Во время твоих более глубоких медитаций сегодня войди снова в состояние внутреннего покоя, используй приемы, которым ты уже научилась. Не отвлекайся от своей цели. Ты являешься частью Великой Силы, и эта Великая Сила поддерживает тебя.

Практика 234: *два практических занятия по 30 минут каждое. Напоминание в начале каждого часа.*

Шаг 235

Сила Знания становится очевидной мне.

Пройдет время до того, как ты осознаешь силу Знания, ибо она превосходит твое воображение. С другой стороны, она намного проще и утонченнее, чем ты можешь пока понять. Ее можно увидеть в невинности детского взгляда, ее можно представить в величии движения галактик. Она может проявляться в самом простом действии или самом великом поступке.

Принимай тот факт, что ты только начинаешь осознавать присутствие Знания в своей жизни и во всей жизни. Это определяется твоей способностью к Знанию, которую, вместе с твоим стремлением к Знанию, ты сейчас развиваешь в себе. Поэтому ты изо дня в день практикуешь тишину и внутренний покой и только прерываешь эти практики, чтобы активно использовать свой ум для более великих целей. Здесь ты развиваешь как свою способность, так и свое желание, ведь каждый день ты должен заниматься, потому что ты стремишься к Знанию, и каждое практическое занятие развивает твою способность ощущать Знание.

Ты начинаешь осознавать присутствие Знания, силу Знания и признаки Знания. Напоминай себе об этом в начале каждого часа и не забывай. Еще раз во время твоих более глубоких медитаций отдавай себя полностью тому, чтобы войти в состояние внутреннего покоя и тишины, ведь это освободит тебя от чувства вины и злопамятности внутри себя и покажет тебе силу Знания, которую ты сейчас учишься принимать.

Практика 235: *два практических занятия по 30 минут каждое. Напоминание в начале каждого часа.*

Шаг 236

Со Знанием я буду знать, что делать.

Со Знанием ты будешь знать, что делать, и твоя уверенность будет настолько сильной, что будет трудно сомневаться в ней или выступать против нее. Здесь ты должна быть готова действовать и действовать смело. Если ты будешь волноваться о том, что надо защитить свои идеи и физическое тело, то ты будешь бояться Знания, бояться того, что оно толкает тебя к тому, что для тебя опасно или вредно. Знание может только быть проявлено. Его благодеяние может только быть испытано. Оно может только быть испытано путем восприятия его присутствия и выполнения его направления.

Со Знанием ты будешь знать, что делать, и твоя уверенность превзойдет все иллюзии, которые ты придумывала по поводу уверенности до сих пор. Ты можешь продолжать сомневаться в себе перед Знанием, но Знание сильнее потому, что ты будешь целиком занята действием. Только ограниченность твоего сомнения в себе, порожденного твоими ложными верованиями, может выступать против него. А эти аргументы являются безнадежными и жалкими, и без глубины и убедительности.

Знание будет двигаться в тебе в определенных случаях, ведь в тишине оно наблюдает за всеми ситуациями, пока оно не готово действовать. И когда оно готово действовать, оно и действует! Таким образом, ты научишься со Знанием быть спокойной в мире, а когда ты будешь действовать, ты будешь действовать с истинной эффективностью и результативно. Итак, ты можешь быть человеком действия и созерцания одновременно, ведь твое созерцание будет глубоким и значительным, и твое действие также будет глубоким и значительным.

Со Знанием ты будешь знать, что делать. Не думай, что ты знаешь, что делать, пока ты не со Знанием, и Знание не показывает тебе сделать что-нибудь с большой силой. Не принимай мелкие попытки разрешить свои проблемы, ибо без Знания твои попытки будут пустыми и будут усложнять ситуацию.

В начале каждого часа повторяй сегодняшнюю идею и размышляй над ней. Во время твоих более глубоких медитаций используй те навыки, которые ты приобрела до сих пор, чтобы войти в состояние внутреннего покоя. Если Знание сидит тихо, то ты тоже можешь бездействовать. А когда Знание побуждает к действию, ты можешь действовать, и тем самым разрешение, которое наступит, превзойдет все твои ожидания.

Практика 236: *два практических занятия по 30 минут каждое. Напоминание в начале каждого часа.*

Шаг 237

Я ТОЛЬКО НАЧИНАЮ ПОНИМАТЬ СМЫСЛ СВОЕЙ ЖИЗНИ.

Ты только начинаешь понимать смысл своей жизни. Это понимание появится в тебе естественным образом, без твоей попытки осмыслить его. Смысл и предназначение твоей жизни просто появятся и будут выражаться и сегодня, и завтра, и в будущие дни, ибо Знание настолько просто и основательно. Так твой интеллект может быть использован, чтобы справиться с физическими необходимостями твоей жизни, особенностями твоей жизни и механизмом твоей жизни, ведь для этого нужно использовать интеллект. Однако величие Знания обеспечит предназначение, смысл и направление, которые интеллект никогда не сможет обеспечить. Поэтому у интеллекта есть настоящая функция, ибо он служит величию Знания.

Ты только начинаешь понимать смысл Знания и суть Знания. Не думай, что твои умозаключения к настоящему моменту отвечают твоим нуждам, ибо ты являешься начинающим учеником Знания, и как новичок, ты не будешь полагаться на одни твои предположения. Ведь начинающие ученики делают мало предположений и охотно учатся всему тому, что им нужно. Будь начинающим учеником сегодня. Осознавай тот факт, что ты мало знаешь и придется многому научиться. У тебя целая жизнь, чтобы научиться этому, но твоя жизнь должна быть активирована и усилена вне рамок того, что ты до сих пор осознал. Со временем величие, которое ты носишь, будет выражаться через тебя путем действий и великих, и маленьких.

Сегодня во время твоих более глубоких медитаций, когда ты войдешь в состояние внутреннего покоя, пусть твое познание Знания продолжает расти. Ухаживай за твоей практикой, как терпеливый садовник, который не требует того, чтобы все растения сегодня принесли плоды, а который понимает, когда наступает сезон роста и перемен. Пусть у тебя будет это понимание, ведь со временем ты поймешь объективно, как люди развиваются и растут и что они носят внутри себя. Когда ты покинешь этот мир, если ты успешно развивал Знание и позволил ему отдать все свои дары миру, ты сможешь стать Наставником для тех, кто остается. Таким образом, ты будешь выполнять свое обучение в мире тем, что ты будешь отдавать другим все то, что ты приобрел в мире. Тем самым твое дарение выполняется и их дарение продвигается.

Ты только начинаешь понимать эти слова. Сегодня укрепи свое ощущение Знания для того, чтобы понимание этих слов углублялось в тебе. В начале каждого часа повторяй сегодняшнюю идею для того, чтобы все твои действия и все твои занятия, несмотря ни на что, в каких бы обстоятельствах ты ни находился, способствовали твоему обучению. Ибо нет никакого события или взаимодействия, которое Знание не может благословить или гармонизировать.

Практика 237: *два практических занятия по 30 минут каждое. Напоминание в начале каждого часа.*

Шаг 238

Обзор

Мы начнем этот двухнедельный Обзор со следующим воззванием:

«Я была послана в мир, чтобы служить своей Духовной Семье, которая служит этому миру и всем мирам в физической Вселенной. Я являюсь частью Великой Силы добра и начинающей ученицей Знания. Я благодарна за этот дар, отданный мне, который я только начинаю понимать. В полной верности и преданности я продолжу свою практику сегодня для того, чтобы признать ценность своей собственной жизни».

Произнеся это воззвание, начинай свой длительный обзор. Начинай с первой практики этого двухнедельного периода, рассматривай наставления и твои практические занятия, и так последовательно по каждому дню. Когда ты закончишь этот обзор, повтори еще раз сегодняшнее воззвание и потом проведи несколько минут в состоянии внутреннего покоя. Пребывая в состоянии внутреннего покоя, начинай чувствовать силу того, что ты предпринимаешь. Сила Знания и благодать, которую она дарует миру, это то, что ты научишься получать и выражать в ближайшие дни и недели.

Практика 238: *одно длительное практическое занятие.*

Шаг 239

Сегодня свобода принадлежит мне.

Свобода принадлежит тем, кто живет со Знанием. Свобода принадлежит тем, кто не отягощает себя чрезмерной тяжестью бессмысленного мышления и предположений. Свобода принадлежит тем, кто может посвящать себя своему единственному предназначению и тем конкретным задачам, которые возникают из этого предназначения. Что может быть лучшей свободой, более великой свободой, чем свобода использовать свое Знание и выполнить его задачу в мире? Больше ничего не может называться свободой, ведь все остальное - всего лишь свобода находиться в хаосе и падать в уныние.

Ты свободен сегодня позволить Знанию жить в тебе. Сегодня во время твоих практик в начале каждого часа и твоих двух более глубоких медитаций помни, что ты свободен. Когда у тебя появится свободная возможность быть со Знанием во время твоих двух глубоких медитаций, позволь себе войти в состояние внутреннего покоя, и пусть никакие чувства, идеи или мысли не отвлекут тебя от возможности прочувствовать великую свободу, которой ты владеешь, чтобы уйти от мира в Знание.

Эти практические занятия являются такими важными для твоего общего самочувствия. В результате этого обучения ты получишь больше доступа к Знанию во всех твоих внешних начинаниях, по мере того как ты научишься пребывать в мире со Знанием и научишься следовать Знанию во время того, как оно привносит в мир свою Мудрость. Ты свободен сегодня пребывать со Знанием, ведь сегодня ты свободен.

Практика 239: *два практических занятия по 30 минут каждое. Напоминание в начале каждого часа.*

Шаг 240

Мелкие идеи не могут восполнять мою необходимость в Знании.

Замечательные идеи, фантастические представления и великолепные верования не могут соответствовать твоей необходимости в Знании. Идеи сами по себе могут двигать тебя вперед, но они не могут сопровождать тебя в пути. Они могут говорить о более великих вещах, которые тебя ожидают, но они не могут отвести тебя туда, ведь Знание должно вести тебя к твоей судьбе и самореализации. С идеями ты стоишь в начале пути, показывая направление другим, но ты не можешь пойти туда сама.

Когда ты идешь со Знанием, Знание будет распространяться через идеи. Оно и будет распространяться через действия, жесты и все средства общения в этом мире. Поэтому не довольствуйся одними только идеями. Не думай, что, размышляя над идеями, ты поймешь суть Знания и его истинное применение в мире. Можно испытать и наблюдать за этим, но те, кто испытывает и наблюдает, должны прочувствовать это всем своим нутром.

Поэтому не довольствуйся мелкими вещами вместо величия твоей истинной сущности и предназначения в мире. Возвращайся к Знанию и будь признательна за те идеи, которые указали тебе правильный путь. Но пойми, что сила, которая двигает тебя, сила, которая дает тебе мужество подготовиться и действовать, исходит от великой Мудрости и Знания, которые ты носишь в себе. Требуется Знание, чтобы следовать Знанию. Требуется Знание, чтобы подготовиться к Знанию. Поэтому ты практикуешь Знание, даже по мере того, как ты к нему приближаешься.

Поэтому в начале твоего пути не оставайся с одними идеями. Не принимай мелкие вещи вместо величия твоей функции. Напоминай себе об этом в начале каждого часа, и во время твоих более глубоких медитаций войди снова в состояние внутреннего покоя и тишины. Подходи к своей практике без вопросов. Подходи к своей практике без просьб. Напоминай себе о том, что в Знании все отдается, все принимается и все, что нужно, будет применено. По мере того, как твой ум становится более простым и открытым, он становится проводником, через который Знание выражается в мире.

Практика 240: *два практических занятия по 30 минут каждое. Напоминание в начале каждого часа.*

Шаг 241

МОЙ ГНЕВ НЕ ОПРАВДАН.

Гнев не оправдан, ведь гнев сам по себе только является твоей реакцией на отсутствие Знания. Это вызывает гнев из самого источника гнева. Но это делать не обязательно, потому что гнев - это всего лишь реакция. В ответ он может вызывать гнев в других и стимулировать бурную реакцию и внутренне, и внешне - везде, где он применяется. Знание, однако, перенаправит гнев так, чтобы его разрушительные способности отпали, ведь на самом деле ты хочешь выразить то, что усиливает Знание в других. Это сила твоего убеждения, а не желание причинить себе и другим боль, что делает эмоцию, являющую источником гнева, поистине эффективной. Поэтому можно сказать, что твой гнев является истинным обращением, которое исказилось твоими собственными всплесками чувства вины и страха. После того, как ты избавишься от этих искажений, истинное обращение, которое является источником гнева, может выразиться. Это только приведет к добру.

Так гнев не оправдан, ведь он является неправильным истолкованием истинного обращения. Твой гнев не оправдан, потому что гнев исходит из заблуждения. Однако заблуждение требует подготовки и истинного применения Знания. Поэтому грешников не наказывают, а о них заботятся. Злодеев не отправят в ад, а их подготовят для Рая. Это является истинной целью Божьего предназначения в мире. Вот почему Бог никогда не злится, потому что Бог не обижается. Бог всего лишь применяет Бога в ситуации, где о Боге временно забыли.

В более широком плане, даже разлука всех индивидуальных умов является всего лишь временным обстоятельством. Ты пока не способен думать на этом уровне и не будешь способен еще долгое время, ибо ты должен пройти несколько этапов развития, во время которых твой разум интегрируется все больше и больше в жизненные реалии взаимоотношений и самой жизни. Но по мере того, как ты продвигаешься, и по мере того, как ты предпринимаешь каждый важный шаг, расширяющий твои горизонты, ты начнешь понимать, что гнев не оправдан. Он всего лишь представляет отсутствие применения Знания в той или иной ситуации. Это требует решения, а не осуждения. Здесь ты поймешь, что твой гнев требует понимания. Ты не должен отрицать его, ведь если ты будешь отрицать гнев, ты этим также будешь отрицать источник гнева, который является истинным обращением. Поэтому мы хотим убрать то, что мешает твоему истинному обращению для того, чтобы твое истинное обращение могло просиять, ибо истинное обращение всегда исходит от Знания.

Думай об этой идее в начале каждого часа. Во время твоих более глубоких медитаций активно рассматривай все, что вызывает у тебя гнев, каждый случай отдельно, от самого несущественного, но конкретного, до общих моментов, которые тебя огорчают и сдерживают. Напоминай себе во время этого размышления, что твой гнев не оправдан. Напоминай себе о том, что это требует применения Знания, и что в каждом случае или чувстве гнева находится истинная доля правды. Поэтому не надо отрицать своего гнева, ведь, очищая его, ты сможешь выразить то, что ты хотел выразить в самом начале, где ты неудачно выразился. В таком случае твое самовыражение свершится, и гнев пропадет.

Практика 241: *два практических занятия по 30 минут каждое. Напоминание в начале каждого часа.*

Шаг 242

Мое Знание является
моим самым великим даром миру.

Это твой самый великий дар. Это дар, который насыщает все остальное дарование, и дает ему смысл. Это дар, который дает ценность всему человеческому выражению, всем человеческим начинаниям и всему человеческому изобретению; он предназначен, чтобы поддерживать благосостояние человечества в его эволюции. Знание не поддается измерению. Ты не можешь его упаковать и подарить, и ты не можешь его описать с помощью своих идей. Оно является присутствием и качеством жизни, что представляет собой самую суть жизни. Оно дает смысл всему дарованию и содействию.

Это твой самый великий дар, который ты сейчас учишься получать. По мере того, как ты его получаешь, оно отдается само собой, ибо ты не можешь держать Знание в себе. После того, как оно появляется, оно начинает выражаться во всех направлениях и, конкретно, в определенных направлениях и в определенных отношениях с определенными людьми по своему намерению и своей мудрости. Поэтому если ты получишь Знание, ты должна его отдать. Оно отдается само по себе, и ты захочешь его отдать, потому что ты овладеешь богатством, и богатство только размножается, когда ты его отдаешь. Так, по сути, жизнь заключается полностью в том, чтобы отдавать Знание. Когда отдавать не получается, происходит всякий обман, разочарование и огорчение. Но когда удастся восстановить процесс отдачи Знания в таких случаях, эти проявления отрицания уйдут, и Знание снова начнет выражаться определенным образом.

Поэтому в начале каждого часа напоминай себе об этой великой истине и во время твоих более глубоких медитаций позволь себе испытывать Знание. Позволь себе получить его. Отдавай себя этому применению ума и тела. Тем самым Знание отдает себя, и ты будешь удовлетворенной, потому что ты даешь самый великий дар, который может быть отдан.

ПРАКТИКА 242: *два практических занятия по 30 минут каждое. Напоминание в начале каждого часа.*

Шаг 243

МНЕ НЕ НАДО БЫТЬ ОСОБЫМ, ЧТОБЫ ДАВАТЬ.

Вся человеческая амбиция основывается на стремлении быть особым. Вся человеческая амбиция, которая не исходит от Знания, исходит от стремления возмещать серьезное разочарование и беспокойство от того, что вы находитесь в Разлуке. Стремление быть особым направлено на усиление Разлуки. Это стремление превысить себя над другими. Оно всегда отрицает жизнь и Знание и приводит к большему заблуждению, разочарованию и огорчению.

Сегодня ты свободен от стремления быть особым, и таким образом ты найдешь настоящее утешение, которое ты искал во всех своих прежних начинаниях. То, что действительно является особым, это твоя уникальная форма выражения того, что присуще всей жизни. Тем самым то, что объединяет жизнь и есть жизнь, подтверждается. Твоя индивидуальность тоже подтверждается, но не за счет исключения любого другого выражения жизни. Здесь ты не являешься особым. Ты всего лишь ты. Ты больше, чем личность, потому что ты являешься частью жизни, но ты также и личность, потому что у тебя есть свое личное выражение жизни. Здесь весь конфликт и замешательство приходят к своему концу. То, что имеет свои пределы, выражает беспредельное, и то, что уникально, выражает неотъемлемое и подлинное. Именно этого разрешения ты ищешь, ибо на самом деле ты не хочешь быть особым. Ты только хочешь, чтобы твоя личная жизнь имела предназначение, смысл и направление.

В начале каждого часа думай об этом после того, как ты повторишь сегодняшнюю идею. Во время твоих более глубоких медитаций войди снова в состояние внутреннего покоя и тишины. Не требуй ответов, потому что не нужно этим заниматься во время медитации. Это время для того, чтобы воспринять Знание, когда твоя индивидуальность почитается и подтверждается для ее истинного предназначения, и ты потихоньку освободишься от чувства особенности, которое угнетало тебя так долго. Не стремись быть особым сегодня, ибо твоя жизнь не предназначена для этого. Тем самым все тревоги по поводу смерти и разрушения покидают тебя. Тем самым все осуждение и сравнение с другими покидают тебя. Тем самым ты сможешь почитать жизнь и почитать свои взаимоотношения, которые являются выражением всего, чему сегодняшние наставления научат тебя.

Практика 243: *два практических занятия по 30 минут каждое. Напоминание в начале каждого часа.*

Шаг 244

Я ПОЧТЕНА, КОГДА ДРУГИЕ СИЛЬНЫ.

Другие почтены, когда ты сильна. Ты почтена, когда другие сильны. Таким образом, Знание подтверждается в мире, где Знание забыто. Нужно только, чтобы Знание подтвердилось через познание и выражение для того, чтобы оно передавалось другим. Самым ценным твоим показательным уроком для других является твой вклад в жизнь. И это твое самое великое дарование себе, ведь в зависимости от того, насколько ты оцениваешь свою жизнь, ты и сможешь восстановить свою самооценку, и ты познаешь свою истинную ценность соразмерно самой жизни.

Поэтому ты почтена, когда другие сильны. Таким образом, ты не попытаешься унизить других, чтобы возвысить самого себя. Ты не будешь стремиться подчеркивать собственное достоинство на фоне недостатка другого человека. Таким образом, твои достижения не будут сопровождаться чувством вины, ведь никто не был предан, по мере того как ты стремишься приобрести опыт и продвигаться в жизни.

Сегодняшняя практика очень глубокая и требует серьезного размышления. В начале каждого часа повторяй сегодняшнюю идею и серьезно размышляй над ней в каждой ситуации, в которой ты окажешься. Во время твоих более глубоких медитаций сегодня войди в состояние внутреннего покоя и тишины. Позволь себе принять этот дар, ведь сегодняшняя идея очень проста и очень искренна. Она вовсе не сложная, хотя она требует серьезного размышления, ведь ты слишком привыкла к тому, чтобы думать о поверхностных вещах. Во время нашей с тобой подготовки в эти дни, недели и месяцы ты учишься занимать свой ум познаванием очевидного и наглядного. Но это не очевидно тем, кто занимается поверхностными вещами.

Поэтому сегодня отдавай это время Знанию. Отдавай это время тому, что укрепляет тебя и всех других людей во Вселенной. Ты почтена, когда другие сильны. Тем самым Разлуке приходит конец, и настоящее дарование становится явным.

Практика 244: *два практических занятия по 30 минут каждое. Напоминание в начале каждого часа.*

Шаг 245

Когда другие заблуждаются, я помню о необходимости в Знании.

Когда другие заблуждаются, пусть это напоминает тебе о твоей необходимости в Знании. Не недооценивай свою необходимость в Знании. Таким образом, не надо осуждать или критиковать тех, кто заблуждается, а осознавай их большую необходимость и свою большую необходимость в Знании. Это только подтвердит серьезность, с которой ты должен сейчас готовиться. Ведь ты готовишься не только для собственного продвижения и своего счастья, а для продвижения и счастья всего человечества. Это не праздное утверждение или заявление. Это совершенная истина. Ведь с каждым шагом к Знанию, ты отдаешь свои достижения миру, и ты снимаешь тяжесть с плеч всех, кто борется с собственными фантазиями и чувством поражения.

Тем самым твоя жизнь становится твоим учением, ибо это жизнь Знания. Она показывает присутствие Знания в мире, что и есть присутствие Бога. Это исходит от твоего служения в качестве продвинутого проводника для Знания. По мере того, как ты продвигаешься, все человеческие способности продвигаются, все человеческие помехи рассеиваются и все самое истинное и настоящее в личной человеческой жизни возвышается. И все, что вне человеческой жизни, но что содержит человеческую жизнь, также утверждается. Поэтому заблуждение другого человека является для тебя призывом к Знанию. Оно является призывом к твоему продвижению и укреплению, ведь ты пришел в мир, чтобы давать.

Напоминай себе об этом в начале каждого часа, и во время твоих двух более длительных практических занятий активно занимай свой ум для того, чтобы понять эту идею. Вспоминай каждого человека, который, по-твоему, заблудился, и осознавай смысл сегодняшней идеи в контексте служения этих людей тебе. Осознавай необходимость в Знании в их жизни и в своей жизни. Они совершают ошибки, чтобы разжечь твое усердие к восстановлению Знания. Таким образом, они служат тебе, и это должно вызывать твою благодарность, а не осуждение. Они учат тебя, как ценить ценное и отбросить бессмысленное. Не считай, что они не экономят тебе время. Они так и экономят тебе время. Они показывают то, чему тебе надо научиться и что тебе надо принять. Поэтому отдавай себя их благополучию за то, что они учат тебя ценить Знание. По мере того, как ты продолжаешь ценить Знание, результат твоего усердия вернется им взамен, и они станут сильными и будут почтены твоими же достижениями.

Практика 245: *два практических занятия по 30 минут каждое. Напоминание в начале каждого часа.*

Шаг 246

Нет никакого оправдания тому, чтобы не восстановить Знание.

Нет никакого оправдания ошибкам. Нет никакого оправдания отрицанию Знания. Нет никакого оправдания вообще. Не пытайся оправдать свои ошибки, перекладывая вину на себя или осуждая жизнь за то, что она не дала тебе то, что тебе нужно. Не оправдывай свои ошибки, обвиняя детство, родителей или воспитание, чтобы объяснить свою нынешнюю ситуацию. Ошибки нельзя оправдать. То, что нельзя оправдать, можно отбросить, потому что у него нет истинного смысла и значения.

Итак, сегодня ты почувствуешь свободу, это день выражения свободы для тех, кто все еще из-за привычки и самодовольства пытается оправдать свои ошибки, перекладывая вину и ответственность на другое. Это бессмысленно, ведь сегодня тебе всего лишь надо приблизиться к Знанию и отдать себя своему приближению к Знанию. Ты только можешь оправдать ошибки, чтобы не приблизиться к Знанию, а поскольку нет оправдания ошибкам, значит, и нет оправдания тому, чтобы не приблизиться к Знанию. Без этого оправдания ты оправдана, ибо ты являешься выражением Знания. Это твоя судьба и твое предназначение в мире. Когда ошибки неоправданные, истина получает полное оправдание.

Повторяй эту идею в начале каждого часа. Подходи к этому во время твоих более глубоких медитаций в состоянии внутреннего покоя и восприимчивости. Будь благодарной сегодня за то, что твои ошибки прощаются. Будь благодарной сегодня за то, что осуждение не оправдано. Будь благодарной сегодня за то, что у тебя есть эта возможность приблизиться к Знанию, что подтвердит самое истинное и великое внутри тебя. Будь благодарной сегодня за то, что нет смысла это отрицать, ведь без чувства вины и осуждения ты можешь только получить то, что жизнь тебе предлагает.

Наслаждайся своей свободой сегодня. Утверди сегодня, что ты без вины, ведь ты являешься ученицей Знания. Утверди сегодня, что все проблемы мира могут быть разрешены без осуждения, ибо без осуждения все проблемы мира будут разрешены.

Практика 246: *два практических занятия по 30 минут каждое. Напоминание в начале каждого часа.*

Шаг 247

Я буду прислушиваться к своим Внутренним Наставникам сегодня.

Прислушивайся к своим Внутренним Наставникам, ибо у них для тебя есть мудрые советы. Прими их советы и работай над ними, осознавая, что, только следуя советам, ты будешь понимать их смысл и значение.

В начале каждого часа напоминай себе о том, что твои Внутренние Наставники с тобой. Радостно отдавайся своим двум медитациям сегодня, во время которых ты освободишься от внешних обстоятельств и занятий, чтобы проводить время с твоими Внутренними Наставниками. Они обратятся к тебе сегодня и помогут тебе прислушаться и отличить их голоса от других голосов, которые суетятся в твоей голове. Они представляют собой единственный верный голос, который обратится к твоей душе. Они не являются заменами, которые ты создаешь, чтобы держать себя в адреналине страха. Поэтому доверься им, так как они доверились тебе, ведь они поручают тебе Знание в мире - большего доверия и признания ты не можешь себе представить. Для того чтобы стать проводником Знания в мире, ты должен подтвердить величие твоего источника и наследия, а также величие Божьего уважения к тебе.

Поэтому во время твоих двух более глубоких медитаций сегодня в состоянии внутреннего покоя и тишины прислушивайся к тому, что внутри тебя. Прислушивайся внимательно. Становись восприимчивым, и ты осознаешь, что твои Наставники стоят на заднем плане, наблюдая за тобой, любя тебя и поддерживая тебя. И они будут рассказывать тебе сегодня, как о вещах за пределами мира, так и о вещах внутри этого мира. Они будут напоминать тебе о твоем предназначении и о твоей функции, пока ты учишься прислушиваться сегодня.

ПРАКТИКА 247: *два практических занятия по 30 минут каждое. Напоминание в начале каждого часа.*

Шаг 248

Я БУДУ ПОЛАГАТЬСЯ НА МУДРОСТЬ ВСЕЛЕННОЙ, ЧТОБЫ ОНА НАУЧИЛА МЕНЯ.

Полагайся на Мудрость Вселенной. Не полагайся только на себя, ведь в одиночку ты ничего не знаешь. В одиночку нет никакого Знания и нет никакого взаимоотношения. Полагайся на Мудрость Вселенной, к которой ты имеешь доступ в рамках своего Знания и которая стимулируется присутствием твоих Наставников. Не думай, что ты можешь действовать в одиночку, ведь в одиночку ты ничего не сможешь сделать. Но вместе с жизнью все вещи, предназначенные для твоей реализации и твоего самого значительного вклада, отмечены и обещаны.

Поэтому напоминай себе об этой идее сегодня и во время твоих медитаций снова ищи убежище Знания в покое и тишине. Позволь Мудрости Вселенной выразить себя тебе, кто учится принимать эту Мудрость в открытости и смирении.

Пусть этот день будет днём прислушивания, днём созерцания и днём восприимчивости. Не становись жертвой привычных осуждений или озабоченности, а пусть этот день будет днём настоящего доступа к жизни, чтобы жизнь могла отдавать тебе, кто ей служит.

ПРАКТИКА 248: *два практических занятия по 30 минут каждое. Напоминание в начале каждого часа.*

Шаг 249

Я НИЧЕГО НЕ МОГУ СДЕЛАТЬ В ОДИНОЧКУ.

Ты ничего не можешь сделать в одиночку, ибо ничего в жизни не делается в одиночку. Это настолько очевидно, если ты просто понаблюдаешь за тем, что делается вокруг тебя. Никто ничего не делает в одиночку. Это верно; это нельзя отрицать, если ты честно наблюдаешь за миром. Даже если бы ты сидел на вершине горы в абсолютном одиночестве, ты бы не был один, с тобой твои Наставники, и все, что ты совершил бы там, ты бы совершил с помощью совместных усилий, ведь все, что ты совершаешь с другими людьми - это совместная работа. Это подтверждает естественные свойства взаимоотношений и представляет собой полное доказательство того, что ничего не делается в одиночку. Здесь ты должен учиться ценить свои взаимоотношения, ведь они являются проводниками твоих достижений во всех сферах и во всех путях выражения.

Поэтому мы делаем акцент на значении твоих взаимоотношений для тебя, кто сейчас пытается восстановить Знание. Эти взаимоотношения должны быть пропитаны Знанием, которое ты восстанавливаешь. Тогда они будут крепкими, эффективными и иметь ту благодать, которая существует в Знании для тебя. Ведь только взаимоотношения, основанные на Знании, могут содержать Мудрость, которую Знание проявляет в мире. Взаимоотношения, основанные на личном притяжении или личных фантазиях, не имеют под собой почву, чтобы нести Знание, и сразу потерпят провал перед требованиями и запросами настоящей жизни.

Поэтому по мере того, как ты восстанавливаешь Знание, ты также учишься наставлениям о взаимоотношениях. Напоминай себе об этом в начале каждого часа и наблюдай за очевидностью сегодняшних наставлений в любой ситуации, в которой ты окажешься. Когда ты будешь наблюдать, ты обнаружишь, что ничего не делается в одиночку, ни на одном уровне, ни в одном деле. Ничего нельзя сделать в одиночку. Нет никакого индивидуального творчества. Нет никакого индивидуального участия. Нет никакого индивидуального изобретения. Только можно фантазировать в одиночку, и в таких фантазиях многое было создано. Но даже и это делается совместно и укрепляется тем, что каждый человек укрепляет это собственным воображением. Поэтому даже иллюзия - общая и поддерживается через взаимоотношения. Ничего не делается в одиночку. Даже нельзя питать иллюзии в одиночку. Это исключено, и от этого не убежать. И тем не менее, тот факт, что от жизни не убежать, является твоим истинным спасением, ведь здесь жизнь тебя спасет, и все, что ты принес с собой в мир, будет задействовано и использовано.

Во время твоих более глубоких практических занятий сегодня подходи к Знанию и подходи к твоим Наставникам в состоянии внутреннего покоя и смирения. Осознавай, что ты ничего не можешь сделать в одиночку. Даже твои попытки дисциплинировать свой разум и подготовиться к медитации предпринимаются совместными усилиями с другими, которые занимаются, и с твоими Наставниками также. Вся Божественная сила может выразиться через тебя, ибо ничего нельзя сделать в одиночку.

ПРАКТИКА 249: *два практических занятия по 30 минут каждое. Напоминание в начале каждого часа.*

Шаг 250

Я НЕ БУДУ ОТСТРАНЯТЬСЯ СЕГОДНЯ.

Ты можешь отстраняться только в своих фантазиях, а фантазия не содержит ничего ценного, постоянного или значимого. Не предавай свое Знание сегодня тем, что ты отстраняешься. Не наказывай себя за ошибки, которые несущественны и которые на самом деле только являются проявлением твоего замешательства. Нет никакого оправдания ошибкам, и нет никакого оправдания твоему отстранению. Ты являешься частью жизни, и тебе надо будет полагаться на свои взаимоотношения с другими и с жизнью в целом, чтобы чего-либо достигнуть, даже чтобы выжить.

Подумав об этом, благодарность возникнет в тебе сама по себе, и ты осознаешь, что земля, по которому ты ходишь, и все полезное и благотворное, которое ты видишь и трогаешь, является результатом дарования и содействия. Тогда твоя благодарность вызовет любовь естественным образом, и из твоей любви выйдет понимание того, каким образом все свершается во Вселенной. Это придаст тебе силу и уверенность в том, что ты должна учиться делать.

Вспоминай об этом в начале каждого часа и во время твоих более глубоких медитаций позволь себе принимать. Не отстраняйся от Знания, которое ждет, чтобы благословить тебя во время твоих медитаций. В это время ты подходишь к алтарю Бога, чтобы представиться, и здесь Бог представит Бога тебе, кто учится принимать Знание.

Практика 250: *два практических занятия по 30 минут каждое. Напоминание в начале каждого часа.*

Шаг 251

Если я пребываю со Знанием, то не будет никакого заблуждения в моих отношениях.

Если Знание не заблуждается, то ты, пребывающий со Знанием, не можешь заблуждаться. Пребывать со Знанием однако означает, что ты не пытаешься разрешать ситуации, понимать вещи, контролировать или убеждать без Знания. Ты не пытаешься возвысить себя за счет другого. Ты не пытаешься оправдывать свои ошибки, перекладывая вину на другого человека.

Со Знанием нет никакого заблуждения в отношениях. Ты знаешь, с кем быть и с кем не быть, и нет в этом никакого осуждения. Ты знаешь, чему посвятить себя и чему не посвящать себя, и нет никакого осуждения в этом. Ты выбираешь один или иной вариант, а не правильный или неправильный вариант. Ты идешь сюда, а не туда, потому что сюда - это то место, куда ты должен идти. Как это все просто и как эффективно. Это подтверждает Знание во всех людях, и никто не осуждается. Здесь ворота ада раскрываются, и все освобождаются, чтобы вернуться к Знанию, ведь ворота ада уже открыты, и Знание зовет всех, кто там обитает, чтобы вернуться к Богу. Ведь адом только можно называть жизнь без Бога и жизнь без Знания. Это мнимая жизнь, вот и все.

Поэтому принимай призыв Знания, который и есть призыв Бога, чтобы проснуться и участвовать в жизни. Ты ничего не можешь делать в одиночку, и твои отношения будут ясными, когда ты будешь жить со Знанием. Вспоминай об этом в начале каждого часа и во время твоих более глубоких медитаций посвящай себя тому, чтобы активно рассматривать каждое первостепенное отношение, в котором ты оказался. Осознай в них огорчения и заблуждения, огромные ожидания и огромные разочарования, обиду по поводу ошибок, чувство поражения и перекладывание вины. Затем осознай, что со Знанием ничего такого не случится, ведь со Знанием смысл и предназначение каждого отношения будут уже осознаны в начале твоего участия и подтверждены в конце.

Осознай, что в твоих текущих отношениях со Знанием все становится явным, и ты можешь продолжать без вины и осуждения, порывов и нужды. Со Знанием ты можешь следовать тому, что именно полезно тебе и твоему близкому человеку, ведь все отношения почитаются и благословляются через Знание, и все люди находят свое законное место друг с другом. Тем самым каждый человек почитается и его Знание подтверждается. Пусть ты придешь к этому пониманию сегодня.

Практика 251: *два практических занятия по 30 минут каждое. Напоминание в начале каждого часа.*

Шаг 252

Обзор

Пусть твой обзор каждой практики в течение последнего двухнедельного периода будет подтверждением присутствия Знания в твоей жизни. Пересмотри каждое наставление и каждую практику. Объективно рассмотри степень твоего участия и осознай возможности отдать себя еще больше и еще полнее. Осознай, насколько бессмысленно твое отрицание и насколько велико обещание твоего награждения, исходя из твоего участия в жизни. Ты осознаешь это по мере того, как ты будешь пересматривать свои практики, ибо твои практики показывают твое двойственное отношение к Знанию и к присутствию самого Знания.

Ты поймешь со временем, что когда ты приближаешься к Знанию, все, что имеет смысл и значение, подтвердится, а когда ты отходишь от Знания, ты входишь во тьму собственного воображения. Тогда ты поймешь, куда тебе следует приложить свои усилия. Ты убедишься в том, что с тобой пребывает великое присутствие, поддерживающее тебя. Ты убедишься в том, что ты являешься частью жизни, и в том, что твои Наставники с тобой. С помощью Знания можно легко преодолеть каждую преграду и неадекватность, которые ты можешь себе представить или придумать. Это именно твое желание приобрести Знание и твой потенциал восстановить Знание, что нужно укрепить. После этого Знание будет выражаться, и ты будешь получателем самого великого дара жизни.

Во время твоего длительного Обзора сегодня занимайся твоей практикой с особым усердием и искренностью. Пусть этот день подтвердит твое обучение. Пусть этот день подтвердит, что ты спасена.

Практика 252: *одно длительное практическое занятие.*

Шаг 253

ВСЕ, В ЧЕМ Я ДЕЙСТВИТЕЛЬНО НУЖДАЮСЬ, БУДЕТ ПРЕДОСТАВЛЕНО МНЕ.

Этому заявлению стоит полностью доверять, несмотря на твои прошлые затруднения и разочарования. Однако даже в таких случаях ты можешь осознать тот факт, что все то, в чем ты действительно нуждался, чтобы продвигать Знание и чтобы продвигать твои истинные умственные и физические способности, было предоставлено тебе.

Все, в чем ты действительно нуждаешься, будет предоставлено тебе. Когда ты хочешь те вещи, в которых ты на самом деле не нуждаешься, тогда ты заблуждаешься, и это ведет тебя к мрачным предположениям и серьезным разочарованиям. То, в чем ты нуждаешься, сделает тебя счастливым, то, в чем ты не нуждаешься, запутает тебя. Это очень просто, очень ясно и очень очевидно. Знание всегда действует таким образом. Знание подтверждает то, что существенно. Здесь твой подход к жизни становится простым и прямым. Соответственно, жизнь будет простой и прямой.

Если твой подход к жизни является хитрым, жизнь кажется тебе хитрой. Если твой подход к жизни является простым и честным, жизнь кажется тебе простой и честной. Знание покажет то, что действительно нужно и что является лишним, что ты должна нести с собой и что всего лишь является лишним багажом, который будет тебя тяготить. Если ты хочешь того, что является лишним, и посвятишь себя этому, ты потеряешь связь с тем, что является настоящим и искренним, и твоя жизнь станет запутанной и несчастливой.

Произноси эти слова в начале каждого часа и размышляй над ними. Жизнь вокруг тебя покажет их правду. Во время твоих более глубоких медитаций войди снова в состояние внутреннего покоя. Приложи усилия в свою пользу, и твой разум ответит твоему приказу. Именно твое желание приобрести Знание позволит тому, чтобы все было предоставлено тебе. Эта уверенность в жизни даст тебе уверение продвигаться. Эта уверенность в жизни даст тебе уверение о том, что твоя жизнь высоко ценится в мире. Эта уверенность в жизни подтвердит то, что руководит самой жизнью, ведь в жизни есть Знание и есть фантазия, но сама жизнь - это Знание.

Практика 253: *два практических занятия по 30 минут каждое. Напоминание в начале каждого часа.*

Шаг 254

Я ДОВЕРЯЮ СВОИМ НАСТАВНИКАМ, КОТОРЫЕ ПРЕБЫВАЮТ СО МНОЙ.

Доверяй своим Наставникам, ибо им можно полностью доверять. Они здесь, чтобы пробудить Знание в тебе, напомнить тебе о твоём источнике и твоей судьбе и дать направление тебе в мелких и великих делах. Доверяй своим Наставникам. Они не займут место твоего Знания, а отойдут в сторону, по мере того как Знание будет расти в тебе. Доверяй своим Наставникам, ибо они уже завершили то, что ты сейчас предпринимаешь, и они учат тебя для того, чтобы они смогли выполнить свою миссию в мире. Доверяй своим Наставникам, ведь у них нет другой цели или амбиции, кроме Знания. Тем самым их отношение к тебе полностью является единым и честным, без обмана, заблуждения или конфликта ума.

Учась принимать своих Наставников, ты научишься принимать их подход к жизни. В этом они дадут тебе гармонию, равновесие, силу и направление. Ты не можешь отвечать на честность нечестностью. Ты должна научиться отвечать на честность честностью. Ты должна научиться отвечать на наставление желанием на наставление. Ты должна научиться отвечать на приверженность приверженностью. Так откликаясь на своих Наставников, ты научишься, как откликаться. Ты научишься оценивать то, что ценно, и ты научишься отпускать или не замечать то, что бессмысленно.

Доверяясь своим Наставникам, ты будешь доверять себе. Вспоминай это в начале каждого часа. Во время твоих двух периодов великого убежища и счастья, во время медитации, возвращайся к своим Наставникам, которым ты теперь доверяешь. В состоянии внутреннего покоя и тишины, они пребывают с тобой, и ты сможешь наслаждаться глубиной их любви. Ты можешь ощутить их всеобщее расположение и принять их благодать, которая будет пробуждать твоё Знание, ведь только твоё Знание будет пробуждено.

Практика 254: *два практических занятия по 30 минут каждое. Напоминание в начале каждого часа.*

Шаг 255

ЗАБЛУЖДЕНИЯ ЭТОГО МИРА НЕ РАЗУБЕДЯТ МЕНЯ.

Пусть заблуждения не разубедят тебя, ведь все ошибки исходят от замешательства. Помни, что когда люди без Знания, они могут только совершить ошибки и выразить свое замешательство. Они могут только заблуждаться, и они могут только служить заблуждению. Это научит тебя ценить то, что ценно, и осознавать то, что бессмысленно. Это покажет тебе, что ты всегда служишь тому, что ценишь; ты всегда укрепляешь то, что ценишь; ты всегда практикуешь то, что ценишь.

Теперь ты учишься ценить Знание. Ты учишься практиковать Знание. Ты учишься познавать Знание. И ты учишься служить Знанию. Вот такая демонстрация тебе как раз нужна. Пусть заблуждения мира тебя не разубедят, ведь они напоминают о твоей сущей нужде. Как заблуждения мира могут тебя разубедить, когда они должны вдохновить тебя? С верной точки зрения они побудят тебя отдать себя своей подготовке с более полным усердием. Эта подготовка, которой ты занимаешься, обещает пробудить в тебе Знание. Ты должен только следовать ее шагам.

Ты не найдешь убежища в мире. Ты уже пытался так сделать и снова и снова испытывал поражение. И будешь продолжать испытывать поражение, если последуешь такому пути и дальше. Это ты, кто должен отдавать миру, ведь именно ты обладаешь Знанием.

Поэтому принимай Знание сегодня во время твоей практики в начале каждого часа и более глубоких практических занятий. Пусть заблуждения мира не разубедят тебя. Пусть ошибки мира подталкивают и вдохновляют тебя к Знанию, ведь это часть дара тебе от мира. Другая часть дара от мира - это стать проводником, через который Знание отдает себя миру. Таким образом, мир благословляется, и ты благословляешься. Тогда ты будешь благодарен за заблуждения мира и за достижения мира, ведь первое пробуждает Знание, а второе реализует Знание.

Поэтому в этот день научись думать правильно, для того чтобы твой ум становился полезным проводником Знания и для того чтобы все твои личные черты могли быть почтены.

Практика 255: *два практических занятия по 30 минут каждое. Напоминание в начале каждого часа.*

Шаг 256

Мир вступает в Великое Сообщество миров.

Это заявление истины по поводу эволюции твоего мира. Оно дает смысл и направление твоему пониманию своего участия и содействия в мире. Оно не должно пугать тебя или создать неуверенность, или тревогу, потому что со Знанием неуверенность и тревога не являются существенными. Со Знанием нет никакой неуверенности, ибо спокойствие Знания является твоей уверенностью, голос Знания является твоей уверенностью, и движение Знания является твоей уверенностью. Все твои умственные и физические способности и качества могут быть использованы, чтобы выразить это в любой сфере, где тебе предназначено служить.

Заявление о том, что мир вступает в Великое Сообщество миров, является подтверждением твоего предназначения, потому что твое восприятие мира, твое понимание мира и твоя благодарность миру должны возрасти. Твое понимание трудностей и возможностей мира должно возрасти. Ты не можешь придерживаться узкого взгляда на мир и при этом понимать смысл своего Знания. Ты должна шире думать. Ты не должна думать только о себе, о своих нуждах и страхах, потому что ты являешься частью более значимой жизни, которой ты пришла служить. Мир, которому ты служишь сейчас и научишься служить в будущем, вступает в Великое Сообщество миров.

Повтори эту идею в начале каждого часа и думай о ней, пока ты наблюдаешь за миром вокруг себя. Во время твоих более глубоких практических занятий активно включай свой ум для того, чтобы вникнуть в сегодняшнее наставление. Сегодняшняя практика сосредотачивается не на успокоение ума, а на осознание. Здесь нужно включить свой ум конструктивно, ведь ум надо либо использовать со смыслом, либо не использовать вовсе. Позволь себе рассмотреть все свои идеи о сегодняшней практике. Пытайся понять свои возражения, свои верования, свои страхи и свои предпочтения. Когда ты их осознаешь, ты будешь в состоянии знать. Знание пробуждается путем сегодняшней практики, ибо цель сегодняшней практики - пробудить Знание.

Практика 256: *два практических занятия по 30 минут каждое. Напоминание в начале каждого часа.*

Шаг 257

ЖИЗНЬ БОЛЬШЕ, ЧЕМ Я КОГДА-ЛИБО ЭТО ПОНИМАЛ.

Жизнь больше, чем ты когда-либо это понимал, и точно больше, чем ты когда-либо ее представлял. Ее величие исходит из того, что ты живешь в Великом Сообществе миров. Ее величие исходит из того, что Знание является существенной частью тебя, которую ты носишь в себе. Величие жизни подтверждается присутствием твоих Наставников и присутствием всех, кто подготавливается восстановить Знание вместе с тобой.

Таким образом, у тебя есть высшее предназначение в великой Вселенной. Тем самым ты можешь видеть свой мир в нужном контексте. Тем самым ты можешь видеть себя в нужном контексте, ибо ты сыграешь свою небольшую роль в большой эволюции мира, и твое участие будет иметь существенное значение. Оно будет в пределах твоих сил и способностей. Что-нибудь небольшое ради великой цели носит величие того, чему оно служит. Это тебя искупает в твоих же глазах, это тебя искупает перед жизнью. Тем самым тьма рассеется, и все негативные мысли исчезнут, ведь ты служишь более великой жизни.

Во время твоих более длительных практических занятий занимайся пониманием смысла сегодняшней идеи. Используй свой ум осмысленно. Используй его активно и объективно, ведь для этого твой ум и предназначен.

ПРАКТИКА 257: *два практических занятия по 30 минут каждое.*

Шаг 258

Кто является моими друзьями сегодня?

Сегодня твоими друзьями являются все, кто восстанавливает Знание, и все, кто восстановил Знание. Завтра твоими друзьями будут все, кто будет восстанавливать Знание. Поэтому все являются либо твоими друзьями сегодня, либо станут твоими друзьями завтра. Это только вопрос времени, и время только длится долго для тех, кто живет без цели. А для тех, кто живет с целью, время идет быстро и дает значительный результат.

Кто является твоими друзьями сегодня? Все люди либо уже являются твоими друзьями, либо станут твоими друзьями в будущем. Поэтому какой смысл иметь врагов? Нет смысла называть другого, кто тебе противодействует, твоим врагом, ведь он потом станет твоим другом. Знание объединит вас. Ты восстанавливаешь Знание, поэтому ты идешь к этому.

Кто является твоими друзьями сегодня? Твои Наставники и твоя Духовная Семья, и все, кто восстанавливает Знание. Таким образом, круг твоих друзей огромен. Есть множество путей к восстановлению Знания, но суть учения в том, чтобы войти во взаимоотношение со Знанием и позволить Знанию выразиться через тебя. Таким образом, Вселенная полна твоими друзьями, некоторых из которых ты можешь узнать, а некоторых из которых ты не можешь узнать, с некоторыми из которых ты сможешь войти во взаимоотношение, а с некоторыми из которых ты не сможешь войти во взаимоотношение, с некоторыми из которых ты сможешь взаимодействовать и достигнуть результатов, а с некоторыми из которых ты не сможешь взаимодействовать. Это всего лишь вопрос времени.

Повтори эту идею в начале каждого часа. Прими ее как знак действительности для себя. Во время твоих более глубоких медитаций войди в состояние внутреннего покоя и тишины для того, чтобы испытывать глубину своих взаимоотношений со своими настоящими друзьями. Твоя жизнь полна любви. Она полна достижениями тех, кто восстанавливает Знание сейчас.

Твое стремление к Знанию пробуждается теми, кто еще отказывается восстановить Знание, ведь в будущем они тоже станут твоими друзьями. С этой точки зрения ты осознаешь, что даже тот, кто станет твоим другом в будущем, на самом деле является и твоим другом сегодня, ведь такие люди служат тебе, и они просят тебя служить им своими достижениями со Знанием.

Practice 258: *два практических занятия по 30 минут каждое. Напоминание в начале каждого часа.*

Шаг 259

Я ПРИШЕЛ В МИР, ЧТОБЫ УЧИТЬ.

Ты пришел, чтобы учить. Все, чем ты занимаешься с тех пор, как ты сюда пришел, это обучение. Твои мысли и твое поведение являются средствами обучения. Даже будучи маленьким ребенком, ты учил, радовал и огорчал тех, кто тебя любил. На каждом этапе твоей жизни ты учил, ведь учение является естественной функцией демонстрации жизни. Итак, у тебя естественная функция учителя. Даже если ты этим не занимаешься формально с людьми, твоя жизнь является демонстрацией, и поэтому она становится формой обучения.

Поэтому по мере того, как твоя жизнь гармонизируется со Знанием и становится выражением Знания, твоя жизнь становится самим обучением. Тем самым, несмотря на ту отрасль, которую ты выберешь для самореализации, которая выразит твою природу, ты сможешь выразить свое обучение в небольших и больших действиях, в словах и без слов, и в достижениях во всех направлениях и занятиях, потому что ты пришел в мир, чтобы учить. Мир может только учить тебя необходимости учить истину. В этом заключается учение мира тебе. Он показывает тебе огромную нужду в Знании, и он учит тебя присутствием Знания. Таким образом, мир служит и поддерживает твою истинную функцию, по мере того как ты служишь и поддерживаешь истинную функцию жизни.

Помни эту идею в начале каждого часа. Во время твоих двух более глубоких медитаций размышляй над этим очень, очень тщательно. Теперь ты занимаешься умственной подготовкой. Думай над смыслом сегодняшней идеи. Осознай тот факт, что ты всегда учишь путем демонстрации. Думай о том, чему ты хочешь научить с помощью своей жизни, и думай о том, *что* именно ты хочешь укрепить с помощью своей жизни. Думай о том, *что* ты хочешь отдать, и думай о том, *что* мир отдал тебе, чтобы пробудить это истинное желание. Все эти вещи вызовут правильное мышление и правильные действия, и путем правильного мышления и правильных действий Знание будет течь через тебя, чтобы благословить жизнь вокруг тебя и дать предназначение, смысл и направление твоим отношениям.

Практика 259: *два практических занятия по 30 минут каждое. Напоминание в начале каждого часа.*

Шаг 260

Я – ДРУГ МИРА СЕГОДНЯ.

Ты друг мира сегодня, и, ощущая это, ты ощутишь мир, как своего друга, ведь мир может только отразить твою цель так, как ты выражаешь и ощущаешь ее. Здесь ты ощущаешь новый мир вместе со Знанием, мир, который ты раньше не осознавала, мир, который ты раньше только мимолетно ощущала.

Будь другом мира сегодня, ведь ты сюда пришла, чтобы быть другом мира. Мир находится в огромной нужде. Он демонстрирует большое заблуждение и ошибки, однако ты пришла, чтобы быть другом мира, потому что мир нуждается в твоей дружбе. Тем самым ты получаешь большее награждение, чем ты могла приобрести для себя самой, ведь все, что ты приобретаешь для себя самой, ты отнимаешь от жизни. Зато все, что ты отдаешь и получаешь, как друг мира, жизнь отдает тебе, и она не теряет ничего взамен. Таким образом, нет никакой вины в том, что ты отдаешь и получаешь. Здесь твое участие полноценное и чистое. Со Знанием это становится очевидным и демонстрируется день за днем, пока ты окончательно не поймешь, что оно является абсолютно верным.

В начале каждого часа будь другом мира. Осознай, что весь гнев исходит от заблуждения, и что Знание проявляется сейчас, чтобы разрешить все замешательство. В результате, твоя жизнь занята истинным разрешением, а не осложнением затруднительного положения мира. Твоя жизнь заключается в разрешении, а не в затруднении. Будь другом мира. Во время твоих двух более глубоких медитаций в состоянии внутреннего покоя отдай себя, чтобы быть другом мира, ведь этим ты способствуешь разрешению заблуждения мира. Научаясь заниматься этим с Мудростью и проницательностью, ты позволишь миру быть другом тебе, ведь мир тоже хочет стать твоим другом.

Практика 260: *два практических занятия по 30 минут каждое. Напоминание в начале каждого часа.*

Шаг 261

Я ДОЛЖЕН УЧИТЬСЯ ДАВАТЬ С ПРОНИЦАТЕЛЬНОСТЬЮ.

Если ты даёшь без личных амбиций, то ты будешь давать в соответствии со Знанием, и твой вклад будет конкретным и будет совершен таким образом, что он укрепит как тебя, так и тех, кто может получить твой дар. Именно так направляет тебя Знание. Если ты попытаешься давать по личным выгодам, если ты попытаешься давать ради повышения самооценки или попытаешься давать, чтобы смягчить чувство вины или некомпетентности, то ты не будешь давать с проницательностью. Тем самым ты будешь давать не так, как надо, и не там, где нужно, и это создаст всё больше конфликта и разочарования для тебя.

Нет ничего бессмысленного в жизни. У всего есть своё предназначение. Поэтому ты должен давать с проницательностью, и проницательности ты должен учиться шаг за шагом, день за днем. Именно таким образом функционирует Мудрость в мире. Со Знанием ты должен научиться этой Мудрости; иначе ты не сможешь отдавать свои истинные дары эффективно и будешь неправильно понимать их результаты. Знание даст тебе то, что должно быть отдано искренне и покажет тебе, как отдавать искренне. Если ты этому не будешь мешать или же не будешь нагнетать над процессом самого дарования, то твоё дарование будет полностью эффективным и признает и дарителя, и получателя.

Вспоминай это в начале каждого часа. Будь проницателен. Есть люди, которым не стоит давать прямым путем. Есть люди, которым стоит давать прямым путем. Есть ситуации, в которые не стоит вмешиваться. Есть ситуации, в которые ты должен вмешаться. Есть проблемы, которые не стоит решать. А есть проблемы, которые ты должен решить. Как ты лично можешь знать, куда отдавать свои дары? Только Знание знает, и ты сможешь знать только со Знанием. Поэтому доверься своим самым глубоким побуждениям сегодня. Не позволь навязчивым побуждениям, исходящим от вины или страха, руководить тобой или пробудить твое желание отдавать. Практикуй это сегодня, чтобы научиться проницательности. Занимайся сегодня, чтобы соответствовать Знанию.

Во время твоих более длительных практических занятий попытайся снова вникнуть в сегодняшнее наставление. Не довольствуйся ложными предположениями. Рассматривай все мысли и чувства за и против сегодняшней идеи. Начинай наблюдать за своими собственными амбициями. Начинай понимать, что они исходят от твоих страхов. Начинай распознавать, как просто следовать Знанию. С простотой приходит сила. Ты должен научиться быть проницательным. Это займет время. Тем самым ты научишься использовать весь жизненный опыт во благо, ведь не стоит осуждать ни одно переживание. Оно всегда должно быть использовано, чтобы учиться и готовиться. Таким образом, ты не будешь оправдывать ошибки, а будешь ими пользоваться для собственного развития и для продвижения мира.

Практика 261: *два практических занятия по 30 минут каждое. Напоминание в начале каждого.*

Шаг 262

Как я могу себя судить, когда я не знаю, кто я?

Если ты не знаешь, кто ты, то ты можешь только судить то, кем, по твоему мнению, ты являешься. Твои мысли о себе в основном основаны на твоих собственных ожиданиях и разочарованиях. Очень трудно смотреть на себя с точки зрения собственного ума, ведь твой собственный ум состоит из твоих собственных мыслей, которые не исходят от Знания. Чтобы смотреть на себя с точки зрения Знания, надо быть во взаимоотношении со Знанием. Тем самым ты сможешь испытать себя совершенно по-новому. Этот опыт должен повторяться снова и снова во множестве ситуаций. Тогда ты начнешь реально ощущать и испытывать себя истинного. Это ощущение не будет исходить от осуждения и непрощения, ведь ты можешь разочароваться только в идее о себе. Жизнь будет тебя разочаровывать таким образом, ведь жизнь может тебя удовлетворить только в соответствии с твоей истинной природой и с твоим Истинным «Я». Если ты это осознаешь, то ты осознаешь значение и смысл жизни и свое участие в ней. Это требует проницательности. Это требует Мудрости. Это требует пошаговой подготовки. Это требует терпения и снисходительности. Это требует того, чтобы ты научилась использовать свой опыт ради блага, а не ради зла.

Поэтому нет основания для твоего осуждения себя. Оно основано всего лишь на предположениях. Вспоминай об этом в начале каждого часа и размышляй над этим в контексте всех событий этого дня, что покажет тебе смысл сегодняшней практики. Во время твоих двух более длительных практических занятий снова активно занимай свой ум рассмотрением сегодняшней практики.

Проникая сквозь свое самоосуждение, осознай, что оно исходит от твоего страха и основано на предположениях. Если ты поймешь, что не знаешь, кто ты, и что ты испытываешь полное замешательство по этому поводу, то ты поставишь себя в позицию стать истинной ученицей Знания. Ты поставишь себя в позицию учиться всем вещам, вместо того чтобы пытаться защищать свои предположения. Это представляет твое обучение. Твоя функция в жизни сейчас - быть ученицей Знания. Используй свой ум целенаправленно сегодня. Используй свой ум объективно. Используй свой ум, чтобы понять то, что ты не знаешь, и все, что тебе нужно знать. Используй свой ум, чтобы ценить и изучать те шаги, которые даны тебе сейчас, чтобы восстановить Знание в мире.

Практика 262: *два практических занятия по 30 минут каждое. Напоминание в начале каждого часа.*

Шаг 263

Со Знанием все становится явным.

Зачем заниматься дополнительными догадками? Зачем проецировать вину и осуждение? Зачем усложнять и затруднять свою жизнь, когда все становится явным со Знанием? Зачем усложнять свой разум? Зачем приписывать себе все больше и больше качеств? Зачем придумывать новые уровни мышления и бытия, когда со Знанием все становится явным? Зачем проецировать все больше и больше определений на мир? Зачем заставлять мир казаться невероятно сложным и бессмысленным, когда со Знанием все становится явным?

Требуется всего лишь пребывать со Знанием, чтобы видеть то, что видит Знание, чтобы делать то, что делает Знание, чтобы приобрести покой Знания, благодать Знания, соучастие Знания, взаимоотношения Знания, и испытывать все то, что составляет Знание, то, что мир не в состоянии повторить.

Во время твоих более глубоких практических занятий возвращайся к Знанию в смирении и простоте, в состоянии внутреннего покоя и тишины. Вдыхай Знание. Пусть Знание войдет и заполнит твое тело. Позволь себе погрузиться в Знание, и все станет явным, ибо со Знанием все становится явным и все вопросы улетучиваются.

Практика 263: *два практических занятия по 30 минут каждое.*

Шаг 264

СЕГОДНЯ Я УЗНАЮ СВОБОДУ.

Сегодня у тебя будет возможность узнать больше о свободе. Шаг, который ты предпримешь сегодня, будет очень значителен тем, что он даст тебе новый взгляд на свободу, на несвободу, на решение проблем и на природу истинного продвижения.

Сегодня размышляй над твоей практикой в начале каждого часа и думай о том, что такое свобода. Во время твоих более длительных практических занятий занимай свой ум мыслями о свободе. Это очень важная точка сосредоточения сегодня. Во время твоих более длительных медитаций особенно занимай свой ум полностью мыслями о свободе. Что, по-твоему, представляет собой свобода? Что, по-твоему, мешает людям быть свободными? Что создает постоянную и устойчивую свободу? Как можно этого достичь? Чем можно поддержать это в будущем? После того, как ты проведешь примерно 30 минут, размышляя обо всем этом в каждой практике, войди в состояние внутреннего покоя и тишины. Открывайся для того, чтобы Знание заговорило с тобой. Побудь со своими Наставниками там. После того, как ты исчерпала свои идеи, войди в состояние внутреннего покоя и восприимчивости.

Очень важно, чтобы ты осознала свои идеи о свободе, ведь пока ты их не осознаешь и не скорректируешь их, они будут продолжать влиять на тебя. Они будут продолжать контролировать твои мысли, и тем самым твое поведение. Большая свобода уже в твоем распоряжении, но ты должна учиться, как подходить к ней. Сегодня ты будешь изучать свободу: твое представление о свободе и чем является свобода на самом деле.

ПРАКТИКА 264: *два практических занятия по 40 минут каждое. Напоминание в начале каждого часа.*

Шаг 265

ВЕЛИКАЯ СВОБОДА ЖДЕТ МЕНЯ.

Знание потребует, чтобы ты освободился от прошлого и освободился от тревоги по поводу будущего. Оно потребует, чтобы ты находился в состоянии «здесь и сейчас». Оно потребует, чтобы ты был открытым и честным. Оно потребует, чтобы у тебя была вера и чтобы ты занимался постоянной самореализацией. Оно потребует, чтобы ты не был в конфликте. Оно потребует, чтобы ты испытывал великую любовь и уважение к себе, и большую благодарность за мир. Оно потребует, чтобы ты смог ощутить присутствие своей Духовной Семьи и осознать свое истинное место во Вселенной.

Знание потребует этого от тебя для того, чтобы ты приложил все усилия, чтобы его принять. Тем самым ты приобретешь свободу, чтобы научиться быть свободным. Тебя направляет Знание по мере того, как ты учишься быть направленным Знанием. Таким образом, ты достигаешь цели тем, что ты предпринимаешь шаги. Нет никакой волшебной формулы, когда вдруг ты становишься свободным. Нет никакой волшебной системы убеждений, приняв которую, ты освобождаешься от ограничений прошлого и забот о будущем. Ты познаешь эту истинную свободу путем приложения усилий, шаг за шагом. Таким образом, восстанавливая Знание, Знание восстанавливает тебя. И познавая свободу, ты и становишься свободным.

Твоя роль небольшая, и наша роль великая. Тебе только необходимо пройти по шагам и воспользоваться ими. Шаги, которые даны, гарантируют результат. Великая свобода ждет тебя. По мере того, как ты подходишь к ней, ты приобретешь эту свободу и получишь пользу от всех качеств этой свободы, и продемонстрируешь все стороны этой свободы. Таков характер совершенного Плана, который вне человеческого понимания. Он настолько совершенен, что его нельзя уничтожить, если ты будешь верно ему следовать. Это тебя восстанавливает, возвращает тебе доверие к себе, уверенность в себе, любовь к себе и понимание себя в мире.

Размышляй над этой идеей в начале каждого часа и во время твоих глубоких медитаций войди в состояние внутреннего покоя и свободы. Это великая свобода - иметь такую возможность погрузиться в Знание, погрузиться в присутствие и погрузиться в настоящую субстанцию истинного взаимоотношения во Вселенной. Приближаясь к этому, ты поймешь, что оно и есть твоя свобода, и ты поймешь, что ты становишься свободным ее приобрести. Поэтому сегодня ты предпримешь большой шаг в сторону понимания того, что великое будущее ждет тебя. Этот большой шаг освободит тебя все больше от забот, тревоги, боли и разочарования твоего прошлого. Он покажет тебе, что тебя ждет великая свобода.

Практика 265: *два практических занятия по 30 минут каждое. Напоминание в начале каждого часа.*

Шаг 266

Обзор

Сегодня, как и прежде, рассмотри последние две недели подготовки. Воспользуйся временем твоего длительного практического занятия сегодня, чтобы рассмотреть все, что происходило во время последних двух недель в связи с наставлениями в этой подготовке, твоими ощущениями во время практик и общими результатами, которые появились в твоей жизни. Делай этот Обзор как можно объективнее, особенно по результатам в твоей жизни, многие из которых ты еще не сможешь объективно оценить.

Много всего изменится по мере того, как ты будешь проходить обучение. Что-то отпадет, а что-то начнет развиваться. Мирские проблемы потребуют твоего участия и внимания. Другие вещи, которые ты считала проблемами, уйдут все дальше и дальше и станут незначительными, не требующими твоей заботы. Тем самым твоя внешняя жизнь корректируется, чтобы ты поняла, куда уже приложить усилия. Тогда твоя внутренняя и внешняя жизнь смогут отражать друг друга. Это очень важно. Ты начинаешь учиться, как учиться, и ты видишь, как мир меняется в итоге. Качество твоих ощущений изменится со временем так, что ты посмотришь на все вещи, и обычные, и необычные, с другой точки зрения, чем прежде. Тогда ты сможешь воспользоваться всеми возможностями и оценить жизнь, даже ее разочарования.

Практикуй это во время этого Обзора сегодня. Будь внимательна во время твоего рассмотрения. Начни с первой практики этого двухнедельного периода и продолжай так с каждым последующим днем. Осознай то, что происходило в твоей жизни каждый день. Пытайся вспомнить. Пытайся сосредоточиться. Тем самым ты будешь ощущать движение собственной жизни. Именно осознавая это движение в течение какого-то периода, и видя как этапы твоей жизни изменяются, ты поймешь, что крепко шагаешь по пути к Знанию. Потом ты увидишь, что все меньше и меньше остается позади того, что мешает тебе, и что будущее открывается, чтобы все больше способствовать тебе. В этом кроется благодеяние жизни, которая кланяется перед тобой, кто становится ученицей Знания.

Практика 266: *одно длительное практическое занятие.*

Шаг 267

Есть простое решение всех проблем, которые стоят передо мной сегодня.

Все проблемы, которые стоят перед тобой лично, имеют очень простое решение. Как ты найдешь это решение? Найдешь ли ты его в борьбе с собой? Найдешь ли ты его, перепробовав все возможные решения, которые придут на ум? Найдешь ли ты его, переживая и беспокоясь о нем? Найдешь ли ты его, отрицая и ища приятных увлечений взамен? Найдешь ли его, погрузившись в уныние и думая, что жизнь настолько тяжела, что ты не можешь справиться со своими обстоятельствами?

Есть простое решение для тех проблем, которые стоят перед тобой сегодня. Его можно найти в Знании. Но чтобы найти Знание, ты должен успокоиться и быть наблюдательным, и научиться отключаться от страха и тревоги. В основном, по жизни надо будет решать проблемы, и научившись делать это эффективно, ответственно и даже вдохновенно, ты добьешься той цели, ради которой ты пришел сюда.

Напоминай себе об этой идее в течение дня и пусть сложность твоих проблем не собьет тебя с толку. Проблемы бывают сложными только тогда, когда ты пытаешься извлекать пользу при их разрешении или избегать их. Когда какое-то предпочтение господствует в твоем уме, ты не можешь видеть очевидное. По мере того, как ты научишься смотреть на каждую проблему с точки зрения Знания, ты увидишь, что решение очевидно. Ты поймешь, что ты раньше не мог это осознавать, потому что ты боялся исхода, и ты беспокоился о том, что решение проблемы оставит тебя опустошенным и ничтожным. Сегодня у тебя будет иной взгляд.

Во время твоих двух более глубоких практических занятий пребывай со Знанием. Не пытайся решать свои проблемы, а просто будь спокоен и восприимчив. Знание знает, на что надо обращать внимание, и будет влиять на тебя для того, чтобы ты мог отвечать на него и следовать его наставлениям. Без твоего постоянного вмешательства очевидное будет проявляться, и ты будешь знать, что делать шаг за шагом. Таким образом, ты поймешь, что есть простое решение для всех проблем, которые стоят перед тобой. Это будет утверждением Знания, и ты будешь рад, что жизнь создает тебе такие проблемы, чтобы ты смог использовать свои истинные способности в ответ на них.

Практика 267: *два практических занятия по 30 минут каждое. Напоминание в начале каждого часа.*

Шаг 268

СЛОЖНОСТЬ НЕ БУДЕТ СБИВАТЬ МЕНЯ С ТОЛКУ СЕГОДНЯ.

Проблемы в мире становятся сложными, когда возникает трудность, требующая поправления и развития и которая спутывается с предпочтениями каждого и желанием каждого защищать то, что он имеет, и соревнованием каждого друг с другом. Таким образом, проблемы в мире усложняются, и как бы ты не пыталась разрешить их, кто-нибудь да остается не у дел. Кого-нибудь заденешь. Кто-нибудь проиграет. Такое проявляется в ваших обществах. Однако это только отражает страхи и амбиции людей по сравнению с их Знанием. Со Знанием ты готова оставить все, что идет против Знания. Со Знанием ты готова оставить все, что вредит тебе или другим. Ты готова выйти из любой ситуации, которая больше не приносит пользу тебе или другим. Это потому что со Знанием возможна настоящая честность. Это бескорыстная форма участия в мире, и поэтому она благотворна для всех.

Поэтому когда ты рассматриваешь проблему в мире, и она выглядит сложной, очень трудно поначалу увидеть, в чем заключается проблема. Но решение всегда очень простое. Это страх у людей, что мешает им увидеть очевидное. Пусть сегодня ты осознаешь, что есть простое решение для всех проблем, которые требуют решения. Иногда решение сразу видно. Иногда надо подходить к нему постепенно. Но каждый шаг прямой, если ты следуешь за Знанием.

Чтобы подходить к проблемам таким образом, ты должна к ним подходить без страха или предпочтения. Ты должна следовать Знанию и не пытаться воспользоваться Знанием, чтобы решать ситуации по своим замыслам. Ты не можешь воспользоваться Знанием таким образом, но ты можешь следовать Знанию, и тем самым ты последуешь пути к разрешению. Такой путь мало кто сможет познать поначалу, но этот путь окажется весьма эффективным со временем, ведь он освободит всех вовлеченных в него и даст средство для успешной самореализации всех вовлеченных. Так мужчина или женщина Знания в мире становятся источником разрешения и восстановления в мире. И их присутствие, и их действия всегда будут влиять благополучно на каждую ситуацию.

Пусть сложность проблем мира не будет сбивать тебя с толку, ведь со Знанием все простым образом разрешается. Знание не заблуждается, и, научаясь быть со Знанием, ты тоже не будешь заблуждаться.

Напоминай себе об этой идее в начале каждого часа и во время твоих более глубоких медитаций войди снова в храм покоя внутри себя. Привыкай к покою, потому что Знание спокойно. Привыкай к покою, потому что в состоянии внутреннего покоя ты подтверждаешь свою доброту и значение. Ум, который спокоен, не является умом, который воюет. Мир не может сбивать с толку спокойный ум.

Практика 268: *два практических занятия по 30 минут каждое. Напоминание в начале каждого часа.*

Шаг 269

Сила Знания распространяется от меня.

Сила Знания будет распространяться от тебя, кто получает Знание. Поначалу это будет еле заметно, но по мере того, как ты продолжаешь развиваться и прикладывать усилия, сила Знания становится все сильнее и сильнее. Она становится силой притяжения для некоторых. Она становится силой отторжения для других, кто не способен откликнуться. Она будет влиять на всех. Поэтому ты должен тщательно разбираться в твоих отношениях, ведь по мере того, как ты продвигаешься как ученик Знания, твое влияние на других становится все сильнее. Ты не должен воспользоваться этим влиянием в корыстных целях, иначе твоя деятельность будет приносить вред тебе и другим.

Знание будет сдерживать тебя в этом деле, и ты должен следовать ему для своего же блага. Если ты воспользуешься Знанием для своих амбиций, ты подвергнешь себя и других большим рискам, ведь Мудрость, сочувствие, сдержанность и самоконтроль должны сопровождать развитие Знания. Если ты попытаешься воспользоваться Знанием ради собственной выгоды и ради того, в чем мир нуждается, по твоему мнению, ты будешь вводить себя в заблуждение, и Знание за тобой не последует.

Занимайся достижением нужной сдержанности и развитием, ведь они будут тебя защищать и способствовать тому, чтобы ты отдал свои дары с как можно меньшим раздором и личным риском. Они будут гарантировать целостность и достоинство твоего участия, ведь оно будет чистым от корыстных целей. Занимайся в начале каждого часа и войди в глубокую медитацию два раза сегодня. Повтори сегодняшнюю идею и входи еще раз в состояние внутреннего покоя. Пусть это будет день для укрепления Знания.

Практика 269: *два практических занятия по 30 минут каждое. Напоминание в начале каждого часа.*

Шаг 270

ВМЕСТЕ С СИЛОЙ ПРИХОДИТ ОТВЕТСТВЕННОСТЬ.

Вместе с силой приходит ответственность. Знание даст тебе силу, и ты должна взять ответственность перед Знанием. Вот почему ты должна стать ведомой. Будучи ведомой, ты становишься лидером, ибо ты способна принять и тебя можно вести. Поэтому ты научишь других, как принимать, и дашь им направление. Это естественное продолжение дара, который ты сейчас получаешь и который со временем будет выражаться через тебя в твоей жизни.

Очень важно, чтобы ты осознала взаимосвязь между силой и ответственностью. Ответственность требует самодисциплины, самоудержания и самоконтроля. Она требует объективности к своей жизни, которой мало кто пока достиг в этом мире. Ответственность - это бремя, пока ты не осознаешь ее как источник защиты. Она - гарантия и уверение того, что твой дар найдет полезное и желанное выражение внутри тебя и что ты продвинешься и состоишься через свой вклад.

Часто бывает в мире, что люди хотят силу без ответственности, ведь для них свобода подразумевает, что они не обязаны ничем. Это весьма непродуктивно и имеет опасные последствия для тех, кто настаивает на его достижении. Как ученица Знания, ты должна принять ответственность, данную тебе, ведь она обеспечит защиту и направление, которые тебе нужны, чтобы развиваться адекватно, позитивно и полностью. Она является гарантией того, что твоя подготовка принесет великие плоды, как и положено.

Размышляй над этой идеей в начале каждого часа и не забывай ее сегодня. Во время твоих более глубоких практических занятий подумай тщательно о значении этого заявления. Подумай о твоих идеях относительно силы и осознай, насколько они нуждаются в ответственности перед Великим Источником, для того чтобы адекватно использоваться и выражаться. Эти два практических занятия будут периодами умственной активности и применения ума. Подумай очень серьезно обо всех своих идеях по поводу сегодняшней практики. Очень важно, чтобы ты рассматривала собственные мысли и верования, ибо ты должна понять свой нынешний умственный уклад, чтобы познать его влияние на твою внешнюю жизнь. Сегодняшняя практика может показаться тяжелой на первый взгляд, но со временем она придаст тебе нужную уверенность и уверение, чтобы продвигаться всем сердцем.

Практика 270: *два практических занятия по 30 минут каждое. Напоминание в начале каждого часа.*

Шаг 271

Я ПРИМУ НА СЕБЯ ОТВЕТСТВЕННОСТЬ СЕГОДНЯ.

Прими на себя ответственность, которая выражает твою способность откликаться. Прими ее, развивай ее, нежно люби ее и приветствуй ее. Она сделает тебя сильным. Она сделает тебя преданным. Она принесет тебе отношения, которых ты всегда хотел. Это придаст тебе ту силу, в которой ты так нуждаешься и которую ты сейчас учишься восстанавливать для себя. С этой силой придут условия для придания сил тебе - чтобы ты откликнулся на Знание и последовал Знанию; чтобы ты отказался от всех побуждений, которые не порождаются Знанием; чтобы ты объективно относился к себе и к своим побуждениям; чтобы ты задавал вопросы себе, не сомневаясь в себе; чтобы ты окружал себя людьми, которые могут поддержать появление Знания в тебе и которые свободны поделиться с тобой своими собственными восприятиями. Это очень важно для твоего благополучия и развития. Это защитит тебя от собственных ошибок, которые по мере того, как ты становишься все сильнее, будут иметь все больше влияния на тебя и других.

Прими на себя ответственность сегодня. Прими ее, ведь она представляет собой твою самую истинную и большую нужду. Ответственность дает тебе способность любить и отдать себя миру.

В начале каждого часа размышляй над сегодняшней идеей. И во время твоих двух медитаций сегодня возьми полную ответственность на себя за то, что ты являешься учеником Знания, и войди всем существом в состояние внутреннего покоя и тишины. Пусть никакая мысль или сомнение не отвлечет тебя. Пусть двойственность не задержит тебя. Иди вперед. Открывай себя. Войди в таинственность своей жизни, для того чтобы откликаться ей, ведь это и есть значение ответственности.

ПРАКТИКА 271: *два практических занятия по 30 минут каждое. Напоминание в начале каждого часа.*

Шаг 272

МОИ НАСТАВНИКИ БУДУТ ВЕСТИ МЕНЯ ПО МЕРЕ МОЕГО ПРОДВИЖЕНИЯ.

Тебе нужно будет наставление Наставников, по мере того как ты продвигаешься по пути Знания, ведь ты выйдешь далеко за рамки твоих собственных понятий и предположений. Ты будешь вовлечена в жизнь, которую ты еще не осознала. Ты получишь доступ к силе и ресурсам, которые ты еще не полностью осознала. Ты проникнешь все глубже в жизнь, вне человеческих предположений, вне человеческих верований и вне человеческих условностей. Для этого тебе нужно будет очень крепкое наставление как от Знания, так и от твоих первичных взаимоотношений. Твои внутренние Наставники представляют собой твои самые первичные взаимоотношения, ибо эти взаимоотношения основаны полностью на Знании, и они даны тебе для того, чтобы развивать Знание безопасным и полным образом.

Поэтому прими твои ограничения как ученица Знания, для того чтобы продвигаться с той помощью, которая тебе понадобится. Будь благодарна, что такая великая помощь дана тебе и что она может проникнуть в любое обстоятельство, потому что ты не можешь ее видеть глазами. Будь признательна, что ты можешь ее ощущать в любых обстоятельствах и что ты можешь получить совет от твоих Наставников в те моменты жизни, когда он нужен.

Подтверди присутствие своих Наставников сегодня, чтобы набраться мужества и вдохновения в поддержке появления Знания. В начале каждого часа напоминай себе о том, что твои Наставники с тобой. Во время твоих двух более глубоких медитаций войди в состояние внутреннего покоя и тишины с ними для того, чтобы они смогли выразить свое присутствие и дать совет, если понадобится. Прими свое обучение для того, чтобы учиться давать миру.

ПРАКТИКА 272: *два практических занятия по 30 минут каждое. Напоминание в начале каждого часа.*

Шаг 273

МОИ НАСТАВНИКИ НОСЯТ ПАМЯТЬ МОЕГО ДРЕВНЕГО ДОМА ДЛЯ МЕНЯ.

Твои Наставники представляют твою Духовную Семью и находятся за пределами этого мира. Они носят память твоего происхождения и твоей судьбы для тебя, которую ты должен учиться осознавать через свой опыт в мире. Они уже проходили опыт мира. Они знают его возможности и его трудности. Они знают, какие возможные ошибки ты можешь совершить, и они знают об ошибках, которые ты уже совершил. Они полностью готовы направлять тебя. У них есть Мудрость и опыт, чтобы сделать это.

Поэтому не недооценивай их значение для себя и всегда помни о том, что они присутствуют в твоей жизни, чтобы ввести тебя в Знание. Они хотят, чтобы ты стал сильным в Знании, со временем таким сильным, как они. Тем самым они служат твоей самой большой нужде и твоему предназначению, и ты должен следовать за ними, принять их и почитать их присутствие так, как ученик почитает учителя. Таким образом, ты получишь их дары полностью, и ты освободишься от возможного создания ложного союза с ними. Это очень ответственное взаимоотношение, и ты подрастешь в нем.

Прими тогда присутствие своих Наставников. Прими его в начале каждого часа с напоминанием себе о том, что они с тобой, и прими это во время твоих двух более глубоких медитаций, по мере того как ты откроешь себя, чтобы принять их. Это прекрасная возможность приблизиться к Знанию. Твои Наставники введут тебя в Знание, ведь только таким образом ты можешь признать их. Твои представления и понятия по поводу их довольно бессмысленные, они могут даже препятствовать тебе. Ты должен ощущать суть своих Наставников, *что является* их присутствием, чтобы их полностью знать. И ты узнаешь благодаря этому опыту, по мере того, как он развивается, что таким образом ты можешь ощущать жизнь в целом.

Хотя твои чувства воспринимают материальность вещей, твое сердце будет чувствовать суть вещей, и таким образом вещи познаются. Познав их, ты поймешь, как взаимодействовать с ними. Таким образом, все твои умственные способности будут использованы ради одной великой цели, ведь Знание воспользуется всеми твоими способностями и способностями мира, чтобы спасти мир, что и есть восстановление Знания в мире.

Практика 273: *два практических занятия по 30 минут каждое. Напоминание в начале каждого часа.*

Шаг 274

Я ХОЧУ ОСВОБОДИТЬСЯ ОТ ДВОЙСТВЕННОСТИ СЕГОДНЯ.

Освободись от двойственности, ведь она является источником всех человеческих заблуждений, печали и разочарования. Двойственность - это нерешительность участвовать в жизни. Это нерешительность пребывать в жизни. Это нерешительность о том, чтобы быть живым. Эта нерешительность порождает всевозможный самообман, всевозможное осуждение и всевозможную конфронтацию. Из-за этой нерешительности, люди живут в фантазии без Знания.

Будь внимательной по отношению к двойственности. Она указывает на то, что ты действуешь без Знания, и на то, что ты пытаешься принять свои решения на основании предположений, личных предпочтений и страха. Это именно принятие решений без основания, что ведет человечество в заблуждение. Это именно принятие решений без основания, что ввело тебя в заблуждение. Знание освобождает тебя от двойственности и направляет на ясный путь. Оно не заботится о выборах и взвешивании, ведь оно просто знает, что верно, и ведет тебя к самореализации шаг за шагом с уверенностью и постоянным убеждением.

Помни в начале каждого часа о том, что ты хочешь освободиться от двойственности. Осознай, пока ты повторяешь практику, насколько твоя жизнь растрачивается, когда ты пытаешься принять решения по тому или иному поводу, когда ты спрашиваешь себя: «Что делать теперь?», когда ты сомневаешься в том, что правильно и что неправильно, и когда беспокойно стараешься понять, какой выбор самый лучший и каковы его возможные последствия. Знание освобождает тебя от этого обременительного и расточительного использования своего ума. Знание не колеблется. Оно просто поджидает время, чтобы действовать, а потом действует. Оно абсолютно уверено в своем направлении. Оно непоколебимо в своем убеждении. Если ты будешь следовать тому, что является самым великим даром от Бога тебе, кто живет в мире двойственности и заблуждений, то ты обнаружишь, что у тебя есть предназначение, смысл и направление, и что день за днем они станут доступными тебе.

Во время твоих более глубоких медитаций попытайся отдавать себя полностью своей практике. Не относись двойственно к своей практике. Не сдерживай себя из-за страха или неуверенности, ведь ты участвуешь в этой подготовке потому, что Знание призывает тебя к этому. И каждый день ты себя отдаешь, потому что Знание призывает тебя к этому. Так по мере того, как мы продвигаемся по нашей подготовке вместе, твое Знание становится все сильнее день за днем, ведь оно составляет основу твоего участия здесь. По какой другой причине ты могла бы стать ученицей Знания?

Поэтому во время твоих более глубоких медитаций и во время твоих напоминаний в начале каждого часа укрепи свое убеждение о том, что надо освободиться от двойственности. Осознай беспощадную цену двойственности. Пойми, как она держит людей в заблуждении, отрицая их участие в жизни. Осознай, какой человеческой ценой это делается. Она огромна. Осознай, что с уверенностью все найдут свое правильное место. Мир будет развиваться без разногласия, которое он сейчас испытывает. Таким образом, все вместе ищут самореализации при участии в жизни. Это - Путь Знания.

Практика 274: *два практических занятия по 30 минут каждое. Напоминание в начале каждого часа.*

Шаг 275

Сегодня я хочу освободиться от неуверенности.

Устремление к освобождению от неуверенности означает, что ты ищешь истинной свободы, настоящей свободы, и того, что можно достойно называть свободой. По сути, ты либо знаешь, что ты делаешь, либо ты не знаешь. Если ты не знаешь, что ты делаешь, ты просто ждешь, пока Знание тебе подскажет. Если ты знаешь, что делаешь, ты просто следуешь тому, что ты знаешь. Вот и все. Бесполезное теоретизирование, попытки предпринять преждевременные решения, основанные на страхе или предпочтениях, требование к себе иметь уверенность, которой у тебя нет, и перекладывание вины на себя и других за провалы своих слабых решений - все наложило большой груз на твой разум, на твое тело и на твой мир. Именно от этого ты стремишься освободиться сегодня для того, чтобы найти свободу в уверенности, данную тебе Богом. Именно эту уверенность ты должен найти и следовать ей. Следуя ей, ты получишь все ее вознаграждения и будешь отдавать эти вознаграждения миру.

В начале каждого часа вспоминай сегодняшнюю идею и осознавай ее полную актуальность для мира вокруг себя. Во время твоих более глубоких медитаций отдай себя внутреннему покою. Отдай себя этой встрече со Знанием. Отдай себя полностью и пусть ни двойственность, ни неуверенность не удержит тебя. Тем самым ты проявляешь силу Знания, следуя Знанию, и со временем ты станешь таким же сильным, как само Знание. Поэтому сегодня стремись к освобождению от неуверенности и всего, что с ней связано. Ведь она уничтожила вдохновение человечества и повело человечество на войну с собой и с миром.

Практика 275: *два практических занятия по 30 минут каждое. Напоминание в начале каждого часа.*

Шаг 276

Знание – мое спасение.

Знание - это твое спасение, ведь оно выведет тебя из твоего безнадежного положения, которое создается твоими попытками жить в своих фантазиях и воображении. Оно введет тебя в светлость и ясность реальности. Оно направляет твою деятельность и твое мышление для того, чтобы оба могли быть эффективными и вести к настоящей самореализации. Тем самым Бог дал тебе самый великий дар - средство внутри тебя, с помощью которого ты сможешь исправить все ошибки, разрешить все замешательство и конфликт и направить свою жизнь в истинное русло к своему истинному предназначению. Тем самым ты становишься сильной и почитаемой, и ты восстанавливаешь свою самооценку. Ты должна восстановить именно свою самооценку. Богу не нужно, чтобы Божья ценность восстановилась, ведь она никогда не была потеряна. Но твоя самооценка потеряна, и она только может быть восстановлена, следуя Великому Плану не твоего творения, а который был сотворен ради твоего полного благополучия.

Когда ты поймешь, насколько твоя жизнь потеряна из-за двойственности, и насколько мало результатов было достигнуто, то ты осознаешь большую необходимость в Знании. Это даст тебе силу и убеждение продолжать свою подготовку с максимальной самоотдачей. Когда ты поймешь свою настоящую нужду, ты сможешь познать истинный выход, который уже дан.

Таким образом, как ученица Знания, ты поймешь с ясностью ума и простотой истины, что именно нужно, ведь Знание - твое спасение. Вспоминай об этом в начале каждого часа и думай о нем в контексте своих недавних практических занятий. Во время твоих более глубоких медитаций войди полностью в состояние внутреннего покоя, осознавая, что ты взаимодействуешь со средством своего спасения и тем самым спасения мира.

Практика 276: *два практических занятия по 30 минут каждое. Напоминание в начале каждого часа.*

Шаг 277

Мои идеи – маленькие, но Знание – великое.

Осознание истины этого заявления позволит тебе присоединиться к источнику всего Знания. Тогда ты сможешь избавиться от тьмы мира воображения. Воображение является неустойчивым, и даже в его самые яркие моменты оно может мгновенно впадать в темноту. Даже его самые великие вдохновения могут превратиться в горькое разочарование при малейшей провокации. Здесь нет никакой уверенности. Здесь нет никакой действительности. Здесь ничему доверять нельзя, ибо нет ничего надежного и постоянного. Здесь непременно потеряется все одаренное и ценное. И тебя, несомненно, будет преследовать мрачность и разрушение.

Такова жизнь, прожитая в воображении. Такова жизнь, прожитая в изоляции твоего собственного мышления. Не недооценивай силу Знания освободить тебя от этой безнадежной ситуации, где ничего истинного нельзя распознать, где никакого истинного смысла нельзя приобрести, и где ничего постоянного и ничего настоящего нельзя реализовать и установить. Твое освобождение из тьмы твоего раздельного воображения поведет тебя в реальность жизни и спасет тебя там.

Осознай, что даже твои самые великие идеи, даже те идеи, которые исходят из Знания, являются маленькими по сравнению с самим Знанием. Знание является великим источником твоего существа по мере того, как оно выражается в твоей личной жизни. Поэтому почитай то, что великое, и осознай то, что маленькое. Осознай, что со временем по мере того, как Знание начнет проявляться внутри тебя, и по мере того, как ты позволишь ему выражаться все свободнее, ты начнешь отличать те мысли, которые исходят от Знания, от тех мыслей, которые исходят от твоего воображения. Тем не менее даже те мысли, которые исходят от Знания и которые намного сильнее и эффективные, чем любая другая мысль, приходящая на ум, - даже эти мысли, являющиеся семенами настоящего понимания в мире, являются маленькими по сравнению со Знанием.

Помни в начале каждого часа силу этой идеи, ведь она дана, чтобы освободить тебя от собственного заблуждения и ложных предположений. Во время твоих более глубоких медитаций сегодня активно занимай свой ум. Пытайся рассмотреть каждую идею, которая тебе дорога, будь ли она негативная или позитивная. Рассматривай каждую идею, в которую ты веришь или которой ты придерживаешься. Рассматривай свое отношение к основным идеям, которые управляют твоей жизнью. Потом напомни себе, после рассмотрения каждой, о том, что Знание намного больше, чем эта идея. Здесь ты поймешь, что есть средство для освобождения от мира идей и для входа в мир взаимоотношений, где все является жизнеспособным, настоящим и основанным на неизменном фундаменте.

Практика 277: *два практических занятия по 30 минут каждое. Напоминание в начале каждого часа.*

Шаг 278

Неизменное будет выражаться через меня.

Истина - неизменная, но она выражается в мире меняющихся обстоятельств и меняющегося понимания. Так кажется, что истина изменчивая, но источник истины неизменный. Ты, живущая в мире перемен и меняющаяся сама, должна осознать тот факт, что твой Источник неизменный. Осознав это, ты будешь иметь основу доверия к твоему Источнику. Доверие может быть установлено по-настоящему только тогда, когда оно основано на том, что неизменно, неприкосновенно и неразрушимо. На этом твоя вера и твое доверие будут иметь настоящее основание. Ты осознаешь, что то, что неизменно и что в свою очередь является источником твоего доверия и получателем твоего доверия, будет выражаться в меняющемся мире меняющимися путями. Тем самым его выражение ответит каждой из твоих нужд. Оно будет служить тебе во всех обстоятельствах. Оно будет действовать на каждом уровне понимания. Оно будет реализовываться во всех сферах человеческой жизнедеятельности. Поэтому кажется, что истина изменчивая, ведь она функционирует по-разному в разных средах, и она осознается по-разному с разных точек зрения. Но истина сама, которая и является самим Знанием, навечно неизменная, всегда любящая и всегда настоящая.

Поэтому сегодня пойми, насколько твои идеи являются относительными и изменчивыми, и насколько ты отождествляешь себя с тем, что изменчиво, с тем, что не может существовать самостоятельно. По мере того, как твоя идентичность начинает основываться на Знании, а не просто на идеях, предположениях и верованиях, ты начнешь ощущать постоянность и безопасность, которые исходят только от Знания. По мере того, как ты осознаешь тот факт, что твоя жизнь неизменная, ты сможешь дать ей свободу выражаться в меняющихся обстоятельствах. Здесь ты освободишься от страха перед смертью и разрушением. Здесь ты найдешь покой в мире, ведь мир меняется, а ты нет.

Практика 278: *прочитай наставление трижды сегодня.*

Шаг 279

Я ДОЛЖЕН ОЩУТИТЬ СВОБОДУ, ЧТОБЫ ОСОЗНАТЬ ЕЕ.

Свобода - это не понятие или идея. Это - ощущение. Поэтому она должна быть ощущена во многих разных обстоятельствах для того, чтобы ты осознал ее универсальное применение. Тебе дается время, чтобы этого достичь. Это придаст всем твоим действиям смысл, целесообразность и ценность. Тогда не будет никакого основания для осуждения себя или мира, ибо все будет укреплять твое понимание о необходимости в Знании и все будет получателем Знания.

Поэтому отдай себя практике, подготовке и практическому применению. Не отождествляйся лишь с идеями, ведь даже самой великой идее предназначено быть выражением в изменчивых обстоятельствах, и сама будет нестабильной. Чтобы иметь настоящую стабильность в мире, ты должен отождествляться со Знанием и позволить Знанию показать свою силу, эффективность и благодать в мире. Ты должен ощущать свою свободу, чтобы оценить ее и понять ее смысл в мире. Вот почему ты являешься учеником Знания. И вот почему ты должен применять все, чему ты учишься в твоей подготовке здесь.

Вспоминай об этом в начале каждого часа, пока ты занят делами в мире. Вспоминай об этом во время твоих более глубоких медитаций, когда ты занимаешься своей внутренней жизнью. В обеих сферах Знание должно превалировать. В обеих сферах ты должен проявлять свободу, чтобы ощущать ее. Во время твоих более глубоких медитаций упражняй силу своего ума, чтобы он мог войти в состояние внутреннего покоя и тишины. Пусть страх и двойственность не доминируют над тобой сегодня. Ты практикуешь свободу и следуешь ей, ведь ты можешь быть свободным только тогда, когда ты испытываешь внутренний покой, а если ты испытываешь внутренний покой, ты уже свободен.

ПРАКТИКА 279: *два практических занятия по 30 минут каждое. Напоминание в начале каждого часа.*

Шаг 280

Обзор

Рассмотри последние две недели подготовки, начиная с первой практики текущего обзорного периода и продолжая по каждому дню до последней практики. Попытайся получить общий взгляд на все, что произошло в течение последних двух недель. Посмотри, как ты можешь углубить и усовершенствовать свою подготовку. Осознай, сколько времени и энергии ты тратишь на двойственность и праздные идеи. Осознай, сколько своей энергии ты напрасно тратишь в сомнении и заблуждении, когда все, что требуется от тебя, это пребывать со Знанием. Твоя способность следовать тому, что вне твоего понимания, необходима здесь и приведет тебя к самой крепкой уверенности, которую жизнь может тебе дать. Путем этой уверенности твои идеи, твои действия и твои восприятия приобретут согласованность, которая позволит им стать мощным выражением в мире, где человечество находится в сомнениях и заблуждениях двойственности воображения. Путем следования ты приобретешь способность отдавать и вести за собой. Ты осознаешь это со временем, по мере того как ты чувствуешь свою свободу и позволяешь своей свободе проявляться через себя.

Теперь ты ученица Знания. Посвящай себя своей подготовке с растущим усердием и участием. Пусть ошибки прошлого пробудят тебя. Им не надо быть и они не должны быть источником самоосуждения. Они должны теперь быть поняты, как демонстрация твоей нужды в Знании. Тем самым ты можешь быть очень благодарна за то, что Знание дано тебе, ведь ты отдаешь себе отсчет в том, что ты стремишься к Знанию превыше всего.

Практика 280: *одно длительное практическое занятие.*

Шаг 281

Я стремлюсь к Знанию превыше всего.

Стремись к Знанию превыше всего, ведь Знание даст тебе все, в чем ты нуждаешься. Ты будешь стремиться к Знанию с полным убеждением, когда ты осознаешь, что любой другой путь усилий и любой другой способ использования твоего ума и тела будет безнадежным и приведет тебя к еще большему замешательству. Ведь без Знания ты можешь только учиться тому, что ты нуждаешься в Знании, а со Знанием все настоящее обучение продолжится. Твое прошлое уже показало тебе, насколько ты нуждаешься в Знании. Тебе не надо этому учиться снова и снова. Зачем повторять тот же урок снова и снова и ждать других результатов?

Один ты ничего не добьешься. Без Знания ты сможешь только создавать все больше воображения. Поэтому есть один ответ на твою самую большую нужду, и этот один ответ ответит на все остальные нужды, которые исходят из твоей самой большой нужды. Твоя нужда фундаментальна, и ответ на твою нужду фундаментален. Нет ничего сложного здесь, ведь, по сути, ты нуждаешься в Знании, чтобы жить со смыслом. Ты нуждаешься в Знании, чтобы продвигаться. Ты нуждаешься в Знании, чтобы осознать свое Истинное «Я». Ты нуждаешься в Знании, чтобы выполнить свое предназначение в мире. Без Знания ты будешь просто ходить вокруг да около и снова возвращаться к понимаю, что ты нуждаешься в Знании.

Это день благодарения, ибо твои молитвы были услышаны. На твою нужду откликнулись. Ты получил дар, который позволит тебе восстановить свое Знание. Превыше всего стремись к тому, что будет всему служить через тебя. Тем самым твоя нужда и способ разрешения в твоей жизни становятся простыми, и ты сможешь идти вперед с уверенностью и терпением, становясь постоянным учеником Знания. День за днем ты восстанавливаешь свое истинное «Я». День за днем ты избавляешься от всего, что пытается тебя ввести во тьму заблуждения. День за днем то, что является недействительным, начинает распадаться, и то, что является действительным, начинает проявляться.

В НАЧАЛЕ КАЖДОГО ЧАСА СЕГОДНЯ вспоминай и утверждай эту великую истину - то, что ты стремишься к Знанию превыше всего. Во время твоих более глубоких медитаций позволь себе войти в состояние внутреннего покоя. Позволь своей жизни трансформироваться. Позволь Знанию проявиться для того, чтобы ты смог стать проводником его проявления, ведь в этом ты найдешь счастье.

ПРАКТИКА 281: *два практических занятия по 30 минут каждое. Напоминание в начале каждого часа.*

Шаг 282

Я НАУЧУСЬ ПРИНИМАТЬ ОТВЕТСТВЕННОСТЬ ЗА НОШЕНИЕ ЗНАНИЯ В МИРЕ.

Нести Знание в мире требует ответственности. Твоя ответственность заключается в том, чтобы следовать Знанию и учиться выражать Знание адекватно и целенаправленно. Поэтому надо будет развивать и повышать твои человеческие способности. Проницательность и все остальные ценные качества в тебе тоже нуждаются в развитии, ведь ты должна учиться выражать то, что ты носишь в себе. Ты должна учиться следовать ему и стать достойным проводником для него. В этом и заключается истинный смысл всего личного развития. В этом и заключается истинная цель личного развития. В этом твое развитие и продвижение находят свое направление.

Поэтому позволь себе ощутить смысл сегодняшней идеи. Позволь себе принять ответственность. Она не является бременем на твоих плечах. Это обряд посвящения для тебя, и в этом все, что тебя смущало и разочаровывало в себе, получит новое и целесообразное применение. Осознай, что Знание несет ответственность. Поэтому тебе следует относиться к нему со всей серьезностью, но тем не менее с этой серьезностью ты получишь величие и покой, которые оно тебе даст. Со временем ты станешь очень и очень утонченным проводником Знания в мире. Тем самым все, что нуждается в развитии, будет развиваться, и все, что препятствует твоему развитию, уйдет.

Во время твоих более глубоких медитаций в состоянии внутреннего покоя сегодня осознай, что у тебя есть ответственность развивать способности твоего ума, как ученица Знания. Выполняй эту ответственность и не уходи в воображение. Занимай себя как ученица Знания в соответствии с требованиями своей подготовки, ибо теперь ты становишься человеком ответственности и человеком силы.

ПРАКТИКА 282: *два практических занятия по 30 минут каждое.*

Шаг 283

МИР ЯВЛЯЕТСЯ ДВОЙСТВЕННЫМ, НО Я НЕТ.

Посмотри вокруг себя на мир, и ты увидишь, что мир человечества заблудился в собственной двойственности. Он то желает иметь вот это, то желает идти вот туда. Он хочет сохранить все, что он приобрел, и ничего не терять, но при этом он хочет больше, чем ему нужно. Он заблудился в собственных обстоятельствах. Он не знает, где найти выход. Он не понимает, какой он сам. Он не знает, что ценить и что не ценить. Все суждения и споры, все конфликты и все войны реализуют эту двойственность.

По мере того, как ты пребываешь со Знанием, ты посмотришь на мир и осознаешь его полное заблуждение. Это покажет тебе и напомнит тебе о большой нужде в Знании в мире. Знание никогда не нападет на себя, и Знание не конфликтует с собой. Поэтому два человека или две нации, или даже два мира не будут иметь причины для ссоры, если ими руководит Знание. Ведь Знание всегда стремится к тому, чтобы объединить людей многозначительным образом и прояснить их взаимодействие друг с другом. Невозможно, чтобы Знание конфликтовало само с собой, ведь нет никакого противоборства в Знании. У него есть единственное предназначение и единственная цель, и оно всю свою деятельность организует соответственно этому. Оно организует все формы противодействия так, чтобы они служили одному предназначению и одному направлению. Тем самым оно является великим миротворцем в мире. По мере того, как ты пребываешь со Знанием, ты становишься проводником его выражения. Тогда ты будешь учить покою, потому что покой сам будет учить через тебя.

Смотря на Знание таким образом, ты сможешь осознать свое настоящее участие, свою настоящую ответственность как ученик Знания. Мир находится в двойственности. Он заблудился, и поэтому страдает последствиями всего этого. Но ты, кто сейчас учится наблюдать за миром без осуждения и учится наблюдать за миром с уверенностью Знания, сможешь просто осознать печальное положение мира и знать, что ты носишь выход в себе.

Во время твоих более глубоких медитаций войди снова в состояние внутреннего покоя и употребляй слово РАН, если оно помогает тебе. Ты учишься внутреннему покою, поэтому ты учишься уверенности. Каждый человек, который сможет приобрести состояние внутреннего покоя в мире, сможет стать источником Знания в мире. Ведь Знание будет выражаться в мире везде в любом сознании, где появляется свободное пространство. Твое сознание сейчас открывается, чтобы выразить Знание.

Практика 283: *два практических занятия по 30 минут каждое.*

Шаг 284

Спокойствие является моим даром миру.

Как может спокойствие быть даром, ты спрашиваешь. Оно является даром потому, что оно является выражением уверенности и покоя. Как может спокойствие быть даром миру? Потому, что твое спокойствие позволит Знанию выражаться через тебя. Как может спокойствие быть даром миру? Потому, что твое спокойствие позволяет всем умам находиться в состоянии покоя, чтобы они могли знать. Конфликтующий ум не может быть спокойным. Ум, который тщетно ищет разрешения, не может быть спокойным. Ум, который бушует своими собственными оценками, не может быть спокойным. Поэтому предоставляя миру то спокойствие, которое ты сейчас развиваешь, ты даешь всем другим умам, которые признают тебя, возможность и пример для того, чтобы войти в состояние внутреннего покоя самим. Ты по существу показываешь, что можно достигнуть спокойствия и свободы, и что существует великое присутствие Знания в мире, призывающее каждый разлученный и замученный ум.

Твое спокойствие является даром. Оно будет успокаивать все умы. Оно будет успокаивать все противоречия. Оно будет успокаивать всех, кто страдает под бременем собственного воображения. Тем самым это великий дар. Это не твой единственный дар, ведь ты также будешь давать через свои идеи, свои действия и свои достижения в мире. Тем самым ты будешь показывать развивающиеся способности ума, которые от тебя требуются как от ученика Знания. Тем не менее из всего, что ты сможешь отдать миру, твое спокойствие будет иметь самый большой эффект, ведь в состоянии внутреннего покоя ты будешь находить отклик с остальными умами, ты будешь успокаивать все остальные умы и распространять настоящее спокойствие в мире и свободу, которую оно демонстрирует.

Сегодня вспоминай важность спокойствия в начале каждого часа. Наблюдай за миром в его замешательстве и пойми, насколько велика его нужда в спокойствии. Во время твоих двух более глубоких медитаций отдай себя снова внутреннему покою.

Позволь себе избавиться от двойственности и неуверенности, которые преследуют тебя и задерживают тебя. Приближайся к внутреннему покою, которое является сферой Знания, ведь там ты найдешь покой и уверенность. Это Божественный дар тебе и это будет твоим даром миру.

Практика 284: *два практических занятия по 30 минут каждое. Напоминание в начале каждого часа.*

Шаг 285

Все познается в состоянии внутреннего покоя.

Все познается в состоянии внутреннего покоя, ведь в этом состоянии ум способен откликаться на Знание. Тогда Знание найдет выражение в твоих конкретных мыслях и действиях. Твой ум предназначен, чтобы служить Знанию, точно так же, как твое тело предназначено, чтобы служить твоему уму. Тем самым то, что ты приносишь из твоего Истинного Дома, может выражаться в мире, находящимся в изгнании. Здесь Небеса соприкасаются с Землей, и когда они соприкасаются, настоящее общение начинается, и Знание передается в мир.

Ты подготавливаешься стать проводником Знания, чтобы все, чего ты достигаешь, великое и маленькое, уникальное и обыденное, выразило присутствие Знания. Поэтому твоя функция в мире не грандиозна, а проста. Важно то, что выражается через твои действия, ибо самое простое действие, совершенное со Знанием, является великим учением Знания и будет влиять и воздействовать на все умы в мире.

Поэтому напоминай себе в начале каждого часа сегодня о важности развития внутреннего покоя и о непосредственном освобождении от тревоги и конфликта, которое оно даст тебе. Пусть твои более глубокие практические занятия сегодня будут периодами настоящего посвящения, когда ты приходишь к алтарю Бога, чтобы отдать себя. Это, по сути, настоящая церковь. Это настоящий храм. Это - где молитва становится настоящей, и где твой ум, который является выражением Божьего ума, во внутреннем покое, смирении и открытости отдает себя своему великому источнику. Тем самым Бог благословляет тебя и передает тебе дар, чтобы отдать его миру, что является результатом твоего собственного развития.

Все это происходит в состоянии внутреннего покоя, ведь во внутреннем покое передача Знания может завершиться. Это абсолютно естественно и полностью вне твоего понимания. Поэтому тебе не надо тратить усилие и время в предположениях, размышляя об этом и пытаясь понять его механизм. Это не нужно. Все, что требуется, это быть получателем Знания. Не стой на стороне, пытаясь понять его.

Не стой сегодня на стороне, а войди в состояние внутреннего покоя, ведь это Божественный дар тебе. В состоянии внутреннего покоя состоится передача Знания. Тем самым ты становишься проводником Знания в мире.

Практика 285: *два практических занятия по 30 минут каждое. Напоминание в начале каждого часа.*

Шаг 286

Сегодня я несу спокойствие в мир с собой.

Неси спокойствие с собой. Позволь твоей внутренней жизни успокоиться, пребывая в мире беспокойства и замешательства. Теперь тебе не надо разрешать ничего в своих мыслях, ведь ты учишься быть со Знанием. Знание будет организовывать твои мысли и давать им истинную согласованность и направление. Неси спокойствие с собой и будь уверена, что все твои внутренние конфликты будут разрешаться через Знание, ведь ты следуешь источнику их разрешения. Каждый день ты приближаешься к покою и удовлетворению. И то, что раньше тебя преследовало и накрывало тёмными тучами твой разум, просто улетучится по мере того, как ты идёшь по пути Знания.

Неси спокойствие с собой в мир. Это позволит тебе быть по-настоящему наблюдательной. Это позволит тебе видеть мир, как он есть на самом деле. Это позволит тебе рассеять конфликт мира, ибо здесь ты учишь спокойствию тем, что ты спокойна. Ты не учишь ложному спокойствию. Оно рождается из истинного соединения со Знанием, ведь ты следуешь Знанию теперь. Ты позволяешь Знанию направлять тебя. Ты только можешь сделать это в состоянии внутреннего покоя.

Не думай, что спокойствие сделает тебя неспособным заниматься истинной деятельностью в мире. Ты будешь активно заниматься делами в мире и участвовать в его механизме, но ты можешь оставаться спокойной всё это время. Ты обнаружишь к своей радости, что ты будешь намного компетентнее, эффективнее и отзывчивее к другим, и будешь действовать с бо́льшим участием и продуктивностью, неся спокойствие в мир. Здесь твоя энергия может выражаться в мире значимым образом. Здесь все силы твоего ума и твоего тела включены и не истрачены на внутренние конфликты. Поэтому ты становишься сильнее и эффективнее, более уверенной и продуктивной, неся спокойствие в мир.

В течение дня напоминай себе о том, что ты несёшь спокойствие в мир, и во время твоих двух медитаций ищи убежища спокойствия. Уходи от мира твоих суждений и войди в состояние душевного покоя и в неприкосновенность спокойствия и Знания. Ты обнаружишь, что по мере того, как ты продвигаешься, твои две более длительные практики будут временами глубокого отдыха и облегчения, временами оживления. В это время ты входишь каждый день в святой храм Святого Духа. В это время ты соприкасаешься с Богом через Знание.

Итак, эти практические занятия становятся самыми яркими моментами каждого дня по мере того, как ты учишься получать дары, предоставленные тебе. Ты будешь ждать с предвкушением твоих практических занятий, как возможность обновляться и оживляться, чтобы найти истинное вдохновение и утешение и позволить своему уму стать все сильнее и сильнее со Знанием для того, чтобы ты смогла нести покой и спокойствие в мир.

Практика 286: *два практических занятия по 30 минут каждое. Напоминание в начале каждого часа.*

Шаг 287

Со Знанием я не могу находиться в состоянии войны.

Со Знанием ты не можешь находиться в состоянии войны. Ты не можешь воевать с самим собой или с другими, ведь со Знанием есть только Знание и есть заблуждение в мире. Заблуждение не требует агрессии. Поэтому ты не воюешь со Знанием, ведь у тебя есть один ум, одно предназначение, одна ответственность, одно направление и один смысл. Чем больше твое сознание становится единым, тем больше твоя внешняя жизнь становится единой тоже. Как ты можешь воевать с собой, когда ты следуешь по пути Знания? Война исходит из двойственности, когда противостоящие ценности конфликтуют друг с другом, чтобы привлечь твое внимание. Конкурирующие идеи, конкурирующие эмоции и конкурирующие ценности - все воюют друг с другом, и ты оказываешься в центре их больших битв.

Со Знанием ты избавишься от всего этого. Со Знанием ты не можешь воевать с самим собой. Со временем все твои сомнения в себе, неуверенность, страх и тревога исчезнут. И по мере их исчезновения, ты все больше будешь чувствовать, что ты не воюешь, и будешь наслаждаться в полной мере мирным состоянием. Тем самым ты сможешь наблюдать за миром с полной силой своего участия, ведь вся твоя умственная и физическая энергия теперь будет в твоем распоряжении, чтобы отдавать миру. Ты будешь отдавать нечто большее, чем твои действия или твои слова, ведь ты понесешь покой и тишину в мир.

При этом ты не будешь противостоять кому-либо, хотя другие могут противостоять тебе. При этом ты не будешь воевать ни с кем, даже если другие хотят воевать с тобой. В этом состоит твой самый большой вклад, и это то, что твоя жизнь будет демонстрировать. Здесь Знание отдаст себя миру и научит тем великим наставлениям, которые ты сейчас учишься получать сам. Это обучение произойдет само по себе. Тебе не надо навязывать миру это, тебе не надо пытаться изменить кого-либо, ведь Знание выполнит свое истинное задание через тебя.

Каждый час осознавай смысл сегодняшней идеи и осознавай силу Знания положить конец всему твоему страданию и со временем всему страданию мира. Во время твоих более глубоких медитаций возвращайся в свой великий храм и снова становись получателем Знания в открытости и смирении. Тогда ты сможешь нести свое постоянное взаимоотношение со Знанием в мир со всей большей уверенностью. Тогда то, что нужно отдать, будет излучаться от тебя без лишних усилий.

Практика 287: *два практических занятия по 30 минут каждое. Напоминание в начале каждого часа.*

Шаг 288

Враги – это всего лишь друзья, которые не научились присоединяться.

Нет никаких истинных врагов в жизни, ведь все войны и конфликты исходят от замешательства. Ты должна это понять. Без Знания жизнь становится запутанной и вынуждена создать свою внутреннюю систему руководства, которая состоит всего лишь из идей и верований, с которыми она отождествляется. Таким образом, люди имеют свою собственную личную цель и самоидентификацию. Эти оценки сталкиваются с оценками других людей, вызывая конфликт: человек с человеком, сообщество с сообществом, народ с народом, страна со страной.

В Знании это невозможно, ведь в Знании все являются твоими друзьями. Ты воспринимаешь каждого человека на том этапе развития, на котором он или она находится в данный момент. С некоторыми, возможно, будут отношения, а с некоторыми нет. Некоторые из них смогут получить напрямую то, что ты отдаешь, пока другим нужно будет получить косвенным путем. Но они все твои друзья. Нет никакого противостояния в Знании, ведь только одно Знание во Вселенной. Оно выражается через каждого человека. По мере того, как каждый человек становится чище как проводник для Знания, по мере того, как каждый человек приобретает все больше Знания и как каждый человек следует по пути Знания и становится ответственным перед Знанием, то возможность находиться в конфликте становится все меньше и, в конце концов, исчезнет.

Осознай тогда, что все войны и конфликты просто выражают неспособность участников к присоединению. Когда люди присоединяются, они узнают общую нужду, которая становится их первичной нуждой. Это присоединение должно исходить от Знания, а не от идеализма, если ему следует осуществиться. Оно должно рождаться от Знания, а не просто от философии, если ему следует лидировать в истинном действии и истинном участии. Таким образом, ты становишься миротворцем и стражем мира в мире по мере того, как ты следуешь по пути ученика Знания. Чем сильнее Знание в тебе, тем слабее твой страх и двойственность. Таким образом, ты перестанешь воевать, и твоя жизнь будет демонстрировать, что война лишняя.

Посвящай себя сегодня прекращению войны в мире, прекратив войну внутри себя для того, чтобы стать миротворцем и стражем мира. В начале каждого часа напоминай себе о сегодняшнем занятии и применяй его к миру вокруг себя. Применяй его ко всем конфликтам в мире, о которых ты знаешь. Попытайся понять его полную обоснованность по отношению к этим конфликтам. Это потребует того, чтобы ты смотрела на эти конфликты с иной точки зрения ради осознания полного воздействия и значения сегодняшней идей. Именно такую точку зрения ты должна развивать, ведь ты должна учиться видеть, как Знание видит, думать, как Знание думает, и поступать, как Знание поступает. Всего этого ты обязательно достигнешь по мере того, как ты следуешь по пути Знания каждый день.

Во время твоих более глубоких медитаций возвращайся в состояние внутреннего покоя и тишины для того, чтобы усилить свою способность развиваться и подготовиться к тому, чтобы стать посланником Знания в мире. Это твоя ответственность сегодня. Это проникнет во все твои другие виды деятельности и даст им ценность и значение, ведь сегодня ты являешься ученицей Знания.

Практика 288: *два практических занятия по 30 минут каждое. Напоминание в начале каждого час.*

Шаг 289

Я – ученик Знания сегодня.

Будь настоящим учеником Знания сегодня. Отдай себя полностью своему обучению. Не делай никаких предположений, ведь настоящие ученики ничего не предполагают, и это способствует их успешному обучению. Осознай, что ты не можешь познать Знание, ты можешь только принять его. Ты можешь только испытывать, как оно выражается через твою жизнь в мире.

Поэтому позволь себе воспринять Знание. Не позволяй себе воспринимать двойственность, присущую миру. Держи дистанцию от этой двойственности, ибо ты еще недостаточно крепок в Знании, чтобы противостоять двойственности и отдать свой дар в двойственный мир. Не будь амбициозным в этой связи, иначе ты выйдешь за границы своих способностей и, в результате, потерпишь неудачу. По мере того, как Знание растет и развивается в тебе, оно поведет тебя туда, где ты можешь служить. Оно поведет тебя к ситуациям, где у тебя есть достаточные способности выразить его.

Будь учеником сегодня. Не пытайся использовать обучение в собственных, амбициозных целях. Не позволяй своим собственным идеям направлять тебя сегодня, а будь учеником Знания. Когда ты уверен в чем-то, поступи с этим как можно мудрее и адекватнее. Когда ты не уверен в чем-то, возвращайся к Знанию и просто побудь в состоянии покоя со Знанием, ибо Знание покажет тебе путь. Таким образом, ты становишься истинным и активным проводником Знания в мире. Знание будет выражаться через тебя в мире, и все, что ты получишь, будет отдано в мир через тебя.

Во время твоих более глубоких медитаций сегодня укрепи свою способность входить в царство Знания. Сегодня проникнись глубже, чем когда-либо. Сегодня будь учеником Знания. Войди в Знание. Испытывай Знание. Таким образом, ты все больше будешь подключаться к его силе и благодати. Таким образом, ты осознаешь его предназначение в мире, которое только можно осознать через участие.

Практика 289: *два практических занятия по 30 минут каждое.*

Шаг 290

Я МОГУ ТОЛЬКО БЫТЬ УЧЕНИЦЕЙ.
ПОЭТОМУ Я БУДУ УЧЕНИЦЕЙ ЗНАНИЯ.

В мире ты являешься ученицей - всегда. Каждый день, каждый час и каждую минуту ты учишься и пытаешься осваивать свои уроки. Ты являешься либо ученицей Знания, либо ученицей заблуждения. Ты являешься либо ученицей уверенности, либо ученицей двойственности. Ты являешься либо ученицей цельности и целостности, либо ученицей конфликта и войны. Ты можешь только учиться, пока ты в мире, и ты можешь только демонстрировать результаты своего обучения.

Поэтому нет выбора в том, будешь ли ты ученицей или нет, ведь ты будешь ученицей даже в том случае, если ты решишь не быть ученицей. Если ты решишь не быть ученицей, ты будешь просто изучать другую программу. Нет у тебя выбора в этом, ведь находиться в мире - значит, учиться и демонстрировать результат своего обучения. Осознав это, твое решение тогда заключается в том, где ты будешь учиться и чему ты будешь учиться. В этом и заключается свобода выбора, данная тебе. Знание будет толкать тебя к правильному решению и приведет тебя к себе самому, ведь оно было дано тебе, чтобы отдавать его миру. Поэтому по мере того, как ты приближаешься к Знанию, ты почувствуешь, как будто ты вернулась домой. Ты почувствуешь огромную интеграцию внутри себя, и ты почувствуешь, как твой внутренний конфликт и война против себя начнут уменьшаться и исчезать.

Будь ученицей Знания сегодня, ведь ты и есть ученица. Выбери ту программу обучения, которая тебя выбрала. Выбери ту программу обучения, которая спасет тебя и через тебя мир. Выбери ту программу обучения, которая выполняет твое предназначение здесь, и которая представляет твою жизнь вне этого мира, которая хочет выразиться здесь. Стань ученицей Знания.

Осознай силу сегодняшней идеи и вспоминай ее каждый час. Не забудь прочитать сегодняшние наставления до того, как ты войдешь в мир для того, чтобы ты смогла начать использовать их на практике сегодня. Подтверждай твое учение в Знании. Укрепляй твое участие, как ученицы Знания. Следуй по сегодняшним практикам с все большим усердием.

Во время твоих более глубоких практических занятий активно занимай твой ум рассмотрением того, что это значит быть ученицей в мире. Занимай твой ум пониманием сегодняшнего послания и попытайся осознать, что ты являешься ученицей при всех обстоятельствах. Попытайся осознать, что нет у тебя выбора в этом плане, ведь ты должна учиться, осваивать и демонстрировать свое обучение. Это является фундаментом для истинного обучения других. Осознай тот факт, что твое предназначение в мире - это стать ученицей Знания, осваивать Знание и позволить Знанию выразиться для того, чтобы ты смогла выразить Знание в мире. В упрощенном смысле, это выражение твоего предназначения, и из твоего предназначения появится конкретный призыв, чтобы направлять тебя определенным способом в мире в соответствии с твоей сущностью и характером.

Итак, сегодня ты будешь укреплять себя, как ученица Знания. Во время твоих более длительных практик активно занимай твой ум попыткой проникнуть в сегодняшнюю идею и осознать ее полное соответствие с твоей жизнью.

Практика 290: *два практических занятия по 30 минут каждое. Напоминание в начале каждого часа.*

Шаг 291

Я благодарен тем братьям и сестрам, которые неправильно поступают со мной.

Будь благодарен тем, кто показывает нужду в Знании. Будь благодарен тем, кто учит тебя, что бесполезно заниматься чем-нибудь в мире без Знания. Будь благодарен тем, кто экономит тебе время, показывая результаты того, о чем ты сам уже размышляешь для себя. Будь благодарен тем, кто показывает тебе твою собственную огромную нужду в мире. Будь благодарен тем, кто показывает своим примером *что* ты должен отдать миру. Будь благодарен тем, кто, как ты считаешь, неправильно поступает с тобой, ведь они покажут тебе то, что необходимо в твоей жизни, и они напомнят тебе о том, что Знание является твоим единственным истинным предназначением, твоей единственной истинной целью и твоим единственным истинным выражением.

Тем самым все, кто неправильно поступает с тобой, становятся твоими друзьями, ведь даже в их страдании они служат тебе и призывают тебя служить им. Здесь все безрассудство, ошибки, заблуждение, двойственность, конфликт и война в мире приведут тебя к убежденности в Знании. Тем самым мир служит тебе, поддерживает тебя и подготавливает тебя к тому, чтобы ты служил ему в его огромной нужде. Тем самым ты становишься получателем достижений мира и получаешь напоминание о заблуждениях мира. Тем самым будут вызваны твоя любовь и сочувствие к миру.

Сегодня напоминай себе в начале каждого часа об этом послании и попытайся осознавать его смысл в контексте всех твоих действий, и пусть все, что произойдет сегодня, будет показывать смысл сегодняшней идеи. Во время твоих более глубоких практических занятий активно занимай свой ум, чтобы проникнуть в сегодняшнюю идею. Вспоминай каждого человека, который, как ты считаешь, неправильно поступил с тобой. Пойми, как этот человек послужил тебе и продолжает служить тебе в качестве напоминания. Это может сэкономить тебе много времени и энергии, приближая тебя к Знанию, повышая твою решимость восстановить Знание и напоминая тебе о том, что нет альтернативы Знанию. Во время твоих более длительных практических занятий вспоминай каждого человека, который, как ты считаешь, неправильно поступил с тобой, и осознай их огромную службу тебе с этой точки зрения.

Пусть этот день будет днем прощения и днем принятия, когда ты осознаешь и распространишь свою благодарность на тех, кто неправильно поступил с тобой. Жизнь пытается привести тебя к Знанию. По мере того, как ты войдешь в Знание, ты осознаешь огромное служение, которое жизнь оказывает тебе как из своих достижений, так и из своих неудач. Будь получателем этого дара, ведь в любви и благодарности ты повернешься к миру и захочешь отдать то, что является самым великим из всех дарований. Здесь ты отдаешь Знание в благодарности и служении миру, который служил тебе.

Практика 291: *два практических занятия по 30 минут каждое. Напоминание в начале каждого часа.*

Шаг 292

Как я могу сердиться на мир, когда он только служит мне?

Как ты можешь сердиться, когда мир служит тебе? Когда ты познаешь, насколько мир служит тебе, а это только познается в контексте Знания, ты перестанешь ненавидеть мир, осуждать мир и сопротивляться миру. Это подтвердит твою истинную судьбу, твой истинный источник и твое истинное предназначение в мире.

Ты пришла в мир, чтобы учиться и разучиться. Ты пришла в мир, чтобы познать настоящее и ненастоящее. Ты пришла в мир, чтобы сделать вклад в мир, тебя прислали сюда извне, чтобы служить в мире. Это представляет истинную природу твоего существования здесь, и хотя это может противоречить твоей оценке себя, оно все-таки верно и остается верным, несмотря на твою точку зрения, несмотря на твои собственные идеалы и верования и несмотря на те цели, которые ты перед собой поставила. Истина ждет тебя и ждет, пока ты станешь готовой оценить ее.

В начале каждого часа вспоминай сегодняшнюю идею и обрати внимание на возможность ее применения везде, когда ты наблюдаешь за миром. Во время твоих двух более глубоких практических занятий снова вызывай в память каждого человека, который, как ты считаешь, неправильно поступил с тобой. И попытайся снова понять, каким образом они помогали тебе приблизиться к Знанию, указали на ценность Знания и научили осознавать, что нет надежды вне Знания. Нет надежды без Знания. Сегодняшняя идея породит любовь и благодарность к миру и укрепит эту точку зрения. И это необходимо для того, чтобы ты смотрела на мир с уверенностью, любовью и Знанием.

Практика 292: *два практических занятия по 30 минут каждое. Напоминание в начале каждого часа.*

Шаг 293

Я НЕ ХОЧУ СТРАДАТЬ СЕГОДНЯ.

Укрепи свою решимость не страдать сегодня, будучи учеником Знания, придерживаясь Знания и посвящая себя Знанию. Пусть мир не вовлечет тебя в свои бессмысленные практики, в свои безнадежные начинания или в свои разъяренные конфликты. Все эти вещи все еще привлекают тебя, но не позволь себе отдаться им сегодня, ведь убеждения мира рождаются из огромной тревоги и страха мира. Тревога и страх похожи на болезни, которые поражают разум. Не позволь своему разуму так поражаться сегодня. Ты не хочешь страдать сегодня, и ты будешь страдать, если ты последуешь убеждениям мира. Участвуй в мире и выполняй свои обыденные обязанности, но укрепи свою решимость быть учеником Знания, ведь это освободит тебя от всего страдания и даст тебе величие, которое тебе предназначено отдать миру.

В начале каждого часа подтверждай тот факт, что ты не хочешь страдать сегодня, и осознай неизбежность своего страдания, если ты попытаешься находиться в мире без Знания. Мир может только напомнить тебе о твоем единственном великом предназначении и ответственности сейчас, то есть стать учеником Знания. Будь благодарен за то, что мир поддержит тебя таким способом, каким он только и может, и будь благодарен тому, что из твоего Древнего Дома Бог распространяет Благодать в мир для того, чтобы ты получил ее и научился ее отдавать.

Практика 293: *напоминание в начале каждого часа.*

Шаг 294

Обзор

Начинай этот двухнедельный Обзор с этого воззвания:

«Я теперь являюсь ученицей Знания. Я буду узнавать смысл и предназначение Знания посредством моего участия. Я буду придерживаться своего участия, не стараясь поменять его методы или практики, даже хоть слегка, потому что я хочу учиться. Я - ученица Знания в мире, где Знание, кажется, отсутствует. По этой причине меня сюда прислали, чтобы подготовиться отдавать то, что Знание желает отдавать миру. Я - ученица Знания. Я уверена в своей ответственности. В этом я буду получать все, что я искренне желаю, ведь я искренне желаю любить мир».

После этого воззвания начинай свой двухнедельный Обзор. Начиная с первого дня в этом двухнедельном периоде, прочитай наставления за тот день и вспоминай свою практику. Продолжай таким же образом по всем дням в этом двухнедельном периоде, и потом попытайся сделать общий обзор своей жизни во время этого периода практики. Обрати внимание на то, что произошло в твоей жизни во время этого двухнедельного периода.

Имея общий обзор, ты начнешь видеть движение своей жизни. Это может быть незаметно поначалу, но ты скоро начнешь осознавать, что твоя жизнь продвигается быстро, и что твои ценности и твое ощущение себя меняются. Ты принципиально меняешься. Ты окончательно становишься самой собой. Ты осознаешь, что война, которая временами бушует внутри тебя, сократится и станет не столь частой. Ты это осознаешь только при сознательном и объективном рассмотрении своей жизни, и по мере того, как ты это осознаешь, оно даст тебе уверенность и убежденность, чтобы продолжать свой путь, ведь ты будешь знать, что ты следуешь своему верному пути и своей верной судьбе. Ты будешь знать, что ты являешься верной ученицей Знания, и что ты сделала правильное решение по поводу своего обучения.

Практика 294: *одно длительное практическое занятие.*

Шаг 295

Я ПРОНИКАЮ В ТАИНСТВЕННОСТЬ СВОЕЙ ЖИЗНИ.

Ты проникаешь в таинственность своей жизни, которая хочет показать себя тебе. Таинственность твоей жизни является источником всего, что очевидно в твоей жизни. Все, что будет очевидным и должно быть очевидным, воплощается в таинственности твоей жизни. Поэтому твои нынешние практики, как ученик Знания, являются обязательной основой всего, что ты будешь делать в мире, и всего, что ты познаешь и выполнишь в этой жизни. Они имеют основополагающее значение для удовлетворения твоей нужды.

Пусть таинственность будет таинственностью. Пусть очевидное будет очевидным. Таким образом, ты проникнешь в таинственность Знания с почитанием и открытостью, и ты будешь взаимодействовать с миром с практичностью и с конкретным подходом. Таким образом, ты станешь мостом между своим Древним Домом и этим преходящим миром. Тогда ты будешь относиться к жизни во Вселенной с почитанием и трепетом, и ты будешь относиться к приложению своих усилий в мире с осмысленностью и ответственностью. Тем самым все твои способности будут надлежащим образом развиты и интегрированы, и ты будешь проводником для Знания.

Теперь начнется следующий, более развитый этап обучения. Ты, наверно, уже понимаешь, что многое из того, чему ты учишься, ты пока слабо осознаешь. Многие из последующих шагов предназначены для того, чтобы активировать твое Знание, чтобы сделать его сильнее и более ощущаемым внутри тебя, и возбудить древнюю память о твоих настоящих взаимоотношениях во Вселенной и о смысле твоего предназначения здесь. Поэтому мы начинаем серию практик, которые ты не сможешь понять, но в которые ты должен вникать. Ты теперь проникаешь в таинственность своей жизни. Таинственность твоей жизни содержит весь потенциал твоей жизни.

Вспоминай практику в течение дня. Повторяй ее в начале каждого часа, и во время твоих двух более глубоких медитаций войди в состояние внутреннего покоя и тишины. Позволь себе проникнуть в таинственность своей жизни для того, чтобы таинственность твоей жизни раскрылась тебе. Ибо весь смысл, предназначение и направление возникают из твоего источника и твоей судьбы. Ты временный житель в этом мире, и твое участие здесь должно олицетворять твою высшую жизнь вне этого мира. Таким образом, мир будет освящен и удовлетворен. Таким образом, ты себя не предашь, ведь ты исходишь из высшей жизни, и Знание живет в тебе, чтобы напомнить тебе об этом.

Практика 295: *два практических занятия по 30 минут каждое. Напоминание в начале каждого часа.*

Шаг 296

Наси Новаре Корам

Эти древние слова будут стимулировать Знание сегодня. Их смысл можно перевести следующим образом: «Присутствие Божественных Наставников со мной». Это простой перевод этих слов, но их сила далеко превосходит их очевидный смысл. Они могут возбудить в тебе глубокий отклик, ведь они являются воззванием к Знанию, исходящим от древнего языка, который не берет свое начало ни в одном мире. Этот язык представляет собой язык Знания и служит всем, кто говорит с помощью языка и пока нуждается в помощи языка, чтобы общаться друг с другом.

Вспоминая вчерашнюю практику, не пытайся понять источник этих слов или механизм их служения, а будь получателем их дарования. В начале каждого часа читай вслух сегодняшнее воззвание, и во время твоих двух более глубоких медитаций повторяй воззвание, а потом войди в состояние внутреннего покоя и тишины, чтобы почувствовать силу этих слов. Пусть они помогут тебе войти как можно глубже в собственное Знание. В конце каждого длительного практического занятия, когда ты возвращаешься к миру действия и формы, читай вслух воззвание еще раз и будь благодарна тому, что ты проникаешь в таинственность своей жизни. Будь благодарна тому, что твой Древний Дом пришел с тобой в этот мир.

Практика 296: *два практических занятия по 30 минут каждое. Напоминание в начале каждого часа.*

Шаг 297

Новре Новре Комей На Вера Те Новре

Сегодняшнее воззвание говорит о силе тишины в твоем уме и о силе, которую тишина в твоем уме будет иметь в мире. Читай вслух воззвание в начале каждого часа и с большим почитанием. Пусть таинственность твоей жизни раскроется сегодня перед тобой, чтобы ты мог ее созерцать и нести ее в себе во время твоего участия в мире.

Во время твоих двух более глубоких медитаций повторяй сегодняшнее воззвание и снова входи в глубину внутреннего покоя, отдаваясь полностью своей практике. По окончании твоей практики повтори сегодняшнюю идею еще раз. Ощути присутствие, которое находится с тобой, ведь твой Древний Дом с тобой во время твоего пребывания в мире. Древняя память о твоем Доме и память обо всех настоящих взаимоотношениях, которые ты восстановил до сегодняшнего времени по истечении всей твоей эволюции, вспоминаются вместе с сегодняшней идеей. Ведь в состоянии внутреннего покоя все становится явным, и все, что явное, раскроется перед тобой.

Практика 297: *два практических занятия по 30 минут каждое. Напоминание в начале каждого часа.*

Шаг 298

МАВРАН МАВРАН КОНЕЙ МАВРАН

Сегодняшнее воззвание вызывает всех тех, кто занимается Знанием вместе с тобой в Великом Сообществе, чтобы сила их участия и их великие достижения смогли расширить и углубить все твои попытки и все твои практики, как ученица Знания. Сегодняшнее воззвание соединяет твой ум со всеми умами, которые занимаются восстановлением Знания во Вселенной, ведь ты являешься гражданкой Великого Сообщества, также как гражданкой твоего мира. Ты являешься частью великого начинания как в этом мире, так и вне него, ведь Бог действует везде. Таким образом, Истинная Религия представляет собой восстановление Знания. Она выражается в каждом мире и в каждой культуре, и там она приобретает свой символизм и обряды, но ее суть является универсальной.

В начале каждого часа повторяй сегодняшнее воззвание и, тем самым, уделяй минуту, чтобы ощущать его воздействие. Удели минуту этому, несмотря на свои внешние обстоятельства, и таким образом ты вспомнишь свой Древний Дом и силу Знания, которую ты носишь в себе. Во время твоих более глубоких медитаций повторяй воззвание и входи в храм Знания в состоянии внутреннего покоя и смирения. По окончании этого времени повтори еще раз сегодняшнее воззвание. Пусть твой ум вступает в контакт с тем, что вне пределов человеческого соучастия, ведь Знание говорит о более великой жизни в мире и вне его пределов. И именно ощущение этой более великой жизни ты должна теперь испытывать. Именно эту более великую жизнь ты должна теперь принять, ибо ты - ученица Знания. Знание больше, чем мир, но Знание присутствует в мире, чтобы служить ему.

ПРАКТИКА 298: *два практических занятия по 30 минут каждое. Напоминание в начале каждого часа.*

Шаг 299

Nome Nome Kono Na Vera Te Nome

Сегодняшнее воззвание снова вызывает силу стремлений других в восстановлении Знания, чтобы помочь тебе в этом деле. Оно еще раз подтверждает силу того, чем ты занимаешься, и силу твоего полного включения в жизнь. Оно подтверждает истину в более широком контексте, и оно подтверждает истину с помощью слов, которые ты не употреблял в течение веков, но которые ты будешь вспоминать по мере того, как они будут откликаться в твоем уме.

Практикуй в начале каждого часа и уделяй минутку, чтобы почувствовать действенность сегодняшнего заявления. Используй его как воззвание в начале и как благословение по окончании твоих двух более глубоких медитаций. Позволь себе проникнуть в таинственность твоей жизни, ведь таинственность твоей жизни является источником всего смысла твоей жизни, и именно этого смысла ты ищешь сегодня.

Практика 299: *два практических занятия по 30 минут каждое. Напоминание в начале каждого часа.*

Шаг 300

Я ПРИНИМАЮ СЕГОДНЯ ВСЕХ, КТО ЯВЛЯЕТСЯ ЧАСТЬЮ МОЕЙ ДУХОВНОЙ СЕМЬИ.

Принимай тех, кто является частью твоей Духовной Семьи, кто тебя направляет и тебе помогает, чьи усилия во имя Знания пополняют твои, и чье присутствие в твоей жизни является подтверждением того, что настоящее объединение существует в служении Знанию. Пусть их существование поясняет твое собственное, рассеивает всю темноту одиночества и всю слабость индивидуальности для того, чтобы твоя индивидуальность смогла найти силу своего истинного вклада. Не живи в одиночку сегодня в своих мыслях, а присоединяйся к своей Духовной Семье, ведь ты родилась в содружестве, и к содружеству ты теперь присоединишься, ибо жизнь - это содружество, содружество без изоляции и без противоположности.

Помни это в начале каждого часа сегодня. Во время твоих более длительных практических занятий активно включай свой ум, чтобы понять послание, данное тебе сегодня. Попытайся понять истинный смысл Духовной Семьи. Попытайся понять, что она свойственна тебе. Ты ее не выбирала. Ты просто рождена ею. Она представляет твое достижение в Знании до настоящего момента. Все достижения в Знании представляют собой восстановление взаимоотношений, и твоя Духовная Семья представляет эти взаимоотношения, которые ты восстановила до сих пор в своем возвращении к Богу.

Это будет вне твоего понимания, но твое Знание будет находить отклик в сегодняшнем послании и воззваниях, которые ты произносила в предыдущие дни. Знание раскроет то, что ты должна знать, и то, что ты должна делать. Ты не должна обременять себя попыткой понять то, что вне твоего понимания. Но ты обязана откликнуться на то послание, которое отдано тебе от таинственности твоей собственной жизни и от силы Бога в твоей жизни.

Ты являешься частью Духовной Семьи. Ты получаешь ее через свое восприятие, восприятие, которое подтверждает твое участие в жизни, и то предназначение, ради которого ты сюда пришла.

Практика 300: *два практических занятия по 30 минут каждое. Напоминание в начале каждого часа.*

Шаг 301

Я НЕ БУДУ ТЕРЯТЬСЯ В ТРЕВОГЕ СЕГОДНЯ.

Не позволяй себе находиться в плену своей привычки теряться в тревоге сегодня. Принимай тот факт, что ты входишь в более великую жизнь с более глубоким ощущением цели. Позволь себе положиться на уверенность Знания внутри себя и на его подтверждение твоих настоящих взаимоотношений. Будь спокоен сегодня. Пусть тишина живет в тебе, пока ты занимаешься своими мирскими делами.

В начале каждого часа повтори сегодняшнюю идею. Во время твоих более глубоких практических занятий используй ее как воззвание в начале и как благословение по окончании своей медитации. Во время твоих медитаций войди в состояние внутреннего покоя. Пусть неуверенность не овладеет тобой сегодня. Пусть тревога не унесет тебя. Ты живешь со Знанием, которое является источником всей уверенности в мире. Ты живешь с ним, и ты позволяешь ему простирать его силу и его дары к тебе, кто учится восстанавливать уверенность для себя. Пусть сегодняшний день будет подтверждением твоего обучения. Пусть сегодняшний день будет выражением Знания.

Практика 301: *два практических занятия по 30 минут каждое. Напоминание в начале каждого часа.*

Шаг 302

Я НЕ БУДУ СОПРОТИВЛЯТЬСЯ МИРУ СЕГОДНЯ.

Не сопротивляйся миру, ибо мир - это место, где ты будешь служить. Это место, где Знание будет выражаться по мере того, как ты становишься проводником для Знания. Пусть мир будет таким, каким он и есть, ведь без твоего осуждения тебе намного легче будет находиться в мире, использовать его ресурсы и распознать его возможности.

Не сопротивляйся миру, ибо ты пришла из-за пределов этого мира. Мир больше не является заточением для тебя, а местом, где ты сделаешь свой вклад. Несмотря на то, насколько ты не смогла адаптироваться к миру в прошлом и насколько тебе трудно находиться в мире, теперь ты смотришь на мир другими глазами. Ты стремилась к миру, чтобы заменить Знание, а теперь ты осознаешь, что Знание приходит к тебе от твоего Источника. Поэтому мир больше не является заменой Знания, и мир может теперь стать полотном, на котором ты можешь рисовать силу Знания. Таким образом, мир занимает свое правильное место в твоей жизни. Поэтому нет необходимости сопротивляться миру сегодня.

Идя по миру сегодня, думай об этой идее в начале каждого часа и пребывай «здесь и сейчас» в любом обстоятельстве, в котором ты находишься. Пусть твое внутреннее состояние будет спокойным для того, чтобы Знание смогло повлиять на тебя и вести тебя. Будь уверенной сегодня, неси в себе уверенность Знания. Ты не придумывала и не создавала эту уверенность для себя. Она живет в тебе постоянно, несмотря на твое замешательство.

Не сопротивляйся миру сегодня, ибо Знание с тобой. Во время твоих более длительных практических занятий думай об этой идее и до, и после твоих медитаций. Во время твоих медитаций уйди от мира и войди в храм тишины. Чем глубже ты войдешь в храм тишины, тем больше непринужденности ты почувствуешь в мире, потому что ты не попытаешься использовать мир как замену твоего Древнего Дома. Здесь мир благотворно влияет на тебя, и ты благотворно влияешь на мир.

Практика 302: *два практических занятия по 30 минут каждое. Напоминание в начале каждого часа.*

Шаг 303

Я ОТСТРАНЯЮСЬ ОТ ВЛИЯНИЙ МИРА СЕГОДНЯ.

Отстраняйся от влияний мира. Познавай то, что надежно, и то, что находится в замешательстве. Познавай то, что является преданным, и то, что является двойственным. Пусть сила замешательства и заблуждения мира не овладеет тобой сегодня. Неси Божий свет в своем сердце. Пусть он горит внутри тебя, пока ты идешь по миру. Таким образом, ты идешь по миру невредимым и свободным от его влияния, потому что ты живешь со Знанием. Без Знания мир просто уносит тебя в своем безумии. Он уносит тебя в своих побуждениях и безумных стремлениях.

Сегодня ты живешь со Знанием, поэтому ты свободен от влияний мира. Повторяй сегодняшнюю идею в начале каждого часа и осознай, насколько она важна для того, чтобы сохранить внутреннее равновесие, ощущение самого себя и уверенности. Пойми, насколько важна сегодняшняя идея для того, чтобы сохранить тишину внутри себя, так чтобы твои более глубокие медитации, во время которых ты еще раз сегодня входишь в состояние внутреннего покоя, смогли повлиять и воздействовать на все твои начинания, ведь эти медитации для этого и предназначены.

Распознай влияния мира и отстранись. Тебе дана эта возможность, ведь здесь у тебя есть право выбора. Ты сможешь это сделать, как только распознаешь влияния мира и осознаешь, насколько важно Знание. Таким образом, ты сможешь использовать право выбора в свою пользу. Тем самым мир не предъявит тебе свои претензии, и ты будешь проводником блага в мире, ведь ты для этого и предназначен.

Во время твоих более глубоких медитаций еще раз используй сегодняшнюю идею как воззвание к твоей подготовке. В состоянии внутреннего покоя и тишины войди в храм Знания, чтобы восстановиться и оживиться там. Найди там облегчение от собственных конфликтов и от конфликтов, которые бушуют в мире. Когда ты возвращаешься из храма, напоминай себе о том, что ты не будешь теряться в заблуждениях мира. Напоминай себе о том, что ты не станешь жертвой влияний мира. Тогда ты внесешь ту безопасность, которую ты учишься принимать, в мир вокруг себя.

Практика 303: *два практических занятия по 30 минут каждое.*
Напоминание в начале каждого часа.

Шаг 304

Я НЕ БУДУ УЧЕНИЦЕЙ СТРАХА СЕГОДНЯ.

Помни о том, что ты всегда являешься ученицей, каждый день, каждый час, каждую минуту. Поэтому по мере того, как ты становишься более сознательной, ты должна выбирать то, чему ты будешь учиться. Здесь ты стоишь перед выбором, ведь ты являешься либо ученицей Знания, либо ученицей замешательства. Не будь ученицей замешательства сегодня. Не будь ученицей страха сегодня, ведь без Знания есть неуверенность и страх. Без Знания есть стремления, наполненные страхом, которые создают еще больше страха и еще больше ощущения потери.

Осознай свою ответственность как ученица. Осознай это и прими с облегчением, ведь у тебя есть сознательный выбор - быть ученицей Знания или быть ученицей замешательства. Знание будет влиять на тебя, чтобы ты смогла сделать правильный выбор, выбрать то, что приносит тебе уверенность, целеустремленность, смысл и направление в мире. Тогда ты сможешь стать проводником Знания в мире, чтобы избавить все умы от замешательства, темноты и страха, умы, которые страдают под их угнетающим весом.

Не будь ученицей страха. Принимай такое решение в начале каждого часа, познавая боязливые убеждения мира, замешательство мира и его мрачное влияние на всех, кто чувствует его угнетение. Позволь себе быть свободной душой в мире. Держи любовь, как бриллиант в своем сердце. Держи свет Знания в своем сердце. Когда ты вернешься к твоим более глубоким медитациям сегодня, повторяй сегодняшнюю идею, чтобы войти в состояние внутреннего покоя и тишины в своем храме. Восстановись там, в лоне Знания, и освежись, ибо Знание является тем великим светом, который ты несешь. Чем ближе ты становишься к нему, тем ярче оно будет светиться, и тем больше оно будет лучиться на тебя и через тебя в мир.

ПРАКТИКА 304: *два практических занятия по 30 минут каждое. Напоминание в начале каждого часа.*

Шаг 305

Я ЧУВСТВУЮ СИЛУ ЛЮБВИ СЕГОДНЯ.

Если ты отстраняешься от влияний мира, то ты почувствуешь силу любви. Если двойственность мира тебя не заманивает, то ты почувствуешь силу любви. Если ты со Знанием, то ты почувствуешь силу любви. Это естественно для тебя, для твоей сути, для твоей сущности и для сущности всех, кто живет здесь вместе с тобой. Поэтому по мере того, как ты углубляешься в обучение Знанию, ты все глубже будешь чувствовать любовь.

Пусти любовь в свою жизнь сегодня, ибо Знание и любовь являются одним целым. Открывай себя этому понятию сегодня, ведь таким образом ты удостаиваешься чести и твои чувства непригодности исчезают. Принимай силу любви в начале каждого часа и принимай ее во время твоих более глубоких медитаций, в которых ты занимаешься настоящей восприимчивостью.

Пусть Знание раскроет природу любви тебе. Позволь своей любви к Знанию порождать Знание для тебя, ведь Знание тебя любит, как родного, и по мере того, как ты научишься любить Знание, твое ощущение разобщения с жизнью уйдет. Тогда ты будешь готов внести свой вклад в мир, ведь тогда ты захочешь отдать то, что ты получил. Ты познаешь, что нет другого дарования, которое может сравниться с дарованием Знания, то есть дарованием любви. Ты захочешь отдать это миру всем сердцем. В этом твои Наставники становятся все больше активными, ведь они будут готовить тебя, для того чтобы отдавать эффективно, для того чтобы ты смог выполнить свое предназначение в мире.

Практика 305: *два практических занятия по 30 минут каждое. Напоминание в начале каждого часа.*

Шаг 306

Я НАЙДУ ПОКОЙ В ЗНАНИИ СЕГОДНЯ.

В Знании ты найдешь покой и облегчение от мира. В Знании ты найдешь утешение и уверенность. В Знании все, что самое истинное в жизни, остается с тобой, ибо в Знании Христос и Будда объединяются в одно целое. В Знании все великие достижения Духовных Эмиссаров объединяются и раскрываются перед тобой. Таким образом, их обещание выполняется, ведь они себя отдали этой цели. Тем самым Знание, которое ты получаешь сегодня, является плодом их дарования, ибо Знание продолжает жить в мире для тебя. Оно продолжает жить усилиями тех, кто его получил и отдал. Таким образом, их жизни обеспечили фундамент для твоей жизни. Их дарование обеспечивает фундамент для твоего дарования. Их принятие Знания усиливает твое принятие Знания.

Цель всего искреннего духовного учения является явлением и проявлением Знания. От этого следует самое простое дарование и самое великое дарование, самое обыкновенное действие и самое невероятное действие. Ты находишься в хороших руках, ты, кто занимается Знанием. Ты получаешь дар Христа и Будды. Ты получаешь дар всех истинных Духовных Эмиссаров, которые осознали свое Знание. Таким образом, твое участие сегодня получает силу и основу, поскольку ты следуешь великой цели для того, чтобы Знание продолжало жить в мире.

Сегодня в начале каждого часа и во время твоих двух более глубоких медитаций найди покой в Знании, которое живет в тебе сейчас.

Практика 306: *два практических занятия по 30 минут каждое. Напоминание в начале каждого часа.*

Шаг 307

ЗНАНИЕ ЖИВЕТ ВО МНЕ СЕЙЧАС.

Знание живет в тебе, и ты учишься жить со Знанием. Таким образом, вся темнота и все иллюзии развеиваются по мере того, как ты начинаешь понимать, чем всегда являлась твоя жизнь и всегда будет являться. По мере того, как ты осознаешь неизменность твоего истинного бытия, ты осознаешь, как оно желает выразиться в мире перемен. Твое Знание больше твоего ума, больше твоего тела и больше твоих определений себя. Оно неизменно, но постоянно меняется в своем выражении. Вне страха, сомнения и разрушения оно живет в тебе, и по мере того, как ты научишься жить в нем, все его качества станут твоими.

Нет ничего в мире, что сравниться с этим, ведь все дары мира преходящи и мимолетны. Насколько ты их ценишь, настолько и будет расти твой страх их потерять. Насколько ты держишься за них, настолько и будет расти твой страх смерти и разрушения, и ты снова окажешься в заблуждении и с чувством безысходности. Но со Знанием, ты можешь обладать вещами мира без отождествления с ними. Ты можешь их получать, но снова отпускать по необходимости. Тогда великая тревога мира тебя не коснется, а сила Знания, которую ты носишь в себе, коснется мира. Таким образом, ты будешь влиять на мир больше, чем он повлияет на тебя. Таким образом, ты сделаешь свое дарование миру. Таким образом, мир будет благословлен.

Оживляйся в Знании во время твоих более глубоких практических занятий в состоянии внутреннего покоя и напоминай себе в начале каждого часа о силе Знания, которую ты носишь с собой сегодня. Пусть никакое сомнение или чувство неуверенности не отвлечет тебя, ведь сомнения и неуверенность являются весьма неестественными. Ты учишься стать естественным, ибо что может быть более естественным, чем быть самим собой? И что может выражать твою естественную суть лучше, чем само Знание?

Практика 307: *два практических занятия по 30 минут каждое. Напоминание в начале каждого часа.*

Шаг 308

Обзор

Во время твоего более длительного занятия сегодня сделай Обзор последних двух недель практики в соответствии с нашими прежними наставлениями. Это очень важный отчетный период, ведь во время него ты будешь рассматривать воззвания, данные тебе, и ты также будешь рассматривать действенность задачи, которую ты принимаешь на себя, как ученица Знания. Распознай в этих последних двух неделях свой собственный страх перед Знанием. Осознай свой собственный страх перед таинственностью своей жизни. Распознай любые попытки со своей стороны снова заниматься иллюзиями и воображением. Распознай это сопоставление в обучении, которое так необходимо твоему пониманию.

Рассматривай это с объективностью и сочувствием. Пойми, что двойственность твоего отношения к жизни должна быть осознана и что она будет выражаться с меньшей степенью эффективности по мере того, как ты приблизишься все ближе к Знанию. Помни, что Знание является самой жизнью, самой сутью жизни. Оно неизменно, хотя оно выражается постоянно через перемены. Чтобы его испытать, ты должна усилить свое участие, как ученица Знания, и не забывать о том, что ты - начинающая ученица Знания, поэтому ты не можешь полагаться на свои предположения. Ты должна принять обучение и руководствоваться им. Таким образом, ты убережешь себя от неправильного применения, неправильного толкования и, тем самым, убережешь себя от заблуждения.

Этот Обзор очень важен, ведь ты приближаешься к значительному повороту в твоем участии, как ученица Знания. Знание начинает приобретать действенность. Ты начинаешь чувствовать его мощь. Ты начинаешь понимать всю важность его для себя. Ты, кто в прошлом жила полумерами, теперь осознаешь, что жизнь полностью с тобой и потребует, чтобы ты была полностью с ней. Это твое спасение и освобождение, ибо в этом все разобщение, страх и страдание рассеиваются. Что ты можешь потерять, чтобы получить такой дар? Ты потеряешь всего лишь свое воображение, которое тебя преследует, угрожает и пугает. И даже твое воображение приобретет более значимое предназначение со Знанием, ибо ему предназначено служить тебе иным способом.

Занимайся этим Обзором со всей серьезностью и искренностью. Не торопись, не важно, сколько это займет. Нет лучшего способа провести свое время. Рассматривай последние две недели практик, чтобы увидеть продвижение Знания внутри себя. Понимание этого нужно тебе для того, чтобы в будущем поддержать тех, кто будет восстанавливать Знания для себя.

Практика 308: *одно длительное практическое занятие.*

Шаг 309

МИР, КОТОРЫЙ Я ВИЖУ, ПЫТАЕТСЯ СТАТЬ ЕДИНЫМ СООБЩЕСТВОМ.

МИР, КОТОРЫЙ ТЫ ВИДИШЬ, ПЫТАЕТСЯ СТАТЬ единым сообществом, потому что ему это суждено по своей эволюции. Как может мир эволюционировать, когда он раздроблен? Как может человечество продвигаться, когда оно противостоит себе? Как может мир жить в покое, когда одна часть противостоит другой? Мир, который ты видишь, похож на разум, который ты испытываешь внутри себя: борющийся с самим собой, но без цели и смысла. Мир, который ты видишь, пытается стать единым сообществом, ибо все миры, где разумная жизнь развивается, должны стать единым сообществом.

КАК ЭТО ОСУЩЕСТВИТСЯ И КОГДА ЭТО ОСУЩЕСТВИТСЯ, находится вне твоего нынешнего понимания, но когда ты посмотришь на мир без осуждения, ты увидишь стремление каждого человека присоединиться. Ты увидишь желание того, чтобы Разлука пришла к концу. Насыщенные проблемы мира лишь показывают его затруднение и призывают к тому, чтобы создать единое сообщество в мире. Это настолько очевидно, стоит только посмотреть. По мере того, как ты становишься единым человеком и исцеляешь все травмы в себе, как ученик Знания, так и мир пытается стать единым миром и исцелить все свои травмы, внутренние конфликты и разобщение. Почему? Потому что Знание существует в мире.

ПО МЕРЕ ТОГО, КАК ТЫ РАСКРЫВАЕШЬ ЗНАНИЕ ВНУТРИ СЕБЯ, помни о том, что Знание таится в каждом человеке, и даже в этой потаенной форме оно влияет и распространяет свое воздействие. Знание также находится в мире. И ты смотришь на мир, который представляет собой больший образ тебя. Таким образом, по мере того, как ты становишься учеником Знания и можешь объективно относиться к своей подготовке, ты начнешь получать истинный взгляд на эволюцию мира. Тем самым твоя точка зрения не искажается личными предпочтениями и страхами, ибо эволюция мира становится тебе очевидной.

Эволюция мира очевидна твоим Наставникам, которые смотрят на мир за пределами его ограничений. Но ты, кто находится в мире, кто чувствует влияние мира и разделяет сомнения и неуверенность мира, должен тоже смотреть на мир без этих ограничений.

Мир пытается стать единым сообществом. Напоминай себе об этом в начале каждого часа и во время твоих двух более глубоких практических занятий активно включай свой ум, чтобы попытаться понять сегодняшнюю идею. Думай о проблемах мира и их решениях. Думай о конфликтах в мире и о необходимости их разрешить. Осознай тот факт, что если любой человек или группа людей противостоит этим разрешениям и необходимостям, то это толкает их к войне против мира и друг против друга. Те конфликты, которые ты видишь, являются всего лишь попыткой сохранить Разлуку. Но мир пытается стать единым сообществом и, несмотря на сопротивление этому, он все равно продолжает упорно этим заниматься. Ведь его эволюция этого требует. Это истинное желание всех, кто здесь проживает, ведь Разлука должна прийти к своему концу и все должны вложить свой вклад. Это твое предназначение и предназначение всех тех, кто сюда пришел.

Не забывай, что тебя призвали и что ты откликаешься на свое единственное истинное предназначение. Со временем других призовут, и они будут откликаться. Это неизбежно. Ты совершаешь неизбежное, что требует много времени и много шагов. Знание является твоим источником, и Знание является итогом. Поэтому ты можешь полагаться на окончательный исход своих действий. Несмотря на то, каким образом мир продолжит свою подготовку, и, несмотря на его трудности, он должен достичь этой единственной истинной цели. Поэтому ты можешь продолжать с уверенностью.

Во время твоих более длинных медитаций попытайся проникнуть в сегодняшнюю идею. Не ленись, а активно включай свой ум так, как он должен включаться. Попытайся осознать собственное двойственное отношение к тому, что мир становится единым сообществом. Попытайся осознать свои страхи и тревоги по этому поводу. Попытайся также осознать свое желание иметь единое сообщество и свое понимание о необходимости этого. После того, как ты отдашь себе отчет о собственных мыслях и чувствах по поводу сегодняшней идей, ты будешь лучше понимать, почему мир находится в нынешнем затруднении. Мир должен следовать по определенному пути и имеет определенное предназначение, но он относится двойственно ко всему. Поэтому мир сам должен отучиться от своей двойственности, точно так же, как и ты сейчас. И твои достижения будут помогать миру в этом великом начинании, ведь это твое дарование миру.

Практика 309: *два практических занятия по 30 минут каждое. Напоминание в начале каждого часа.*

Шаг 310

Я СВОБОДНА ПОТОМУ, ЧТО Я ЖЕЛАЮ ОТДАВАТЬ.

Ты станешь свободной, твоя свобода будет полной, и ты восстановишь свою свободу навсегда по мере того, как ты отдаешь свои истинные дары миру. Ты закладываешь фундамент собственной свободы и обеспечиваешь собственную свободу в мире твоей преданностью дарованию и твоим познанием природы своего дарования и своей ответственности, как носитель своего дарования миру. Не опускай руки от того, что мир не разделяет твои ценности, и не тревожься из-за того, что мир не разделяет твою преданность, ибо есть многие и в пределах этого мира, и за его пределами, кто так же, как и ты, занимается этой подготовкой. Многие уже завершили эту подготовку и теперь служат миру всем сердцем и душой.

ТАКИМ ОБРАЗОМ, ТЫ ЯВЛЯЕШЬСЯ ЧАСТЬЮ ВЕЛИКОГО УЧЕБНОГО СООБЩЕСТВА. Со временем весь мир должен учиться тому, чему ты сейчас учишься, ибо все должны восстановить Знание. Это Божественная воля. Мы стараемся укротить время этого обучения и уменьшить трудности по пути. Однако мы понимаем, что эволюция идет своим путем, как внутри каждого человека, так и во всем человечестве. И таким образом, Знание распространяется, чтобы поддерживать истинную эволюцию жизни для того, чтобы жизнь смогла состояться и реализоваться. Этот процесс продолжается как в тебе, так и в мире. По мере того, как ты утверждаешь свое обучение в Знании, ты также будешь утверждать свое желание распространять Знание в мире. Таким образом, ты все больше становишься силой добра в мире, силой, которая рассеет двойственность, замешательство и конфликт, силой мира, силой уверенности и силой настоящего сотрудничества и взаимоотношений.

ДУМАЙ ОБ ЭТОЙ ИДЕЕ В НАЧАЛЕ КАЖДОГО ЧАСА в течение дня и во время твоих двух более глубоких практических занятий активно включай свой ум в размышление над этим. Пусть твой ум становится полезным инструментом рассмотрения. Еще раз рассматривай все твои идеи и верования, связанные с сегодняшней идеей. Еще раз осознай, что твое двойственное отношение отнимает у тебя вдохновение, отнимает мотивацию, отнимает мужество и отнимает взаимоотношения. Усиливай свое обучение и свое распространение Знания так, чтобы ты смогла еще больше избавиться от двойственности сегодня и приобрести уверенность, которую ты заслуживаешь.

ПРАКТИКА 310: *два практических занятия по 30 минут каждое. Напоминание в начале каждого часа.*

Шаг 311

Мир зовет меня. Я должен подготовиться к тому, чтобы ему служить.

Ты пришел, чтобы служить миру, но для этого ты должен пройти подготовку. Ты не можешь подготовиться сам, ведь ты пока не знаешь, к чему ты готовишься, и ты не знаешь, какие методы подготовки надо использовать. Ведь они должны быть даны тебе. Но ты же знаешь, что ты должен подготовиться, ты же знаешь, что ты должен следовать шагам подготовки, ведь твое Знание уже подсказывает тебе об этом.

Ты пришел, чтобы служить миру. Если ты это отрицаешь или игнорируешь, ты окажешься в состоянии внутреннего замешательства. Если ты не служишь своему предназначению и не продвигаешь его, то ты отделяешься от себя и попадешь во мрак собственного воображения. Ты будешь себя осуждать и будешь думать, что Бог тоже тебя осуждает. Бог тебя не осуждает. Бог зовет тебя, чтобы ты осознал свое предназначение и выполнил его.

Пусть амбиция не вытолкнет тебя в мир преждевременно. Не забывай, что ты являешься учеником Знания. Ты следуешь Знанию в мире, потому что ты готовишься стать проводником его вклада и получателем его дарования. Это потребует от тебя сдержанности. Это потребует приверженности большой подготовке. Ученику нужно всего лишь следовать наставлениям обучения. Ученику нужно всего лишь доверять способности учителя. Твое Знание подтвердит это и рассеет сомнение, ведь твое Знание возвращается к своему Дому и к своему Источнику. Оно возвращается туда, куда оно должно возвратиться. Оно откликается на то, что оно должно выполнить в мире.

Не испытывай ненависти к миру и не сопротивляйся ему, ведь он является тем местом, где ты будешь выполнять свое предназначение. Поэтому он заслуживает твоей благодарности и признательности. Но не забывай уважать силу его замешательства и его соблазнов. В этом связи ты должен иметь сильную опору в Знании и, хотя ты признателен миру за то, что он усиливает твое стремление к Знанию, ты также замечаешь заблуждение мира и входишь в мир осторожно, с проницательностью и соблюдением Знания. Это все важно, и мы будем тебе напоминать об этом по мере того, как мы продвигаемся. Ведь эти понятия являются неотъемлемой частью твоего обучения Мудрости, как ученика. Мы должны способствовать как твоему желанию приобрести Знание, так и твоей способности к Знанию, и ты должен учиться их получать.

Практика 311: *прочитай наставления три раза сегодня.*

Шаг 312

ЕСТЬ БОЛЕЕ СУЩЕСТВЕННЫЕ ПРОБЛЕМЫ В МИРЕ, КОТОРЫЕ Я ДОЛЖНА РЕШАТЬ.

Многие из твоих личных проблем будут разрешаться по мере того, как ты отдаешь себя высшему предназначению. Тебе надо будет уделять особое внимание некоторым своим личным проблемам, но даже в этом случае ты обнаружишь, что их тяжесть уменьшится по мере того, как ты взойдешь на более широкую арену участия в жизни. Знание дает тебе более существенные занятия, однако оно не пропускает из вида никакой детали того, чего ты должна достичь. Поэтому и небольшие и большие детали, и небольшие и большие поправки - все входят в счет. Ничто не пропускается. Ты сама никогда не смогла бы сбалансировать свое обучение таким образом, ведь ты не знаешь как установить свои приоритеты с точки зрения существенного и несущественного. Попытавшись это сделать, ты всего лишь застрянешь все глубже в заблуждении и разочаровании.

Будь благодарна тогда тому, что нет необходимости делать невозможное для себя, ведь то, что реально, тебе уже дано. Ты должна стать ученицей и проводником Знания. Этим ты будешь активировать все полноценное личное развитие и все полноценное личное обучение. Оно потребует больше от тебя, нежели ты от себя требуешь, и все, что оно требует, будет выполнено и принесет тебе настоящие плоды.

В начале каждого часа напоминай себе об этом и радуйся тому, что тебя ждет более существенное вовлечение, которое избавит тебя от личного горя. Во время твоих более глубоких практических занятий сегодня активно включай свой ум для того, чтобы пересматривать все свои мелкие личные проблемы. Рассматривай все, что, как тебе кажется, удерживает тебя, и все, что, по-твоему, ты должна разрешить для себя. В то время как ты рассматриваешь каждую деталь объективно, без отрицания, вспоминай и напоминай себе о том, что тебе дано высшее предназначение, которое будет поправлять эти вещи или сделает так, чтобы их поправка стала ненужной. Напоминай себе о том, что Знание даст поправку на всех уровнях по мере того, как твоя жизнь становится единой и направленной, по мере того, как твое Знание начинает проявлять себя, и по мере того, как истинное чувство самосознания возникает и принимается.

Практика 312: *два практических занятия по 30 минут каждое. Напоминание в начале каждого часа.*

Шаг 313

ПУСТЬ Я ОСОЗНАЮ, ЧТО СЛОЖНОЕ ЯВЛЯЕТСЯ ПРОСТЫМ.

Ты думаешь, что твои личные проблемы являются сложными. Ты думаешь, что мировые проблемы являются сложными. Ты думаешь, что твое будущее и твоя судьба являются сложными. Это потому, что ты жил в своем воображении и пытался решать проблемы без уверенности. Это результат того, что ты полагаешься на личные верования, чтобы расставить Вселенную так, как тебе хочется. Это результат попытки совершить невозможное, и это результат провала совершить невозможное.

Ты спасен, потому что с тобой Знание. Ты искуплен, потому что ты учишься приобретать Знание. Таким образом, все конфликты разрешатся, и ты найдешь настоящее предназначение, смысл и направление в мире. Ты обнаружишь, что будешь продолжать пытаться решать свои проблемы сам, а это только напомнит тебе о том, что тебе нужно направление Знания. Ведь все, на что твои собственные усилия способны - это на то, чтобы напоминать тебе о твоей нужде в Знании.

Поэтому сегодня вспоминай в начале каждого часа о том, что Знание с тобой, и о том, что ты являешься учеником Знания. Будь уверен, что все проблемы, которые ты испытываешь, большие и маленькие, внутри тебя и вне тебя, будут разрешены с помощью Знания. Напоминай себе также о том, что это не значит ничего не делать, быть пассивным. Это потребует от тебя, ученика Знания, активного развития своих способностей, нацеленного на выполнение настоящего предназначения. На самом деле, ты раньше был пассивным из-за твоих попыток совершить невозможное и из-за твоих провалов осуществить невозможное. Теперь ты становишься активным и то, что тебя активирует, это Знание, ведь теперь ты приобретаешь свое Истинное «Я».

Во время твоих двух более длительных практических занятий активно размышляй над сегодняшней идеей. Попытайся проникнуть в ее суть. Рассматривай все твои текущие идеи и верования, связанные с этим. Составляй мысленный список своих мыслей и верований для того, чтобы осознать ту внутреннюю работу, которую ты должен проделать над собой. Ты являешься одним из первых получателей Знания, и после того, как ты достигнешь определенного уровня компетентности в этом, Знание будет свободно литься через тебя. Твои занятия будут все больше нацелены на то, чтобы служить миру вокруг тебя, и более существенные проблемы будут даны тебе, которые спасут тебя от собственной дилеммы.

Практика 313: *два практических занятия по 30 минут каждое. Напоминание в начале каждого часа.*

Шаг 314

Я НЕ БУДУ БОЯТЬСЯ БЫТЬ ВЕДОМОЙ СЕГОДНЯ.

Не бойся быть ведомой, ведь ты являешься ведомой. Не бойся быть ученицей, ведь ты являешься ученицей. Не бойся учиться, ведь ты являешься учащейся. Просто прими, кем ты являешься, и извлеки выгоду из этого. Таким образом, ты покончишь с войной против самой себя, в которой ты пыталась быть тем, кем ты не являешься. Учись принимать себя такой, какой ты и есть, и ты осознаешь, что тебя принимают. Учись любить себя, и ты осознаешь, что тебя любят. Учись идти к себе навстречу, и ты осознаешь, что к тебе идут навстречу. Как ты можешь любить, принимать себя и идти к себе навстречу? Стань ученицей Знания, потому что здесь все эти достижения являются естественными. Ты должна их достичь, чтобы быть со Знанием, и Знание будет их достигать. Таким образом, тебе дается простой способ разрешить то, что казалось сложной дилеммой.

Не сомневайся в силе Знания внутри себя и в том, что оно может достичь, ведь ты не можешь постичь смысл Знания, источник Знания или механизм Знания. Ты можешь только получить его благодеяние. Все, что требуется от тебя сегодня - это получить. Все, что требуется от тебя - это быть получателем Знания.

В начале каждого часа вспоминай эту идею и серьезно размышляй над ней в течение дня. Осознай сколько возможностей существует, чтобы заниматься сегодня, когда твой ум отходит от фантазий и замешательства. Осознай, сколько времени и энергии находится в твоем распоряжении. Ты удивишься, насколько твоя жизнь раскроется и сколько хороших возможностей начнут появляться перед тобой.

Во время твоих более глубоких медитаций сегодня войди снова в состояние внутреннего покоя. Снова обрети утешение от превратностей и замешательства мира. Снова войди в храм

Знания, чтобы отдать себя. Именно в этой отдаче себя ты получаешь. Именно в этой отдаче ты найдешь то, чего ты ищешь сегодня.

Практика 314: *два практических занятия по 30 минут каждое. Напоминание в начале каждого часа.*

Шаг 315

СЕГОДНЯ Я НЕ БУДУ ОДИНОКИМ.

Сегодня не будь одиноким. Не изолируй себя в своем страхе и в своем негативном воображении. Не изолируй себя в своих фантазиях. Не думай, что ты один, ведь это фантазия. Сегодня не будь одиноким. Осознай, что те, кто с тобой, не будут осуждать тебя из-за твоих заблуждений или не будут потрясены твоими провалами, ведь они видят твою истинную суть и твое Знание. Те, кто находится рядом с тобой сегодня, непременно любят тебя без исключений. Принимай их любовь, ведь этим ты подтвердишь тот факт, что ты не один и что ты не хочешь быть одиноким. С какой целью ты хотел бы быть один, кроме той, чтобы спрятаться от своей боли, чувства неудачи и чувство вины? Эти вещи, которые исходят от твоего разобщения, только изолируют тебя дальше.

Однако сегодня ты не один. Поэтому не выбирай одиночество, и ты увидишь, что ты никогда не был один. Не изолируй себя, и ты увидишь, что ты уже являешься частью жизни. Подтверди это в начале каждого часа и осознай еще раз, сколько возможностей есть для размышления над этим в течение дня. Во время твоих более глубоких медитаций начинай с воззвания сегодняшнего послания. Потом войди в состояние внутреннего покоя и тишины, где нет никакого разобщения. Принимай великие дары любви, которые ты заслуживаешь, и отбрасывай всякое чувство некомпетентности и недостоинства, которые, на самом деле, всего лишь остатки твоей отделенной воображенной жизни. Сегодня ты не один. Поэтому у мира есть надежда.

ПРАКТИКА 315: *два практических занятия по 30 минут каждое. Напоминание в начале каждого часа.*

Шаг 316

Я буду доверять своим самым глубоким побуждениям сегодня.

Твои самые глубокие побуждения исходят от Знания. По мере того, как твой разум освободится от своих ограничений и твоя жизнь начнет открываться высшему призыву, который проявляется для тебя сейчас, эти более глубокие побуждения станут более сильными и более очевидными. Ты сможешь их легче распознать. Это потребует большого доверия к себе, что, разумеется, потребует большой любви к себе. Доверие к своим самым глубоким побуждениям, следование за Знанием и твое обучение Знанию снова подтвердят твою любовь к себе и придадут ей твердую основу, которую мир не сможет пошатнуть.

Тем самым ты искуплена в собственных глазах. Тем самым ты входишь во взаимосвязь с жизнью. Тем самым твоя любовь к себе вызывает любовь к другим, ведь здесь нет никакого неравенства. Ты восстановлена, и в твоем восстановлении Знание начинает выражаться в мире. Ты являешься его первичным получателем, но его более значимым действием является его влияние на мир. Ведь когда ты отдаешь, ты напоминаешь миру о том, что он не лишен надежды, что он не один, что ты не одна, что другие не одни и что все самые глубокие побуждения о надежде, истине и справедливости, которые чувствуют другие, имеют под собой крепкую основу и исходят от Знания внутри них. Таким образом, ты будешь как силой подтверждения в мире, так и силой подтверждения Знания в других.

Вспоминай эту идею в начале каждого часа и попытайся воспользоваться всеми ситуациями, с которыми ты сталкиваешься сегодня для того, чтобы восстановить Знание. Таким образом, ты увидишь, что вся твоя жизнь может быть использована для того, чтобы практиковать. Тем самым все, что случается, будет тебе служить, и ты почувствуешь любовь к миру. Твои более глубокие побуждения будут воодушевлять и зажигать более глубокие побуждения других, и таким образом ты будешь проводником Знания в мире.

Во время твоих двух более глубоких медитаций сегодня, в состоянии тишины, обрети покой в храме Знания внутри себя. Попытайся в нем приобрести покой и просто ощущай силу Знания в своей жизни. Не приходи с вопросами, Знание будет отвечать на них по мере того, как оно появляется в тебе. Приходи с открытостью, ища облегчения, ища утешения, ища силы и ища уверенности. Ты будешь это все испытывать, потому что они исходят от сущности Знания внутри тебя. Пусть сегодня будет днем уверенности в себе и поэтому днем любви к себе.

Практика 316: *два практических занятия по 30 минут каждое. Напоминание в начале каждого часа.*

Шаг 317

Чтобы познать истину, мне всего лишь надо освободиться от своей двойственности.

Как легко познать истину, когда искренне этого хочешь. Как легко осознать двойственность и увидеть, как она разрушительно влияет на твою жизнь. Как легко узнавать двойственность в мире вокруг себя и как она подрывает более глубокие побуждения всех, кто здесь обитает. Ищи тогда освобождения от двойственности, ибо она приведет к заблуждению. Ищи тогда освобождения от обузы постоянного принятия решений и выбора, ведь это действительно является обузой.

Мужчине и женщине Знания не нужно обременять себя постоянным обдумыванием того, что они должны делать, какими они должны быть, кем они являются и куда они идут по жизни, ведь все это становится явным, когда они ждут каждого следующего шага и предпринимают его. Тем самым великий груз, который ты носишь в мире, свалится, как гора с плеч. Тем самым ты начинаешь доверять себе и миру. Тем самым ты приобретешь покой, и он обеспечен даже для тех, кто активно занят в мире, ведь они носят тишину и открытость с собой. Они уже освобождены и в состоянии отдавать по-настоящему.

Напоминай себе об этой практике в начале каждого часа, и когда ты наблюдаешь за миром, замечай, как двойственность воздействует и влияет на него. Осознай ее недееспособное воздействие и как она исходит от заблуждения и поддерживает замешательство. Она является результатом стремления ценить бессмысленное и пренебрегать значимым. Тем самым бессмысленные вещи борются с настоящими, ценными вещами в тех, кто их воспринимает. Осознай это, когда ты будешь наблюдать за миром. Занимайся этим в начале каждого часа и старайся не пропускать ни одну практику, ведь, таким образом, этот день покажет тебе значимость Знания. Оно покажет тебе, что надо освободиться от двойственности и что она обрекает на замешательство.

Во время твоих более глубоких практических занятий освободи себя от собственной двойственности и войди снова в храм Знания, где в состоянии внутреннего покоя и тишины, ты сможешь полностью почувствовать силу Знания и истину своего собственного существа. Сегодня - день свободы. Сегодня - день, когда ты познаешь свою дилемму и поймешь, что освобождение от нее близко. Предпринимай этот шаг с уверенностью, ибо сегодня ты освободишься от двойственности.

Практика 317: *два практических занятия по 30 минут каждое. Напоминание в начале каждого часа.*

Шаг 318

ВЫСШАЯ СИЛА ДЕЙСТВУЕТ В МИРЕ.

ВЫСШАЯ СИЛА ДЕЙСТВУЕТ В МИРЕ, потому что Высшая Сила действует в твоей жизни, и эта Высшая Сила действует в жизни всех, кто обитает в мире. Несмотря на то, что большинство жителей твоего мира пока еще не готово начать восстанавливать Знание, Знание все равно живет в них и влияет на них, и это влияние будет воздействовать на них в определенных ситуациях и будет игнорировано ими в других ситуациях. Однако по мере того, как ты станешь получателем и представителем Знания, и по мере того, как ты станешь проводником выражения Знания в мире, у тебя появится сила активировать и влиять на всех, кому нужно приобрести Знание внутри себя. Таким образом, все, что ты делаешь, значительное и незначительное, становится благом для мира. Ты, кто теперь учится избавляться от самоосуждения и освобождаться от двойственности, увидишь эффективность своего Внутреннего Компаса, который дает искру жизни миру. Тем самым ты становишься частью силы добра, силы, которая служит Высшей Силе в мире.

МИР ПОКАЗЫВАЕТ ТЯЖЕСТЬ И МАСШТАБ СВОИХ ОШИБОК, но эти ошибки нивелируются присутствием Высшей Силы в мире. Без этой Высшей Силы человечество не развилось бы до того уровня, на котором оно находится сегодня. Без этой Высшей Силы все, что является добром в ваших проявлениях, все, что служило человечеству и вдохновляло его, и все, что указывает на величие Знания, непосредственно или косвенно, не произошло бы. Высшая Сила в мире позволила человечеству развиваться дальше и не давало Знанию угаснуть в мире через людей, как ты, кто с помощью искры собственного Знания позван подготовиться для того, чтобы Знание могло быть восстановлено, выражено и, значит, поддержано.

ПОЭТОМУ НЕ ТЕРЯЙ НАДЕЖДЫ, ВЕДЬ ЕСТЬ ВЫСШАЯ СИЛА в мире. Но не думай, что ты можешь расслабиться и бездействовать. Не думай, что ты освободишься от ответственности, которая всегда сопровождает восстановление Знания. Эта Высшая Сила в мире просит, чтобы ты была готова принять ее и выразить ее. Твой голос является ее голосом, твои руки являются ее руками, твои глаза являются ее глазами, твои уши являются ее ушами, твое движение является ее движением. Она рассчитывает на твою подготовку и на твою демонстрацию, так же, как и ты рассчитываешь на ее уверенность и рассчитываешь на ее предназначение, смысл и направление. Тем самым путем доверия к Знанию и доверия Знания к тебе, твое единение со Знанием становится полным.

В начале каждого часа напоминай себе о том, что Высшая Сила действует в мире. Думай об этом, когда ты наблюдаешь за миром в его двойственности и заблуждении. Думай об этом, когда ты наблюдаешь за миром в его великолепии и вдохновляющем выражении. Стоит лишь взглянуть без осуждения, и ты увидишь невероятное присутствие Знания в мире. Это даст тебе уверенность в мире по мере того, как ты сейчас учишься быть уверенной в себе.

Во время твоих двух более глубоких медитаций сегодня войди снова в храм, где ты отдаешь себя Высшей Силе, которая присутствует в мире и в тебе. Пусть твои мысли успокоятся для того, чтобы ты смогла получить и испытать эту Высшую Силу в своей жизни. Тем самым ты учишься принимать то, что принимает тебя. Тем самым ты познаешь то, что принимает мир и дает миру его единственную истинную надежду.

Практика 318: *два практических занятия по 30 минут каждое. Напоминание в начале каждого часа.*

Шаг 319

Почему я должен бояться, когда существует Высшая Сила в мире?

Всякий раз, когда ты попадаешь во мрак страха, ты уходишь от Знания и входишь во тьму воображения. Всякий раз, когда ты попадаешь во мрак собственного страха, ты отрицаешь реальность Высшей Силы в мире, и, таким образом, ты лишаешься ее благодеяния к себе. Всякий раз, когда ты попадаешь во мрак собственного страха, ты следуешь учению страха, который носится по миру. Ты позволяешь себе быть учеником страха. Ты позволяешь себе быть во власти страха. Осознай это, и ты поймешь, что этого не должно быть, что у тебя есть способность переориентировать свое обучение и что у тебя есть способность заново заняться настоящей подготовкой.

Подумай серьезно об этом сегодня. Почему ты должен бояться, когда есть Высшая Сила в мире? Эта Высшая Сила, которую ты сейчас учишься получать, является источником твоего спасения. Что ты можешь потерять, когда ты познаешь этот источник, когда ты входишь во взаимосвязь с этим источником и когда ты служишь этому источнику и позволяешь ему служить тебе? Что может мир отнять у тебя, когда источник Знания в тебе? Что может мир сделать с собой, когда источник Знания существует в мире?

Это сознание требует твоего полного участия в мире и твоего полного служения Знанию. Оно требует твоего полного участия в содействии другим, ибо ты являешься проводником Высшей Силы в мире. Однако ты также понимаешь в своем активном участии, что это лишь вопрос времени, когда все умы пробудятся и увидят свет Знания внутри себя. Это может занять очень много времени, но время у тебя есть, и ты можешь продвигаться терпеливо и уверенно, ведь только сомнение и страх могут подорвать твою подготовку и твой вклад. Только сомнение в том, что Знание существует в мире, может разубедить тебя от продвижения вперед с уверенностью и с полным участием.

Поэтому каждый раз, когда ты подвергаешься страху сегодня, осознавай, что существует Высшая Сила в мире. Используй это осознание, чтобы вывести себя из состояния страха, вспоминая, что существует Высшая Сила в мире, и вспоминая, что существует Высшая Сила в твоей жизни. Подумай об этом в начале каждого часа и во время твоих двух более глубоких практик войди снова в храм, где в состоянии внутреннего покоя и уверенности, ты впитываешь Высшую Силу, которая существует в мире. Тем самым ты должен осознать, что твоя подготовка требует твоего ухода от страха и тьмы и продвижения вперед в свет истины. Эти две практики подтвердят твое существо и не предадут ничего из того, что настоящее в тебе и в мире.

Когда ты наблюдаешь за миром без осуждения и когда ты наблюдаешь за собой без осуждения, ты увидишь, что Высшая Сила действует в мире. Ты этому обрадуешься, ибо ты осознаешь, что ты принес свой Древний Дом с собой, и твой Древний Дом существует здесь, в мире тоже. Это избавит тебя от страха, тревоги и двойственности твоего ума. Тогда ты вспомнишь, почему ты сюда пришел, ты посвятишь свою жизнь той цели, ради которой ты пришел в этот мир. Тогда твоя жизнь станет утверждением счастья и включения, и все, кто тебя видит, вспомнят, что они тоже пришли из своего Древнего Дома.

Практика 319: *два практических занятия по 30 минут каждое. Напоминание в начале каждого часа.*

Шаг 320

Я свободна работать в мире.

Когда мир тебя не угнетает, ты свободна работать в мире. Когда мир тебя не пугает, ты свободна работать в мире. Когда ты осознаешь, что мир является местом, где нужно твое содействие, ты свободна работать в мире. Тем самым, чем больше ты испытываешь присутствие Знания в своей жизни, тем свободнее ты будешь, чтобы работать в мире. И ты *будешь* работать в мире со временем, и твоя работа будет намного эффективнее, намного занимательнее и намного полнее, чем то, что ты делала до сих пор. В прошлом ты боялась мира, мир тебя пугал, гневил, угнетал. Поэтому твое прошлое содействие миру ограничивалось этими реакциями. У тебя было двойственное отношение к своему присутствию в мире, потому что ты боялась мира. Может быть, ты искала утешения в духовных исканиях, но твое истинное духовное существо направит тебя снова в мир и возвратит тебя с большей силой, уверенностью и целью, ведь ты пришла, чтобы пребывать в мире.

Понимая это, ты снова осознаешь значение Знания. Ты снова подтвердишь, до какой степени ты хочешь отдаться миру и до какой степени ты огорчаешься, когда путь к этому огражден или когда ты лишаешься возможности отдавать. Ты пришла, чтобы работать в мире, и ты хочешь это сделать в полном объеме, для того чтобы когда время придет уходить, ты уйдешь, отдав свои дары и предоставив все, что у тебя есть. Ты ничего не сможешь взять с собой Домой из мира, кроме как восстановленные взаимоотношения. С этим пониманием ты становишься свободной быть в мире.

В начале каждого часа вспоминай эту идею и осознай, что если ты еще имеешь двойственное отношение к миру, то твоя двойственность исходит из заблуждения и закрепляется твоей собственной боязнью и страхом перед миром. Вспоминай об этом в начале каждого часа, чтобы научиться великому наставлению, которое дается сегодня, великому наставлению о том, как ты становишься свободной в мире. Тем самым ты приносишь свой Древний Дом сюда с собой. Тем самым ты не попытаешься убежать от мира всего лишь потому, что он пугает тебя, угрожает тебе или угнетает тебя.

Ты пришла, чтобы отдавать миру, ведь Знание - это больше, чем мир. Мир лишь является временным местом, где Знание временно забыто. Тем самым ты распознаешь то, что отдает, и то, что получает, то, что является значительным, и то, что является незначительным. Твоя работа в мире теперь будет привлекать все твое внимание и преданность. Теперь ты можешь отдаться полностью своей работе. Тем самым твоя физическая жизнь становится полностью содержательной, целенаправленной и полноценной.

Во время твоих двух глубоких медитаций сегодня разжигай огонь Знания внутри себя, войдя снова в свой храм. Соблюдай тишину. Не забывай отдавать себя своей практике. Вот на чем ты должна сконцентрироваться на данный момент. Благодаря этой работе, твоя работа в мире получит свободу для выражения, и ты, которая находишься в мире, получишь уверенность и утешение от того, что твой Древний Дом с тобой.

Практика 320: *два практических занятия по 30 минут каждое. Напоминание в начале каждого часа.*

Шаг 321

МИР ЖДЕТ МОЕГО СОДЕЙСТВИЯ.

Поистине мир ждет твоего содействия, но помни, что твое содействие будет выражаться во всех твоих делах, и значительных и незначительных. Поэтому не придумывай себе грандиозную роль или что-нибудь невероятно трудное. Это не соответствует Пути Знания. Знание будет выражаться через все твои занятия, ведь оно является присутствием, которое ты носишь с собой. По мере того, как твой ум и жизнь освободятся от конфликта, это присутствие все больше будет выражаться через тебя, и ты станешь свидетелем того, как Знание действует, - как в тебе, так и в твоей жизни. И ты начнешь понимать, что означает принести Знание в мир.

Твое воображение рисовало грандиозные картинки и невероятные кошмары для тебя. Оно не в гармонии с жизнью. Оно преувеличивает жизнь в его надежде и в его страхе. Оно преувеличивает твое представление о себе, в основном в сторону самоунижения. Когда Знание перенаправит твое воображение, оно начнет функционировать совсем по новому направлению. Оно будет служить совсем другой цели. Тогда ты сможешь быть свободным, и твое воображение не подведет тебя.

Мир зовет тебя. Ты сейчас подготавливаешься. В этой большой нужде ты осознаешь свое великое содействие. Но помни всегда, что твое содействие происходит само по себе и твое желание этого является твоим желанием отдать. Твое желание, чтобы твоя жизнь стала проводником выражения, является твоим желанием освободить свою жизнь от конфликта и двойственности. Твое желание отдать является твоим желанием стать свободным и цельным. Это твое желание, чтобы твоя жизнь стала проводником Знания.

Тем самым твое предназначение является великим, но не столь великим, как твое воображение рисует, ведь твоя задача состоит в том, чтобы усовершенствовать свой проводник для того, чтобы Знание смогло свободно выражаться. Тебе не надо думать или представлять себе то, как это делается, ведь оно уже сегодня происходит и будет происходить и завтра. По мере того, как ты следуешь шагам в твоей текущей подготовке, и по мере того, как ты научишься следовать шагам вне этой подготовки, ты поймешь, что нужно только следовать шагам в том порядке, в каком они даны, чтобы продвигаться вперед.

В НАЧАЛЕ КАЖДОГО ЧАСА НАПОМИНАЙ СЕБЕ об этой практике и не забывай. Наблюдай за миром и осознавай тот факт, что он зовет тебя, чтобы ты посодействовал ему. Во время твоих более глубоких медитаций войди снова в свой храм в тишине и в восприимчивости. Тем самым осознай, что Знанию нужно, чтобы ты стал его проводником. Ему нужно, чтобы ты стал его получателем. Оно должно воплощаться через тебя. Таким образом, ты и Знание воплощаются взаимно.

В НАЧАЛЕ КАЖДОГО ЧАСА И ВО ВРЕМЯ ТВОИХ БОЛЕЕ ГЛУБОКИХ ПРАКТИЧЕСКИХ ЗАНЯТИЙ СЕГОДНЯ осознай значимость своей роли. Осознай также, что тебе оказывают настоящую поддержку, чтобы подготовиться, и эта поддержка будет пребывать с тобой в твоих усилиях по мере того, как ты будешь учиться выражать Знание и позволять Знанию выражаться через тебя.

ПРАКТИКА 321: *два практических занятия по 30 минут каждое. Напоминание в начале каждого часа.*

Шаг 322

Обзор

Сегодня мы приступим к рассмотрению последних двух недель подготовки. Еще раз рассматривай каждый шаг, тщательно перечитывая его наставления и вспоминая твою практику в тот день. Делай то же самое за каждый день этого двухнедельного периода. Будь объективна и осознай те моменты, где ты могла бы глубже проникнуть в обучение и быть более добросовестной. Осознай тот факт, что мир еще поглощает тебя и что тебе надо приложить более решительные и уверенные усилия. Делай это объективно. Осуждение только ослабит тебя и приведет к тому, чтобы ты захотела бросить свое участие, ведь осуждение - это всего лишь решение не участвовать и оправдание для неучастия.

Поэтому не делай это привычкой, а рассматривай свое участие объективно. Таким образом, ты научишься учиться, и ты научишься подготавливаться и руководить собой. Ты должна выбрать участие, и ты должна захотеть углубить свое участие. Каждое решение, которое ты принимаешь во имя Знания, поддерживается решениями всех остальных, кто принимает то же решение, а также и силой, и присутствием твоих Наставников, которые находятся рядом с тобой. Тем самым твое решение в пользу Знания, когда бы оно ни принималось и ни поддерживалось, еще больше усиливается присутствием всех, кто занимается вместе с тобой, и присутствием твоих духовных Наставников. Этого несомненно достаточно, чтобы преодолеть любую преграду, которую ты видишь в себе или в мире.

Тебе дано право принятия решения. Это право принятия решения выражается в том, чтобы смотреть объективно на свое участие и осознать, где ты можешь его углубить и усилить. Во время следующих двух недель обучения прими решение сделать то, что ты сегодня осознала как необходимое. В этом ты будешь мощно действовать в свою пользу, и применение твоей силы будет служить Знанию, ведь ты подготавливаешься получить Знание. В этом твоя воля и твоя решительность подтвердятся, ибо они служат высшему благу.

Практика 322: *один длинный период практики.*

Шаг 323

МОЯ РОЛЬ В МИРЕ СЛИШКОМ ВАЖНА, ЧТОБЫ ПРЕНЕБРЕГАТЬ ЕЮ.

Твоя роль в мире слишком важна, чтобы пренебрегать ею. Поэтому не пренебрегай ею сегодня. Продвигай то решение, которое ты принял для себя на основании вчерашнего Обзора. Продвигай то, что тебе нужно, чтобы углублять свое обучение, чтобы использовать свое обучение, чтобы воспользоваться своим опытом в мире для обучения, чтобы донести свое обучение до мира и позволить твоему миру поддержать свое обучение. Не пренебрегай этим, ведь если ты пренебрежешь этим, то ты только пренебрежешь собой, своей уверенностью, своей самореализацией и своим счастьем.

Не пренебрегай текущей подготовкой. Каждый день ты ее усиливаешь и по мере того, как ты этим занимаешься каждый день, ты продвигаешь Знание. Ты продвигаешь свое участие в жизни. Даже во время твоей текущей подготовки, ты учишь Знанию, и ты усиливаешь Знание в мире. Ты, скорее всего, этого пока не видишь, но со временем это станет настолько очевидно тебе, что ты начнешь ценить каждую минуту, каждую встречу с другим человеком, каждую мысль и каждый вдох. Ты будешь ценить каждое переживание в жизни, потому что ты будешь его испытывать «здесь и сейчас». И ты поймешь, что каждый такой опыт дает возможность выразить Знание и возможность ощутить, как Знание выражается.

Вспоминай эту идею в начале каждого часа сегодня. Посвящай себя этому в начале сего дня и в начале каждого последующего дня для того, чтобы использовать свои шаги полностью, насколько это возможно. Во время твоих двух более глубоких медитаций, войди в состояние внутреннего покоя, чтобы освежить свой ум. Усиливай свою способность и свою решительность позволить своему разуму стать спокойным и восприимчивым. Ты должен это усиливать каждый день, ибо это часть твоего обучения. Ты должен отдавать себя этому каждый день, ибо, таким образом, ты отдаешь себе и миру.

Не недооценивай важность своей роли, но не напрягай себя мыслями о том, что твоя роль непосильна, ведь что может быть более естественным, нежели исполнить ту роль, ради которой ты пришел? Что может лучше подтвердить важность и ценность твоей жизни, нежели жить той жизнью, которая и предназначена для тебя? Право принятия решения дано тебе сегодня, чтобы усилить и применить ее, но Высшая Сила за твоим решением еще больше, чем твое решение. Эта Высшая Сила живет с тобой сейчас. Не пренебрегай своей подготовкой. Не пренебрегай возможностью продвигаться к завершению и выполнению своей роли в мире, ибо по мере того, как ты приближаешься к этому, счастье приближается к тебе.

Практика 323: *два практических занятия по 30 минут каждое. Напоминание в начале каждого часа.*

Шаг 324

Я НЕ БУДУ ОСУЖДАТЬ ДРУГОГО ЧЕЛОВЕКА СЕГОДНЯ.

Снова подтверди эту идею, практикуя ее. Снова примени ее к своим жизненным реалиям. Снова укрепляй свое понимание о том, что Знание с тобой и не требует твоего осуждения или оценки.

Не осуждай другого человека сегодня. Учись видеть. Учись слышать. Учись смотреть. Нет ни одного человека в мире, от которого ты не можешь получить что-нибудь полезное, если ты его не будешь осуждать. Нет ни одного человека в мире, кто путем своих достижений или ошибок не может подтвердить значимость Знания и не может продемонстрировать его необходимость в мире. Тем самым те, кого ты любишь, и те, кого ты ненавидишь, - все преподносят равноценные дары. Те, кого ты считаешь целомудренными, и те, кого ты считаешь не целомудренными, - все преподносят то, что для тебя является существенным. Мир поистине демонстрирует все, что эта подготовка дает тебе, если ты готова смотреть на мир без осуждения или порицания. С такой же степенью, с которой ты смотришь на другого человека с осуждением, ты осуждаешь себя. Ты не хочешь осуждать себя, поэтому не осуждай другого.

Вспоминай об этом в начале каждого часа. Не упускай из внимания свою практику сегодня, ибо она является существенной для твоего счастья. Она существенна для процветания и продвижения мира. Во время твоих двух более глубоких медитаций войди снова в состояние внутреннего покоя. Отдавай себя своей практике. Отдавай себя этим. Ты почувствуешь свою силу этим действием. Тем самым ты сможешь воспользоваться правом принятия решения. Практикуя его, оно еще сильнее и эффективнее развеет все, что препятствует ей. Помни, что ты являешься ученицей Знания, ученики должны практиковать, чтобы продвигаться и идти вперед. Не осуждай другого человека сегодня, и ты поистине продвинешься.

Практика 324: *два практических занятия по 30 минут каждое. Напоминание в начале каждого часа.*

Шаг 325

Мир вступает в Великое Сообщество миров. Поэтому я должен быть внимателен.

Мир вступает в Великое Сообщество миров. Как ты можешь это опознать, когда ты поглощен своими собственными заботами, надеждами и амбициями? Как ты можешь осознать то, что происходит в твоем мире? Как ты можешь увидеть те силы, которые влияют на твою внешнюю жизнь и которые руководят твоими делами в большой степени? Чтобы стать сильным со Знанием, надо стать внимательным. Ты можешь стать внимательным только тогда, когда ты не поглощен своими собственными фантазиями и воображением.

Мир готовится вступить в Великое Сообщество миров, и это придает сейчас особое значение эволюции мира и всем его достижениям. Вот почему конфликт вспыхивает в мире, потому что те, кто против эволюции мира, будут бороться против нее. Те, кто желает продвигать мир, будут стараться усилить гуманность человечества и то понятие, что человечество является единым сообществом, которое должно о себе заботиться и поддерживать себя вне всякого разделения наций, рас, религий, культур и племен. Таким образом, ты, кто становишься представителем и получателем Знания, будешь укреплять мир, единение, понимание и сочувствие в мире. Это все является частью подготовки мира к вступлению в Великое Сообщество миров, потому что это представляет собой эволюцию мира. Это представляет собой Знание в мире.

Знание в мире никоим образом не способствует конфликту. Оно не способствует ненависти или разделению. Оно не пропагандирует ничего из того, что вызывает рознь или что является жестоким или разрушительным. Это коллективный опыт Знания в мире, что движет мир в сторону единения и сообщества. Поскольку твой мир является частью Великого Сообщества, он движется к единению и сообществу из-за своей собственной эволюции и потому что откликается на зов Великого Сообщества, частью которого он и является. Только внимательность к миру дает тебе осознание важности этой идей. И только внимательность к себе дает осознание важности этой идей для тебя, кто пришел, чтобы откликаться на этот зов.

Вспомни снова, что ты только потеряешь себя, если ты вернешься к своим фантазиям и своему воображению, потому что это единственная альтернатива тому, чтобы быть внимательным к себе и своему миру. Поэтому проснись ото сна и стань внимательным. Помни в начале каждого часа наблюдать за миром без осуждения, и ты увидишь, что мир пытается стать единым сообществом, ибо он пытается вступить в Великое Сообщество. Великое Сообщество представляет собой сообщество, которое взывает человечество вступить в него и участвовать. Ты не можешь понять механизм этого, ибо он слишком велик для твоих глаз и для твоей умственной способности сейчас, но это движение настолько очевидно и наглядно, что тебе надо только посмотреть.

В начале каждого часа наблюдай за миром и во время твоих более глубоких медитаций активно занимай свой ум в размышлении над этой идеей. Сегодняшняя практика не требует вхождения в состояние внутреннего покоя, а требует активного и полезного использования твоего ума. Размышляй над своим откликом на сегодняшнюю идею. Обращай внимание на свои мысли за и против. Обращай внимание на свои тревоги, особенно по поводу того, что мир становится единым сообществом со своим вступлением в Великое Сообщество и участием в нем. Обрати внимание на эти вещи, ведь тем самым ты распознаешь в себе то, что поддерживает твое продвижение и что отрицает его. Когда ты научишься смотреть на эти вещи без осуждения, а с истинной объективностью, ты поймешь, почему мир находится в конфликте. Ты поймешь это, и ты не будешь смотреть на это с ненавистью, злобой или завистью. Ты осознаешь это с пониманием и сочувствием. Тем самым ты научишься, как работать в мире для того, чтобы выполнить свое предназначение здесь.

Практика 325: *два практических занятия по 30 минут каждое. Напоминание в начале каждого часа.*

Шаг 326

Я МОГУ ОЩУЩАТЬ ВЕЛИКОЕ СООБЩЕСТВО, НО ОНО ВНЕ МОЕГО ПОНИМАНИЯ.

Как ты можешь понять Великое Сообщество, когда ты еле понимаешь сообщество, в котором ты живешь, не говоря уже о стране, где ты живешь, и о мире, где ты живешь? Здесь ты должна всего лишь понять, что существует Великое Сообщество и что оно является более широким контекстом, в котором жизнь выражается. По мере того, как человечество пытается стать единым сообществом, и по мере того, как ты пытаешься стать единым человеком, вместо множества субличностей, ты осознаешь, что ты вступаешь в мир, как человек более широкой души, и что мир вступает в Великое Сообщество, как сообщество более широкого масштаба. Здесь вся индивидуальность ищет общности, ведь в этой общности она находит свое истинное выражение, свое истинное участие и свою истинную роль. Это относится к тебе в равной степени, как и к миру.

Ты можешь это ощущать. Это настолько очевидно. Ты можешь это знать, ведь эта идея рождается от Знания. Не напрягай себя попытками понять все это, ибо понимание здесь не к месту. Только знай и чувствуй реальность этого. Делая это, твое понимание возрастет само по себе. Оно не будет исходить из твоего воображения или идеализма, а будет рождено от Знания и восприятия. Таким образом, оно останется с тобой, будет служить тебе и сделает твою жизнь более настоящей и эффективной.

Помни, что ты поймешь по мере того, как продвинешься, ибо понимание приходит задним умом и за счет искренней практики. Будь уверена тогда в том, что твое понимание возрастет по мере того, как растет твое участие. Тебе не надо понимать Вселенную, но тебе действительно надо ее ощущать на уровне восприятия. Тебе надо ее ощущать внутри себя и вокруг себя. Тебе надо видеть себя как единого человека, тебе надо видеть твой мир как единое сообщество, и тебе надо видеть твою Вселенную как Великое Сообщество, которое в более широком контексте взаимодействия пытается объединиться тоже. Таким образом, Знание действует во всех сферах и на всех уровнях взаимодействия - в каждом человеке, в каждом сообществе, в каждом мире, между каждым миром и во Вселенной целиком. Вот почему Знание является таким великим и почему оно намного больше твоего соображения, хотя ты его приобретаешь внутри себя.

Поэтому ты можешь ощутить Великое Сообщество, при этом не разъединив себя, пытаясь его понять. Понимание приходит путем участия. Напоминай себе о сегодняшней идее в начале каждого часа и во время твоих двух более глубоких занятий попытайся еще раз активно подумать о значении этого урока. Применяй его к своему опыту. Применяй его к своему восприятию мира. Осознай мысли за и против этого. Осознай вдохновение и надежду, которые приходят к тебе, и осознай тревоги, которые возникают. Составляй опись своих мыслей и переживаний по поводу сегодняшней идеи, но не осуждай ее, ибо она исходит от Знания. Она должна освободить тебя от ограничений твоего собственного воображения. Она должна освободить и тебя, и мир.

Сегодня применяй свой ум и тело, чтобы стать ученицей Знания. Тем самым ты научишься понимать смысл самого себя, твоего мира и Великого Сообщества миров.

Практика 326: *два практических занятия по 30 минут каждое. Напоминание в начале каждого часа.*

Шаг 327

СЕГОДНЯ Я БУДУ СПОКОЙНЫМ.

Сегодня ты можешь быть спокойным, даже пока ты размышляешь о более великих вещах в мире и вне мира. Сегодня ты можешь быть спокойным, даже пока ты принимаешь вызов стать учеником Знания и вызов объективно наблюдать за миром. Как ты можешь быть таким активным и принимать такой вызов и в тоже время быть спокойным? Потому что Знание с тобой. Когда ты живешь со Знанием, чувствуешь Знание и преподносишь Знание миру, внутри ты будешь чувствовать спокойствие, хотя внешне ты можешь быть активно занят. Нет никакого противоречия между спокойствием и активностью, между внутренним спокойствием и внешней занятостью. Хотя мир является трудным и удручающим местом для пребывания, он является естественным получателем Знания. Его трудности и огорчения могут обойти тебя, не влияя на твое внутреннее состояние, которое становится все больше единым и гармоничным.

НАПОМИНАЙ СЕБЕ В НАЧАЛЕ КАЖДОГО ЧАСА быть спокойным, пока ты действуешь в мире. Отпускай все страхи и тревоги и тем самым усиливай свое соблюдение Знания. Во время твоих двух более глубоких практических занятий, когда ты уходишь от мира, разжигай снова огонь Знания и наслаждайся его теплым присутствием. Осознавай, что этот огонь сжигает все выдуманное и вредное. Огонь Знания тебя не обожжет, а будет греть твою душу. Ты можешь войти в этот огонь, не боясь, что он тебе причинит боль или вред. Он будет тебя очищать и облагораживать, ведь это огонь любви. Сегодня будь спокойным, ведь сегодня - день спокойствия, и тебе дают спокойствие сегодня.

ПРАКТИКА 327: *два практических занятия по 30 минут каждое. Напоминание в начале каждого часа.*

Шаг 328

Сегодня я окажу почтение тем, кто послужил мне.

Мы снова подтверждаем эту практику, которая подтвердит реальность любви и способность отдавать себя в мире. Твои идеи по поводу дарования являются слишком ограниченными и мелкими. Их нужно расширить для того, чтобы ты смогла познать масштаб дарования в мире.

В начале каждого часа напоминай себе о том, чтобы вспомнить тех, кто послужил тебе. Думай не только о тех, кто, без сомнения, послужил тебе, а вспоминай также тех, кто причинил тебе боль, кто тебя отрицал, кто препятствовал тебе. Вспоминай их, ведь они тоже послужили тебе каким-то образом. Они напомнили тебе о том, что Знание необходимо, и они показали тебе жизнь без Знания. Они показали тебе, что Знание пытается появиться и у них. Не важно, принимают ли или противодействуют ли они этому проявлению, оно все равно присутствует и продолжает воплощаться.

Ты продвигаешься, потому что другие показали тебе свое вдохновение и свои ошибки, свое принятие Знания и свое отрицание Знания. Если не было бы отрицания Знания в мире, ты не могла бы здесь учиться. Ты не могла бы познавать значение Знания. Все познается в сравнении - так ты узнаешь то, что ценно, и то, что не ценно, и, таким образом, ты научишься быть сочувствующей и любящей. Понимание этого поможет тебе служить в мире.

В начале каждого часа распознавай тех, кто служит тебе в данный момент, и распознавай тех, кто послужил тебе в прошлом. Таким образом, сегодняшний день будет днем благодарения и признательности. Ты поймешь, насколько важна твоя подготовка и сколько людей служили тебе для того, чтобы ты могла предпринять эту подготовку.

Во время твоих двух более глубоких медитаций повторяй сегодняшнюю идею и потом вспомни каждого человека, кто ожидает твоего признания и благословения. Во время этой практики все, кому это нужно, предстанут перед тобой. Посмотри и пойми, каким образом они тебе послужили, и поблагодари их за это служение тебе. Поблагодари их за то, что они помогли тебе осознать твою нужду в Знании. Поблагодари их за то, что они показали тебе, что нет альтернативы Знанию. И поблагодари их за то, что они помогают тебе укрепить твое соучастие со Знанием. Благослови каждого и позволяй каждому очередному человеку появиться в твоем уме. Тем самым ты будешь благословлять всех, кто участвовал в твоей жизни в прошлом и кто участвует в твоей жизни в настоящем. Тем самым ты научишься быть признательной к прошлому и не осуждать его. Тем самым любовь будет излучаться от тебя естественным образом, ибо любовь должна рождаться от благодарности, и благодарность должна рождаться от истинного познания. Именно истинным познанием ты и займешься сегодня.

ПРАКТИКА 328: *два практических занятия по 30 минут каждое. Напоминание в начале каждого часа.*

Шаг 329

Я СВОБОДЕН, ЧТОБЫ ЛЮБИТЬ МИР СЕГОДНЯ.

Только свободные люди могут любить мир, ведь только свободные люди могут отдать миру. Только они могут осознать нужду мира и их собственный вклад в него. Только свободные люди могут любить мир, потому что только они могут видеть, что мир поддержал их и послужил им для того, чтобы они смогли стать свободными и вложить свой вклад в мир. Из-за того, что мир так стремится получить твое содействие, он отдал себя твоей подготовке для того, чтобы ты смог научиться быть участником. Он усилил это путем истины, которая существует в мире, и путем отрицания, которое существует в мире.

Мир служит появлению Знания всеми путями. Несмотря на то, что мир опровергает Знание и вроде отрицает, отвергает и атакует Знание, с этой точки зрения ты поймешь, что, на самом деле, он служит Знанию. Знание вне конкуренции, ничего не может соперничать с ним. Ничего не может отрицать его. Все, что отрицает его, на самом деле вызывает его и умоляет Знание появиться. Те, кто живет в замешательстве, темноте и отчаянии, жаждут облегчения и утешения. И хотя они сами не понимают зов своего отчаяния, те, кто живет со Знанием, могут это распознавать и через Мудрость научатся служить этим людям, всем людям и миру в целом.

Сегодня в начале каждого часа напоминай себе о том, что по мере того, как ты становишься свободным, ты сможешь любить мир. По мере того, как ты учишься любить мир, ты становишься свободным, потому что ты в этом мире, но не из этого мира. Ты находишься в этом мире и поэтому представляешь то, что ты принес с собой из своего Древнего Дома. Как просто и ясно все это с точки зрения Знания, и как трудно проникнуть в эту идею, когда ты находишься в собственном воображении и занят собственными ограниченными идеями. Вот почему ты практикуешь, чтобы подтвердить то, что естественно для тебя, и отойти от того, что не естественно для тебя.

Во время твоих более глубоких медитаций получай снова свободу, которая приходит к тебе в состоянии внутреннего покоя и восприимчивости. Ум, который спокоен, является умом раскрепощенным и свободным. Он сам по себе расширится, и с этим расширением он будет естественным образом выражать то, что для него является самым естественным. Так во время твоих более глубоких медитаций ты практикуешь умение получать, и в начале каждого часа ты практикуешь умение отдавать. Ты свободен любить сегодня, и миру нужна твоя свобода, потому что ему нужна твоя любовь.

Практика 329: *два практических занятия по 30 минут каждое. Напоминание в начале каждого часа.*

Шаг 330

Я НЕ БУДУ ЗАБЫВАТЬ О МЕЛКИХ ВЕЩАХ В МОЕЙ ЖИЗНИ.

Мы снова утверждаем идею о том, чтобы не забывать о простых практических занятиях, которые позволяют тебе быть ученицей Знания. Запомни, что ты не пытаешься уходить от мира, а работаешь над тем, чтобы стать по-настоящему сильной в мире. Поэтому не забывай о тех простых, мелких вещах, которые способствуют твоему обучению и дают тебе свободу стать ученицей Знания. Здесь все твои занятия, даже самые бытовые и однообразные, могут считаться видом служения и соучастия. Таким образом, все мелкие вещи, несмотря насколько бытовыми и однообразными они ни являются, могут служить миру, потому что они указывают на то, что ты оказываешь почтение твоему Истинному «Я». Это Истинное «Я» находится во всех людях, оно существует в мире, и оно существует в Великом Сообществе Миров.

Будь внимательна к тем мелким делам, которыми ты занимаешься сегодня, и не забывай о них. Если ты не будешь их бояться, ты не будешь сопротивляться им. Если ты не будешь сопротивляться им, ты сможешь ими заниматься. И занимаясь ими, ты сможешь отдать себя им. Тем самым Знание будет выражаться во всех видах деятельности, обучение Знанию будет передаваться, и Знание будет усилено во всех видах деятельности. Миру нужно это проявление действия Знания, ибо мир думает, что Бог, любовь, истинная сила и вдохновение существуют только в идеальных состояниях и только в идеальных ситуациях. Мир не понимает, что Бог выражает Бога везде, и что Знание выражается везде и во всех вещах.

Начиная понимать эту великую истину, ты увидишь присутствие Знания во всех вещах. Ты увидишь Знание в мире. Ты увидишь Знание внутри себя. Это даст тебе полную уверенность в твоем собственном участии и в твоем собственном служении Знанию. Ты поймешь, что ты экономишь время, необходимое для эволюции, продвижения и спасения мира. Это крайне важно для укрепления твоей уверенности. Но еще важнее осознать величие Знания и величие, которое ты будешь ощущать внутри себя по мере того, как ты научишься его получать.

В начале каждого часа вспоминай сегодняшнюю идею и применяй ее для того, чтобы быть сознательным каждый час. Во время твоих двух более глубоких медитаций войди снова в состояние внутреннего покоя для того, чтобы воспламенять огонь Знания, чтобы огонь Знания мог очищать и подчищать твой ум и освободить его от всяких препятствий. Таким образом, ты сможешь принимать более целенаправленное участие в мире и не забывать о мелких вещах.

Практика 330: *два практических занятия по 30 минут каждое. Напоминание в начале каждого часа.*

Шаг 331

МАЛЕНЬКОЕ ВЫРАЖАЕТ ВЕЛИКОЕ.

Посмотри вокруг на природу. Посмотри на самое мелкое существо и осознай таинственность существования этого существа, чудо его физического механизма и истину его полного включения в природу в целом. Самое маленькое существо может выразить самую великую истину. Самая простая вещь может выразить силу Вселенной. Разве существо маленькое выражает жизнь и включение в жизнь меньше, чем существо большое? С помощью этой аналогии осознай тот факт, что самое маленькое действие может воплощать самое великое учение. Осознай, что самое простое слово, самый обыкновенный жест может выразить самые глубокие чувства и эмоции. Осознай, что самая простая вещь может пополнить твое обучение и подтвердить присутствие Знания внутри тебя.

Когда ты обращаешь внимание на жизнь, ты начинаешь замечать таинственность жизни во всех вещах. Как замечательно это будет для тебя, кто пробуждается ото сна собственного разлученного воображения. Таинственность жизни вдохновит тебя и позовет тебя. Это подтвердит таинственность твоей собственной жизни, которая становится все реальнее и показательнее для тебя.

Возможно, ты чувствуешь себя маленьким, но ты выражаешь великое. Тебе не надо быть великим, чтобы выразить великое, ибо великое существует внутри тебя, и твое физическое тело является маленьким, по сравнению. Твоя действительность рождается от величия, которое существует в тебе и желает выразиться через простоту твоего физического механизма. Тем самым ты поймешь, что исходишь от великого, а функционируешь через маленькое. Тем самым ты не будешь противоречить взаимоотношению между великим и маленьким, в котором маленькое выражает великое, что оно и делает само собой. Разве маленькое существо прилагает усилия, чтобы выразить великое? Нет. Великое просто выражается через маленькое существо.

Таким образом, в твоей жизни, которая в любой момент может казаться тебе разлученной и ограниченной, величие с тобой. Поэтому маленькое реализуется, подтверждается, почитается и благословляется. Тем самым нет никакого основания для самоосуждения и ненависти. Все вещи, и великие, и маленькие, оцениваются, ведь все вещи, и великие, и маленькие, взаимодействуют.

В начале каждого часа, во время любого незначительного занятия, во время любого выражения себя или жеста и в рамках любой незначительной точки зрения позволь великому выразиться. Во время твоих двух более глубоких медитаций приближайся снова к великому внутри себя. Войди снова в огонь Знания, который очищает тебя. Ищи убежища в убежище Знания. Тем самым ты ощущаешь полное соприкосновение с великим. Это вне всякой формы. Тем самым то, что вдыхает жизнь во всю материю и дает ей предназначение, смысл и направление, ждет, пока ты его примешь. Маленькое выражает великое и великое благословляет маленькое.

Практика 331: *два практических занятия по 30 минут каждое. Напоминание в начале каждого часа.*

Шаг 332

Я ТОЛЬКО НАЧИНАЮ ПОНИМАТЬ СМЫСЛ ЗНАНИЯ В МОЕЙ ЖИЗНИ.

Ты только начинаешь понимать это, ведь твое понимание возникнет с опытом, познаванием и как итог твоего обучения. Ты - начинающая ученица, поэтому у тебя понимание тоже только начинающее. Приободрись этим, ведь это освободит тебя от попыток сделать выводы по поводу твоего участия и по поводу твоей жизни. Поэтому тебе не надо совершать невозможное, и ты можешь освободить свой разум от большой тяжести, которая иначе могла бы омрачить твое счастье и разрушить твой покой и полезную деятельность сегодня. Когда ты примешь тот факт, что ты только начинаешь понимать смысл своей жизни и смысл Знания в своей жизни, ты освободишься, чтобы участвовать и научиться еще большему. Без бремени осуждения, которое ты бы иначе возложила на свою жизнь, ты свободна, чтобы участвовать, и твое участие сделает тебя свободной.

Напоминай себе в начале каждого часа о том, что ты только начинаешь понимать смысл Знания в своей жизни. Во время твоих более глубоких медитаций снова войди в свой храм Знания для того, чтобы твоя способность к Знанию, твое желание приобрести Знание и твое ощущение Знания могли расти. Только по мере того, как эти вещи растут, может и твое понимание расти. Тем самым ты освободишься от осуждения. Ты становишься свободной для того, чтобы участвовать, и с этим придет все понимание.

Практика 332: *два практических занятия по 30 минут каждое.
Напоминание в начале каждого часа.*

Шаг 333

Есть присутствие со мной. Я его ощущаю.

Ощути присутствие своих наставников сегодня, которые рядом с тобой и направляют твою подготовку, как ученика Знания. Ощути их присутствие сегодня, и ты ощутишь свое собственное присутствие, ибо вы едины в этом присутствии, которое ты ощущаешь. Помни, что ты не один, и ты не окажешься в изоляции в собственных мыслях. Ты не будешь изолирован в собственных тревожных соображениях.

В начале каждого часа ощущай это присутствие, ведь это присутствие с тобой каждый час. Ощущай это присутствие, несмотря на то, где ты находишься сегодня, либо на работе, либо дома, либо один, либо с другим, ибо это присутствие с тобой везде.

Во время твоих двух более глубоких медитаций позволь себе ощутить присутствие любви, что является присутствием Знания, присутствием Мудрости, присутствием уверенности, источником твоего предназначения, смысла и направления в мире и что содержит для тебя твое предназначение в мире. Приближайся к этому присутствию и ощути его в своих более глубоких медитациях. Не забывай об этом, ведь здесь ты ощутишь любовь к себе, самоуважение и настоящее включение в жизнь. Возьми это присутствие с собой сегодня и принимай это присутствие во время твоих более глубоких медитаций, и ты будешь знать, что присутствие с тобой каждый день.

Практика 333: *два практических занятия по 30 минут каждое. Напоминание в начале каждого часа.*

Шаг 334

Присутствие моих Наставников со мной каждый день.

Каждый день, где бы ты ни находилась, куда бы ты ни шла, присутствие твоих Наставников с тобой. Эта идея напоминает тебе о том, что ты не одна. Эта идея дает тебе возможность выйти из изоляции твоего собственного воображения и почувствовать это присутствие, и получить благодать этого присутствия. В этой благодати твои Наставники дают тебе те идеи и вдохновение, которые необходимы тебе. Тем самым ты будешь выражать то, что ты получаешь, и, таким образом, будешь подтверждать факт получения.

Вспоминай об этом в начале каждого часа, концентрируясь на присутствии внутри себя. Расслабляйся, чтобы его ощутить, ибо оно без сомнения с тобой. Во время твоих более глубоких медитаций войди снова в состояние внутреннего покоя в храме Знания для того, чтобы ощутить это присутствие и то великое подтверждение и утешение, которое оно тебе дает. Отбрасывай сомнения о себе и чувство отсутствия достоинства, ведь огонь Знания поглотит их и очистит твой ум от них. После этого тебе больше не будет нужно придумывать грандиозные идеи о себе. Тебе не надо будет создавать ложное представление о себе, пытаясь избавиться от чувства вины и некомпетентности, ведь вина и некомпетентность поглощаются в огне Знания. Поэтому преподноси все, что мешает твоему участию, и все страхи, которые преследуют и нагнетают тебя, огню Знания для того, чтобы они были поглощены им. Ты будешь сидеть перед этим огнем, и ты увидишь, как огонь их поглощает, и ты почувствуешь, как твой ум купается и очищается в любящем огне Знания. Это присутствие с тобой каждый день. Огонь Знания с тобой каждый день.

Практика 334: *два практических занятия по 30 минут каждое. Напоминание в начале каждого часа.*

Шаг 335

Огонь Знания со мной каждый день.

Куда бы ты ни шел, что бы ты ни делал, огонь Знания горит в тебе. Ощути, как он горит. В начале каждого часа ощути, как он горит. Несмотря на то, что ты видишь и что ты думаешь, ощути, как огонь Знания горит. Это присутствие Знания, что ты ощущаешь внутри себя, когда ты ощущаешь присутствие Наставников вокруг себя. Огонь Знания горит, и когда ты его ощущаешь, он поглощает все, что тебе мешает, - все, что тебя преследует и угнетает, все чувства непригодности и вины и всю боль и конфликт. Поглощаясь огнем Знания, эти вещи перестанут влиять на твою жизнь, и твоя жизнь сама по себе станет равномернее и гармоничнее.

Сегодня ты сделаешь большой шаг в этом направлении, вспоминая и чувствуя огонь Знания в начале каждого часа. Во время твоих двух более глубоких практик войди снова в огонь Знания в храме Знания. Не забывай о том, что этот огонь будет тебя утешать и освобождать. Он не обжигает тебя, а греет твою душу. Он даст тебе утешение и уверение. Он даст тебе подтверждение смысла и предназначения твоей жизни и величия, которое ты носишь в себе.

Не забывай об этой практике сегодня, а осознай ее полную пользу для себя. Нет ничего в мире, кроме огня Знания, что может дать тебе уверенность, силу, спокойствие и чувство включения. Ничего, кроме присутствия твоих Наставников, которые рядом с тобой, не может напомнить тебе о твоем полном включении в жизнь. Поэтому ты уже испытываешь то, что тебе нужно, и на основании этих ощущений, ты научишься их распространять по отношению ко всем твоим взаимоотношениям с другими, с миром и с Великом Сообществом миров, в котором ты живешь.

Практика 335: *два практических занятия по 30 минут каждое. Напоминание в начале каждого часа.*

Шаг 336

Обзор

Начинай этот двухнедельный Обзор с рассмотрения первого урока этого двухнедельного периода и с воспоминания твоего обучения того дня. Делай то же самое для каждого последующего дня. Рассматривай свои практические занятия. Осознай суть своих практик и то, что эти практики укрепляют в тебе. Осознай, насколько ты желаешь этого укрепления, и ту огромную ценность того, что ты получаешь и пытаешься получить во время твоей подготовки, как ученица Знания. Пусть твой обзор сегодня станет подтверждением значимости твоей подготовки. Осознай, насколько тебе необходимо укреплять свое участие и насколько тебе необходимо отбросить идеи, которые обессиливают или отрицают существование Знания в твоей жизни. Помни, что Знание с тобой и что твои Наставники с тобой для того, чтобы ты их чувствовала и принимала каждую минуту. По мере того, как ты научишься получать это, ты будешь естественным образом его выражать.

Во время твоего длительного практического занятия сегодня рассматривай последние две недели обучения и осознай то, что тебе предлагают. Осознай, насколько тебе необходимо получить. Осознай, насколько ты хочешь получить.

Практика 336: *Одно длительное практическое занятие.*

Шаг 337

Я НИЧЕГО НЕ МОГУ СДЕЛАТЬ В ОДИНОЧКУ.

Ты не можешь ничего сделать в одиночку, но ты не один. Да, ты - индивидуальная личность, но ты больше, чем твоя индивидуальность. И поэтому тебе невозможно быть одному, и поэтому именно твоя индивидуальность имеет большой потенциал и замысел в мире. Тем самым ты, кто является частью величия, которое больше, чем твоя индивидуальность, и кто является частью своей индивидуальности тоже, становишься целым и единым. Тем самым все, что ты выстроил для себя, принесет благо. Все твои созидания приобретают предназначение, смысл, направление и включение в жизнь. Тем самым твоя жизнь спасена и восстановлена, и ты становишься частью жизни и проводником ее уникального выражения. Это - истинное значение сегодняшнего урока.

Ты можешь прятаться от света истины только в тенях и темноте твоего воображения. Раз ты думаешь, что твои фантазии реальны, то ты и вправду думаешь, что ты один. Узнав, что ты не один, тебе, возможно, станет тревожно, потому что ты боишься, что твои фантазии и чувство вины будут раскрыты. Но когда ты рассматриваешь это честно и без осуждения, ты осознаешь значение того, что ты восстановлен, оживлен и теперь готовишься к тому, чтобы получить ту силу, которая живет в тебе, ту силу, которая является твоим Источником и твоим Истинном «Я».

Повтори сегодняшнюю идею в начале каждого часа и осознавай тот факт, что она является подтверждением твоей силы и твоего включения в жизнь. Во время твоих более глубоких медитаций позволь себе войти снова в тишину твоего храма Знания, где ты обнаружишь, что ты не один. Здесь ты находишься в истинном союзе с жизнью и в истинном единении с теми, кто пришел тебе служить и направлять тебя, и с теми, кто занимается сейчас с тобой. Твое счастье в твоем включении.

Твое несчастье в твоей изоляции. Твое несчастье не имеет никакого основания, ведь ты не один, и твой успех гарантирован, ибо ты не можешь ничего сделать в одиночку.

Практика 337: *два практических занятия по 30 минут каждое. Напоминание в начале каждого часа.*

Шаг 338

Сегодня я буду внимательна.

Будь внимательна сегодня, чтобы увидеть то, что происходит вокруг тебя. Будь внимательна сегодня для того, чтобы ощущать себя в мире. Будь внимательна сегодня, чтобы ощущать огонь Знания внутри себя. Будь внимательна сегодня, чтобы ощущать присутствие твоих Наставников. Будь внимательна сегодня, чтобы увидеть, что огонь Знания горит в мире и присутствие твоих Наставников присутствует в мире тоже. В состоянии внимательности, эти вещи легко осознаются, ведь без осуждения ты увидишь действительность. Это подтвердит твою духовную сущность и предназначение в мире. Это подтвердит тебя истинного и даст смысл твоей личной жизни.

Будь внимательна в начале каждого часа сегодня и будь уверена в том, что внимательность принесет настоящие плоды для тебя. Без осуждения и оценки ты увидишь сквозь всю пугающую наружность, которую мир может тебе показать. Ты увидишь сквозь всю пугающую наружность, которую твое воображение может тебе показать, ведь вся пугающая наружность рождается и поддерживается воображением. Будучи внимательной к миру, ты осознаешь заблуждение мира и его нуждаемость в Знании. Это подтвердит твое собственное заблуждение и нуждаемость в Знании, и ты будешь счастлива, что ты сейчас готовишься приобрести Знание.

Во время твоих более глубоких медитаций будь внимательна, будь «здесь и сейчас» и отдай себя в тишине в храме Знания. Тебе только надо быть внимательной. Не надо осуждать. Будь внимательна и ты осознаешь ложное и примешь истинное. Ведь истинное внимание всегда преподносит то, что истинно, и ложное внимание всегда преподносит то, что ложно.

Сегодня ты будешь укреплять эту способность ума, эту способность быть внимательной. Ты укрепляешь это для себя и для мира, который нуждается в признании. Ведь мир нуждается в любви, и любовь приходит через истинное признание.

Практика 338: *два практических занятия по 30 минут каждое. Напоминание в начале каждого часа.*

Шаг 339

ЛЮБОВЬ ПРИСУТСТВУЕТ СО МНОЙ СЕЙЧАС.

Любовь присутствует с тобой, она присутствует в огне Знания внутри тебя. Как и присутствие твоих Наставников, это присутствие проникает во все вещи в мире. Именно в этом контексте существует мир. Это присутствие неподвижное, поэтому оно пребывает во всем. Можешь ли ты, кто познает мир, познавать это постоянное присутствие? Можешь ли ты, кто действует в мире, видеть действие этого присутствия в мире? Если бы это присутствие не существовало в мире, то мир уже давно бы уничтожил себя, и не было бы надежды для твоего спасения. Не было бы надежды для истинной общности и для всех способностей людей в их временной жизни. Все, что по-настоящему ценно, не появилось бы, ибо тьма фантазии и тьма страха покрыла бы мир полностью, и все жили бы в полной темноте. Это было бы так, если бы любовь не присутствовала в мире. Твоя жизнь здесь была бы окутана тьмой и безысходностью.

Поэтому твоя жизнь в мире временна. Она не может быть постоянной, потому что ты появился из света и туда вернешься. Разве возможно жить постоянно в темноте, когда ты появился из света, куда ты и вернешься? Тебя направили в мир для того, чтобы принести свет в мир, а не для того, чтобы подтвердить темноту мира. Божья воля состоит в том, чтобы ты принес свет в мир, а не в том, чтобы загнать тебя в мир темноты. Ты пришел сюда, чтобы привнести свет в мир.

Как ученик Знания, ты учишься шаг за шагом принимать свет Знания и огонь Знания. Ощущая это внутри себя, ты увидишь, как огонь Знания горит в мире, ведь это и есть присутствие любви. Это и есть присутствие Бога в мире. То, что Бог творит в мире, он творит через тебя. Но именно присутствие Бога в мире пробуждает Знание во всех умах и взывает все умы к пробуждению. Это подкрепляет, подтверждает и усиливает проявление Знания везде, где это происходит.

Присутствие Бога постоянное. Мир преходящий. Физическая Вселенная временная. Присутствие Бога постоянное. Сможешь ли ты тогда увидеть разницу между великим и маленьким? Сможешь ли ты тогда увидеть то, что дает, и то, что должно научиться принимать? Сможешь ли ты тогда осознать значение твоей подготовки? Сможешь ли ты тогда осознать значение твоего служения в мире?

В начале каждого часа будь внимателен и ощущай присутствие любви в мире. Если ты внимателен, то ты это ощутишь. Во время твоих более глубоких медитаций ощути присутствие любви внутри себя, что является огнем Знания. Помни, что когда ты обращаешь внимание на это в твоем мире и внутри себя, из спокойствия этого присутствия появляется все благо, все важные идеи и побуждение ко всем важным действиям. Это двигающая сила человечества и даже Великого Сообщества миров к Знанию и, со Знанием, к тому, чтобы стать единым сообществом.

Практика 339: *два практических занятия по 30 минут каждое. Напоминание в начале каждого часа.*

Шаг 340

МОЯ ПРАКТИКА ЯВЛЯЕТСЯ МОИМ ДАРОВАНИЕМ МИРУ.

Ты начинающая ученица Знания. Как начинающая ученица, ты полностью включаешься в свою практику. Не придумывай для себя великую роль спасителя или искупителя в мире, потому что это будет тебя только обременять, ведь ты еще не подготовлена для того, чтобы заниматься великими делами. Ты должна просто следовать шагам так, как они даны. Таково требование. Со временем ты будешь испытывать все растущее величие в себе, и ты будешь испытывать величие в мире. Однако, как уже было сказано в этом обучении, величие, которое ты будешь испытывать, выразится в простых и бытовых вещах. Поэтому не представляй себя в великой роли спасителя. Не представляй себя распятой в мире, ведь такие представления исходят от невежества, и ты не понимаешь их истинного смысла.

Следуй каждому шагу, ведь каждому шагу нужно твое полное внимание и включение. Без твоей попытки добавить к своей подготовке то, что ненужно, ты сможешь полностью включиться в нее. Таким образом, ты полностью включишься, и твои физические и умственные способности увеличатся и получат целенаправленное предназначение и направление. Твоя практика является твоим дарованием миру. На основании твоей практики все твое будущее дарование будет осуществляться с уверенностью, любовью и доверием.

В НАЧАЛЕ КАЖДОГО ЧАСА НАПОМИНАЙ СЕБЕ о том, что твоя практика является твоим дарованием миру. Если ты действительно хочешь служить миру, и если ты действительно хочешь воплотить в мире то, что тебе дороже всего, и то, что ты почитаешь в себе, то отдай себя своей практике и не забывай о ней сегодня. Во время твоих более глубоких медитаций отдай себя своей практике, ведь твоя практика является актом дарования. Ты, кто сейчас учишься получать, также отдаешь себя, чтобы учиться получать. Таким образом, ты также учишься отдавать. Если ты не сможешь отдать себя практике, то ты не сможешь отдать себя миру, ибо отдавать миру тоже является формой практики. Помни о том, что тебе только надо заниматься. Чем бы ты ни занималась, ты что-нибудь практикуешь, ты что-нибудь утверждаешь, ты что-нибудь подтверждаешь и ты чему-нибудь учишься. На основании этого понимания отдай себя своей истинной практике, ведь она является твоим дарованием себе и миру.

Практика 340: *два практических занятия по 30 минут каждое. Напоминание в начале каждого часа.*

Шаг 341

Я СЧАСТЛИВ, ИБО ТЕПЕРЬ Я МОГУ ПОЛУЧАТЬ.

Научись получать, и ты научишься быть счастливым. Научись отдавать, и твое счастье подтвердится. Выражаясь простыми словами, это то, чем ты занимаешься. Если ты не будешь усложнять это своими собственными идеями и ожиданиями, ты сможешь увидеть постоянную истину этого и ты поймешь ее точный смысл и ее требования. Помни о том, что сложность - это отрицание простоты истины. Истина продолжит свои действия каждый день шаг за шагом, точно так же, как ты продолжаешь свою подготовку каждый день шаг за шагом. Становясь учеником Знания, ты учишься жить истиной. Простота этой мысли всегда с тобой, ибо истина проста и очевидна всем, кто ищет истины, и всем, кто ищет без тяжести осуждения и критики.

Занимайся в начале каждого часа, и во время твоих более глубоких медитаций снова укрепляй свою способность и стремление к спокойствию. Ведь если ты будешь испытывать немного больше спокойствия каждый день, то оно будет расти и расти, наполнит твою жизнь и будет исходить из твоей жизни, как великий свет, ведь ты здесь, чтобы быть светом в мире.

ПРАКТИКА 341: *два практических занятия по 30 минут каждое. Напоминание в начале каждого часа.*

Шаг 342

Сегодня я - ученица Знания.

Сегодня ты - ученица Знания. Ты следуешь своей практике шаг за шагом. Ты учишься освобождаться от собственного осуждения и тревоги. Ты учишься утверждаться присутствием Знания внутри себя и присутствием любви в своей жизни. Ты учишься почитать себя и ценить свой мир. Ты учишься осознавать свою ответственность и осознавать нужду мира в том, чтобы ты несла эту ответственность. Ты учишься соблюдать внутренний покой и внешнюю активность. Ты учишься получать. Ты учишься отдавать. Ты учишься осознавать, что твоя жизнь искупается.

Будь ученицей Знания сегодня и выполняй сегодняшние наставления с полной отдачей и как можно точнее. Напоминай себе в начале каждого часа о том, что ты - ученица Знания, и задумайся на минуту в начале каждого часа о том, что это значит, особенно в контексте твоих нынешних обстоятельств. Во время твоих более глубоких практик активно размышляй над тем, что значит быть ученицей Знания. Рассматривай то, чему ты научилась до сих пор. Осознай то, что укрепляется шаг за шагом, и то, что рекомендуется отпускать. Используй свои два практических занятия для того, чтобы активно рассматривать сегодняшнюю идею и пытаться вникнуть в ее смысл в контексте твоей жизни. Размышляй конструктивно, ведь все размышление должно быть конструктивным. Когда не надо думать, Знание будет двигать тебя вперед. В мире ты должна иметь Знание, и ты должна учиться думать конструктивно, потому что ты ученица Знания. Будь ученицей Знания сегодня, и ты почтешь то, что направляет тебя, то, что ведет тебя, и то, что благословляет тебя. Ты будешь представлять Знание, ведь ты - ученица Знания.

Практика 342: *два практических занятия по 30 минут каждое. Напоминание в начале каждого часа.*

Шаг 343

СЕГОДНЯ Я БУДУ ПОЧИТАТЬ ИСТОЧНИК СВОЕЙ ПОДГОТОВКИ.

Почитай источник твоей подготовки сегодня, будучи учеником Знания. Вспоминай об этом в начале каждого часа, и думай еще раз над тем, что значит быть учеником Знания. Пытайся вспоминать все, что было отдано тебе, и все, что укрепляется, и пытайся объективно осознать то, что мешает тебе и сдерживает тебя. Укрепляй свою веру. Укрепляй свое участие. Воспользуйся своим правом принятия решения для этого, и помни о том, что тем самым ты почитаешь и представляешь то, что направляет тебя, и то, чему ты служишь.

Во время твоих двух более глубоких практических занятий активно занимай твой ум рассмотрением смысла сегодняшней идеи. Помни о том, что ты можешь служить только тому, что ты ценишь. Если ты ценишь Знание, то ты будешь служить Знанию. Если ты ценишь невежество и тьму, то ты будешь служить им. То, что ты ценишь, является твоим хозяином, и этот хозяин даст тебе то, чему ты должен учиться. Ты - ученик Знания. Ты - ученик Знания, потому что ты сделал выбор и захотел, чтобы твое обучение и хозяин, который направляет тебя, выражали Знание и истину в мире. Здесь у тебя всего лишь два пути, ведь ты можешь либо служить Знанию, либо тому, что заменяет Знание. Поскольку ничего по-настоящему не может заменить Знание, желание служить тому, что заменяет Знание, является желанием служить ничему, быть никем и не иметь ничего. Мы именно это имеем в виду, когда говорим о нищете. Это состояние служения ничему, это значит быть никем и не иметь ничего.

Поэтому почитай то, что служит тебе. Почитай то, что признает твою действительность и смысл и значение твоего присутствия в мире, и ты будешь служить чему-то настоящему, ты будешь кем-то настоящим, и ты будешь иметь что-то настоящее. Таким образом, ты, кто учится служить, будешь тем, кто учится получать.

Практика 343: *два практических занятия по 30 минут каждое. Напоминание в начале каждого часа.*

Шаг 344

МОЕ ЗНАНИЕ ЯВЛЯЕТСЯ ДАРОМ, КОТОРЫЙ Я ОТДАЮ МИРУ.

ЗНАНИЕ ЯВЛЯЕТСЯ ТВОИМ ДАРОМ МИРУ, но сначала ты должна стать проводником для его выражения. Ты должна его принять, получить, познать и отдать то, что оно дает тебе, чтобы отдать. Ты должна открыться для того, чтобы оно могло воссиять над миром естественным образом через тебя. Все придет из твоего Знания—все полезные действия, все важные мысли, все значительные выражения эмоций и все мотивации уверить, утешить, любить, исцелить, объединить и освободить других. Это просто значит, что, наконец, тебя истинного нашло самовыражение. Это твой дар миру.

В НАЧАЛЕ КАЖДОГО ЧАСА НАПОМИНАЙ СЕБЕ ОБ ЭТОМ и ощути огонь Знания, горящий в тебе. Ощути себя проводником Знания в мире. Радуйся тому, что нет необходимости мучиться, чтобы понять, как ты будешь отдавать Знание, как Знание будет отдавать себя, и что в итоге случится. Ты просто следуешь по шагам. Как тебе уже стало ясно, шаги требуют того, чтобы ты развила свои умственные способности и правильно их применяла. Они требуют, чтобы ты умственно находилась «здесь и сейчас». Они требуют, чтобы ты балансировала и гармонизовала свою жизнь. Уже сейчас в твоей подготовке, ты осознаешь, что ты многое знаешь о своей жизни, что ты пока еще не признала или чем ты не воспользовалась. Знание всегда было с тобой, и даже сейчас в начале твоей подготовки, по мере того, как ты продвигаешься вместе с теми, кто продвигается с тобой, сила и эффективность Знания становятся все больше реальными для тебя. Это твой дар миру.

ВО ВРЕМЯ ТВОИХ ДВУХ БОЛЕЕ ДЛИТЕЛЬНЫХ ПРАКТИЧЕСКИХ ЗАНЯТИЙ сегодня в состоянии внутреннего покоя и восприимчивости практикуй ощущать огонь Знания для того, чтобы он смог расти внутри тебя, и для того, чтобы ты могла его ощущать все больше и больше по мере того, как ты входишь в мир. Эти более длительные практики столь важны для твоей подготовки, ведь они увеличивают твой потенциал, они увеличивают твое понимание, они углубляют твои ощущения, и они способствуют тому, чтобы тебе легче было ощутить Знание, пока ты находишься в мире. Ибо твое Знание - дар миру, и твое Знание - дар себе.

Пʀᴀᴋᴛика 344: *два практических занятия по 30 минут каждое. Напоминание в начале каждого часа.*

Шаг 345

МОЕ ЗНАНИЕ ЯВЛЯЕТСЯ МОИМ ДАРОМ МОЕЙ ДУХОВНОЙ СЕМЬЕ.

Твое Знание является твоим даром твоей Духовной Семье, ведь ты пришел в мир не только для того, чтобы продвигаться сам и продвигать мир, а также, чтобы продвигать свою Духовную Семью. Твоя конкретная учебная группа, к которой ты принадлежишь, нуждается в твоем продвижении, чтобы она сама могла продвигаться, ведь она тоже ищет более полного объединения. В течение всех времен ты развивал спектр взаимоотношений и способность к взаимоотношению. Все твои достижения до сих пор воплощаются в выражении и существовании твоей Духовной Семьи.

Возвращение к Богу является возвращением в круг взаимоотношений. Это вне твоего понимания, и это точно вне твоих идей и твоего идеализма. Ты только можешь это почувствовать. Оно должно ощущаться, и через это ощущение ты поймешь, что ты пришел сюда не только ради собственного спасения, и не только для того, чтобы служить миру, а чтобы служить тем, кто тебя сюда прислал. Тем самым твоя роль становится еще важнее. Тем самым твоя подготовка становится еще важнее. Если ты поразмышляешь над этим, ты поймешь, что это правда.

В начале каждого часа сегодня думай об этой идее и вспоминай свою Духовную Семью, которую ты уже начинаешь вспоминать. Во время твоих двух более глубоких медитаций войди снова в храм Знания, и пытайся ощутить присутствие своей Духовной Семьи. Если в голове тишина, то ты поймешь, что она с тобой сейчас. Как она может быть разлучена от тебя, когда ты вместе с ней, и пока ты находишься в мире, она находится рядом с тобой.

Практика 345: *два практических занятия по 30 минут каждое. Напоминание в начале каждого часа.*

Шаг 346

Я В МИРЕ, ЧТОБЫ РАБОТАТЬ.

Ты в мире, чтобы работать. Работать - это то, чего ты хочешь. Ты пришла, чтобы работать. Но о чем речь? Что это за работа? Идет ли речь о твоей текущей работе, которой ты сопротивляешься и с которой у тебя трудности? Идет ли речь о множестве обязанностей, которые ты считаешь своими и которые ты возлагаешь на себя? Твоя настоящая работа может проявляться в любой из этих деятельностей, но она представляет собой что-то более масштабное. Прохождение каждого шага в твоей истинной работе принесет тебе счастье и удовлетворение. Твоя истинная работа в мире состоит в том, чтобы обнаружить свое Знание и позволить ему выразиться через себя. Твоя истинная работа в мире состоит в том, чтобы откликнуться своему конкретному призванию, которое объединяет тебя с определенными людьми определенным образом для того, чтобы ты смогла выполнить свое индивидуальное предназначение в мире.

Это твоя работа. Не думай сейчас, что ты понимаешь, что это за работа, и не пытайся дать ей определение вне того, что мы тебе дали. Вполне нормально не иметь полного представления о том, что это значит. Вполне нормально познать таинственность своей жизни без попытки конкретизировать ее.

Ты в мире, чтобы работать. Поэтому приложи усилия для того, чтобы эти усилия открыли тебе источник твоего предназначения, смысла и направления. Именно через свою работу и целенаправленную деятельность ты будешь испытывать свою ценность - ценность своей личной жизни и уверенность в своей истинной судьбе. Твоя истинная работа гарантирует тебе все ценное и отводит тебя от всего, что укрывает тебя и делает тебя беспомощной и несчастной.

Напоминай себе о сегодняшней идее в начале каждого часа. Во время твоих более глубоких практик еще раз активно занимай свой ум в рассмотрении сегодняшней идеи. Рассмотри свои идеи о том, что такое работа как таковая, и рассмотри все свои ассоциации с работой. Рассматривай свои прошлые реакции на работу - свое желание работать, свое двойственное отношение к работе, свое сопротивление работе. Осознай, что все желание избегать работы на самом деле является желанием найти Знание. Осознай, что Знание будет занимать тебя работой с новой целью, новым смыслом и новым направлением. Рассматривай свои мысли. Ты должна понимать свои мысли, ведь они все еще эффективно влияют на твое восприятие и понимание. Когда ты сможешь объективно работать со своим умом, ты позволишь Знанию осветить его, и ты сможешь использовать право принятия решения, чтобы подготовиться и работать с содержанием своего ума. Это в компетенции твоего участия, ведь тебе не дано определять предназначение, смысл и направление Знания, а дано стать получателем Знания, ощущать Знание и позволить Знанию выразиться через тебя.

Итак, во время твоих двух более длительных практических занятий активно занимай свой ум. Сосредоточься на эту единственную идею. Осознай все мысли и чувства, связанные с ней. К концу каждой длительной практики пусть все мысли уйдут. Войди снова в состояние внутреннего покоя и восприимчивости, чтобы знать. Знание не требует, чтобы ты думала, когда ты ощущаешь само Знание, ибо все мышление - это всего лишь замена Знания. Но Знание направит твои мысли так, чтобы они служили высшему предназначению.

ПРАКТИКА 346: *два практических занятия по 40 минут каждое. Напоминание в начале каждого часа.*

Шаг 347

Я ПОЗВОЛЮ МОЕЙ ЖИЗНИ РАСКРЫТЬСЯ СЕГОДНЯ.

Позволь своей жизни раскрыться сегодня. Без твоей внутренней дезориентации, без тьмы твоего собственного воображения и без твоего собственного заблуждения и конфликтов, ты сможешь увидеть развитие своей жизни. Сегодняшний день представляет собой день раскрытия твоей жизни, проявления твоего Знания, улучшения твоего истинного понимания и выражения твоих истинных достижений. Будь внимателен сегодня и учись, как наблюдать объективно за своей внешней жизнью и своей внутренней жизнью. Так ты сможешь испытывать то, что на самом деле существует в них, и полюбишь то, что есть на самом деле, ведь то, что на самом деле есть, является истинным и отражает саму любовь.

В НАЧАЛЕ КАЖДОГО ЧАСА НАПОМИНАЙ СЕБЕ наблюдать за тем, как твоя жизнь раскрывается. Во время твоих более глубоких медитаций в состоянии внутреннего покоя и восприимчивости наблюдай за тем, как твоя внутренняя жизнь раскрывается. Наблюдай за тем, как твоя внешняя и внутренняя жизни раскрываются вместе, как они и должны. Тем самым ты почувствуешь движение своей жизни. Тем самым ты будешь знать, что твоей жизни дают направление и ориентир. Тем самым ты будешь знать, что все, что ты ценишь и любишь, и все, на что мы указывали в нашей подготовке до сих пор, воплощается в жизнь. Тем самым ты позволишь определенным вещам отпасть, а другим вещам появиться. Тем самым ты управляешь той частью своей жизни, которой ты должен управлять и которая представляет собой твое мышление и поведение. Тем самым ты позволишь той части своей жизни, которой ты не можешь управлять и которая является твоим предназначением, смыслом и направлением, появиться и выразиться естественным образом. Тем самым ты становишься свидетелем своей жизни, которая сегодня появляется и раскрывается.

Практика 347: *два практических занятия по 30 минут каждое. Напоминание в начале каждого часа.*

Шаг 348

Сегодня я буду очевидцем того, как мир раскрывается.

Без твоего тревожного суждения, без твоей озабоченной реакции к тревожным проявлениям мира и без твоих амбиций и отрицаний, ты сможешь видеть, как мир раскрывается сегодня. Ты увидишь это своими глазами, ты услышишь своими ушами, ты ощутишь своей кожей, и ты почувствуешь всем своим физическим и умственным существом. Ты будешь знать, потому что твое существо знает, пока твой ум думает и твое тело действует. Таким образом, сила Знания является силой бытия, частью которого являешься и ты.

Именно в рамках этой силы ты можешь наблюдать за тем, как мир раскрывается, ведь мир является существом, умом и телом. Его существо знает, его ум думает и его тело действует. Природа является его телом. Ваше коллективное мышление является его умом. Знание является его существом. Тем самым, когда ты начнешь осознавать Знание в своей жизни, ты будешь осознавать Знание в мире. Когда ты увидишь, как Знание очищает и освобождает твой ум, ты также увидишь, как Знание очищает и освобождает все умы в твоем мире. Когда ты увидишь, как Знание направляет тебя к эффективному действию, ты также увидишь, как Знание в мире направляет других к эффективному действию. Тем самым, когда ты научишься сочувствовать себе, ты научишься сочувствовать миру. Когда ты становишься свидетелем собственного развития, ты становишься свидетелем развития мира.

Сегодня в начале каждого часа повторяй эту идею и будь очевидцем раскрытия мира. Во время твоих двух более длительных практик сегодня с открытыми глазами посмотри на мир вокруг себя. Проводи это время в одиночестве, наблюдая за миром вокруг себя. Смотри без осуждения. Ощущай, как мир раскрывается. Не заставляй себя это ощущать. Ты ощутишь, потому что это естественно. Без преграды или вмешательства с твоей стороны это ощущение будет постоянно и доступно тебе.

Ощути, как мир раскрывается, ведь это подтвердит все, чему ты сейчас учишься, и все, чему ты учишься, будет служить миру в его раскрытии.

Практика 348: *два практических занятия по 30 минут каждое. Напоминание в начале каждого часа.*

Шаг 349

Я СЧАСТЛИВ, ЧТО ТЕПЕРЬ Я МОГУ СЛУЖИТЬ ИСТИНЕ.

Это твоя самая большая радость, это твое самое большое счастье, и это твое самое больше удовольствие - служить истине теперь. В прошлом ты разочаровался и был подавлен, потому что ты пытался служить тем вещам, у которых отсутствовало основание и смысл. Ты пытался идентифицироваться с вещами без цели и направления. Из-за этого ты решил, что у тебя нет цели, смысла и направления. Будь теперь счастлив, что можешь представлять истину и служить истине, ибо истина дает тебе все, что истинно. Она дает тебе предназначение, смысл и направление, которых ты искал во всех твоих занятиях, взаимоотношениях, делах и стремлениях. Это то, чего ты искал во всех твоих фантазиях, во всех твоих заботах и во всех твоих надеждах.

Все, что ты поистинно хотел, дается тебе сейчас. Учись, как принимать то, что ты поистине хотел, и ты осознаешь то, что истинно. Ты также осознаешь то, чего ты поистине всегда хотел. Таким образом, истина становится простой и очевидной. Таким образом, твоя индивидуальная сущность становится простой и очевидной, ибо в простоте все познается. В сложности все скрывается. Только то, что является механическим в мире, может быть сложным, однако его суть проста и может быть испытана напрямую. Только контролируя то, что является механическим в жизни, что и нужно делать до определенной степени, возникают сложности, но даже и в этих сложностях просто разобраться шаг за шагом. Твой подход к жизни должен быть простым, вне зависимости от того, имеешь ли ты дело с простотой или сложностью. Сложность, о которой мы говорим, которая является формой отрицания, представляет собой сложность твоего мышления и сложность твоего подхода.

Будь счастлив тогда, что ты можешь служить тому, что является истинным, ведь это облегчит все обстоятельства и позволит тебе разобраться с механической сложностью прямым и эффективным образом. Будь счастлив тогда, что твоя жизнь имеет и предназначение, и смысл, и направление. Вспоминай об этом в начале каждого часа и во время твоих двух более глубоких практик войди снова в состояние внутреннего покоя с большой долей восприимчивости и приверженности. Помни о том, что ты себя отдаешь здесь, что твоя практика - это дарование, что ты учишься отдавать, и что ты учишься служить. Ты отдаешь то, что является истинным, ты служишь тому, что является истинным, и в результате ты испытываешь и получаешь то, что является истинным. Поэтому сегодня день радости, потому что ты служишь тому, что истинно.

ПРАКТИКА 349: *два практических занятия по 30 минут каждое. Напоминание в начале каждого часа.*

Шаг 350

Обзор

Еще раз занимайся обзором последних двух недель подготовки, перечитывая каждый урок и рассматривая каждый день практик. Еще раз развивай свою способность быть объективной. Еще раз осознавай общее движение своей жизни, те медленные, но очень существенные и содержательные изменения, которые происходят в твоих ценностях, в твоих взаимоотношениях с другими, в твоих занятиях и, что особенно важно, в твоем общем ощущении себя.

Имей в виду, что важная трансформация происходит постепенно, пока ее результаты не становятся очевидными. Осознай, что мелкая и незначительная трансформация влечет за собой большие эмоциональные потрясения, когда люди думают, что что-то значительное только что произошло. Более значительная трансформация происходит глубже и все переворачивает. Мелкие, постепенные изменения сразу же влияют на твою точку зрения, но их общий эффект является мимолетным. Единственное исключение - это когда твои Наставники вмешиваются в твою личную сферу, чтобы показать свое присутствие или чтобы донести мощное послание, которое тебе жизненно необходимо в данный момент. Эти вмешательства являются редкими, но случаются время от времени, когда тебе это нужно.

Поэтому рассматривай общее движение твоей жизни. Смотри на то, как твоя жизнь развивается. Это подготавливает тебя к будущему, ведь эта программа подготавливает тебя к будущему. Все, чему здесь учат, должно быть использовано и укреплено, и ты должна заниматься как в рамках этой подготовки, так и за ее пределами. Во время твоего более длительного практического занятия сегодня становись мудрым наблюдателем собственного развития. Обращай внимание на те моменты, где твоя практика нуждается в укреплении. Осознай, что это исходит от твоего Знания. Следуй этому, насколько ты можешь, по мере того, как мы подходим к заключительным урокам этого этапа «Шагов к Знанию».

Практика 350: *одно длительное практическое занятие.*

Шаги к Знанию

Заключительные Шаги

Наступил заключительный этап Нашей подготовки. Это не заключительные шаги в твоем общем подходе к Знанию или в твоем применении и восприятии Знания. Тем не менее это заключительные шаги в этом первом великом этапе развития, которым ты сейчас занимаешься. Поэтому в следующем этапе практик отдавай себя с усиленным желанием и усердием. Позволь Знанию направить тебя в твоем участии. Позволь себе быть таким мощным, таким сильным и таким задействованным. Не думай о твоем прошлом, а осознай реальность Знания в настоящий момент и его большой потенциал на будущее. Ты, кто почитает источник своей подготовки, сам почтен. Ты почтен сегодня, в то время как ты предпринимаешь заключительные шаги этого важного этапа твоего развития.

Шаг 351

Я СЛУЖУ ВЫСШЕМУ ПРЕДНАЗНАЧЕНИЮ, КОТОРОЕ Я СЕЙЧАС НАЧИНАЮ ОЩУЩАТЬ.

Повторяй эту идею в начале каждого часа и не забывай про нее. По мере того, как эта идея укрепляется, она становится все действительной и очевидной тебе. По мере того, как она становится все действительной, все другие конкурирующие с этим идеи и взгляды отпадут, ибо эта единственная великая истина является существенной. Все другие идеи, которые притворяются истиной и конфликтуют с этим, отпадут, потому что они являются несущественными. То, что является истинным, существует, несмотря на то, хочешь ли ты этого или нет, несмотря на то, веришь ли ты в это или нет, и несмотря на то, придерживаешься ли ты этого или нет. Это то, что и делает его истинным.

Ты думал в прошлом, что все вещи существуют, потому что ты так хочешь. Это только верно в сфере воображения, сфере, от которой ты теперь учишься освобождаться. Даже в сфере воображения ты учишься ценить то, что ближе всего к истине, чтобы освободиться от сферы воображения. Ведь сфера воображения не является сферой Создания. То, что создается, создается через Знание. Это Создание, которое постоянно, значимо и имеет истинную силу и ценность даже в мире. Оно не является сферой воображения.

Во время твоих более глубоких практических занятий войди в состояние внутреннего покоя. Относись с великим почтением к тому, что ты пытаешься делать. Напоминай себе о важности этого времени внутреннего покоя. Напоминай себе о том, что это время почитания, время истинного посвящения, время, когда ты открываешься Знанию, и время, когда Знание открывается тебе. Пусть этот день будет днем большего понимания. Пусть этот день будет днем большего посвящения. Ведь сегодня ты являешься настоящим учеником Знания.

Практика 351: *два практических занятия по 30 минут каждое. Напоминание в начале каждого часа.*

Шаг 352

Сегодня я – настоящая ученица Знания.

Утверждай это в начале каждого часа и во время твоих двух медитаций войди в состояние внутреннего покоя с глубоким уважением и самоотдачей. Это для тебя время вероисповедания. Ты поистине ходишь в церковь теперь: не из-за обязательств, не из-за страха или тревоги и не из-за чувства долга перед нелюбящим Богом, а из-за чувства великой радости и из-за желания отдать себя тому, что отдает себя тебе. Будь настоящей ученицей Знания. Вспоминай все, что тебе говорили до сих пор и воспользуйся этим каждый час. Занимайся усердно как внутренне, так и внешне. Укрепись сегодня. Отдай этот день Знанию, так же как Знание отдает сегодняшний день тебе, для того чтобы ты смогла познать присутствие Знания в своей жизни.

Знание - это дар от Бога тебе, ведь Знание - это продолжение Бога в тебе. Таким образом, Знание будет Богом для тебя, но будет говорить о величии вне себя, ведь Знание присутствует для того, чтобы ты смогла быть в значимом взаимоотношении с собой, с другими и с жизнью. Таким образом, ты сможешь восстановить взаимоотношения и продвинуться к твоему Истинному Дому в Боге.

Практика 352: *два практических занятия по 30 минут каждое. Напоминание в начале каждого часа.*

Шаг 353

Мой Истинный Дом находится в Боге.

Твой Истинный Дом находится в Боге. Твой Истинный Дом существует. Твой Дом является истинным. Ты являешься истинным. Ты дома, даже сейчас, пока ты находишься в мире, хотя мир не является твоим Истинным Домом. Из-за того, что ты дома в мире, и из-за того, что ты со Знанием, ты можешь отдать миру и обеспечить его именно тем, в чем он нуждается. И ты захочешь отдать это ощущение дома миру, который чувствует себя бездомным и потерянным.

В начале каждого часа повторяй эту идею и наблюдай за людьми в мире, и осознай, насколько они кажутся бездомными. Помни о том, что они на самом деле дома, но они не отдают себе отчета в этом. Как ты, они спят у себя дома. Ты учишься просыпаться ото сна, и ты отдаешь себе отчет в том, что ты все-таки дома, потому что твоя Духовная Семья с тобой, Знание с тобой и твои Наставники с тобой.

Таким образом, ты находишься дома в Боге, несмотря на то, что, как тебе кажется, ты находишься далеко от своего Истинного Дома сейчас. Ты принес свой Истинный Дом с собой. Как ты можешь быть без Бога, когда Бог везде? Как ты можешь не находиться со своими Наставниками, когда они сопровождают тебя? Как ты можешь не находиться со своей Духовной Семьей, когда твоя Духовная Семья всегда присутствует? Может быть то, что ты находишься за пределами своего Истинного Дома и одновременно находишься дома, кажется тебе противоречивым, но тебе кажется, что ты не Дома только тогда, когда ты наблюдаешь за миром и отождествляешься с тем миром, который ты видишь. Но ты несешь Знание внутри себя, что напоминает тебе о том, что ты на самом деле дома, и что ты находишься в мире, чтобы отдать ощущение твоего Истинного Дома миру. Ведь твой Истинный Дом хочет отдать себя миру, для того чтобы мир смог вернуться Домой.

В начале каждого часа вспоминай об этом и во время твоих более глубоких практических занятий возвращайся домой к Знанию. Возвращайся домой в алтарь твоего внутреннего храма. Здесь ты ощущаешь свой Истинный Дом, и здесь он становится более ощутимым для тебя. И по мере того, как он становится более ощутимым, он остается с тобой все больше и больше в твоих ощущениях. Ты должен ощутить свой Истинный Дом, пока ты находишься в мире.

Практика 353: *два практических занятия по 30 минут каждое. Напоминание в начале каждого часа.*

Шаг 354

Я ДОЛЖНА ОЩУТИТЬ СВОЙ ИСТИННЫЙ ДОМ, ПОКА Я НАХОЖУСЬ В МИРЕ.

В твоем Истинном Доме ты счастлива, ты являешься частью целого, ты совершенна, ты находишься во взаимоотношении с другими, ты - полноправная участница, ты имеешь большую ценность, ты имеешь существенное значение. Твой Истинный Дом вне твоего понимания, пока ты находишься в мире. На самом деле, твой Истинный Дом будет вне твоего понимания до того момента, пока ты не войдешь полностью в свой Истинный Дом, пока твоя Духовная Семья не присоединится с остальными Духовными Семьями и пока во Вселенной все наконец-то не объединится.

Однако, хотя твой Истинный Дом вне твоего понимания, не думай, что он вне твоей зоны доступа. Сегодня ты сможешь ощущать свой Истинный Дом, ибо ты носишь Знание в себе. Тебя всего лишь ограничивает твоя способность ощутить и выразить Знание. Но, предпринимая каждый шаг и принимая каждый шаг в своей подготовке, твоя способность испытывать взаимоотношение и общение подрастет. Чем больше ты ищешь освобождения от своего воображения и от своего разрозненного мышления, тем больше ты ощутишь свое включение в жизнь. Таким образом, твою эволюцию можно мерить по твоей все возрастающей способности испытывать взаимоотношение и общение и ощущать и выражать Знание. Тем самым ты дома, пока ты находишься в мире, ибо ощущение твоего Истинного Дома растет внутри тебя в твоем собственном восприятии. Огонь Знания становится все мощнее, и его всепоглощающая благодать становится все очевидней по мере того, как твой разум становится свободным, целостным и направленным.

В начале каждого часа вспоминай об этом и возвращайся к твоему Истинному Дому во время твоих более глубоких практических занятий. Ты дома в мире. Поэтому ты можешь быть спокойна в мире.

Практика 354: *два практических занятия по 30 минут каждое. Напоминание в начале каждого часа.*

Шаг 355

Я МОГУ БЫТЬ СПОКОЙНЫМ В МИРЕ.

Вполне возможно быть спокойным в мире, потому что ты принес источник спокойствия с собой. Ты можешь быть спокойным в мире, даже если мир является местом активного участия, местом трудностей, местом вызова и местом необходимого достижения, потому что ты носишь спокойствие в себе и потому что есть огонь Знания. Из Знания исходят все значимое мышление и действия, то есть, все настоящее вдохновение, все важные идеи и все великие выражения. Но Знание еще больше, чем его выражения, ибо оно представляет собой свет в мире.

Ты спокоен в мире, потому что ты пребываешь вместе со светом мира, но ты еще и занят в мире, потому что ты пришел сюда, чтобы работать. Только через участие, следуя каждому шагу, ты сможешь осознать, что нет никакого противоречия между спокойствием и работой. Нет никакого разделения между неподвижностью и активностью. Это ты должен полностью ощутить, ведь это полное ощущение, и надо, чтобы твоя способность к этому ощущению постоянно расширялась. Твое понимание и осознание должны постоянно расширяться. Твое участие в жизни должно все больше становиться гармоничным и равномерным. Твоя способность разбираться во взаимоотношениях должна развиваться и применяться в деле. Все качества, связанные с развитием Знания, также должны улучшаться. Это позволит тебе быть спокойным в мире, ведь тебе предназначено быть спокойным в мире. Спокойствие в мире является выражением твоего Истинного Дома в мире, и в этом ты и найдешь себя.

ПРАКТИКА 355: *прочитай наставление трижды сегодня.*

Шаг 356

Я НАЙДУ СВОЕ «Я» СЕГОДНЯ.

Твое «Я» больше, чем твоя нынешняя способность ощутить его. Но ты сможешь найти свое «Я» в своем нынешнем состоянии и ощутить его. Помни, что это твое сильное желание. Помни об этом в начале каждого часа. Помни о том, что ты хочешь найти свое «Я», ведь без своего «Я» ты теряешься в собственных мыслях и в беспорядочных мыслях мира. Без своего «Я» ты почувствуешь себя такой же временной и изменчивой, как и мир. Без своего «Я» ты почувствуешь себя такой же напуганной и пугающей, как и мир. Поэтому твое истинное желание состоит в том, чтобы восстановить свое «Я» и вместе со своим «Я» все аспекты, присущие твоему «Я», исходящие от твоего единственного Истинного Источника, выражающиеся через твое Знание и живущие в твоем Древнем Доме.

Сегодня во время твоих более глубоких практических занятий подходи снова к Знанию. Подходи, чтобы отдать себя. Подходи, чтобы отдать почтение. Подходи с трепетностью и благоговением для того, чтобы увеличить свою способность испытывать себя как во время твоих медитаций, так и когда ты находишься в мире. Ты пришла в мир, чтобы восстановить свое Знание и позволить своему Знанию выразиться. Тогда ты будешь выражать свое «Я», ведь ты находишься в мире, чтобы выразить свое «Я».

Практика 356: *два практических занятия по 30 минут каждое. Напоминание в начале каждого часа.*

Шаг 357

Я НАХОЖУСЬ В МИРЕ, ЧТОБЫ ВЫРАЖАТЬ СВОЕ «Я».

Все, что ты когда-либо говорил, и все, что ты когда-либо делал, является попыткой выразить свое «Я». Твоя дилемма в прошлом состояла в том, что ты пытался выразить то «Я», которое не является твоим «Я». Это временное «Я», это персональное «Я» использовалось, как замена твоего Истинного «Я», хотя ему только предназначено быть посредником между твоим Истинным «Я» и миром. По причине того, что оно использовалось как замена, присущее ему заблуждение и отсутствие фундамента делало твое общение и выражение невозможным. Поэтому ты не нашел источник своего выражения или самый подходящий проводник для своего выражения.

Ты увидишь желание твоего Истинного «Я» выразиться во всех твоих прошлых действиях, если ты их объективно поймешь. Все, что ты когда-либо говорил кому-нибудь, содержит долю истинного выражения. Все, что ты когда-либо делал или пытался демонстрировать, содержит долю настоящей демонстрации и настоящего выражения. Тебе только надо очистить свое выражение для того, чтобы оно стало целостным и поистине передающим твое «Я», и поэтому поистине удовлетворяющим для тебя.

По причине того, что ты здесь, чтобы выражать свое «Я», ты должен также учиться, как выражать свое «Я», понимать, как твое истинное выражение будет воздействовать на других и как это воздействие может быть использовано подходящим образом и для твоего благополучия, и для благополучия других. Тем самым ты учишься узнавать то, что ты хочешь выразить на самом деле и каким образом это выражать. Ты также учишься понимать его воздействие на мир. Это требует развития Знания внутри тебя, развития твоих личных способностей и трансформации твоего личного «я», в процессе которой оно перестает быть заменой Знания, а становится посредником для Знания. Как посредник, твое личное «я» должно развиваться и должно быть надлежащим образом задействовано. Тем самым оно служит Высшему «Я» внутри тебя, так же как твое Высшее «Я» служит Высшему «Я» Вселенной. Тем самым все находит свое место и свое единое выражение.

Напоминай себе в начале каждого часа о том, что ты хочешь выразить свое «Я», и во время твоих более глубоких медитаций, в которых ты пребываешь в тишине и благочестии, позволь твоему Истинному «Я» выразиться тебе. Вне слов и вне действий твое Истинное «Я» будет выражаться, и ты будешь знать его выражение. Ты будешь знать, что ты хочешь получить его выражение и распространить его выражение в мире. Мир является местом, куда ты пришел, чтобы выразить свое «Я», потому что мир является местом, где ты хочешь чувствовать себя как дома

Практика 357: *два практических занятия по 30 минут каждое. Напоминание в начале каждого часа.*

Шаг 358

Я хочу чувствовать себя как дома в мире.

Ты хочешь чувствовать себя как дома в мире. Ты не пришла сюда, чтобы скрываться от мира. Ты пришла сюда, чтобы чувствовать себя как дома в мире. Понимание этого позволит тебе ценить свое участие и полностью быть вовлеченной в его выражении. Скрываться от мира без участия в мире только усложнит твою дилемму, и ты вернешься к своей Духовной Семье с нераспакованными и недоставленными дарами. Тогда ты осознаешь, что ты должна возвратиться, потому что ту работу, которую ты хотела выполнить в мире, ты не выполнила.

Будь счастлива тогда, что ты находишься в мире сейчас, и что тебе не надо ждать, чтобы войти сюда снова. Ты уже здесь. Ты уже продвинулась до этого пункта. Ты находишься в самой лучшей позиции, чтобы выполнить свою миссию здесь. Ты принесла свой Древний Дом с собой - внутри источника и внутри света твоего Знания, которое теперь растет, появляется и прорастает.

Мир не твой дом, но тебе суждено чувствовать себя как дома в мире. В начале каждого часа думай об этом и осознай, насколько ты хочешь быть как дома в мире. Осознай, насколько ты не хочешь осуждать мир или просто убегать от мира. Когда ты почувствуешь себя как дома в мире, ты сможешь выйти за пределы мира, чтобы служить более существенным образом и испытывать большую реальность, чем мир может предоставить тебе. Но ты не уйдешь с сожалением, с гневом или с разочарованием. Ты уйдешь с радостью и удовольствием. Это завершит твой опыт здесь. Это благословит мир и благословит тебя, которая благословила себя и мир во время своего нахождения в мире.

Во время твоих более глубоких практических занятий размышляй усердно над тем, что слово «дом» означает для тебя. Опять же это практика активного умственного занятия. Упражняй свое сознание в рассмотрении важных фактов, данных тебе сейчас. Тебе надо рассматривать все мысли по поводу сегодняшней идеи, чтобы понять, как ты подходишь к сегодняшней идее и как ты будешь реагировать на нее. Право принятия решения за тобой, но ты должна понимать текущее состояние твоего сознания. Тем самым ты сможешь принять адекватное и мудрое решение ради себя, в рамках своей ответственности. Тебе суждено чувствовать себя как дома в мире. Неси дом с собой, чтобы другие смогли почувствовать себя как дома в мире. Таким образом, мир благословляется, потому что он больше не является отдельным местом. Не избегай мира сегодня, а будь здесь, чтобы служить миру.

ПРАКТИКА 358: *два практических занятия по 30 минут каждое. Напоминание в начале каждого часа.*

Шаг 359

Я ЗДЕСЬ, ЧТОБЫ СЛУЖИТЬ МИРУ.

Будь здесь, чтобы служить миру, и присутствие, которое служит миру, будет говорить через тебя. Будь здесь, чтобы служить миру, и ты будешь чувствовать это присутствие. Ты будешь сосредоточенным в каждом деле, и каждое дело будет важным и значительным. Тогда ты не будешь стараться избегать своей реальности, ты не будешь стараться избегать мира, и ты не будешь искать темное место, куда спрятаться, ибо ты будешь осознавать, что свет Знания весьма благотворен. Ты захочешь искупаться в нем все больше и выражать его все больше и больше в мире. В этом твое обязательство и твоя великая любовь.

В НАЧАЛЕ КАЖДОГО ЧАСА НАПОМИНАЙ СЕБЕ о том, что ты хочешь быть здесь, чтобы служить миру. Также напоминай себе о том, что ты хочешь быть здесь, чтобы мир мог служить тебе. Напоминай себе о том, что ты должен учиться, как получать и как отдавать, и поэтому ты являешься начинающим учеником Знания. Не жди большего от себя, чем то, на что указывает твоя программа подготовки. Твои Наставники знают, на какой стадии развития ты находишься, и они знают, какой шаг ты сейчас проходишь. Они не недооценивают твою силу, но они и не переоценивают твои нынешние способности. Вот почему они тебе нужны, чтобы продвигаться с уверенностью, честностью и надежностью.

Во ВРЕМЯ ТВОИХ БОЛЕЕ ГЛУБОКИХ ПРАКТИЧЕСКИХ ЗАНЯТИЙ будь здесь и сейчас, чтобы отдать себя состоянию внутреннего покоя. Вспомни еще раз, что все практики ориентированы на дарование. Ты отдаешь себя для того, чтобы твое Истинное «Я» отдалось тебе. Тем самым ты преподносишь маленькое великому, и великое преподносит себя маленькому. Тем самым ты осознаешь, что ты тоже велик, и маленькое должно выражать великое, частью которого ты являешься. Мир отчаянно призывает раскрытие этого величия, но ты должен учиться, как раскрывать величие в мире.

Практика 359: *два практических занятия по 30 минут каждое. Напоминание в начале каждого часа.*

Шаг 360

Я ДОЛЖНА УЧИТЬСЯ, КАК РАСКРЫВАТЬ ВЕЛИЧИЕ В МИРЕ.

С ПРОСТОТОЙ, СМИРЕНИЕМ и без ложных предположений, помня о том, что ты являешься начинающей ученицей Знания, ты сможешь учиться, как раскрывать величие в мире. Это очень важно, потому что мир является двойственным в отношении к величию, к Знанию и к любви. Если ты покажешь миру свое желание, когда мир находится в двойственном состоянии, то он не будет знать, как реагировать. Поэтому его реакция будет показывать, что он либо за, либо против твоего участия. Любой человек, любое сообщество или любой мир, который страдает двойственностью, будет реагировать по-разному, потому что он является двойственным. По этой причине ты должна учиться подходить к двойственности с Мудростью, ведь те, кто является двойственным, должны учиться получать уверенность так, как ты сейчас учишься этому.

ОСОЗНАВАЙ, НАСКОЛЬКО ТЫ ЯВЛЯЛАСЬ ДВОЙСТВЕННОЙ ДО СИХ ПОР по поводу своей жизни и по поводу этой подготовки. Осознавай, что по этой причине эта подготовка дана тебе поступательно, шаг за шагом, день за днем. Шаг за шагом ты учишься развивать и принимать свое желание и способность к Знанию, и ты учишься выражать Знание. Быть ученицей подразумевает, что ты здесь, чтобы учиться, и по мере твоего обучения ты будешь демонстрировать, учить и показывать великие результаты, которые Знание желает достичь. Однако Знание не может выйти за рамки твоего ограничения, потому что Знание заботится о тебе и защищает тебя как своего проводника. Из-за того, что ты являешься частью Знания, ты тоже захочешь заботиться о своем проводнике. Вот почему ты должна тщательно следить за здоровьем своего тела и ума по мере того, как ты продвигаешься.

СЕГОДНЯ ВО ВРЕМЯ ТВОИХ ДВУХ БОЛЕЕ ГЛУБОКИХ ПРАКТИЧЕСКИХ ЗАНЯТИЙ позволь себе учиться, как раскрывать величие в мире. Осознавай, что мир является двойственным и принимай этот факт, ведь это и есть нынешнее состояние мира. Осознавай, что ты должна отдавать с Мудростью и проницательностью. И осознавай, что ты должна позволить Знанию отдавать себя и не пытаться отдавать из побуждения своих собственных амбиций или необходимости избежать чувства неполноценности. Пусть твое дарование будет искренним, и оно станет искренним. Твое дарование будет отдавать себя так, как надо, так, чтобы сохранить тебя и почтить тех, кто получит твое дарование. Это выведет их из двойственности, так же как тебя сейчас приводят к свету.

Практика 360: *два практических занятия по 30 минут каждое.*

Шаг 361

Сегодня меня ведут к свету Знания.

Ты носишь свет. Носи его каждый час и в каждой ситуации. В течение всего дня носи Знание с собой. Не пытайся выразить Знание, ведь Знание само сделает это, когда необходимо. Твоя задача сегодня состоит в том, чтобы носить Знание, быть внимательным и вспоминать о том, что Знание с тобой. Будь ли ты один или с другими, будь ли ты на работе, дома или в ситуации, которая приятна или неприятна, неси Знание с собой. Почувствуй, как оно горит в твоем сердце. Почувствуй, как оно наполняет огромное пространство твоего сознания.

Во время твоих двух более глубоких практических занятий войди снова в храм Знания, чтобы освежиться и оживиться, чтобы получить благословение и почитание и чтобы найти утешение и освобождение. Чем больше ты находишь это в своей внутренней жизни, тем больше ты сможешь внести его в свою внешнюю жизнь, ибо тебе предназначено внести Знание в мир сегодня.

Практика 361: *два практических занятия по 30 минут каждое. Напоминание в начале каждого часа.*

Шаг 362

Я УЧУСЬ УЧИТЬСЯ, ПОТОМУ ЧТО Я НОШУ ЗНАНИЕ В СЕБЕ СЕГОДНЯ.

Ты учишься учиться. Ты учишься получать Знание. Ты учишься ценить Знание. Ты учишься носить Знание. Ты учишься выражать Знание. Ты учишься развивать все свои умственные и физические способности, которые являются существенными для этой общей подготовки. Ты - искусная ученица. Поэтому усердно занимайся своим учением сегодня, чтобы освободить себя от ложных предположений и от накладывания на себя невозможных грузов. Ты сможешь без особых усилий заниматься тем, что тебе искренне дано, ибо ты создана это делать естественным образом. Твои физические и умственные проводники, то, что связано с миром, будет естественным образом вовлечено в твоей истинной самореализации.

Учись учиться. Учиться тому, как учиться, подразумевает, что ты учишься участвовать. Это значит, что ты и следуешь, и ведешь одновременно. Ты следуешь твоим Наставникам и их программе развития, и ты ведешь за собой твои умственные и физические проводники. Таким образом, ведение и следование становятся одинаковыми, и дарование и получение становятся одинаковыми. Тем самым те, кто дает, получают, и те, кто следует, ведут. Тем самым тем, кто дает, нужно будет продолжать получать, и тем, кто ведет, нужно будет продолжать следовать. Тем самым двойственность таких вещей исчезнет. Их единообразие и взаимодополняющий характер признаются, потому что это просто, потому что это очевидно и потому что это истинно.

Вспоминай об этом в начале каждого часа и используй твои две практики, чтобы вступить в контакт со Знанием в тишине и простоте. Пусть эти завершающие практики в этой программе будут очень глубокими. Отдавай себя им как можно более полно, ведь таким образом ты увеличишь свою способность к Знанию и свое выражение Знания. По мере того, как твоя способность и выражение Знания растут, твое желание Знания тоже растет, ибо Знание является твоим истинным желанием.

ПРАКТИКА 362: *два практических занятия по 30 минут каждое. Напоминание в начале каждого часа.*

Шаг 363

Знание является моим истинным желанием потому, что я – ученик Знания.

Знание является твоим истинным желанием. Не думай, что твои желания ложные, ведь все желания, если осознанны, работают на Знание. Твои желания вводили тебя в заблуждение, потому что ты их неверно истолковывал или пытался использовать их для укрепления других вещей. Не пытайся избавиться от желаний, ибо жизнь и есть желания. Желание есть цель. Желание есть смысл и направление. Но ты должен осознать свое истинное желание, которое является желанием того, чтобы Знание состоялось и подтвердилось, желание того, чтобы Знания спасло тебя, и чтобы ты спас Знание. Как ты можешь спасти Знание? Тем, что ты его держишь внутри себя. Тем, что ты являешься учеником Знания. Тем, что ты несешь Знание везде, где ты бываешь. Тем, что ты укрепляешь свое осознание Знания. Тем, что ты прост по отношению к Знанию, и тем, что ты не пытаешься использовать Знание для того, чтобы выполнить собственные цели и собственные замыслы.

Занимайся каждодневными будничными делами, но неси Знание с собой. Если Знание не сомневается, то и тебе не надо сомневаться. Если Знание не боится, то и тебе не надо бояться. Если Знание не меняет ситуацию, то и тебе не надо менять ситуацию. Но если Знание сдерживает тебя, то и ты себя сдерживай. Если Знание меняет ситуацию, то меняй ситуацию. Если Знание говорит тебе уходить от ситуации, то уходи от ситуации. Если Знание говорит тебе оставаться в ситуации, то оставайся в ситуации. Тем самым ты становишься таким же простым и сильным, как и Знание. Здесь ты становишься самим Знанием.

В начале каждого часа повтори сегодняшнюю идею и ощути ее. В твоей внутренней жизни, ощути ее также во время твоих более глубоких медитаций. Ты прилагаешь усилия и отдаешь себя в твоей внутренней и внешней жизни. Там ты несешь Знание. Со временем ты увидишь, что Знание несет тебя.

Практика 363: *два практических занятия по 30 минут каждое. Напоминание в начале каждого часа.*

Шаг 364

Знание несет меня, потому что я – ученица Знания.

По мере того как ты несешь Знание, ты почувствуешь, как Знание несет тебя. Ты почувствуешь, как Знание направляет тебя и руководит тобой, сохраняя тебя, защищая тебя от вреда, удерживая тебя от тяжелых и вредных вовлечений, приводя тебя к тем людям, с которыми ты должна взаимодействовать, и отводя тебя от спорных связей, которые не имеют смысла. Таким образом, ты становишься лидером и последователем, ведь ты следуешь Знанию и ведешь себя. Ты уступаешь Знанию, но ты используешь право принятия решения в свою пользу. Тем самым ты становишься великим последователем и великим лидером. Тем самым ты можешь служить, и ты будешь все больше чувствовать, как Знание ведет тебя по жизни. И ты будешь чувствовать, как ты сама несешь Знание. С правильной точки зрения ты осознаешь свое истинное отношение к Знанию. Ты осознаешь, что ты несешь Знание в себе, и что Знание несет твое благополучие в себе. Это является совершенно взаимодополняющим. Это совершенно, потому что это исходит из совершенства.

Будь истинной ученицей Знания. Усердно занимайся своей практикой. Отдавай себя своей практике. Не меняй свою практику. Не пренебрегай своей практикой. Все, что требуется, это заниматься и быть внимательной, заниматься и быть внимательной. В начале каждого часа и во время твоих двух более глубоких практических занятий, когда ты войдешь в состояние внутреннего покоя, чтобы пребывать в состоянии самого покоя, занимайся, чтобы заниматься, занимайся, чтобы учиться, и учись учиться. Сегодня ты учишься учиться. Сегодня ты - ученица Знания.

Практика 364: *два практических занятия по 30 минут каждое. Напоминание в начале каждого часа.*

Шаг 365

Я ПРИВЕРЖЕН ТОМУ, ЧТОБЫ УЧИТЬСЯ.
Я ПРИВЕРЖЕН ТОМУ, ЧТОБЫ ОТДАТЬ ТО, ЧТО МНЕ
ПРЕДНАЗНАЧЕНО ОТДАТЬ.
Я ПРИВЕРЖЕН, ПОТОМУ ЧТО Я ЕДИН С ЖИЗНЬЮ.
Я ЕДИН С ЖИЗНЬЮ, ПОТОМУ ЧТО Я ЕДИН СО
ЗНАНИЕМ.

Что такое приверженность, нежели естественное выражение твоего истинного желания? Она освобождает тебя, она не связывает тебя. Она занимает тебя, она не обязывает тебя. Она укрепляет тебя, она не ограничивает тебя. Настоящая приверженность рождается из истинного Знания, из которого ты сам рожден. В этом заключительном шаге этого этапа твоей подготовки отдай себя и этот день полностью практике.

Почитай себя за то, что ты совершил выдающееся и знаменательное задание - ведь ты закончил этот год подготовки. Почитай твое Знание за то, что оно дало тебе желание участвовать и силу участвовать. Почитай твое Знание за то, что оно дало тебе видение, которое сейчас появляется. Почитай всех, кто служил тебе в жизни: твою семью, твоих родителей, твоих друзей и твоих кажущихся врагов и противников. Почитай всех, кто способствовал тому, чтобы ты ценил Знание, и дал тебе силу и решительность предпринять подготовку к восстановлению Знания. Вспоминай и твоих Наставников, ибо они вспоминают тебя и пребывают с тобой даже сейчас. Не забывай, что ты ученик Знания, и этим ты сможешь продвигаться вперед в своей подготовке.

Сегодня в начале каждого часа и во время твоих двух более глубоких медитаций отдай себя. Размышляй над всем, что было дано тебе. Пусть этот день будет днем достижения и благодарности. Пусть этот день будет днем почитания того, что Знание реально пребывает внутри тебя, и ты реально пребываешь со Знанием. Открой себя следующему шагу за пределами этой программы. Следующий шаг ждет тебя. Шаг, который поддержит тебя в целенаправленном контакте с другими учениками Знания. Шаг, который поддержит тебя в целенаправленном контакте с теми, кто продвинулся дальше тебя. Шаг, который пробудит тебя к служению тем, кто только начинает продвигаться на том этапе, который ты только что завершил. Тем самым ты получаешь от тех, кто идет впереди тебя, и отдаешь тем, кто находится позади. Тем самым все получают защиту и поддержку в своем возвращении домой к Богу. Таким образом, ты и следуешь, и ведешь, ты и получаешь, и отдаешь. Тем самым все твои занятия становятся едиными, и ты избавляешься от всякого негативного воображения. Тем самым ты являешься учеником Знания. И тем самым Знание благословляет тебя, кому суждено благословить мир.

Наси Новаре Корам

Алфавитный указатель ключевых слов

АМБИЦИЯ: Шаг: 219, 243, 269
БЕДНОСТЬ: Шаг: 117, 159, 160, 228, 343
БЛАГОДАРНОСТЬ: Шаг: 86, 178, 179, 245, 250, 291, 328
БОГ: Шаг: 40, 43, 96, 103, 104, 127, 318, 319, 339, 353
БОГАТСТВО: Шаг: 158, 160, 171, 185
БОЖИЙ ПЛАН: Шаг: 85, 92, 96, 186, 241, 276, 318
БЫТЬ В МИРЕ: Шаг: 118
БЫТЬ ВНИМАТЕЛЬНЫМ: Шаг: 338
БЫТЬ НЕПРИНУЖДЕННЫМ: Шаг: 109, 111
БЫТЬ ОДНОМУ: Шаг: 53, 78, 157, 249, 250, 315, 337
БЫТЬ УЧЕНИКОМ: Шаг: 34, 42, 47, 100, 109, 150, 196, 230, 237, 262, 269, 270, 289, 290, 294, 304, 332, 342, 343, 352, 363, 364

ВЕЛИКОЕ СООБЩЕСТВО: Шаг: 187, 189, 190, 199, 202, 203, 211, 256, 325, 326
ВЕЛИЧИЕ: Шаг: 46, 142, 191, 171, 234, 237, 257, 331, 360
ВЕРА: Шаг: 68, 156
ВЕРОВАНИЯ: Шаг: 5, 213
ВЛИЯНИЕ: Шаг: 113, 203, 212, 269, 303
ВНУТРЕННИЙ КОМПАС: Шаг: 29, 128, 194, 215, 247, 248
ВНУТРЕННЯЯ СИЛА: Шаг: 44
ВОЛЯ: Шаг: 43, 96, 197
ВООБРАЖЕНИЕ: Шаг: 95, 128, 277, 321, 351
ВОСПРИЯТИЕ: Шаг: 27, 183, 241
ВЫСШЕЕ «Я»: Шаг: 88
ВЫСШЕЕ ПРЕДНАЗНАЧЕНИЕ: Шаг: 20, 71, 92, 93, 94, 105, 131, 134, 136, 179, 185, 188, 190, 193, 212, 231, 290, 306, 345, 346, 351, 357

ГЛУБОКИЕ ПОБУЖДЕНИЯ: Шаг: 72, 316

ДАРОВАНИЕ: Шаг: 53, 86, 101, 105, 121, 122, 147, 148, 149, 156, 158, 159, 171, 173, 178, 217, 237, 242, 244, 245, 260, 261, 284, 321, 329, 344
ДВОЙСТВЕННОСТЬ: Шаг: 172, 252, 274, 280, 283, 310, 317, 360
ДОВЕРИЕ: Шаг: 72, 83, 87, 164, 253, 254, 316
ДОМ: Шаг: 353, 354, 358
ДРУЗЬЯ: Шаг: 114, 211, 258, 288
ДУХОВНАЯ СЕМЬЯ: Шаг: 186, 189, 211, 238, 300, 345
ДУХОВНОЕ ПРИСУТСТВИЕ: Шаг: 69, 216, 339

ЖАЛОВАТЬСЯ: Шаг: 66, 180
ЖЕЛАНИЕ: Шаг: 253, 363

ЗАМЕШАТЕЛЬСТВО: Шаг: 20, 165, 213, 214, 221, 222, 230, 267, 274, 283, 288

ИДЕАЛИЗМ: Шаг: 54, 55, 66, 67, 106, 125, 199
ИЗМЕНЕНИЕ: Шаг: 84, 266, 294, 347, 348, 350
ИНДИВИДУАЛЬНОСТЬ: Шаг: 11, 12, 13, 45, 232, 243
ИСТИНА: Шаг: 17, 18, 27, 196, 278, 317, 341, 349
ИСЦЕЛЕНИЕ: Шаг: 188, 189, 198, 206, 287, 309

КОНСТРУКТИВНОЕ МЫШЛЕНИЕ: Шаг: 97, 127, 151, 152, 166, 179, 188, 189, 199, 200, 201, 208, 220, 226, 233, 237, 240, 256

ЛИЧНЫЙ УМ: Шаг: 87, 200, 201
ЛЮБОВЬ: Шаг: 24, 48, 57, 61, 181, 205, 206, 258, 305, 328, 329, 339

МАСТЕРСТВО: Шаг: 106, 140

МАТЕРИАЛЬНЫЕ ПОТРЕБНОСТИ: Шаг: 159, 253, 330

МИР БЕЗ КОНФЛИКТОВ: Шаг: 288, 309

МИР: Шаг: 63, 65, 66, 67, 145, 160, 179, 190, 205, 213, 218, 255, 256, 259, 260, 283, 292, 302, 311, 312, 320, 348

МИССИЯ: Шаг: 33, 36, 165, 166

МОЛИТВА: Шаг: 28, 121, 122

МОЛИТВЫ И ВОЗЗВАНИЯ: Шаг: 28, 197, 238, 294, 296, 297, 298, 299

НАБЛЮДЕНИЕ: Шаг: 29, 30, 62, 202

НАСТАВНИКИ: Шаг: 22, 23, 36, 47, 48, 78, 114, 128, 129, 146, 215, 216, 224, 237, 247, 254, 272, 273, 333, 334

НЕОБХОДИМОСТЬ: Шаг: 172, 173

НЕОПРЕДЕЛЕННОСТЬ: Шаг: 79, 81, 275

ОБУЧЕНИЕ: Шаг: 47, 50, 77, 84, 91, 102, 119, 126, 133, 136, 138, 139, 150, 179, 254, 281, 282, 314, 362

ОБЩЕНИЕ: Шаг: 153, 193, 201, 285

ОБЪЕКТИВНОСТЬ: Шаг: 63, 126, 189, 202, 203, 204, 208, 210, 224, 228

ОГОНЬ ЗНАНИЯ: Шаг: 97, 334, 335, 338, 339, 344

ОГРАНИЧЕНИЯ: Шаг: 44, 45, 46, 51, 233

ОСУЖДЕНИЕ: Шаг: 30, 49, 60, 76, 82, 99, 151, 193, 205, 213, 214, 262, 324

ОТВЕТСТВЕННОСТЬ: Шаг: 270, 271

ОТМЩЕНИЕ: Шаг: 127

ОТНОШЕНИЯ: Шаг: 25, 129, 130, 131, 132, 157, 169, 170, 186, 211, 212, 232, 234, 244, 245, 249, 250, 251, 258, 260, 371

ОШИБКА: Шаг: 26, 27, 73, 77, 241, 245, 246, 255, 261

ПОКОЙ: Шаг: 74, 193, 204, 268, 287, 327, 355

ПОЛУЧЕНИЕ: Шаг: 24, 155, 159, 181, 223, 328, 341

ПОСЛЕДОВАТЕЛЬНОСТЬ: Шаг: 142

ПРАКТИКА: Шаг: 80, 91, 120, 148, 149, 170, 181, 197, 212, 226, 340

ПРЕДНАЗНАЧЕНИЕ В МИРЕ: Шаг: 185, 231, 232, 312, 323

ПРЕДПОЛОЖЕНИЯ: Шаг: 4, 6, 90

ПРИВЕРЖЕННОСТЬ: Шаг: 365

ПРИНЯТИЕ РЕШЕНИЙ: Шаг: 176, 236, 322

ПРИСЛУШИВАНИЕ: Шаг: 15, 62, 64, 75, 193

ПРОИСХОЖДЕНИЕ: Шаг: 6, 174, 186, 211

ПРОНИЦАТЕЛЬНОСТЬ: Шаг: 176, 179, 193, 261

ПРОСТОТА: Шаг: 117, 140, 166, 253, 313

ПРОЩЕНИЕ: Шаг: 86, 123, 178, 205, 207, 209, 222, 229, 241, 245, 246, 255, 262, 291

РАБОТА: Шаг: 65, 165, 166, 173, 192, 218, 320, 330, 346

РАЗЛУКА: Шаг: 13

РАЗОЧАРОВАНИЕ: Шаг: 66, 67, 262

РЕШЕНИЕ ПРОБЛЕМ: Шаг: 267, 268, 312, 313

САМОВЫРАЖЕНИЕ: Шаг: 357

САМОДИСЦИПЛИНА: Шаг: 118, 177

САМОЖАЛЕНИЕ: Шаг: 123, 124, 127

САМООБМАН: Шаг: 81, 227, 228

САМОРЕАЛИЗАЦИЯ: Шаг: 95, 97, 320

САМОУВАЖЕНИЕ: Шаг: 24, 144, 171, 172, 174, 276,

СВОБОДА: Шаг: 57, 94, 132, 167, 209, 220, 239, 246, 264, 265, 274, 275, 279, 310, 320

СВОЕ «Я»: Шаг: 125, 356, 357

СДЕРЖАННОСТЬ: Шаг: 101, 220, 269

СИЛА БОЖЬЯ: Шаг: 39, 40, 41

СИЛА: Шаг: 269, 270

СЛЕДОВАТЬ ПЛАНУ ОБУЧЕНИЯ: Шаг: 42, 58, 91, 98, 119, 138, 147, 161, 181, 182, 185, 196, 198, 224, 235, 244, 255, 265, 266, 308, 322, 344

СЛОЖНОСТЬ: Шаг: 117, 267, 268, 313

СЛУЖЕНИЕ: Шаг: 60, 86, 89, 101, 139, 141, 190, 194, 195, 234, 255, 257, 292, 310, 311, 312, 319, 320, 331, 343, 349, 359

СОМНЕНИЕ: Шаг: 20

СООБЩЕСТВО: Шаг: 300, 309

СООБЩЕСТВО УЧЕНИКОВ: Шаг: 170, 171

СОСТОЯНИЕ ПОКОЯ: Шаг: 9, 48, 57, 69, 85, 143, 177, 184, 187, 235, 284, 285, 286,

СОЮЗ: Шаг: 11, 140, 196, 288

СПАСЕНИЕ: Шаг: 276

СТРАДАНИЕ: Шаг: 27, 229, 293

СТРАХ: Шаг: 41, 51, 87, 103, 128, 151, 152, 162, 195, 219, 226, 228, 293, 319

СУДЬБА: Шаг: 135

СЧАСТЬЕ: Шаг: 85, 96, 107, 108, 124, 225, 341

ТАИНСТВЕННОСТЬ: Шаг: 36, 39, 110, 137, 138, 139, 186, 295

ТЕЛО: Шаг: 201

ТЕРПЕНИЕ: Шаг: 59, 79, 101, 116

УВЕРЕННОСТЬ: Шаг: 141, 173, 230, 236

УМЕНИЕ ВИДЕТЬ: Шаг: 19, 23, 30, 31, 35, 48, 62, 99, 138, 179, 199, 213, 224

УЧИТЬ: Шаг: 237, 244, 259, 306

ЧЕЛОВЕЧЕСТВО: Шаг: 190, 191, 202

ЧЕСНОСТЬ: Шаг: 98, 110, 177

ЭВОЛЮЦИЯ: Шаг: 179, 190, 199, 325

ЭМОЦИИ: Шаг: 89, 241

Слово «Знание» не включено в приведенный выше список, потому что почти все шаги в «Шагах к Знанию» содержат важные упоминания о нем.

О ПРОЦЕССЕ ПЕРЕВОДА ОТКРОВЕНИЯ

Посланник, Маршал Виан Саммерс, получает Новое Послание от Бога с 1983г. Оно является самым обширным Откровением, когда-либо данным человечеству, данным теперь грамотному миру с его глобальной коммуникацией и растущей глобальной осведомленностью. Оно не дается одному племени, одной нации или одной религии, а дается всему миру. И требуются теперь переводы на как можно большее количество языков.

Процесс Откровения раскрывается впервые в истории. В этом удивительном процессе Божье Присутствие безмолвно общается с Ангельской Ассамблеей, которая наблюдает за миром. Ассамблея, в свою очередь, переводит эту коммуникацию на человеческий язык и говорит воедино, одним Голосом через своего Посланника, чей голос становится проводником для этого высшего Голоса — Голоса Откровения. Слова произносятся на английском языке и непосредственно записываются в формате аудио файлов, которые затем транскрибируют, и они становятся доступны в виде текста и аудиозаписей Нового Послания. Таким образом, чистота исходного Божьего Послания сохраняется и может быть передана всем людям.

Есть еще и процесс перевода. Поскольку подлинное Откровение было передано на английском языке, он является общей основой для всех переводов на множество языков человечества. Поскольку люди говорят на многих языках в нашем мире, переводы жизненно необходимы, чтобы повсюду донести Новое Послание до людей. Ученики Нового Послания выступают с желанием добровольно перевести Послание на свой родной язык.

На данный момент Общество Нового Послания не в состоянии заплатить за переводы на такое огромное количество языков и за такое обширное Послание – Послание, которое должно быть срочно донесено до всего мира. Кроме того, Общество также считает целесообразным, чтобы переводчики были учениками Нового Послания, что способствует лучшему пониманию и восприятию сути того, что они переводят.

Учитывая настоятельную необходимость и потребность в распространении Нового Послания по всему миру, мы приветствуем дальнейшую помощь в переводах, чтобы донести Новое Послание до как можно большего количества людей и перевести как можно большую часть Откровения как на языки, на которых перевод уже осуществляется, так и на новые языки. Со временем, мы также стремимся улучшить качество этих переводов. Многое еще предстоит сделать.

История Посланника

Маршалл Виан Саммерс является Посланником Нового Послания от Бога. В течение более тридцати лет он продолжает получать обширное Новое Откровение, данное, чтобы подготовить человечество к большим экономическим, социальным и экологическим переменам, надвигающимся на мир, а также, чтобы подготовить человечество к вступлению во Вселенную разумной жизни.

Осенью 1982 г., в возрасте 33 лет, в пустыне на юго-западе Америки, Маршалл Виан Саммерс непосредственно встретился с Ангельской Ассамблеей, которая направляла и готовила его к будущей роли и предназначению. Эта встреча навсегда изменила ход его жизни и привела к более глубокой связи с Ангельской Ассамблеей, потребовавшей, чтобы он посвятил свою жизнь Богу. И так начался длинный, таинственный процесс получения Божьего Послания для человечества.

После этого таинственного посвящения, ему раскрылись первые откровения Нового Послания от Бога. В течение последующих десятилетий обширное Откровение для человечества передавалось иногда медленно, иногда быстрыми темпами. В течение многих лет он должен был продолжать с поддержкой лишь нескольких человек, не зная, что это растущее Откровение будет означать и куда это приведет в итоге.

Посланник прошел долгий и трудный путь, чтобы получить и предоставить самое большое Откровение, когда-либо данное человечеству. По сей день Голос Откровения продолжает литься через него, несмотря на большие трудности, связанные с передачей Божьего Откровения разделенному и беспокойному человечеству.

Читайте дальше о жизни и истории Посланника Маршалла Виана Саммерса: https://www.novoeposlanie.org/who-is-marshall-vian-summers

Послушайте учения Посланника (на английском):
www.newmessage.org/messenger

Читайте и слушайте откровения Нового Послания для мира: https://www.novoeposlanie.org/revelations-messenger

Голос Откровения

Впервые в истории вы можете услышать Голос Откровения, тот Голос, который говорил с пророками и Посланниками прошлого, а теперь снова говорит через нового Посланника, находящегося сегодня в мире.

Голос Откровения - это не голос одного человека, а голос всей Ангельской Ассамблеи, говорящей вместе, все как один. Здесь Бог общается вне слов с Ангельской Ассамблеей, переводящей затем Божье Послание на человеческий язык, который мы можем понять.

Таким образом, Откровения этой книги были первоначально произнесены Голосом Откровения через Посланника Маршалла Виана Саммерса. Этот процесс Божественного Откровения начался в 1982 году.

Откровение продолжается и по сей день.

Послушайте первоначальные аудиозаписи Голоса Откровения, который является источником текста, содержащегося в этой книге и во всем Новом Послании:
https://www.novoeposlanie.org/the-message

Узнайте больше о Голосе Откровения, о том, что он собой представляет и как он говорит через Посланника:
https://www.novoeposlanie.org/the-message/about-the-process-of-revelation

Об Обществе Нового Послания от Бога

Основанное в 1992 году Маршаллом Вианом Саммерсом, Общество Нового Послания от Бога является независимой религиозной 501(c)(3) некоммерческой организацией, которая в основном поддерживается читателями и учениками Нового Послания и не получает спонсорской или финансовой поддержки от каких-либо правительственных или религиозных организаций.

Миссия Общества - донести Новое Послание Бога до людей во всем мире, чтобы человечество смогло найти общий язык, сохранить Землю, защитить человеческую свободу и продвинуть вперед человеческую цивилизацию, поскольку мы стоим на пороге великих перемен и Вселенной, полной разумной жизни.

На Маршалла Виана Саммерса и Общество была возложена огромная ответственность - нести Новое Послание в мир. Члены Общества - это небольшая группа преданных своему делу людей, которые посвятили себя выполнению этой миссии. Для них это и бремя, и великое благословение - отдавать себя самоотверженно этому великому служению человечеству.

Общество Нового Послания
Свяжитесь с нами:
P.O. Box 1724 Boulder,
CO 80306-1724
(303) 938-8401 (800) 938-3891
011 303 938 84 01 (международный)
(303) 938-1214 (факс)
society@newmessage.org
www.novoeposlanie.org
www.marshallsummers.com
www.alliesofhumanity.org/ru
www.newknowledgelibrary.org

Свяжитесь с нами:
www.youtube.com/thenewmessagefromgod

www.youtube.com/c/НовоеПосланиеотБога
www.facebook.com/newmessagefromgod
www.facebook.com/marshallsummers
www.facebook.com/NovoyePoslaniyeotBoga
www.twitter.com/godsnewmessage

Ваши пожертвования помогут Обществу, и тем самым вы станете частью сообщества дарителей, которые помогают донести Новое Послание миру: www.newmessage.org/donate

О ВСЕМИРНОМ СООБЩЕСТВЕ НОВОГО ПОСЛАНИЯ ОТ БОГА

Люди по всему миру изучают и практикуют Новое Послание от Бога. Жители более чем 90 стран, изучающие Новое Послание на более чем 30 языках, представляют всемирное сообщество учеников, которые приняли Новое Послание и готовы помочь Посланнику донести Новое Послание от Бога миру.

Новое Послание способно пробудить дремлющую в людях гениальность и принести новое вдохновение и мудрость в жизнь людей всех наций и вероисповеданий.

Узнайте больше о всемирном сообществе людей, которые изучают Новое Послание, живут им и практикуют Шаги к Знанию в своей жизни.

Читайте Откровение "Всемирное Сообщество Нового Послания Бога":
https://www.novoeposlanie.org/worldwide-community/about-the-worldwide-community

Зарегистрируйтесь бесплатно на сайте Всемирного Сообщества, где вы можете познакомиться с другими учениками и пообщаться с Посланником:
www.community.newmessage.org.

Узнайте больше об образовательных возможностях, доступных на сайте Всемирного Сообщества:

Сайт сообщества - www.community.newmessage.org/
Бесплатная Школа Нового Послания - www.community.newmessage.org/school
Прямые онлайн-трансляции и международные мероприятия - https://www.newmessage.org/worldwide-community/events
Онлайн библиотека текстов и аудиозаписей - www.newmessage.org/the-message

Книги Нового Послания от Бога

God Has Spoken Again (Бог Снова Заговорил)

The One God (Единый Бог)

The New Messenger (Новый Посланник)

The Greater Community (Великое Сообщество)

The Journey to a New Life (Путь к Новой Жизни)

The Power of Knowledge (Сила Знания)

The New World (Новый Мир)

The Pure Religion (Чистая Религия)

Preparing for the Greater Community (Подготовка к Великому Сообществу)

The Worldwide Community of the New Message from God (Всемирное Сообщество Нового Послания от Бога)

Steps to Knowledge (Шаги к Знанию)

Greater Community Spirituality (Духовность Великого Сообщества)

The Great Waves of Change (Большие Волны Перемен)

Life in the Universe (Жизнь во Вселенной)

Wisdom from the Greater Community I & II (Мудрость от Великого Сообщества I & II)

Secrets of Heaven (Тайны Небес)

Relationships & Higher Purpose (Взаимоотношения и Высшее Предназначение)

Living The Way of Knowledge (Шагая по Пути Знания)

Книги Нового Послания от Бога

God Has Spoken Again (Бог Снова Заговорил)

The One God (Единый Бог)

The New Messenger (Новый Посланник)

The Greater Community (Великое Сообщество)

The Journey to a New Life (Путь к Новой Жизни)

The Power of Knowledge (Сила Знания)

The New World (Новый Мир)

The Pure Religion (Чистая Религия)

Preparing for the Greater Community (Подготовка к Великому Сообществу)

The Worldwide Community of the New Message from God (Всемирное Сообщество Нового Послания от Бога)

Steps to Knowledge (Шаги к Знанию)

Greater Community Spirituality (Духовность Великого Сообщества)

The Great Waves of Change (Большие Волны Перемен)

Life in the Universe (Жизнь во Вселенной)

Wisdom from the Greater Community I & II (Мудрость от Великого Сообщества I & II)

Secrets of Heaven (Тайны Небес)

Relationships & Higher Purpose (Взаимоотношения и Высшее Предназначение)

Living The Way of Knowledge (Шагая по Пути Знания)